大有

本书为
中国人民大学科学研究基金
（中央高校基本科研业务费专项资金资助）项目
（21XNLG04）阶段性成果

胡恒 著

边缘地带的行政治理

清代厅制再研究

社会科学文献出版社
SOCIAL SCIENCES ACADEMIC PRESS (CHINA)

"中国政区通名研究丛书"总序

  中国的行政区划历史悠久，如果从春秋产生"县""郡"算起，已经绵延两千五百年。秦始皇统一六国，全面推广郡县制，是行政区划史上划时代的大事。秦汉以来的政区，经历了郡县制、州郡县制、州县制、道路制、行省制的变迁，至今仍沿用着金末元明清以来的行省制。因此，中国历代政区演化的内容十分丰富，我以为这是中国"文化自信"的重要源泉之一。

  关于政区的研究，改革开放以来，地理学、历史学、政治学、区域经济学、公共管理学等以及政界都积极参与，有许多论著问世。或研究沿革地理，或研究现实问题；或研究某个区域，或研究某个要素；或提出相关理论（如层级理论、行政区经济理论、基层政区的行政区－社区体系论等），或提出政区改革意见，乃至提出分省改革方案，成果异彩纷呈。这种多学科、多视角对政区历史与现实的总结、提炼、讨论与改革实践，使中国政区的研究上升到一个新的高度，初步建立了中国政区地理学新学科体系，也为中国行政区划改革的顶层设计提供了决策参考。

  然而，一个值得注意的问题是，当今学科的划分还是过于细碎，学科之间隔行如隔山，都守着自己的"一亩三分地"，各说各话，缺乏有效的深层次沟通，严重影响科研成果的经世致用。为此，华林甫教授倡导集合学术界力量撰写一套"中国政区通名研究丛书"，打通古今限隔，是一个很好的设想。

华林甫毕业于历史地理学专业，在二十年前跟随我从事博士后研究工作，他的出站报告《中国政区通名改革研究》获得评审专家们充分肯定。那时，他已经发现政区通名研究是一座学术富矿，值得系统发掘。这套丛书，计划就"州""郡""道""路""省""府""厅""军""监""县""市"等这些历史上存在过的政区通名展开贯通古今的研究，每个通名撰写成一部学术专著，组成一套完整的丛书。

本套丛书的探索是一个创新，必将取得丰硕的学术成果，既有学术意义，也有现实价值。谈古论今，古为今用，期望这套丛书对推进中国政区通名的学术研究和改革实际工作发挥积极作用。

刘君德

2020 年 5 月

目　录

导　论

一　清代政区地理研究的推陈出新

就整个历史地理研究而言，历史政区地理一直是重心之一。过去，常常以复原政区演变的过程为研究内容，大多数属于沿革地理的考察。这种考察的最大意义是建立了比较齐整的政区沿革序列，而政区地理则探讨政区变化背后的规律性认识，最终是要以地理来解释政治运行，从而走向政治地理。中国历史政治地理学的研究至少包括三个步骤：第一，以复原疆域政区历史变迁的全过程为目的；第二，就疆域政区本身的要素来进行分解式的以及政治学角度的研究；第三，研究政治过程对地理区域变迁的影响，换言之，也就是研究中国历史上的行政区划为何有如此繁复的变迁过程。[①]

就上述历史政治地理的研究取向而言，无论是复原疆域变迁的全过程，还是进行政治地理的研究实践，都离不开更加丰富的资料，要探究一项政区变化是如何从提出到最后实现的全

[①]　周振鹤：《范式的转换——沿革地理—政区地理—政治地理的进程》，《华中师范大学学报（人文社会科学版）》2013 年第 1 期。

过程，到目前为止，也许最早可以追溯到清代，因为单就中央决策而言，清代以前档案保存不多，所以这一过程只有可能依靠个别和偶然的机会保存下来。而清代则具备复原政区变迁全过程的优良条件，要将历史政区地理推进到历史政治地理，研究清史自然是一个较好的选择，事实上，目前很多研究也的确是在清代这一时段中呈现出越来越多的复杂性与多元性。

就清代地方行政制度的研究而言，国内外研究成果比较丰硕，系统性的研究成果主要有赵泉澄《清代地理沿革表》、谭其骧主编《中国历史地图集》第 8 册《清时期》、牛平汉主编《清代政区沿革综表》、真水康树《明清地方行政制度研究——明两京十三布政使司与清十八省行政系统的整顿》。前三者是工具书性质，以地图和沿革表的形式展现清代行政区划的变革；后者则梳理了清代地方行政制度的变迁过程，包括督抚体制、直隶州政策、厅制、卫所、改土归流等方面。近期傅林祥等所著《中国行政区划通史·清代卷》既包括了对清代地方行政制度的梳理，也涵盖了对清代行政区划沿革的全面考证。国家清史工程中设立"清史·地理志"项目，精细考证了有清一代各级政区沿革的全部过程，只是尚未公开出版。至于针对某一具体问题的研究成果则更为丰硕，其中，省制和卫所的讨论早已成为学界热点；边疆地区的盟旗制、伯克制、将军都统制也有多篇论文予以探讨。在一些涉及清代地方行政制度的书中，也有与政区地理相关的内容，如瞿同祖《清代地方政府》等，但其更多关注的是制度而非地理。随着研究的深入，不仅省制的讨论依然热烈，而且府和县这些普通政区也得到研究者的注目，近年来对道、厅、卫所乃至县级以下政区的研究吸引了越来越多的目光，其研究进展值得期待。

　　鉴于清代地理沿革较为复杂，而官私文献记载又存在各种缺陷和不足，赵泉澄著《清代地理沿革表》一书，主要利用档案史料，以文表结合的形式，对清代各省下辖政区，包括府、直隶厅、直隶州的沿革和所辖县数逐一详述，具体每省下，先概述其所辖政区沿革，再以表揭示，既实用又清晰，一目了然，为学界研究清代政区沿革提供了一本极为重要的工具书。① 牛平汉主编《清代政区沿革综表》结合档案与文献史料，以文、表兼备的形式，详细考证并分析清代政区沿革，较赵著更为系统；且列有古今地名对照，还备注了各地经纬度、各府厅州县沿革之文献出处。② 张在普编著《中国近现代政区沿革表》，亦以表的形式编叙 1820 年（即《嘉庆重修一统志》所叙政区的截止年代）到 1984 年底，全国县级以上政区的沿革。③ 以上三本工具书大体上梳理清楚了清代政区变化的情况，成为今天清史学界常用的政区与地名工具书。但限于出版的时代较早，当时学术界对清朝一些特殊制度如卫所、道、厅的研究还不够深入，这些部分的内容疏漏较多，利用时要多加注意。傅林祥等著《中国行政区划通史·清代卷》，全面吸收百余年来清代行政制度与政区变迁研究成果，及近年来的新观点和认识，详述清代府厅州县行政体系的形成过程和职官制度的演变，逐一考证各省下辖政区的沿革，是目前最系统与准确

① 赵泉澄：《清代地理沿革表》，中华书局，1955。
② 牛平汉主编《清代政区沿革综表》，中国地图出版社，1990。
③ 张在普编著《中国近现代政区沿革表》，福建省地图出版社，1987；《中国近现代政区沿革表（1820~2004）》修订本，福建省地图出版社，2006。

的考证成果。①

以地图的形式反映清代政区研究成果的是谭其骧主编的《中国历史地图集》第8册《清时期》，该书绘制出嘉庆二十五年全国和各省分图、光绪三十四年全国总图，以历史地图形式形象地展现出嘉庆时和光绪末的全国政区，是清代政区变迁研究的标志性成果。② 不过受各种因素所限，该图册所展示的政区边界仅到府级，还未到县级。另有王恢绘著《新清史地理志图集》，是为配合《新清史·地理志》，采用手绘方式完成，可做参考。③ 华林甫在2008年即提出编绘《清史地图集》的设想，④ 并在2012年申请到国家社科基金重大项目，目前已结项并即将出版。该地图集为第一部断代历史地图集，在继承传统考据方法基础上进行创新，所设计的图幅覆盖了清朝疆域范围内的所有地域，资料方面利用了各种满文和汉文文献、蒙古文舆图等，特别值得一提的是该地图集在精确考证的基础上，全面复原了宣统三年内地县级政区界线，对边疆地区的政区界线也做了最大限度的复原。⑤

---

① 傅林祥等：《中国行政区划通史·清代卷》修订版，复旦大学出版社，2017（2013年初版）。

② 谭其骧主编《中国历史地图集》第8册《清时期》，中国地图出版社，1987。

③ 王恢绘著《新清史地理志图集》，台北"国史馆""新清史编纂委员会"审定出版，作为《新清史·地理志》的附图而单独印行，1993。

④ 华林甫：《关于编绘〈清史地图集〉的建议》，收入陕西师范大学中国历史地理研究所、西北历史环境与社会经济发展研究中心编《历史地理学研究的新探索与新动向——庆贺朱士光教授七十华秩暨荣休论文集》，三秦出版社，2008。

⑤ 可参考中国社会科学网报道《〈清史地图集〉编撰完成》，http://www.cssn.cn/lsx/zgs/201808/t20180820_4545727.shtml，2020年5月26日。

　　清代政区的地理信息系统（GIS）平台与数据建设正成为学科研究热点。清史地理信息平台建设，最著名的是复旦大学历史地理研究中心与哈佛大学合作开发的中国历史地理信息系统（CHGIS），这套系统于 2001 年开始建设，目标是建成一套共享的数字化基础历史地理信息系统。与清史相关的基础数据有：1820 年、1911 年清代基础地理数据，其中 1820 年的数据由于有谭其骧主编《中国历史地图集》第 8 册《清时期》这一高质量的工具书作为基础，也有在编纂图集时所留下的众多考证与释文作为基础，故而基于此建设的数据质量较有保证。由于这套数据在复旦大学和哈佛大学提供了免费下载，故而在目前清史地理学界应用最广，对 GIS 在史学研究里的实际应用做出了重要贡献，克服了谭图纸本只能表现一个或两个年份的弊端，更重要的地方在于它可以将空间信息与其他信息进行叠加，大大扩大了谭图历史数据的应用潜力。根据复旦大学官网对这套数据系统的介绍，1820 年的基础数据共有 10845 个点数据，352 个面数据。其中，县以下 8661 个点；厅县级 1859 个点；府州级 301 个点，320 个面；省级 24 个点，32 个面；1911 年的基础数据共有 40298 个点数据，1784 个面数据。其中县级以下 38589 个点；厅县级 1422 个点，1499 个面；州府级 270 个点，267 个面；省级 17 个点，18 个面。[①] 台北中研院建设了"中华文明之时空基础架构"，其基础数据来源于谭其骧主编《中国历史地图集》，但又增加了新的材料予以整合，除了政区的图层，还有"明清交通图层"。与清代相关的数据有明清档案人名权威资料库、清代人口史研究资料库、中国地

---

① http：//yugong.fudan.edu.cn/views/chgis_map.php，2019 年 10 月 15 日。

方志书目查询系统，为研究者提供了很大便利。但是这些数据尚不提供下载功能，故使用者需要将数据上传至系统以便进行分析。

清朝的政区地理是一个非常复杂的问题，以往的研究成果十分丰硕，涉及方方面面。① 在一些个案研究中，学术界除了仍然偏重于还原政区置废与行政制度变革的过程，还开始关注政区与政治、经济、文化以及社会的联动机制，深入探讨政区设置背后更为复杂多元的历史进程，特别是尝试与地域社会史研究方法的结合。但我们面临的挑战是，在越来越多个案研究之后，如何从空间角度整体把握王朝政治变迁的框架，换句话说，如何进一步从空间机制上理解清朝地方行政与国家治理，解读"空间中的地方政治"，这正日益成为一个重要的学术课题。

在笔者看来，欲进一步将历史政区地理的研究推向深入，至少还可以在下述六个方面着手。

第一，将历史政区地理发展到历史政治地理。周振鹤曾指明了历史政治地理学可以着眼的三个方面："一是思想家对于理想政治制度中地理因素的阐述，二是历史学家或地理学家将地理要素作为政治体制一个组成部分的观点，三是政治家的利用地理因素解决政治问题的具体操作过程。"② 以清代而言，地方行政制度的设计自有深意，如政区分等制度，就不仅仅是对地方行政区划简单地划分等级，而是将这一地理等级与政治

① 关于清代地方行政制度研究较为系统的梳理，请参考胡恒、朱江琳《百年清史研究史·历史地理卷》，中国人民大学出版社，2020，第89~153页。
② 周振鹤：《建构中国历史政治地理学的设想》，《历史地理》第15辑，上海人民出版社，1999。

上的选官任官密切结合，从中我们可以看到清代统治者如何利用地理上的差异将其标准化、等级化，进而影响官员选任这一王朝重大政治问题。

第二，不再将"地理"仅仅看作研究对象，而是将其作为观察历史问题的角度。郑振满曾说："我们的计划是想把空间的概念引入历史过程的研究。我们关注的地理空间包括生态的、行政的、社会的、经济的、文化的，是多层次的、流动性的空间。我们也关注各种不同地理空间之间的相互制约和影响。"[1]鲁西奇《中国历史的空间结构》正是从"空间"角度解释中国历史进程的重要著作之一。"地理"应内在于历史之中，是历史生态系统中的一环。这也就意味着，我们不应该仅仅把"地理"看作一个较为孤立的研究领域，画地为牢，而应该以"地理"作为解释历史的一种视角。

第三，解释清朝地方治理制度和策略的"技术原理"。阎步克曾指出："政治实体……它们遵循了某种特定的规律。这种技术上的合理性，同样适用于制度史的研究中。"[2]今人对于古人的制度设计多有"高屋建瓴"的批评，这固然体现了时代和思想的不断进步，但脱离了历史语境，脱离了制度设计所受到的约束条件。超越时空结构的批评，不啻以"后见之明"强责古人。欲避免此种缺陷，就要回到历史场景当中，看看制度设计之时的条件，体会古代制度设计背后所遵循的规

---

① 郑振满：《莆田平原的聚落形态与仪式联盟》，收入周尚意、刘卫东、柴彦威主编《地理学评论》第 2 辑《第五届人文地理学沙龙纪实》，商务印书馆，2011，第 35 页。
② 阎步克：《古代政治制度研究的一个可选项：揭示"技术原理"》，《河北学刊》2019 年第 1 期。

律。这种规律可能是当时不得不如此，也可能是古往今来制度设计与运行共通的某些原理。只有将制度设计背后的原理揭示出来，才能体会古人制度设计的初衷，也更有利于在"理解之同情"的角度上给予制度利弊和成败以公允的评价。

第四，探索清朝地方治理与当代的关联，追寻隐藏于制度背后稳定的空间结构逻辑。当代中国是历史中国的延续，它在治理上的诸多制度安排根植于悠久的历史与文化之中。实际上，通过系统总结清代中国国家治理、政府管理、边疆治理的历史经验等重大问题，我们对于大一统国家下如何理顺中央与地方之间的关系、如何合理选派官员以达到与任职区域的匹配、如何平衡边疆与内地官员的升迁调动、如何对官员进行政绩考核、如何协调本地升迁与异地调任的关系等问题，都有望得出新的历史经验。同样，当代社会治理的诸多现象也为思考历史的问题提供了起点。社会科学在当代官僚政治、社会分层等领域业已有一系列成熟的理论、概念和方法，譬如关于当代官员的选拔、升迁、任用、绩效的研究，值得历史研究者借鉴。

第五，融入新的技术手段。数据分析、GIS 方法需要介入史学研究之中以弥补个案研究的不足与缺失。对传统中国国家治理的研究一直是中国学术界重大的问题之一，产生了诸多典范研究，值得继承和发扬。其主要方法依赖于系统搜集、阅读历史文献，进行史实重建和逻辑推演。但问题是中国历史文献的丰富、连续程度世所罕见，时段愈晚，史料愈多，靠人工搜集与阅读已不可能穷尽，故研究日益"碎片化"，影响到人们对中国的整体理解。数字人文时代提供了解决这一难题的新的可能，特别是在运用人工智能、大数据进行历史文献挖掘与研究方面。数字人文是当下世界性的学术潮流，无论是哀叹技术对人文学科的冲击抑或欢欣鼓舞新时代的到来，人文与数字的深度融合已成为每一个人文学科领域不得不面对的挑战，这既是国家"新文科"建设的重要目标，也是人文学科自身发展的必然需要，特别是对于清代政治史的研究而言，尤其需要借助于新的方法的刺激来实现复兴。与中古各时段相比，清代政治史研究还比较薄弱。在学界"重归政治史"的呼吁之下，清代政治史也必将以新的面貌回归到史学的核心位置，清代政区地理也是政治史的重要组成部分。但这种回归，并不仅仅是旧议题的重复，相反，必须以新的方法，特别是与中古政治史研究不同的路径来进行回归。

第六，关注政区类型中的"异"。历史政区地理研究除了要关注常态化的政区类型，也要对那些特殊类型的政区给予更大的关注。翻阅历代地理志，都可以发现各王朝同级政区类型中往往有一些特殊的存在，如秦汉时的"道"、宋代的"军"等，这些政区类型与普遍设置的郡县、府县有异，数量不多，分布区域比较特殊，且往往与一到两个王朝相伴而没有长期延续，设置也不够稳定。以往研究多将其视为一个时代政区设置的点缀和异数，可是，实际上正是这些"异常"的政区设置，彰显了一个王朝最具特色的治理形式，且体现了一个时代王朝如何灵活运用不同类型的政区来管辖不同的区域，进而在一定程度上在"一统体制"上进行灵活调整来达到"有效治理"。我们不仅不应当忽视这些特殊政区类型，反而应当把对其的研究看作深入王朝治理制度逻辑内部的通道。

二 从"府州县"到"府厅州县": 清代厅制研究意义及现状

对清朝而言，厅是最能够反映清代特色的政区建置，明人称其行政建置为"府州县"，而清人则以"府厅州县"一词概括，中间最为明显的差别就是"厅"的存在。且进入民国以后，厅制即被废除，迄今未恢复，可以说厅制与清朝相伴始终。

"厅"这一名称出现很早，《广韵》中解释为"厅屋"，[①]《洪武正韵》对"厅"字的解释是"厅，治官处，通作听。汉晋皆作听事。六朝以来乃始加广"。[②]《史记》《汉书》中皆记载有"听事"一词，如《史记》卷六《秦始皇本纪》："听事，群臣受决事，悉于咸阳宫。"《汉书》卷八《宣帝纪》："五日一听事。"立于东汉中平二年的《曹全碑》上有"廊广听事官舍"之句。[③] 这里的"听事"指的是受理行政事务。二十四史中，《北史》较早开始出现"厅"字，有"都厅""郡厅""厅堂""长史厅""雍州厅"之称，可见此时"厅"开始具有官衙的含义。唐宋以后，厅作为各级官员的衙署含义已非常流行，韩愈的名篇《蓝田县丞厅壁记》即是将县丞的衙

---

① 《广韵》卷2，宋绍兴年间刻本，中国国家图书馆"中华古籍资源库"，善本书号：11277。
② 《洪武正韵》卷6《十八庚》，嘉靖二十七年刻本，中国国家图书馆"中华古籍资源库"，善本书号：11608。
③ 北京图书馆金石组编《北京图书馆藏中国历代石刻拓本汇编》第1册，中州古籍出版社，1989，第176页。

门称为"丞厅"。①

政区意义上的厅制源于明末，它起源于同知和通判的分防并逐渐具有一定辖地，具有了一定的政区性质。由于同知和通判的衙门有"厅"的称呼，人们习惯上开始将这一新的区划形式称为"某厅"。入清以后厅制逐渐完善，到乾隆时正式形成，"府厅州县"开始连用，厅也成为清朝行政体系当中的正式一员，在法典和志书编纂中得到认可。清代的厅按其长官有同知厅和通判厅之分，按其头衔有抚民厅和理事厅之别，按其隶属关系可分为直隶厅和散厅两类。直隶厅为统县政区，与府、直隶州平级，散厅为县级政区。进入民国后，厅不再作为政区存在，而作为各类机构的名称，如交通厅、办公厅等，这一含义至今仍在使用。

学界关于厅的研究、讨论比较多。吴正心的硕士学位论文《清代厅制研究》较早关注到厅的问题，追溯了厅的起源，提出作为地方行政区划的厅必须具有的"指标"，如有厅界、分地分民、佐贰官和首领官、厅学等"积极指标"，以及独立衙署、管理本厅的民刑案件与钱粮税收等"消极指标"。② 施坚雅在对清代城市的研究中关注到厅这一类特殊建置，认为厅的功能主要为防御，而非赋税。③ 陆韧从边疆民族构成变化与地方行政管理体制演变的视角，以云南地区为例，指出直隶厅是清朝在大量汉族移民进入边区后为实行有

---

① 韩愈著，马其昶校注，马茂元整理《韩昌黎文集校注》上册，上海古籍出版社，2018，第108页。
② 吴正心：《清代厅制研究》，硕士学位论文，台湾中正大学，1995。
③ 施坚雅：《城市与地方体系层级》，收入施坚雅主编《中华帝国晚期的城市》，叶光庭等译，陈桥驿校，中华书局，2000，第327～417页。

效管辖而创设的一种特殊行政区划，是边疆民族地区行政体制上由土司制度或当地民族自行管理模式向全国政区一体化演进的过渡型政区；清代的直隶厅具有行政双结构、民族构成多样性、户籍管理分类性、赋役征收差异性和军事控管等特征。①

厅制是何时形成的，这是厅制研究的焦点问题。由于评判标准的不同，学者看法不一。真水康树提出直隶厅、散厅"定制化"的两个标准，一是"直隶厅"与"散厅"发生明确区别，二是两者分别被看作独立行政机构，特别指出单纯的同知或通判之派遣不可作为"定制化"的指标，两者的"定制化"是到乾隆三十年中期完成的。② 傅林祥注意到清代"抚民厅"这一名称。借鉴今天行政区划标准，他提出区分作为行政区划的"抚民厅"和府派遣机构的"厅"之标准，进而以此标准对抚民厅制从明天启年间萌芽到清乾隆十二年最终形成的过程做出初步探讨。③ 此外，席会东将厅分为派遣厅和政区厅，对其分布、设置时间及功能做了宏观勾勒。④

除了关于厅的整体制度演变的研究，还有关于各个区域或特

---

① 陆韧：《清代直隶厅解构》，《中国历史地理论丛》2010 年第 3 辑。
② 真水康树：《清代"直隶厅"与"散厅"的"定制"化及其明代起源》，《北京大学学报（哲学社会科学版）》1996 年第 3 期；《明清地方行政制度研究——明两京十三布政使司与清十八省行政系统的整顿》，燕山出版社，1997，第 23 页。
③ 傅林祥：《清代抚民厅制度形成过程初探》，《中国历史地理论丛》2007 年第 1 辑；《清代地方行政制度专题研究》，博士学位论文，复旦大学，2010。
④ 席会东：《清代厅制初探》，《中国历史学会史学集刊》总第 43 期，2011。

殊性质的厅的个案研究，如归绥诸厅①、南澳厅②、贵州"新疆六厅"③、海门厅④、松潘厅⑤、云霄厅⑥、玉环厅⑦、理番厅⑧、长春厅、昌图厅⑨、岫岩厅、凤凰厅⑩、石砫厅⑪、吐鲁番厅⑫、辟

①　乌云格日勒：《略论清代内蒙古的厅》，《清史研究》1999 年第 3 期；《口外诸厅的变迁与清代蒙古社会》，《山西大学学报（哲学社会科学版）》2007 年第 2 期；张弓：《论清代绥远地区的厅》，硕士学位论文，内蒙古大学，2008；张雯：《从口外十二厅到绥远省建立——试探清末民初内蒙古西部建置变迁》，硕士学位论文，内蒙古师范大学，2012；阿如汗：《内蒙古中西部诸厅之研究——以口外十二厅为中心》，硕士学位论文，内蒙古大学，2011；康其：《清代归化城土默特地区政区地理研究》，硕士学位论文，贵州师范大学，2019。

②　刘灵坪：《清代南澳厅考》，《历史地理》第 24 辑，上海人民出版社，2010。

③　卢树鑫：《清代"新疆六厅"建置考》，《贵州民族研究》2015 年第 9 期。

④　徐枫：《从太通道到海门厅：雍乾时期长沙口沙务管理机构的变迁》，《史林》2016 年第 1 期。

⑤　安介生：《政治归属与地理形态——清代松潘地区政治进程的地理学分析》，《历史地理》第 26 辑，上海人民出版社，2012。

⑥　叶江英：《清代福建云霄厅设置时间考辨——兼谈州县征收钱粮时间在清代政区研究中的作用》，《历史地理》第 35 辑，复旦大学出版社，2017。

⑦　朱波：《清代玉环厅隶属关系考辨》，《历史地理》第 34 辑，上海人民出版社，2016。

⑧　段伟：《清代政区名演化个案研究：从杂谷厅到理番厅》，《历史地理研究》2020 年第 3 期。

⑨　卢绪友：《清代东北蒙地政区的内地化——以长春、昌图二府设立为中心的考察》，《中国边疆学》第 10 辑，社会科学文献出版社，2018。

⑩　金丹：《清代盛京凤凰城地区的职官体系及其演变》，硕士学位论文，渤海大学，2020。

⑪　林移刚、刘志伟：《清代四川石砫直隶厅建置时间考辨》，《重庆交通大学学报（社会科学版）》2012 年第 6 期。

⑫　曹尚亭、查向军：《吐鲁番直隶厅运作史钩略》，《新疆大学学报（哲学·人文社会科学版）》2005 年第 5 期；王启明：《清代西北边疆厅的历史嬗变——以吐鲁番为例》，《中国边疆史地研究》2020 年第 2 期；阿不来提·艾合买提：《清代吐鲁番厅研究》，硕士学位论文，新疆师范大学，2011。

展厅①、明江厅②、连山厅③、镇边厅④、循化厅⑤、丰镇厅⑥、川沙厅⑦、仪封厅⑧、丹噶尔厅⑨、口北三厅⑩、东北厅制⑪、台湾厅制⑫、新疆厅制⑬、四川嘉绒地区厅制等⑭，还有对

---

① 王启明：《乾隆年间辟展同知设置考》，《新疆大学学报（哲学·人文社会科学版）》2021 年第 3 期。
② 黄粲茗：《明清时期中越边境"四寨六团"行政建置变动始末》，《中国历史地理论丛》2021 年第 4 辑。
③ 谭嘉伟：《清代连山瑶、壮的源流、分布及相关历史地理问题研究》，硕士学位论文，暨南大学，2017。
④ 秦和平：《清季镇边厅由来、价值及影响》，《云南师范大学学报（哲学社会科学版）》2017 年第 3 期；张宁：《清末镇边厅的设置与西南边疆》，硕士学位论文，复旦大学，2013。
⑤ 赵天骄：《清代循化厅政治地理研究》，硕士学位论文，西藏民族大学，2021。
⑥ 谭丹：《清代丰镇地方的政区演变与社会变迁》，本科学年论文，中国人民大学历史学院，2017。
⑦ 陈天昱：《清代江苏松江府川沙厅设置时间考辨》，本科学年论文，中国人民大学历史学院，2019。
⑧ 闫家诚：《清代仪封厅的设置》，本科学年论文，中国人民大学历史学院，2019。
⑨ 闫家诚：《边疆内地化与厅的设立——基于清代西宁府丹噶尔厅的个案研究》，本科毕业论文，中国人民大学历史学院，2020。
⑩ 郭岩伟：《清代前期口北三厅地区政区体制研究》，硕士学位论文，复旦大学，2011。
⑪ 任玉雪：《清代东北地方行政制度研究》，博士学位论文，复旦大学，2003；《论清代东北地区的厅》，《中国历史地理论丛》2011 年第 3 辑；谢长龙：《清代东北厅制研究》，硕士学位论文，中国人民大学，2021。
⑫ 张胜彦：《清代台湾厅制史之研究》，台北《台湾风物》第 43 卷第 2 ~ 4 期，1993 年。
⑬ 鲁靖康：《清代厅制再探——以新疆为例的考察》，《西域研究》2019 年第 2 期；《吐鲁番、哈密二厅"咸丰五年升直隶厅说"辨误》，《历史档案》2017 年第 2 期；《清代哈密厅建置沿革与西北地区的权力制衡》，《西域研究》2017 年第 3 期；鲁靖康、魏亚儒：《清代边疆政区设置的变通与调适——以塔尔巴哈台为例》，《西域研究》2016 年第 3 期。
⑭ 彭陟焱、陈昱彤：《清代嘉绒地区"厅"的设置及其影响》，《黔南民族师范学院学报》2018 年第 5 期。

"海岛厅"一类特殊厅制进行研究的成果，[①] 以及对厅城这一要素进行研究的论文。[②] 厅制的个案研究正呈欣欣向荣之势，并不断揭示清代地方治理"因地制宜"的制度变通一面。

　　此外，对于同知、通判这类官员的研究也为深入探析厅的问题提供了制度史基础，特别是有的研究不可避免地要涉及厅，如对于理事同知、理瑶同知的考察就有多篇文章。[③] 另外，还有对兴屯厅、管河厅的专门研究。[④]

　　尽管目前关于厅的研究（尤其是对若干个案的分析），已部分揭示出厅的设置背景、职责范围及其行政运作，但厅制在清代是一项基本的地方行政制度，以个案分析的方式去理解厅制本身，可言精细但难窥全貌，尤其是考虑到厅制在地方行政实践中的地域性变通，这种分析方法显得并不妥帖。笔者认为

---

①　朱波：《清代海岛厅县政治地理研究》，硕士学位论文，中央民族大学，2015；《聚岛为厅：清代海岛厅的设置及其意义》，《海洋史研究》2020年第1期。

②　马天卓：《清代厅城的类型与特点研究》，《西南大学学报（社会科学版）》2011年第1期；覃影：《边缘地带的"双城记"——清代叙永厅治的双城形态研究》，《西南民族大学学报（人文社科版）》2009年第11期。

③　定宜庄：《清代理事同知考略》，收入蔡美彪主编《庆祝王锺翰先生八十寿辰学术论文集》，辽宁大学出版社，1993，第263~274页；穆云鹏：《清代理事同知制度初探》，硕士学位论文，中央民族大学，2011；宋思妮：《清代理瑶同知略考》，《民族宗教研究》第3辑，广东人民出版社，2013，第53~61页；牟翔：《清代理事同知研究》，硕士学位论文，中国政法大学，2015；黄兆辉、陈晓毅：《城市民族事务治理的历史维度——以清代广州理事同知为中心的考察》，《满族研究》2020年第2期。

④　陈桦：《清顺治年间兴屯道兴屯厅的建立和裁撤》，中国人民大学历史系、清史所编《历史学刊》1986年第2期，内部印行；王晗、张小永：《清代顺治年间兴屯道、厅的兴废及其环境效应分析——基于对陕北中部地区的历史地理学考察》，《开发研究》2009年第4期；吴东东：《清代管河厅的设置及其演变》，硕士学位论文，渤海大学，2020。

从制度史的演进入手，对厅制做一番整体和贯通的考察仍然是非常必要的，且至少应从以下五个方面着手。一是从厅的地域划分和长官职责两大核心问题而非今天的政区概念去理解厅的起源，先有地域划分才可能产生新的行政区域，只有负责该行政区域的长官在所管区域内具有了与知县、知州类似或者同样的职责时，这个行政区域才具有独立性。二是要将厅制从明末萌芽到民国初年废止做一个长时段的制度史梳理，尤其是对厅制在明末清初萌芽之际的情况及其在清代的制度演变做一番细致的梳理，并放在具体的行政实践与区域历史发展中去考量。三是要对清代所有厅的建置，包括若干非厅建置的分防同知、通判辖区做一番全面的考察，认真辨析二者在行政实践中的差别，而非试图用某一个或某几个厅的设置去孤立地理解这一设置目的、分布区域均差别较大的制度。四是考虑到厅制存在一个定型的过程，因此，对厅的建置的考察必须尽量利用设立这一政区之初的原始奏疏，而不要依赖于后出的方志、政书等文献中有关沿革的记载，后者往往存在一个用定型后的厅制观念溯及以往的问题。甚至包括《实录》等文献，虽有些是抄录奏疏原文，但存在简化而失之片面的问题。五是明清地方行政制度的变迁是一个系统，必须将厅制演变置于整个行政制度变迁的大背景下来考察，将其与卫所裁革、改土归流、疆域拓展及清代地方施政理念结合起来讨论，而非就厅制而论厅制。

三　本书章节安排与思路

由于近些年厅制研究成果日益增多，本就为数不多的厅又有了不少非常细致的个案与区域研究，本书无意在前人研究已比较深入的厅制问题上进行重复，而试图在以下几个方面予以努力。

第一，鉴于现有各类清代政区沿革工具书中，对清代所存在的厅及其设置年代的叙述存在不少差异，往往有的著作承认某个厅的存在而其他著作则予以否认，或是在设置年代的考证上相差颇多，即使是清朝自身所形成的文献也多有歧异，因此本书研究的基础在于附录中对于清代全国设置厅的情况的摸底考订。这一考订既建立在对厅的设置标准的确立上，也建立在解读第一手文献特别是档案文献的基础上。只有确切考订清楚清代厅制的基本面貌，本书的各项立论才能建立在扎实的基础之上。

第二，本书对从明末至民国初年厅制的发展做了一番全景式梳理。制度史的宏观梳理依然具有不可替代的价值，特别是有利于把握整体制度的推进及其大的历史背景，此为个案研究所不及。

第三，在整体对厅制的梳理之后，本书对五类具有代表性的厅进行个案分析。由于厅制个案与区域研究都已很细致，本书没有必要重复，当然，面上泛泛而论更不足取。在扬长避短的基础上，笔者选择了五类具有一定代表性的厅，立足于对个案的深入分析，全面展现厅这一制度是如何与区域社会相融共生的，厅制又是如何体现清代地方治理特点的。这五个个案分别是代表清代处理蒙汉交界地带地方治理问题的晋蒙交界的归绥地区、内地边缘位于太湖之中的太湖厅、为处理湖南贵州省界纠纷而作为政治上的权宜之策而设的晃州厅、广西土司地区改土归流所设的厅及广东为处理土客矛盾所设置的赤溪厅。这五种厅各具特色，大体涵盖了清代厅制发展的主要面向。

第四，本书无意将厅的行政建置看作一个重新划分孤立政治区域的事件，而是将厅制作为一种透视区域社会历史进程的工具。厅制是区域社会历史进程的结果，又极大影响了区域历史的发展，故本书着力于阐释厅制与地方治理之间的关系，并从长时段历史进程的角度展现厅在中央王朝处理地方治理问题时的灵活性及过渡性角色。

第一章　清代厅制起源、形成与演变

　　厅制一向被视作清代所独有，它原本是府的同知、通判分驻到府城以外，后逐渐具有独立辖区，并转化为地方正式行政机构。真水康树、傅林祥等人的研究已揭示出明末已有厅制的萌芽，最早可溯及天启时期的四川叙永厅。① 厅制在明代始终未能形成正式制度，即使以清代五部《会典》来衡量，也是晚至嘉庆《大清会典》才有正式记录，可以想见，厅制从萌芽到定型，经历了一个极为复杂的过程。因此，厅制何时形成，成为厅制研究中的关键问题，而恰恰是在这一方面，现有研究尚未取得一致意见。真水康树将厅制的"定制化"标准设定为两个：第一，"直隶厅"与"散厅"之间产生明确的区别；第二，它们分别被看作像府、县那样的独立行政机构。他在比勘《清朝文献通考》所载清前期设置的厅及相应《实录》原文的基础上，认定厅的"定制化"是在乾隆三十五年前后完成，并且以永北、蒙化、景东三直隶厅的设置为标志。而傅

---

　　① 真水康树：《清代"直隶厅"与"散厅"的"定制"化及其明代起源》，《北京大学学报（哲学社会科学版）》1996 年第 3 期；傅林祥：《清代抚民厅制度形成过程初探》，《中国历史地理论丛》2007 年第 1 辑。

林祥则借鉴清代《会典》等文献记载与现代"行政区划"的相关概念，将乾隆十二年潼关抚民厅的出现视作抚民厅制度全面形成的标志。

上述观点不无可商。关于明代厅制的萌芽，只述及四川叙永厅，而不及更早在甘肃边卫之处出现的"抚民厅"等建置；将厅制定型定于乾隆十二年或三十五年，但事实上在康熙年间初修而正式刊刻于乾隆九年的《大清一统志》中已明确为安西厅、靖逆厅、黔彭厅、叙永厅、威远厅列目，① 故关于厅的定型显然应追溯至更早一点的年代。吴正心等人的研究已注意到明代出现了同知、通判分防的迹象，② 但对分防之后的同知、通判在地方上所承担的职责及其与厅这一制度本身的内在演进关系并无论述。可以说，关于厅是如何起源并成为一种地方行政制度，厅制在清代经历了哪些演变，目前仍然是很不清楚的，对哪些分防同知、通判属于厅这一基本问题仍然存在较大的争议，③ 这是清代地方行政制度史研究上的难题。

笔者认为，厅制的形成经历了三个阶段，在清代亦有较大的制度革新，其设置、推广及定型与清代施政理念有明显关系。

一　由同知、通判分防而有厅之雏形

明代在府之下设置有同知、通判二官，"分掌清军、巡

---

① 这五厅是直属于布政使司的，与府、直隶州平行记载，按照定型后的厅制，应属于"直隶厅"，但康熙初修《大清一统志》中无"直隶"二字。
② 吴正心：《清代厅制研究》。
③ 如《清史稿·地理志》、赵泉澄《清代地理沿革表》、牛平汉主编《清代政区沿革综表》所著录的厅，在数目和设置时间上存在较大差异。

捕、管粮、治农、水利、屯田、牧马等事"，① 有时又可合称作"同通"。州下亦或设同知。作为府州的佐贰官，同知、通判的设立在于协助知府或知州处理某些具体政务，通常和知府、知州同城而治。

然而，明代却出现了同知、通判分驻到府城、州城之外的趋势，由于其分防的数量尚不太多，故在《明史·职官志》及《大明会典》中尚未记述这种分防的趋势。这些品级高于知县的府州佐贰分驻到府州城之外，必然成为地方行政中一个新的"变量"。这种分防又因其授予的职责及分防的地域不同，而呈现复杂的状态。

第一类的同知、通判分防为府州行政的辅助手段，职责相对较为宽泛，近似于"准政区建置"。如张瀚就曾因陕西西安府邠州宜禄镇地方"四面空野，盗贼乘间窃发，无所忌惮，且此中数里刁顽，应纳粮草，率多逋负，勾摄亦多避匿"，该县居民屡屡奏请添设县治，但"建县事大费多，遽难轻举"，故奏请设置同知一员驻扎，"令其缉捕盗贼，催征粮草，处断词讼，实息盗安民之急务也"。② 可见，该同知分防是为设县的"替代品"，而其所管极为广泛，最重要的"钱粮"与"词讼"均可参与，但钱粮仅为"催征"而非"征收"，"词讼"中是否可参与命案审判亦未可知，和州县职责相比略轻，仍是出于一种为"便宜从事"的目的而设，故建置往往并不稳定。如治安形势缓和，则或撤回同知；如设治条件成熟，也可能会

---

① 《明史》卷 75《职官志四》，中华书局标点本，1974，第 1850 页。
② 张瀚：《台省疏稿》卷 3《酌议地方事宜以兴治安疏》，《四库全书存目丛书》史部第 62 册，齐鲁书社，1996，第 53~54 页。

改置为县，如四川泸州、富顺、荣昌三州县间有一驿名隆桥，"居山谷间，为盗渊薮，设重庆府通判一员，督军守之"，但后来"守臣建言，设通判不如设县治，令事有专统，可以责成，然后地方无患"，于是设立隆昌县。①

第二类的分防同知、通判职责为捕盗、海防、江防等某项事务，除分防处所外，往往兼辖数县。如陕西西延捕盗同知，天启三年由延安府管粮同知改，驻扎黄龙山，"专管捕盗事"。②再如山东青州府通判，正德十二年设于颜神镇，"防矿贼也"，③后裁而复设于嘉靖十九年，④并铸捕盗关防。⑤康熙年间修纂的《颜神镇志》对该通判的职责记载得更为详尽："颜境错壤万山，矿徒肆害，军民杂处，强弱相凌，兼郡邑各挟分土、分民之私，以致群盗乘出此入彼之险，题奉钦依，特设青捕厅在镇驻扎防守，兼辖新、淄、长、莱等县地方，有警即调遣兵马，听其约束。"⑥嘉靖《青州府志》中称其为"捕盗厅"。⑦江苏扬州府江都县瓜州镇设同知，"整饬该镇兵夫，监造巡哨船只，会合该卫巡江官员演习水战，兼管所属一带江面，上接仪真，下抵狼山，缉捕盐盗。如有海寇入江，督兵追剿，以靖江洋"。⑧福建云霄驿，"万历二年增设驻海防同知，二十年兼

① 《明世宗实录》卷566，嘉靖四十五年十二月壬辰，台北中研院历史语言研究所校印，1962，第9062页。以下所引《明实录》皆此版本。
② 《明熹宗实录》卷42，天启三年十二月甲午，第2188页。
③ 《明武宗实录》卷152，正德十二年八月丁巳，第2945页。
④ 《明世宗实录》卷244，嘉靖十九年十二月辛酉，第4909页。
⑤ 《明神宗实录》卷298，万历二十四年六月癸丑，第5586页。
⑥ 康熙《颜神镇志》卷4《职官》。
⑦ 嘉靖《青州府志》卷8《人事志一·官署》。
⑧ 郑晓：《添设官员疏》，陈子龙等辑《明经世文编》卷217，《续修四库全书》集部第1658册，上海古籍出版社，2002，第239页。

驻捕盗通判，寻以不便废"。① 此类同知、通判与那些和知府、知州同驻的同知、通判仅有驻地之别，而无职能上的本质差异。

第三类是设于边区，与卫所管理有关的分防同知、通判。明代有两套疆土管理体制，一套是布政使司—府州县体制，一套是都司—卫所体制。② 明代至少在边区的卫所管理体制上已有借用府州县文官来兼管的趋势，一些地区出现了新式政区的萌芽。

《明史·职官志》也注意到边区同知与内地同知之间存在着差异，故在"府"条同知下列有一行小注"各府所掌不同，如延安延绥同知又兼牧民，余不尽载"。③《明史·职官志》特意将延绥同知单独列出，并称其"又兼牧民"，似乎别有深意。

明代于北部边疆设立九边以作防御，位于今陕西北部与蒙古交界的是延绥镇，设有榆林卫，属陕西都司管理，沿边修筑边堡，构筑北部边防。明人尝言："凡边郡之所最难治而不可缓者……通判司钱谷，同知治戎旅，斯兵、食二者关有国大计，而边郡为尤急，所以足之之道，诚不可一日不谨。"④ 边郡以同知、通判等文官分别协理军事与钱粮事宜。延绥同知系嘉靖四十五年延绥巡抚王遴奏请添设，"俱于延安府列衔，榆

---

① 嘉庆《云霄厅志》卷1《方域志·建置》。

② 顾诚：《明帝国的疆土管理体制》，《历史研究》1989年第3期。

③ 今点校本作"如延安、延绥同知又兼牧民"，似误。此同知为嘉靖四十五年所设，列衔延安府，驻地为延绥镇，《明史·职官志》意为延安府驻延绥同知，不应点断。

④ 赵时春：《送平凉通判孔君道源擢延安同知序》，《浚谷先生集》卷4，《四库全书存目丛书》集部第87册，第281页。

林镇驻扎，分管边腹城堡修理事务，不许干预别事"。① 后裁，但于万历十三年复设同知驻榆林镇。② 有称其为"城堡同知"或"城堡厅"者。此外榆林地区还设有中粮同知、东粮同知、西粮同知，③ 中粮同知后裁并入城堡同知，东粮同知设于万历中，驻神木，西粮同知设于万历十三年，驻靖边。④ 这两员同知是取代成化八年原设管粮通判而置的，⑤ 似乎万历年间，不再令通判管理粮饷，而以同知取而代之。至明末，榆林地区实际上设有三员同知，分驻榆林、神木、靖边，其职责亦变为督理粮饷。明吏部尚书张瀚奏疏中即称"靖边城堡同知专为督理庆阳城饷而设"。⑥

其实，类似榆林卫委派临近府属官来协助管理的现象并非该地区所独有，山西北部与蒙古交界地带也存在。明代卢象昇崇祯十年二月二十五日所呈《请改厅官职衔疏》对认识同知、通判与边区卫所管理之间的关系提供了一份极为珍贵的材料："宣大山西等镇临边一带，设有同知、通判等官专管路厅之事，分理各路兵马钱粮，盖与协路将官相颉颃，而守备以下则

---

① 杨博：《复巡抚延绥都御史王遴条陈边务疏》，《杨襄毅公本兵疏议》卷19，《续修四库全书》史部第477册，第554页。
② 康熙《延绥镇志》卷3《官师志》；《明神宗实录》卷164，万历十三年八月庚申，第2992页。
③ 康熙《延绥镇志》卷3《官师志》。万历三十八年曾铸东路、西路、中路管粮同知关防，见《明神宗实录》卷478，万历三十八年十二月壬申，第9017页。
④ 《明神宗实录》卷164，万历十三年八月庚申，第2992页。
⑤ 康熙《延绥镇志》卷3《官师志》；《明宪宗实录》卷105，成化八年六月己巳，第2052页。
⑥ 见张瀚《台省疏稿》卷3《酌议地方事宜以兴治安疏》，《四库全书存目丛书》史部第62册；《明穆宗实录》卷64，隆庆五年十二月乙卯，第1552页。

有相临之体矣。同与判俱系厅官，而同知五品，通判六品。"①
以宣府镇所属几员同知、通判为例，在嘉靖《宣府镇志》中
被称作理饷文臣（河间府通判管理万全等仓场、大名府通判
管理蔚州等仓场）等。② 这类代卫所管理粮饷等事的同知、通
判被称作"厅官"，但和后来政区性质的厅显然还有很大不
同。顺治十二年宣大山西总督奏参山西中路同知，称其为
"厅官"，就揭报劣迹内容来看，主要是经济方面的问题，如
"经征王田，造报荒地"时的索取等。③

　　如果说上述协助卫所管理兵马、粮饷等事宜的同知、通判
职能还较为单一，尚不具备成为新式政区的"潜质"的话，
在极个别边区卫所之地，分防同知、通判则已渐有成为独立管
辖区的趋势，最为典型的是岷州抚民厅。

　　岷州卫地处河湟之地，与洮州卫等构成防御西北地区少数
族群进攻防线上的重要一环，于洪武十一年置，④ 其前身是元
代的岷州。该卫屯田有军屯、民屯之分，其中民屯编为十七
里，卫属则编为"三十六屯并西固一所"。⑤ 岷州卫为军民兼
治，不为一纯粹军事单元，故洪武十五年"礼部言天下布政
使司府州县，凡祭祀社稷、山川，命文官主祭，武官不与，岷

① 卢象昇：《宣云奏议》，《明大司马卢公奏议》卷6，《四库未收书辑刊》第2辑第25册，北京出版社，2000，第137页。
② 嘉靖《宣府镇志》卷31《职官表》。
③ 顺治十二年七月宣大山西总督马之先揭帖，中研院史语所藏内阁大库档案，登录号：108157。
④ 《明太祖实录》卷119，洪武十一年六月辛巳，第1938页。关于岷州卫及其在西北防御体系中的地位，可参见武沐《岷州卫：明代西北边防卫所的缩影》，《中国边疆史地研究》2009年第2期。
⑤ 康熙《岷州志》卷3《舆地下》。

州等卫军民指挥使司既职兼军民，其社稷山川之祭则宜从本司主之。制曰可"，① 特意指出岷州卫"职兼军民"的特殊性。但岷州卫指挥出身行伍，兼管屯地、民地，引发不少弊端，洪熙元年"上谕行在户部尚书夏原吉曰，岷州地临边疆，其土民旧令卫所带管者，盖欲使得安业。近闻卫所官扰害非一，致其逃窜者多。今虽赦宥复业，其居宅田土已为豪猾占据，宜行岷州，凡土民，惟令本卫经历司带管，经历文官，必能抚恤，凡产业为人占据者，皆令追还，庶几不致失所"。② 此时，只是令经历司来管理土民，而卫所管理兵士屯田而已，③ 岷州卫的管理已出现卫所、经历司的分野，呈现文武分途的趋势。嘉靖二十四年裁岷州卫，复置岷州，但到了四十年岷州又废，复归原貌，"所遗人民仍属岷州卫经历司兼管，添设巩昌府通判一员驻扎其地，监收民屯粮草"。④ 四十二年巡按御史韩君恩又以经历官微，不便约束，题准裁去通判、经历，添设抚民同知，"专理一十七里钱粮，并岷州一切军民词讼、仓库、狱囚、学校、城池、兵马、屯田、粮饷"，⑤ 军屯与民屯的征收剥离，其中军屯仍由岷州卫征收，而民屯则归并入抚民同知管辖。只有个别杂税间有出入，"按厅、卫钱粮以民屯为别，然岷州磨课在屯地者，亦由厅征解，若牲畜、牙帖、烟当、田房等税，在民地者，亦由卫征解，其参互如此。至如洮卫磨课并

---

① 《明太祖实录》卷141，洪武十五年正月甲申，第2223页。
② 《明宣宗实录》卷5，洪熙元年闰七月己亥，第125~126页。
③ 关于经历司在卫所管理中的作用，张金奎在《明代卫所军户研究》（线装书局，2007）第三章第一节"经历司：先天不足的军户管理机构"中从宏观角度论述了这一问题，可参见。
④ 《明世宗实录》卷497，嘉靖四十年闰五月乙巳，第8237页。
⑤ 康熙《岷州志》卷2《舆地上》。

归岷厅，更无从晰其源委也"，文武殊途的趋势愈加明显，户口统计亦析分为岷州抚民厅与岷州卫。[1] 至明代后期，新设的抚民同知渐凌驾于卫所官之上，已渐有"完全"的行政长官之实，"嘉靖以后民事则归诸别驾以及抚民郡丞，而卫不与，为指挥者，惟与二三僚佐专管屯务，而屯地之刑名、钱谷，郡丞且得综而核之矣"。[2] 岷州抚民同知已拥有近似专管之地，有"抚民厅"之称，被称作"岷州厅"或"岷州抚民厅"。《陇右金石录》记有嘉靖年间《建修岷州厅事碑》，[3] 而宣德十年四月初四日洮州城紫云寺该同知所立碑记自称"巩昌府岷州抚民厅"。[4] "抚民"一词在同知头衔上的使用显示了这一同知的与众不同之处，具有了更多民事意义，而这一同知头衔入清之后则发生了关键性变化，成为政区意义上厅的固定头衔之一。光绪《佛坪厅志》概要介绍同知的来源时称其"古称郡丞，曰司马，亦曰同知，皆无抚民之责也。有抚民者，自国朝始"，[5] 显然志书编纂者并未注意到明末西北一带同知头衔出现的微妙变化。[6]

事实上，西北边区的卫所，类似岷州卫设同知等文官管理并非孤例，但其职责似较岷州为轻，多仅司钱粮或茶马事宜，

---

① 康熙《岷州志》卷8《田赋上》。
② 康熙《岷州志》卷13《职官下》。
③ 张维编纂《陇右金石录》，《中国西北文献丛书》第7辑第182册，兰州古籍书店，1990，第425~429页。
④ 光绪《洮州厅志》卷16《番族·茶马》。
⑤ 光绪《佛坪厅志》卷2《官师第四》。
⑥ 许若冰、杜常顺对明代岷州地区由岷卫兼管、岷州建州、巩昌分辖的演变过程进行了非常细致的梳理，见许若冰、杜常顺《明代岷州地区的民政治理与行政制度变迁》，《中国历史地理论丛》2021年第4辑。

故有"监收厅"之称。乾隆年间设置循化厅时，曾追溯至明，"明时卫所皆有监收厅以司出纳，河州厅在明初，河营、贵、保起粮饷数万，皆仰给焉。至国初而专司茶马，已无其实矣"。① 康熙《河州志》卷2《官政》载有河州同知，官衔为"监督府同知"，"明万历三十二年改设同知，然钱粮归布政，纠核属本府，惟茶马专司"。《明经世文编》载："又河州、靖虏、岷州、洮州，若设参将、守备之处，皆有监收抚民同知、通判等官。"② 可见，西北边区卫所设监收抚民同知、通判乃普遍现象，且这些同知、通判与一般同知、通判不同的是它们还有"正式"的关防，"府佐之职虽不崇而钱粮则重。及查得兰州监收临洮府同知、河州监收该府通判、岷州抚民监收巩昌府同知与延绥、宁夏二镇监收通判俱有钦降关防"。③ 顺治四年时宁夏巡抚胡全才将宁夏河东道属中、东两路同知，盐捕通判及河西道监收西路各员均称其为"厅"，请求颁发厅官印信，其中提到河东道所属"中、东二路同知，盐捕通判三厅各有钱谷地方之任，非印信文移无以为凭"，而河西道"设有三厅，一为监收，一为理刑，一为西路，所关最巨"，"宁镇孤悬一隅，并无州县，只额六厅以司钱谷牧民之责"。这些同知因只是属于宁夏镇，故其头衔不得不就近找到一个府来挂靠，监收中路、东路同知三员属庆阳府佐，西路同知、盐捕通

① 乾隆《循化厅志》卷1《建置沿革》。
② 李维桢：《阶州斩崖及陇右边情》，《明经世文编》卷466，《续修四库全书》集部第1662册，第267页。
③ 石茂华：《题为议处监收未尽事宜以重边储事》，《毅庵总督陕西奏议》卷3，全国图书馆文献缩微复制中心，2009。

判二员属平凉府佐，[①] 看得出只是权宜之计而已。这里所谓的
"厅"只是对同知和通判衙门的称呼，其虽一定程度上起到了
州县替代品的作用，但显然还不是政区意义上的建置。

内地卫所中，也有设抚民同知管辖卫所内的民地的现象。
如潼关卫，万历时设西安抚民同知驻潼关，据《潼关卫志》
卷中《职官志第五》："万历间，分署西安府抚民同知，驻关
门，抚治军民，专司盐茶马政，为督抚盐茶各院及兵宪理刑，
卫弁不得司刑名，着为令。至清，兼理税务。"[②] 兼理税务在
顺治十年，[③] 该抚民同知主要职能在盐茶及司法方面。《潼关
卫志》记载了万历四十七年的抚民同知韩霖"明敏廉洁，听
讼果决"、清代的抚民同知王明福"分署潼关，理刑明允，衙
规整肃"，[④] 都展示了抚民同知在司法实践中的角色。嘉庆
《续潼关厅志》卷上《田赋第四》载"顺治十四年谕军民各造
丁册地籍，民有民田，不得混入军名，军有军田，不得混入民
户，邑宰专主民籍，卫官统驭军人，永为定例"。其中所讲的
"邑宰"即驻于潼关的西安抚民同知。卫所的军屯与民田分隶
于卫官和抚民同知，出现了卫地由卫官、文官共治的局面。[⑤]
联系到边地卫所及潼关卫的个案，明末某些地区的卫地管理似

---

① 顺治四年四月宁夏巡抚胡全才题，中研院史语所藏内阁大库档案，登录
　　号：085712。
② 潼关县地方志编纂委员会编《潼关卫志校注》，三秦出版社，2015，第
　　54页。校注误将"卫弁"写为"县弁"。
③ 顺治十年二月初八日陕西巡按御史高尔位题，中研院史语所藏内阁大库
　　档案，登录号：086049。
④ 潼关县地方志编纂委员会编《潼关卫志校注》，第74页。
⑤ 西安府驻潼关抚民同知于雍正十三年被裁撤。见雍正十三年三月初四日
　　户部尚书史贻直、陕西巡抚硕色合折，中国第一历史档案馆（以下简称
　　"一档馆"）藏录副奏折，档号：03-0001-017。

出现了文官化趋势。

　　远在西南，也出现了类似同知领有辖地的现象，只是与卫所无关，而与改土归流后"新疆"土司的处理方式有关，典型的是常被研究者提及的四川叙永厅。明时叙永、永宁地方尚属宣抚土司，天启年间，该处土司奢崇发起一次大规模的叛乱，至崇祯乱平，"经数年而讨平，改土设流，以叙郡丞驻永治之，号叙永厅"，① 管理这一原土司地区。至于为何要设同知，连康熙年间修纂的《叙永厅志》也感慨明末四川战乱不休，以至于文献散佚，难述明白。所幸在明末兵部尚书杨嗣昌的文集中，还保留着崇祯十二年平定奢崇之乱后他的善后之策，其中正提到此次移驻叙州府同知事宜，兹引如下。

　　　　其一议设官。看得司、卫同城，黔、蜀共域，本朝建置，犬牙相制之义所在殊多，何独永宁宣抚蛮触之争于蜗角间，呶呶多态也？旧抚王维章议曰：设府、县流官，止为弹压黔中裣弁之故。而旧督朱燮元两言以蔽之曰：斗大一城无处安顿，局面本小不宜大做。洵属老成之见。但欲移镇雄、乌撒之府佐以居之，则仍是黔官，仍分蜀畛，且彼实不能副镇雄、乌撒之任，而寄寓永宁，又焉能副永宁之任乎？该抚傅宗龙议设军粮同知一员，带衔叙州府，照安边同知之例，铸给关防，四十八屯归其督办，军民词讼听其剖分，诚为妥当。盖多官断不必设，而一官断不可少

---

　　① 康熙《叙永厅志·序》。

者也。①

此叙永军粮同知所管为原永宁宣抚司地，崇祯年间设置以后保留下来，至迟在清初的康熙六年就有了"叙永军粮厅"的称呼，属叙州府。② 也有称其为"永宁厅"者，③ 此当是延续被裁废的永宁宣抚司之称的缘故。杨嗣昌的奏疏中提到，叙永同知乃是"照安边同知之例"，可见叙永同知亦是后起之"例"，断不宜以之为厅制之开端。安边同知是根据明巡抚曾省吾在处置边疆新归附土地时提出的建议而设，明代土司改流以后，如何进行管理，曾省吾提出"设府佐"："照得都蛮既平，夷方尽为中土矣，但去府城数百余里，据土司四面之中，势颇孤悬，又山川险阻，夷汉错杂，必得文官分理于下，方保无虞。但遽议郡县，则荒恶之区，所居未能成聚，附之邻近县分，则声势隔绝，未免仍复生奸。佥议谓设同知兼理兵民，以为得策。及查叙州府先年仍有通判一员，驻扎嘉明镇督粮，后行裁革。今见奉明诏，查复成法，合无于该府添设安边同知一员，照依各省海防事例，钦降关防，专驻新筑所城，管理兵饷，收放税粮，清理词讼，安抚民夷，上承兵道委用，下定武职贤否……庶边镇、政刑俱有统纪，而钱粮、出纳亦有责成矣。"④ 嘉庆《马边厅志略》在追溯明代边防事宜时，将安边

①　杨嗣昌：《西南已定经画宜周疏》，《杨文弱先生集》卷34，《续修四库全书》集部第1372册，第489页。
②　张德地：《题为请设夔关总税疏通商贾以裕国课事》，雍正《四川通志》卷16下《榷政》。
③　康熙二十四年《永宁文庙碑记》，康熙《叙永厅志》卷2《艺文》。
④　曾省吾：《议处都蛮疏略》，万历《四川通志》卷21《经略三》。

同知之设定在万历十七年十二月，该同知驻扎在马湖府新乡镇。① 明末朱燮元弹劾安边同知时批评道，"钱粮任库吏之作奸，漫无稽核；刑名由主文之提掇，一味糊涂"，② 可见该同知有"钱粮刑名"之责。明人碑文中纪念安边同知等筑城之功时，谈及该同知，称其"定章程，明约束，播文告，息纷争，诘戎兵，拓地土"，③ 俨然一地方官角色，且地方文献碑记中似已明确将其称为"安边厅"，④ 甚至还设了厅学。⑤ 叙永同知之职责亦当如是。设立叙永同知专辖或叙永军粮厅后，"编九里，每里十甲，分为四十八屯"，⑥ 开始按里甲方式管辖，初步与州县体制接轨。

此外，广西明江地区，根据后来的追溯，称"各置土司管辖，明崇祯间改流，归太平府明江同知管辖。按上石西土州，明洪武初犹为赵氏领州事。赵氏绝，土牧何士宏自立，未几亦绝。思明土知府黄瑢摄领任事，悉无嗣，乃改流为明江。后因与明江杂混，禀请上宪分别加厅字，称明江厅粮捕府，今明江厅即前之上石西土州也"。⑦ 该段描述有不准确之处，不过思明土府同知管辖"四寨"之地，乃明末事（详见本书第七章）。上述安边、叙永同知并非孤例，明代极有可能已有移

---

① 嘉庆《马边厅志略》卷3《地理志二·边防》。

② 朱燮元：《议处衰庸府佐疏》，《少师朱襄毅公督蜀疏草》卷3，《续修四库全书》史部第491册，第73页。

③ 《建设新乡城碑文》，嘉庆《马边厅志略》卷5《艺文·文记》。

④ 万历时期所写《四川布政司参政管叙马泸兵备道事李公去思碑》，嘉庆《马边厅志略》卷5《艺文·文记》。

⑤ 光绪《兴文县志》卷2《经制志·学校》。

⑥ 《平蔺设流纪》，康熙《叙永厅志》卷2《筹边》。

⑦ 《明江厅上石州乡土志略·名称沿革》。

设同知管辖新改土归流地区的一套办法。

此外，在内地少数民族分布但未设土司的地区，也有同知移驻的例子。如广东昭平县，万历四年始建县，二十七年因瑶人起事，总督戴燿题请设立抚夷同知，驻扎于马江北陀城，目的当然是为了弹压瑶人，但也具备了很多民事包括司法职能。史载"獞人韦公信等计占土民王承聘等田亩，结讼二十余年，皆断田还王，铁案如山。至崇祯四年同知王天除受獞人韦公信赃银三千两并通贿靖藩，竟大翻前案，以致承聘叩阍，奉旨将王天除拿问拟处，而此缺遂裁矣"。① 这一记载既显示了同知所具备的地方官功能，也说明了同知移驻府城之外担负更大责任的脆弱性——一件受贿案即影响了一个同知的置废。

必须要解释的一个问题是，为什么恰恰是同知、通判而非其他职官分防且成为新政区的萌芽？其实无论是新归疆土或边区卫所，抑或内地州县要区，本质是要添设一个略等于"州县"的机构，移驻布政使司、按察使司贰官则显太过；移设州县贰官则太轻，难于弹压；唯府贰官略高于州县，品级适中，非同知、通判不可。在边疆土司地区，因土司品级较高，如不是改流设府，所能派驻弹压的府官员中，品级最高的就是同知、通判，有时甚至只能派同知。典型例子是岷州卫，原设有经历、通判驻扎该地，嘉靖四十二年裁而设抚民同知，此亦因同知较通判、经历品级为高，更便于统摄。以清初改土归流后的职官设置，亦可回窥明代改土归流时所面临的同样问题。如湖南永顺、保靖两宣慰司，原为经历管理，雍正四年将经历改为同知，其中正涉及土司与流官的品级对比。"查永顺宣慰

---

① 乾隆《昭平县志》卷5《兴除·抚夷同知》。

司、保靖宣慰司所管苗猺地方多而且广，较之各土司，为湖南所最著，原设流官经历，均系从七品，永顺、保靖二土司系从三品，职分悬殊，难保无轻忽之念。况该经历既卑微，书役甚少，实难弹压稽察"，故奏请改为同知。①

至此，可稍做一简短总结。明代出现了同通分防地方的现象，或负责钱粮催征及词讼事宜，或专职捕盗、海防、江防，尽管职责不一，但总体上仍属于治所移动了的府州属官性质。惟于边区诸卫所，添设同知、通判，管理粮饷或军政，渐凌驾于卫所官之上，在岷州卫等极个别地区转而与卫所"分地而治"，渐具新政区的雏形。改土归流时，移驻同知专管原土司地区的处理办法亦已出现，渐有新政区生成的契机。由于同知、通判官署之地早已被称作"厅"，②故时人将其所管行政区域称作"某某厅"，初步具有了"厅"之名。

二 由同知、通判领有专管之地而具厅之实

讨论明代已出现的同通辖区在清初的变革，不能不将其置于明清之际地方行政制度的重大变革中，这便是卫所消失和改土归流，而这也正是清代厅制形成的契机。

卫所尤其是实土、准实土卫所的消失首先意味着卫所作为

---

① 雍正四年十一月初八日湖南巡抚布兰泰《请将永顺保靖两宣慰司原设经历改设同知》，《清代吏治史料·吏制改革史料》第 2 册，线装书局，2004，第 741~742 页。
② 同知、通判官署皆称"厅"，根据其职责不同，又有理刑厅、督捕厅等称呼，无论其驻城抑或分防皆然。

一个地理单元必须得到一个妥善的安排，这一安排不外乎有以下几种可能。

一是将部分实土卫所改置为府州县，如山西大同府的天镇卫、阳高卫于雍正三年改置为天镇县、阳高县，这样的改置只是政区的自然转换，行政成本相对较低。

二是部分准实土与非实土卫所因屯地广布，无法置为一新政区，可将其屯田就近归并入临近州县之中，这其中就曾短暂出现以各类守巡道、同知、通判甚至屯厅代管原卫所屯田及征收钱粮的例子，这也是为何清初一些文献会出现"道府厅县"连用的写法。如顺治元年六月清廷刚刚入关，宣府巡抚就指出宣府镇兵额、官员太多，可以大量裁撤都司、守备，并着手设立知府，在未设府之前，征收屯粮的事可以归并，由管粮同知等官负责。① 顺治十三年户部左侍郎王弘祚题报其他省因卫所裁撤，故设有屯道、屯厅，但广西未设屯道、屯厅，卫所又已久废，屯田钱粮无处征收，由此奏请将卫屯、民屯一并归并州县。② 福建省的例子也证明了这一点，从顺治十四年到康熙五年，福建卫所被陆续裁撤，其中一部分卫所屯地归并州县征解，但也有一部分是由福建各府的同知和通判来征收的，如福州府同知附征福州左卫、右卫屯田，福州府通判附征福州中卫屯田等，也正因如此，文献当中也有"福防厅""福粮厅"的写法。直到乾隆元年经过福建巡抚卢焯上疏全部改为由州县征

---

① 《清世祖实录》卷5，顺治元年六月戊寅，中华书局，1985，第63页。以下所引《清实录》均出自中华书局版，不再注明。
② 顺治十三年四月二十二日户部左侍郎王弘祚题，中研院史语所藏内阁大库档案，登录号：086932。

收，同知和通判参与卫所屯粮征收的历史才告结束。①

三是既不保留卫所旧制，也不改置为州县，而是借鉴明代已有的同、通分辖的体制，将其改为同、通专辖之地，从而促成一种新的政区形式——厅的诞生。

上文已探讨的明代出现的三种形式的同、通分防，在清代各有不同演进。其中分防地方、管理府州某一具体行政事务的同、通形式保留了下来并得以继承，仍为分防同知、通判。对边区的同知和通判而言，在卫所官员裁撤以后，出现过短暂的由厅官作为原卫所之地长官的现象，但随着卫所陆续被改置为州县，这些厅官迅速被"虚化"，并最终遭到裁撤或又回到府佐贰的角色，但也有部分厅官得益于特殊的地理、政治情势而得以长期延续，促成一种新政区的诞生。

前文提及的榆林卫下辖的三个同知辖区，在清初的文献中往往被称作"厅"，汪景祺将其合称"延安三厅"，"榆林同知曰中厅，神木同知曰东厅，靖边同知曰西厅"。但三厅似并不管民，汪景祺称"今榆林辖十堡，无文官主之，而一切皆决于守备、千总，鱼肉小民，枉法受赇，严刑以逞，去延安府七八百里，虽有冤抑，不得上达，太守亦不得过而问焉"，② 可见此时榆林十堡尚为武官主之，更确切地讲是堡弁—千总—守备的管理体制。至雍正初年，年羹尧奏请改设文员分而辖之，"延属沿边各堡粮草词讼向系堡弁经理。据前任榆林道杨文乾请设文职专管民事，署延绥镇臣李如柏亦以钱谷刑名请归文员

---

① 杨园章：《清代福建卫所屯粮征收机构的变化》，《福建师范大学学报》（哲学社会科学版）2019年第2期。

② 汪景祺：《读书堂西征随笔》，上海书店，1984，第25~26页。

管理等情"，又据布政司胡期恒详奏具体方案，将延绥镇属三十堡归并州同、巡检司、县丞、经历等佐贰官管辖。① 十一月吏部议复后批准，② 由此初步实现了榆林卫由军事管理改为文员管理的过渡阶段。在陕西粮盐道杜滨的另一份奏折里，这些佐贰官有了统一的名称"堡官"。他们的职责更是极其广泛，"陕属延安以北地方广阔，有'延半陕'之说。沿边中东西三十堡，依附边墙，实要地也。其习俗悍野，鲜知礼仪，棍徒更多妄行。官设三厅，止司塘站，而地方事则杂用州同、县丞、经历、巡检等员主之，谓之堡官。凡钱粮、词讼皆堡官所理，其职任与正印官等"。③ 榆林卫所辖诸堡实质上已被佐贰官分而治之，榆林厅、靖边厅、神木厅并未自然地成为这些佐贰官的"上司"，相反其职责被"虚化"，仅司塘站事宜。康熙四十五年时"榆林至神木沿边安设塘站马六百三十匹，交与榆林、靖边、神木三处同知分派专管，加意喂养"。④ 至雍正三年榆林卫改设榆林府，将明代榆林卫所所辖尽设府县，靖边、榆林二同知被裁撤，神木同知则复为榆林府的属官。

山西宣大等地的同知、通判等虽短暂获得"厅官"之称，偶尔还与其他政区并列，被称作各道厅州县卫所，但这里的道也好，厅也好，更多应将其理解为一种职官体系而非政区体系。在顺治十三年的一份揭帖里，可以看到这些同知、通判和

---

① 雍正二年十月二十二日川陕总督年羹尧《请于陕西榆林延绥等处设文官以专责成》，《清代吏治史料·吏制改革史料》第1册，第283~284页。
② 《清世宗实录》卷26，雍正二年十一月壬子，第403页。
③ 雍正七年闰七月二十日陕西粮盐道杜滨折，台北故宫博物院编《宫中档雍正朝奏折》第13辑，编者印行，1978，第902~903页。
④ 雍正《陕西通志》卷36《驿传》。

各卫守备一起并列叙述、论及额征屯粮军租的情况。① 不久，在山西北部建立了府县系统以后，这些同知和通判就转型成为知府的佐贰官。②

河西各地情况与榆林地区又有差异。同知、通判辖区在清初一段时间的确成为卫所的短暂替代品，顺治十三年甘肃巡抚周文烨在奏报顺治十二年各地额征粮草完欠分数的题本中，对甘肃所属各同知及通判的情况逐个进行了梳理，在题本正文中只是书写"同知"和"通判"字样，并未称其为"厅"，③ 只是在偶尔情况下有了"厅"的名号。阶州所属西固同知现在尚留有一块万历十年的丈地均粮碑记，署名为"巩昌府阶州监牧西固同知"，据此可知该同知是万历五年增置，驻扎西固城，"收放民屯钱粮，催征钱粮，稽查奸弊，审编均徭，准理词讼，专管四里百姓，所官不得分毫干预"。④ 入清以后，为与府同知区分，州同知改称"州同"，乾隆元年编修而成的《直隶阶州志》卷上《官师》部分直接将其称作"州同，西固监收"，雍正十三年的一份上谕直接称其为"西固厅"，⑤ 不过这个"厅"指的是州同衙门。河西之地原有甘州卫、肃州卫、西宁卫等，在入清以后俱设通判等职而有甘州厅、肃州厅、西

① 顺治十三年二月宣大山西总督马之先揭帖，中研院史语所藏内阁大库档案，登录号：089410。
② 乾隆《大同府志》卷11《职官下》。
③ 顺治十三年四月二十二日甘肃巡抚周文烨题，中研院史语所藏内阁大库档案，登录号：118182。
④ 郑炳林、马振颖编著《舟曲金石叙录》，甘肃文化出版社，2017，第38~39页。
⑤ 雍正十三年九月初八日《谕总理事务王大臣着甘省督抚将兰州西固厅等处歉收百姓加以赈恤》，一档馆藏灾赈档，序号：08-00091，缩微号：090-1012。

宁厅之称。雍正二年户部在奏销甘肃各地喂马匹料草册核减时，也根据甘肃布政使折尔金的奏报称"各府厅州县卫"，"厅"指的是在甘肃一带设置的同知和通判衙门。① 同样在雍正二年，年羹尧奏请将河西各厅改为府，其中有"西宁厅请改为西宁府""甘州厅为甘州府"之句。② 肃州厅虽在雍正二年河西各厅改府时得以保留，但雍正七年时又被改为直隶州。③

嘉峪关外的各卫所，同样设置过道、厅官以统辖卫所守备等。康熙五十七年设立赤金卫、靖逆卫，添设卫守备各一员，另设置柳沟所，添设守御所千总一员，另外"添设同知、通判各一员，兼管二卫一所"，归肃州道管。④ 雍正二年令靖逆通判依然管理靖逆、赤金二卫，但又添设沙州卫千总及布隆吉尔卫守备一员，将同知一员移驻布隆吉尔，统辖新设两卫，⑤ 此即安西同知，当时即载该同知"有地方钱谷、刑名"之责。⑥ 雍正十一年因肃州道在口内，"既有口内地方钱谷刑名事件，现今督运军营粮石事务甚繁，其于口外地方鞭长莫及，不能照管"，故奏请于安西设立道官一员，"一切口外事宜令其统帅，安西原有同知一员，令其移驻瓜州，办理水利屯田及教导回民诸事，其瓜州同知，靖逆通判，沙州、安西、柳沟、

---

① 雍正二年九月十六日户部咨，中研院史语所藏内阁大库档案，登录号：108255。
② 《奏陈河西各厅请改郡县折》，《年羹尧满汉奏折译编》，季永海等翻译点校，天津古籍出版社，1995，第 306 ~ 307 页。
③ 《清世宗实录》卷 80，雍正七年四月辛丑，第 57 页。
④ 《清圣祖实录》卷 277，康熙五十七年二月己丑，第 717 页。
⑤ 《清世宗实录》卷 17，雍正二年三月丙申，第 293 页。
⑥ 雍正四年三月二十七日吏部尚书孙柱《请照甘抚拟定字样铸给新设同知通判守备等员关防》，《清代吏治史料·吏制改革史料》第 2 册，第 573 ~ 574 页。

靖逆四卫，赤金一所俱令该道管辖"，① 该二同知、通判被称作安西厅、靖逆厅。乾隆四年时确认安西厅、靖逆厅分辖安西、沙州、柳沟、靖逆四卫及赤金所，② 实际上嘉峪关外之地的行政统辖关系成了道—厅—卫所的新机制，其中的道类似于省的派出机构，厅则类似于府，而卫所实质上类似于县，全然是一文官管理体制，而不再有太多卫所原有的军事色彩。时人亦有此种感受："窃查甘省口外安西同知统辖安西、沙州、柳沟三卫，靖逆通判统辖靖逆、赤金二卫，其责任与知府无异。至五卫所守备、千总及西宁府属之归德所千总虽系武途出身，而办理刑名、钱谷，均有民社之责，亦与州县无异。"③ 雍正四年陕甘总督尹继善、甘肃巡抚鄂昌回顾了明末清初甘肃等边区一度存在的道—厅—卫体制在命盗审转上的特殊程序："命盗各案例由州县承审，由府解司，由司解院，此直省之通例。惟甘肃旧例向因地当边末，设立厅卫，是以承审各案起于厅卫，由道核明转司详院，盖因厅卫非府州县可比，故必由道。"④ 无怪乎在乾隆九年刊刻的《大清一统志》中就列有靖逆厅、安西厅的名目，且与府级机构平行。至乾隆二十年更是将卫守备、千总等名目裁去而直属厅官管辖，二十五年时该处因"地方生聚日繁，田土渐辟，凡经理屯务、抚辑兵民、审

① 雍正十一年正月二十六日都察院左副都御史二格折，一档馆藏录副奏折，档号：03-0001-001。
② 《清高宗实录》卷90，乾隆四年四月己卯，第388页。
③ 乾隆十三年六月二十五日甘肃布政使阿思哈折，一档馆藏朱批奏折，档号：04-01-01-0156-002。
④ 雍正四年六月初二日甘肃巡抚石文焯《请西宁宁夏凉州甘州凡钦部命盗各案均由州县承审由府转司详院》，《清代吏治史料·吏制改革史料》第2册，第619~620页。

理词讼,已非备弁所能料理",故奏请设立郡县,并将安西道移驻哈密,安西同知移驻巴里坤,改为巴里坤同知,靖逆通判移驻哈密,改为哈密通判,俱令管理粮饷,兼办地方事务,仍归安西道统属。[①] 而此时,在《清实录》中将巴里坤同知、哈密通判称作"直隶厅",[②] 这也是"直隶厅"三字在《清实录》中首次出现。分析嘉峪关内及口外诸卫所完成府州县建置的全过程,可以明显看出卫所消失后最终走向的是"州县化",而同知、通判的设立乃至厅名的出现正起到过渡的作用。

在明代已有厅之雏形的岷州抚民厅也没能最终持续下去。清朝定鼎后五年,废岷州卫指挥而设守备,抚民同知之权限亦有变化。"按旧制,阶、文、成、漳四州县暨洮、岷二卫悉隶于抚民郡丞,大计军政之典必由丞考核其贤否。自康熙二十二年以后则径由郡守,而丞不与。然综核地亩钱粮,提调两卫学政及定拟屯民之命盗重案,迄今惟丞是问,夫亦纲维所系,有未能泯灭者欤?惟是卫与丞文移往来,以手本相沿,至四十年四月内宪允众丞详议,饬令丞用朱签照会,卫用详验呈复,既而有所弹劾。惟据丞之揭报,是亦复古之一端也。"[③] 康熙以后,抚民同知不再有军政全权(收于知府),但抚民同知仍有岷州卫地管理"钱粮命盗"之权,并与卫守备协同治理。但光绪年间《岷州续志稿》承认清初的同知终究是"二守",与

---

① 乾隆二十四年闰六月二十四日陕甘总督杨应琚、甘肃巡抚吴达善折,一档馆藏朱批奏折,档号:04-01-02-0002-001。
② 《清高宗实录》卷622,乾隆二十五年十月丁丑,第993页。
③ 康熙《岷州志》卷12《职官上》。

州县有别。① 田赋亦有变化，岷州厅所管民田、屯地共十七里，杂处附近几个州县，雍正五年将其中四里之地改归附近州县管辖，其中提到"民人赴厅、卫上纳钱粮并命盗重案牵连拖累，洵属不便"。② 其实早在康熙四十年时就有此动议，但未尝实施，史载"康熙四十年七月巡抚喀因岷卫以远屯抗粮，详请委诸就近州邑通行西属查议变通。抚民汪公谓以宁、沙二里归诸河州，党、化二里归诸狄邑，实为善后之图。定议欲上而民情安土，未便他属，乃止"。③ 将岷州卫所管散处他处的屯田部分进行了归并。雍正八年时又改岷州厅为岷州。即使岷州厅这样一个近似"准政区"的体制仍未能成为清初地方改制中的"选项"，但其与边区其他厅官一样，最终走向依然是"州县化"。

除了边疆地区卫所改置与厅的关系外，在内地省份，卫所裁撤以后，有的同知和通判也开始介入承接原卫所的部分功能。但由于这些区域原本就有州县一级的建置，故同知和通判大多并不直接走向政区化，不过其面目仍然较为复杂。如福建福州府，明代即设有海防同知一员，雍正十二年移驻南台霞浦街。康熙二十五年添设理事同知一员。④ 其中后者是福州驻防将军的属官，与福建福州府并不属于一个系统，前者则通常有"福防厅"的称呼。康熙五十二年的起居注中记录了康熙皇帝命户部赈灾的谕令，其中提到"广东三水、清远、高要、高

---

① 光绪《岷州续志稿·职官》。
② 雍正五年九月初四日陕西总督岳钟琪奏，一档馆藏朱批奏折，档号：04 - 01 - 30 -0001 - 018。
③ 康熙《岷州志》卷2《舆地上》。
④ 乾隆《福州府志》卷32《职官五》。

明、四会五县，福建侯官县、福防厅所属福右卫二处"及甘肃所属十四处地方被灾比较严重，蠲免了次年的额银。① 雍正九年福建巡抚的一件揭帖是关于报垦田地起科事的，其中将福清等六县与福防厅报垦并列言之。② 那么，这里的"福防厅"所有的钱粮与垦地是否具有政区意义呢？答案是否定的。福防厅所承接的是原福州左卫、福州右卫两卫的屯粮，这两卫的屯地分散于福建各个州县，在卫所裁撤之后，屯地归入各县并征。③

只有部分卫所因处于边疆新开发之地，故清初裁掉卫所以后，有以同知驻扎并令其专管的例子，这构成清代厅的直接来源之一。如四川松潘厅，原为松潘卫，雍正九年改设同知驻扎，"宣讲上谕，振作风俗，编联保甲，查拿赌博、盗逃，征收钱粮，剖决民词，俱责令专司"，④ 已有专管之地，具有了厅的实质。

清代厅之另一来源与改土归流有关。明代已有改土司设流官的趋势，但真正进行大规模的政治操作则是在清代。在这些新改土归流地区设置什么样的政区是清代统治者所面临的一个难题，同知、通判成为其中一个选择，并新置了若干具有专管

① 台北"故宫博物院"编《清代起居注册》（康熙朝）第22册，康熙五十二年十一月初六日，联经出版公司，2009，第12493~12494页。
② 雍正九年八月二十九日福建巡抚赵国麟揭帖，中研院史语所藏内阁大库档案，登录号：010061。
③ 乾隆《福州府志》卷10《田赋上》。关于明代福州三卫的情况特别是屯田的分散性，彭勇《论明代福州三卫之设与闽都文化之建》略有涉及，见赵麟斌主编《闽文化的精神解构》，上海交通大学出版社，2015，第19~27页。
④ 雍正九年十月初四日四川总督黄廷桂《请增设松潘同知巡检等员铸给关防印信》，《清代吏治史料·吏制改革史料》第5册，第2204页。

之权的厅。

明代真正延续下来的是叙永厅，康熙六年改叙永军粮同知为管粮同知。① 方志中所保留的雍正六年叙永地方的公牍提到，自顺治十六年该地归属清朝后，此后六十余年"任官有地方钱粮之责，而永地无府州郡县之名。因改土后委叙州府佐贰为永邑善后"，可见在清初叙永同知的"合法性"仍然没有确立，当地依然认为这里非府州县之地。但康熙六年时在改叙永军粮同知为管粮同知时，发生了一个关键性事件，"钦差总督苗始请颁叙永厅印信一颗"，② 这代表了叙永厅在实质上特别是在形式上开始具有了正式行政机构和区划的合法身份。

雍正五年由于川黔边界调整，将与叙永同知临近的永宁县划归四川，就近归属叙永同知管辖。"贵州威宁府属之永宁县，去府千里，驻扎衙署，乃与四川之叙永同知，共在永宁。而所属人民，散处于四川江安、纳溪、兴义等县，且无贵州营汛，而以四川永宁协营弁代为稽查，奸良莫辨。请将永宁县改归四川，隶于同城之叙永同知管辖。"③ 八年，又令叙永同知直隶布政使司，实际上具有了后来直隶厅的性质，康熙年间所修纂的《叙永厅志》已然称其为"叙永厅"。不过雍正五年所定叙永厅管辖永宁县应当只是形式上的，而永宁县的"钱粮、仓谷、命盗等案俱由叙州府申转，该厅无从稽查考核"。到雍正九年时叙永厅同知尚奏请将永宁县"一切事件由该厅衙门经管"，四川巡抚拟比照建昌监理厅管辖会理州之例，允许叙

---

① 康熙《叙永厅志》卷1《秩官》。
② 光绪《续修叙永永宁厅县合志》卷43《艺文·公牍》。
③ 《清世宗实录》卷60，雍正五年八月乙未，第916页。

永厅直接隶属于四川布政使司、按察使司，也就是成为名副其实的"直隶厅"。①

这里所说的"建昌监理厅"实际是指明代即已在建昌卫所设的建昌监理通判。② 四川原设行都司，管辖建昌、建昌前、宁番、会川、盐井、越嶲六卫及礼州等千户所，入清以后，"改军为民，凡卫所俱设武职流官，军户皆为民户。今行都司改设总镇府，至建昌等卫各改设守备，礼州等千户所各改设千总，俱属建昌监理厅管辖"。③ 这里的"总镇府"应当是指康熙八年所设的建昌道，建昌监理通判作为道所辖的文官，自然也有了领衔管辖诸卫的权力，尽管它原本的功能是管理粮饷，可能附带一些民政事务。当时会理州尚未成立，仍是会川卫，所以前文四川巡抚所言建昌监理厅管辖会理州更多可能是像明末清初西北监收同知一样，由同知代为管理下辖卫所的粮饷事务。今四川省档案馆恰好藏有雍正四年十二月十一日《建昌监理府关于官兵征剿冕山夷蛮及军粮筹措事移文》和雍正五年六月《建昌监理府关于大兵进剿木罗急待拨运粮五十石事信牌》，④ 都与粮饷有关，这与政区意义上的厅辖县还是有一定区别。雍正六年设宁远府后，该通判即被裁撤。⑤

在雍正皇帝的上谕中，"叙永厅"的说法也可见到，"闻

---

① 雍正九年九月十七日四川巡抚宪德《请准永宁县归并叙永同知管辖》，《清代吏治史料·吏制改革史料》第5册，第2191页。

② 朱燮元：《保留给由府佐疏略》，《督蜀疏草》卷12，《续修四库全书》第491册，第384页。

③ 康熙《四川总志》卷4《建置沿革》。

④ 华林：《西南彝族历史档案》，云南大学出版社，1999，第217页。

⑤ 雍正六年二月壬午朔兵部议复川陕总督岳钟琪奏川省苗疆善后事宜，见光绪《越嶲厅全志》卷1《圣谕》。

川省叙永厅与永宁县同处一城，从前厅隶四川，县属贵州，厅县各设税口。嗣经两省会勘，将永宁县改隶叙永厅管辖"。① 乾隆元年，皇帝又有谕旨，提到"叙永厅并所属之永宁县"遭遇风暴灾害，② 可见以"厅"来称呼该具有专管之地的同知辖区已成为皇帝与地方志书修纂者不约而同的"共识"。在雍正《四川通志》所附的地图中，有一幅《直隶叙永厅图》，在志文中，也常用"直隶叙永厅"一词，与后来惯常所称的"叙永直隶厅"名近实同。乾隆四年四川按察使李如兰也称该员同知为"叙永直隶同知"，"直隶同知"的称呼与厅制定型以后对直隶厅同知的称呼已完全一致。③

与叙永同知较为相似的安边同知，在清代初年一度在个别文本里具有了"厅"的称呼，且具有了一定的政区意义。如康熙三十年户部尚书令四川省查明土地有无"诡寄"等现象时提到，"马湖等府厅县卫所与有司地方不同"，④ 其中的"厅"即安边同知，可见此时在个别中央官方的文献中也开始有了"府厅县"连用的案例，不过相当罕见。安边同知因驻于建武城，故亦有"建武厅"之称，康熙六年后裁安边同知，只名"建武"。⑤ 康熙《叙州府志》将"建武志""永宁志"

① 中国第一历史档案馆编《雍正朝汉文谕旨汇编》第 8 册，雍正十二年九月二十三日，广西师范大学出版社，1999，第 335 页。
② 中国第一历史档案馆编《乾隆帝起居注》第 1 册，乾隆元年五月二十一日，广西师范大学出版社，2002，第 252 页。
③ 如道光二年四川太平直隶厅原任同知长庚离任后，奏请"应于川省直隶同知另行酌量调补"，见道光二年正月二十二日四川总督蒋攸铦折，一档馆藏录副奏折，档号：03-2520-074。
④ 康熙三十年三月十二日户部尚书苏赫题，中研院史语所藏内阁大库档案，登录号：185105-020。
⑤ 康熙《建武志·建置沿革》，见康熙《叙州府志》。

与诸县志并列，很可能就是为怎样处理叙永厅和建武厅的地位
而苦恼，两者不属州县，但又不是法定政区形式，故志书编纂
者采用了变通处理办法，既未明确在目录中称其为厅，又突出
其独立于诸县的实质性地位；卷首亦有一幅全图，称《叙州
府十二厅县全图》，显然又将叙永和建武视作两个独立的
"厅"。① 康熙二年时建武厅的辖境还进行了土地清丈，拥有了
独立统计口径和赋税额度。② 在雍正《四川通志》卷2《建置
沿革》部分叙州府下并未见到"建武厅"的沿革叙述，但在
卷1所附《叙州府属图》中，仍然可以看到清晰的"建武厅"
标识，且在卷3上《疆域》部分明确写道"叙州府，辖十一
县一厅"，又详细列出了"建武厅"的四至八到，③ 这种相互
矛盾的记述正体现了此一时期"厅制"的模糊性。康熙六年
裁安边同知，随即移设为叙州府通判，但于乾隆元年亦裁。

　　至于清代新设的与土司、卫所相关的同知、通判辖区，最
早应是在贵州安笼。史载康熙八年将云南新附十八寨钱粮归安
笼所通判管辖，④ 后改称南笼通判，二十一年，贵州巡抚杨雍
建奏疏中已称其为"南笼厅"，⑤ 二十六年，又将安笼所归并
南笼厅。⑥ 该南笼厅新设于改土归流之地，又并入附近安笼
所，成一具有专管之地的通判辖区。康熙五十四年贵州巡抚刘
荫枢请求设置厅学时明言："查南笼厅虽是府属，人民、钱粮

---

① 康熙《叙州府志》卷前《图》。
② 康熙《建武志·贡赋》，见康熙《叙州府志》。
③ 雍正《四川通志》卷1《图考》；卷3上《疆域》。
④ 《清圣祖实录》卷30，康熙八年十一月乙卯，第425页。
⑤ 杨雍建：《抚黔奏疏》，文海出版社，1976，第989页。
⑥ 《清圣祖实录》卷130，康熙二十六年六月戊辰，第402页。

该厅专管，与州县无异。"① 在康熙年间修纂的《贵州通志》户口、公署等项中，专列有南笼厅。雍正三年在贵州巡抚上报养廉银数额的奏疏中，在所列的"南笼厅通判"下，有两行小字注释——"系有专管地方，与州县同"，② 已明白点出南笼通判所辖是与州县无差异的厅。《清实录》雍正五年所载云贵总督鄂尔泰奏报，有"安顺一府，原辖三州五县，南笼一厅"字句，③ 虽是后世所修，但"南笼厅"来自鄂尔泰奏疏原文的可能性极大。再如湖南苗疆之地，康熙四十九年时六里苗民归顺，设凤凰营通判驻扎，康熙五十年令其管理买贮谷石，如有亏空挪移，"照知县例议处"，④ 可见是将其作为一个地方的专管官员、类似"正印官"的角色来看待的，乾隆二年巡抚高杞所奏《苗案请照苗例完结疏》中已直接称"辰州府之乾州、凤凰、永绥三厅所辖之地"。⑤ 云南威远地方原为威远土州，雍正三年将威远土州改土归流，设抚夷清饷同知一员，⑥ 直隶云南，故在康熙初修乾隆九年刊刻的《大清一统志》中列有威远厅，其被视为直隶于布政使司者。广西百色厅，雍正七年将思恩府同知移驻土田州百色地方，⑦ "实有经

---

① 刘荫枢：《设南笼厅学疏》，见乾隆《南笼府志》卷8《艺文志·奏疏》。
② 中国第一历史档案馆编《雍正朝汉文朱批奏折汇编》第5册，江苏古籍出版社，1991，第683页。
③ 《清世宗实录》卷60，雍正五年八月癸卯，第920页。
④ 《清圣祖实录》卷247，康熙五十年八月壬午，第450页。
⑤ 同治《永绥直隶厅志》卷4《艺文门·奏疏》。
⑥ 《清世宗实录》卷31，雍正三年四月乙未，第482页。
⑦ 雍正六年十二月初八日广西巡抚郭铉《请将思恩府同知移驻田州百色地方以浔制府通判改为思恩府通判》，《清代吏治史料·吏制改革史料》第3册，第1328页。

管仓库钱粮、审理命盗之案，原与正印地方官无异"。①

以改土归流设置具有专管之权的厅，以雍正年间的贵州最为典型。雍正五年时，将贵州一带苗疆纳入直接管辖区域已成为清廷的共识，时镇远知府方显称："黔省故多苗。自黎平府以西，都匀府以东，镇远府以南，广西柳州、庆远府以北，皆生苗地。……广袤二三千里，户口十余万，不隶版图，不奉约束……官民自黔之黔，自黔之楚、之粤，皆迂道远行，不得取直道由苗地过。内地奸民犯法，捕之急则窜入苗地，无敢过而问者……此黔省之大害也。诚能开辟，则害可除。"② 清代雍正六年至乾隆元年间，鄂尔泰等人派兵终于平定了苗疆地区，并移设同知、通判驻扎。乾隆七年时鄂尔泰奏请"于都匀府添设同知、通判各一员，以同知分驻八寨，以通判分驻丹江，镇远府添设同知一员，分驻清水江，黎平府添设同知一员，分驻古州，俱加理苗字样，似此虽系增置，仍属府佐，不但于新开要区专驻有赖，即于附近旧辖地面亦呼应得灵"。③ 其后又设置都江、台拱等同知、通判，统称为"新疆六厅"。④ 在平定苗疆之乱后，虽一直有改设府县之议，但未获批准，"新疆六厅"仍得保留，"又廷议内开，一，设立郡县，虽于新疆之体统似属可观，但钦奉谕旨，嗣后苗人争讼之事，俱照苗例完

① 《清高宗实录》卷96，乾隆四年七月庚戌，第460页。
② 方显：《平苗纪略》，见马国君编著，罗康隆审订《平苗纪略研究》中的校释，贵州人民出版社，2008，第109~110、117页。
③ 雍正七年十月二十六日云南贵州广西总督鄂尔泰《请于黔省八寨丹江清水江古州等处设立营汛派驻官员》，《清代吏治史料·吏制改革史料》第4册，第1746~1748页。
④ 乾隆四十四年贵州巡抚裴宗锡奏《请增苗疆屯防疏》，《皇清奏议》卷63，文海出版社，2006，第5172页。

边缘地带的行政治理

结，钱粮永行免征，若改立郡县，添设守令，不特无事可办，
徒为糜费钱粮，应毋庸议等因。臣查新疆较之内地，政务甚
简，有同知、通判等官分地而治"。^① 同知、通判及其辖区
"厅"成为苗疆新地行政建置的"选项"。

图 1-1 雍正末贵州"新疆六厅"示意

当然，在新改土归流地区设置同知、通判，也并非全部会
朝向具有专管之权的"厅"的方向发展，相反，可能仅仅是
一个过渡，为设县做准备。如湖南永顺、保靖两宣慰司原设有

---

① 张广泗：《议复苗疆善后事宜疏》，光绪《古州厅志》卷10《艺文志》。

经历流官代管，雍正四年改为同知以资弹压稽查，①但旋即在七年改设为永顺、保靖县。桑植土司亦是如此，雍正五年改土归流，设同知。此时土司甫归顺，一切未定，无论钱粮还是词讼，俱在筹划之间，设立同知只是暂时代理事务而已，七年即将桑植地方设县。

在清初，还有一例非常特殊的厅建置，就是黔彭厅。重庆府原辖十八州县，原令重庆府同知驻黔江县，管辖石耶土司、酉阳土司等。②雍正十一年令该同知兼管黔江及附近之彭水县，③直隶四川布政使司。初修《大清一统志》称其为"黔彭厅"，类似于后来管县的直隶厅，但到了乾隆元年，该厅即废，④可见只是临时性建置。

可以看出，清初所面临的两大行政问题——卫所裁并、疆土开拓，是促成厅制逐渐趋于成熟的动因。明末卫所文官的移驻，逐渐促使同知、通判代理了部分卫所的管理工作，在清初裁并卫所的浪潮中，部分同知、通判归并了卫所辖地而成为长官，具有了"专管之地"，在一定地域内排斥了同级州县等行政权力的进入，从而具备了厅的实质。在改土归流及拓殖疆土的过程中，同知、通判的分防成为管理新土地的方式之一。这

① 雍正四年十一月初八日湖南巡抚布兰泰《请将永顺保靖两宣慰司原设经历改设同知》，《清代吏治史料·吏制改革史料》第2册，第741~742页。
② 雍正四年九月十九日吏部尚书查弼纳《为四川酉阳等处土司地方流官官职卑微不足弹压酌议移改》，《清代吏治史料·吏制改革史料》第1册，第679页。
③ 雍正十一年四月十三日四川总督黄廷桂《请将忠州改升直隶州顺庆府通判移驻丰和场打箭炉添设照磨》，《清代吏治史料·吏制改革史料》第5册，第2308页。
④ 光绪《大清会典事例》卷153《户部·疆理》，中华书局，1991，第943页。

种分防走向两个方向，一是作为设立州县的过渡，如桑植、永顺同知等；二是逐渐具有专管之地而走向独立政区，如贵州在平定苗疆之乱后所设置的诸厅等。

可以说，厅这一制度是在康熙、雍正年间逐步成熟的，其标志是具有了专辖之地，而这恰恰是与清初裁并卫所和开辟新疆土，从而在原有府州县的疆土之外，新增了大片需要文官填补的新区域有关。正是这些新区域促成了同通分防这一在明末萌芽的制度得以广泛应用，并最终使"分防"具有了厅之实质。

值得注意的是，清初还有一些被人们习称为"厅"的机构，其实质内容较为复杂，既可能与同知和通判无关，更与政区意义上的厅毫无关系。如顺治二年顺天巡抚提到"凡督抚驻扎地方，必有理刑一官，所以承理刑名，不可废也。故遵化旧有一道，复有一厅。今遵道以冗员裁矣，因前驻密云并推官裁矣，一切承问钦件并稽核兵马钱粮，无臣一手自办之理也"。① 这里的"厅"指的是推官。

三　由援例添设而厅制形成

乾隆二十九年成书的《大清会典》并未记载厅这一新的政区形式，在记载同知时，写道"同知，正五品，府或一二人或三四人，分理督粮、捕盗、海防、江防、清军、理事、抚苗、水利诸务，量地置员，事简之府不设"。② 通判的记载类

---

① 顺治二年五月十六日顺天巡抚宋权题，中研院史语所藏内阁大库档案，登录号：185047-052。
② 乾隆《大清会典》卷4《吏部·文选清吏司·官制四》，台湾商务印书馆，1984，第59页。

似于同知，但在四川省下又暧昧地列了"四川总督所属府十有一、同知一、直隶州九、土司五十有七""叙永同知领县一：永宁"的名目。① 直到嘉庆年间修纂《大清会典》时，才记载了厅这一制度，"凡抚民同知直隶于布政司者为直隶厅"，"府分其治于厅、州、县"。但不能仅依据厅在《会典》中的记载就判断到嘉庆时，厅才成为清代正式的行政制度。这是因为厅作为一种制度写入《会典》，至少要满足两个条件：一是厅制已基本稳定并得到认同，不再仅仅是设置州县前的过渡，而是作为同通辖区固定下来；二是厅已达到相当数目，具有一定的普遍性与设置规范。因此，可以说厅制的定型与完善要远早于嘉庆时期。

笔者并不认为"直隶厅"一词的出现及其与"散厅"的分野是厅制形成的标志，因为直隶厅、散厅出现分野代表的是厅制的完善而非形成，正如我们不能将直隶州与散州出现分野视作州制的形成一样。同样，笔者也不认同将某一厅的设置视作厅制完成的标志，因为清代并不存在这样一个厅制"样板"，即使有，也是根据今人所设定的某些条件而判定的，而非从清代厅制发展本身中得到。笔者认为，厅制的发展是一个过程，这一过程是各地援照某些厅的先例增置，从而使厅的数量不断增加，最终形成一种关于"厅"的共识，其标志就是"府厅州县"一词不断被合起来使用。

清代是判例法的成型时期，在政区设置上也有援引前例的习惯。具体到厅的建置，在雍正、乾隆年间不断出现要求按照其他同通给予某同通专管之地的案例。

---

① 乾隆《大清会典》卷8《户部·疆理》。

直隶口北地区，雍正二年仿照归化城同知，亦设同知二员，一名驻扎于察哈尔右翼四旗之中正红旗西边北新庄，"督催钱粮"，一名驻张家口，为理刑满洲同知，"汉人之事令同知料理完结，如蒙古、汉人参错之事，会同该总管审事可也。如有所关人命，汉人之事，解与直隶巡抚完结，其同知关防照依归化城土默特同知关防，着该部铸给"，"自杀虎口至张家口种地人民俱令新设同知管辖"。① 此为后来所谓的张家口厅的起始。

江西莲花厅，雍正五年移吉安府同知驻莲花桥地方，原吉安府知府呈详分立一县，但"分设县治，势必创筑城垣，建造仓库，分晰版籍，添设吏役，头绪繁多，难于猝办"，故仅设立同知，但此时并无刑名案件管辖之权。至于岁征钱粮，"若值两县委征之时，或有玩抗之辈，责令差役协拿，就近惩治"，② 仍是一缉捕官的功能。直至乾隆八年依照乾州同知、凤凰营通判管理民事之例，将永新、安福两县之砻西、上西两乡民屯原额正杂钱粮漕二米及刑名等项悉归该同知征解审理，其考成仍照州县之例由府审转督催，"安福、永新二县既将此二乡拨出厅管，已属厅地，二县无庸兼管"。尤为值得注意的是陈宏谋援引湖南乾州同知、凤凰营通判之例，称其"皆以厅官管理民事，自治一方，一切经管事宜悉与知县无异"。③

浙江玉环厅，雍正六年设玉环清军饷捕同知，拨太平县、乐清县之地归其管辖，该同知有"管理钱谷、刑名事件"之

---

① 乾隆《口北三厅志》卷1《地舆志》。

② 雍正五年五月初六日署理江南总督范时绎《请将江西吉安府同知移驻莲花桥弹压上西砻西二乡》，《清代吏治史料·吏制改革史料》第2册，第906~907页。

③ 陈宏谋：《请分厅疏》，乾隆《莲花厅志》卷8《艺文志·奏疏》。

责，故浙江总督李卫照中县之例设立典史（照一般分防府同
知而设不敷所用），① 该同知辖区已有分管地面，应视作厅。
李卫奏请时称："臣等伏见云南蒙化、景东及新设之中甸、威
远等处，皆由同知管辖，与内地专设知县之处不同者，盖就其
地方大势而授以节制之权也。……仍照云南等处之例，凡命盗
事件即令该同知审理，解详臬司；钱粮事件听藩司考核，本管
道员盘查。"② 李卫奏疏中所讲的中甸、威远是清代在新开拓
的疆土设置的政区，而蒙化、景东地区的同知与一般分防同知
有所不同。蒙化、景东、永北在明代为土府，改土归流后设置
"掌印同知"作为流官，但政区其实仍是"府"的建置，原来
的土知府等仍保留着，属于同知与土知府双重管理体制。③ 乾
隆三十五年始将蒙化、景东、永北三府均改为直隶厅，其原因
是"永北、蒙化、景东三府并无属邑，不成郡治，但地方辽
阔，距邻府窎远，若归并他郡，恐一切征输、审解等事转多未
便之处"。④ 三者虽为府，但职官为同知，终究不合，乾隆《蒙
化直隶厅志》将由府改为厅的原因归结为"蒙化府例不合"。⑤

　　四川打箭炉厅，雍正七年设同知，"打箭炉系汉番杂处，
民事烦多，设官专理，实为紧要。如人命、盗贼、户婚、田
土、斗殴等情，非把总所能经理"，"应请添设雅州府同知一

① 雍正七年七月二十五日兼吏部尚书事张廷玉《浙江新设玉环同知衙门请
　　准照中县之例添设经制典史》，《清代吏治史料·吏制改革史料》第4册，
　　第1582~1583页。
② 《巡抚李请展复玉环山奏议》，光绪《玉环厅志》卷上《舆地》。
③ 陆韧：《清代直隶厅解构》，《中国历史地理论丛》2010年第3辑。
④ 乾隆三十五年正月十九日保和殿大学士傅恒等折，一档馆藏录副奏折，
　　档号：03-0349-001。
⑤ 乾隆《续修蒙化直隶厅志》卷1《地理志·沿革》。

员，分驻打箭炉，专司汉番词讼、稽查逃盗，凡审断重情，由同知审移该府解司核转详题"。钱粮方面，照叙永同知之例，"一应番人粮石，即令该同知征收，支给兵食，由布政司查核报销"。"该同知分防西炉，既有刑名、钱谷之责，仍请铸给关防。"①

广东南澳厅，雍正十年设闽粤南澳海防军民同知，系照厦门同知之例，"兼理刑名钱粮。凡地方命盗等事，悉归该同知就近勘审，分别径解各该知府审转"，其中属福建漳州府者归漳州府，属广东潮州府者归潮州府，无论刑名还是钱粮皆然，该同知大计考核统归广东省潮州府申详。②

云南威远厅，雍正三年将威远土州改土归流，设抚夷清饷同知一员；③十三年威远地方改归镇沅府管辖，其原设之抚夷同知改为镇沅府分防威远抚夷同知，"一切刑名、钱谷事务，照大关同知之例，仍令办理"。④

四川松潘厅，原为松潘卫，雍正九年改设同知驻扎，"宣讲上谕，振作风俗，编联保甲，查拿赌博、盗逃，征收钱粮，剖决民词，俱责令专司"，⑤是为龙安府所辖散厅。乾隆二十五年时因距龙安府路途遥远，"照杂谷理番同知之例"，将该

---

① 雍正七年八月二十一日四川巡抚宪德《请添设雅州府同知泸定桥巡检裁汰打箭炉等处驿丞》，《清代吏治史料·吏制改革史料》第4册，第1650~1651页。
② 雍正十年五月二十日兼管吏部尚书张廷玉《为请设闽粤南澳海防同知》，《清代吏治史料·吏制改革史料》第5册，第2240~2241页。
③ 《清世宗实录》卷31，雍正三年四月乙未，第482页。
④ 《清高宗实录》卷4，雍正十三年十月甲戌，第218页。
⑤ 雍正九年十月初四日四川总督黄廷桂《请增设松潘同知巡检等员铸给关防印信》，《清代吏治史料·吏制改革史料》第5册，第2204页。

同知改为直隶同知，一切案件改由松茂道审转。①

广西小镇安厅，乾隆三十一年将镇安府通判移驻小镇安土司，"一切民事概令通判准理，其命盗各案俱照龙胜通判例，该通判就近验详解府审转"，"银米俱归该通判就近征解"。②

江西定南厅，乾隆三十八年裁定南县知县，将赣州府同知移设，改为定南厅。"该县地方刑名、钱谷一切案件悉归该同知管理，照依莲花厅章程，由府核转。"③

甘肃贵德厅，乾隆五十六年照循化同知之例，于贵德设抚番同知，"所有命盗一切案件及征收屯番粮石、奏销钱粮各事宜，应归同知审办造报，由西宁府审解核转，以专责成"。④

正是通过雍正至乾隆年间不断的援例设置，乾隆初期厅的设置已较普遍，形成一定的章程。这一时期"府厅州县"的说法不断出现。其中一种是就职官而言的，"道府厅州县"连用，这包括了所有的道员及知府、同知、通判，还有知州、知县，其中的"厅"既包括有专管之地的同知、通判，也包括仅列为佐贰的同知、通判，故不具有政区的指示意义。如雍正六年广西布政使郭锸称自己到任以后，"凡全省所属府厅州县佐贰等官，臣俱一一留心访察"；⑤ 雍正十三年湖广总督迈柱

---

① 乾隆二十五年十月二十四日四川总督开泰折，一档馆藏朱批奏折，档号：04－01－01－0238－006。
② 乾隆三十一年七月初七日署理两广总督杨廷璋、广西巡抚宋邦绥折，一档馆藏录副奏折，档号：03－9983－038。
③ 乾隆三十八年四月十四日江西巡抚海成折，一档馆藏朱批奏折，档号：04－01－30－0426－011。
④ 乾隆五十六年九月初五日陕甘总督勒保折，一档馆藏朱批奏折，档号：04－01－02－0004－011。
⑤ 雍正六年三月十九日广西布政使郭锸折，《宫中档雍正朝奏折》第10辑，第97页。

奏疏中所称"容美土司改土为流,新设府厅州县以及州同、州判、县丞、经历、司狱、吏目、巡检、典史等官";① 乾隆四年贵州总督兼管巡抚张广泗将"贵州通省文员司道府厅州县各官分别等次,缮具清折恭呈",其中既包括贵阳府长寨同知这样厅的长官,也包括贵阳府通判这样驻在省城的佐贰官。② 但值得注意的是,同样由地方大员鄂尔泰、张广泗主持编纂并刊刻于乾隆六年的《贵州通志》,在沿革部分还无法给予同知、通判辖地以"厅"的身份,谈及当时政区建置状况时,用语是"共领府十三、州十四、县三十四,分防同知六、通判五",③ 没有在地理区划上直呼其为"厅"。另外一种则是政区意义上的"府厅州县",乾隆八年云南总督张允随揭帖中报告"乾隆八年分滇省各府厅州县稻谷荞豆杂粮收成";④ 十四年广西遵旨清查常平仓仓谷亏空问题,一直督催"苍梧、左右两江各道并桂平等府州各盘查过所属府厅州县各仓贮米谷"。⑤ 对于地方而言,对"厅"的认同显然要更早,雍正年间的《四川通志》已明言"直隶叙永厅",乾隆十四年已开始纂修《盐茶厅志》,二十三年已有《口北三厅志》《凤凰厅志》等刊刻。当然,这种对"厅"的认识在中央政府纂修的志书或典制中还未形成共识,还处在一个逐渐被接受的过程

---

① 乾隆《鹤峰州志》卷下《职官》所录迈柱奏疏原文。
② 乾隆四年贵州总督兼管巡抚张广泗呈,一档馆藏朱批奏折,档号:04 - 01 - 12 - 0017 - 023。
③ 乾隆《贵州通志》卷3《地理·建置》。
④ 乾隆八年云南总督张允随揭帖,中研院史语所藏内阁大库档案,登录号:012540。
⑤ 乾隆十四年十月二十一日大学士兼管户部事务傅恒、户部尚书蒋溥题,一档馆藏内阁户科题本,档号:02 - 01 - 04 - 14388 - 015。

中。如乾隆九年刊刻的《大清一统志》已经专门为厅列目，与府州县同列，但在乾隆御笔总序中，在描述清代广袤疆土时，仍称"自京畿达于四裔，为省十有八，统府州县千六百有奇"，还没有"厅"这一新生政区的"位置"。

如果说在乾隆初期设置厅的时候，往往还是很谨慎地称援照"某某同知"或"某某通判"，那么，乾隆三十三年江苏海门直隶厅设治的文书中明确提出了"直隶厅之例"。江苏通州位于长江沿岸，历年诸沙淤积而生新地，乾隆三十三年奏请设海门同知一员来"专管沙务"，"从前请设海门一厅，将通州、崇明新涨沙地刑名、钱谷划归管理，原为涨沙日广，讼案繁兴，该州县各子其民，听断未平，争端不息，故将新涨各沙一切刑名、钱谷划分海门厅专管"。① 在时任江苏巡抚明德的奏疏所附的地图中，有"新厅界"等字样，并写有"除永旺、永丰二沙离崇明较近，仍归崇明县管辖外，其余新厅界签内各沙俱归新厅管理"。② 该厅系直隶厅，在初设同知时，即明言"照依直隶厅之例"。③ 可见，至少到此时，直隶厅的设置已有一定可资借鉴的规范，故可称之为"例"。乾隆二十九年乾隆皇帝下令重修《大清一统志》的上谕中说"御史曹学闵奏西域新疆请增入一统志，并志成后各省添设裁并府厅州县详悉续修刊改"。④

---

① 乾隆三十七年十二月二十日两江总督高晋、江苏巡抚萨载折，一档馆藏录副奏折，档号：03－0131－005。

② 乾隆三十三年二月初七日江苏巡抚明德呈，一档馆藏录副奏折，档号：03－0053－004。

③ 乾隆三十三年二月初七日江苏巡抚明德折，一档馆藏录副奏折，档号：03－0053－002。

④ 乾隆《大清一统志》所引乾隆二十九年十一月初一日上谕，《文渊阁四库全书》第474册，台湾商务印书馆，1984，第1页。

联系到叙事截止于乾隆二十三年的《大清会典》未列厅这种新制，有理由推测"厅"得到普遍认同和自然的称呼，并成为政治上比较成熟的操作模式，似在乾隆三十年前后。而在叙事截至乾隆四十九年的续修《大清一统志》所列《凡例》中有一条史料值得留意，"直省新设州县及改土归流诸厅县，并因新设之制，特辑为卷，如归化、绥远新设六厅。今辑六厅一卷，隶于山西省"。这是在国家正式的政书或总志中，第一次将厅作为一种"新制"明确写出，并一一列目。总志是建立在各省方志基础上的，有理由相信，《一统志》纂修者在阅读大量地方志书的过程中，一定留意到方志中所广泛记载的同、通分防现象，包括直接书写的"某某厅"字样，乃至阅览了若干"厅志"。由于国家总志的权威性，厅的概念至此得以最终确定并广泛传播。乾隆五十三年洪亮吉编撰的《乾隆府厅州县图志》则应是第一本以"府厅州县"命名的总志。

表 1 - 1　乾嘉时期新置的厅

省份	厅	增置时间	备注
直隶	四旗厅	乾隆元年	热河地区新置，乾隆四十三年改为丰宁县
	塔子沟厅	乾隆五年	热河地区新置，乾隆四十三年改为建昌县
	喀喇河屯厅	乾隆七年	热河地区新置，乾隆四十三年改为滦平县
	三座塔厅	乾隆三十九年	热河地区新置，乾隆四十三年改为朝阳县
	乌兰哈达厅	乾隆三十九年	热河地区新置，乾隆四十三年改为赤峰县

续表

省份	厅	增置时间	备注
江苏	海门直隶厅	乾隆三十三年	割通州诸沙地置
	太湖厅	乾隆三十二年	以吴县东山置
	川沙厅	嘉庆十五年	割上海二十二保，南汇县十七保、二十保置
湖南	晃州厅	嘉庆二十一年	割沅州府芷江县六里地方置
四川	石砫直隶厅	乾隆二十六年	石砫司地方改土归流
	太平直隶厅	嘉庆六年	改太平县置
	杂谷直隶厅	乾隆十八年	裁杂谷安抚司置
	美诺直隶厅	乾隆四十一年	懋功屯务
	马边厅	乾隆三十一年	叙州府马边及附近地方
	峨边厅	嘉庆十三年	峨边地方
	江北厅	乾隆二十一年	巴县嘉陵江以北义礼二乡并仁乡等二十六甲
	越巂厅	乾隆二十六年	以越巂卫置
	雷波厅	乾隆二十六年	以雷波卫置
广东	连山绥瑶直隶厅	嘉庆二十三年	革连山县入
	佛冈直隶厅	嘉庆十八年	清远、英德二县析置
云南	景东直隶厅	乾隆三十五年	由景东府降
	蒙化直隶厅	乾隆三十五年	由蒙化府降
	永北直隶厅	乾隆三十五年	由永北府降
	广南直隶厅	乾隆三十五年	由广南府降
	大关厅	乾隆二十三年	苗疆新地
	思茅厅	乾隆二十三年	苗疆新地
	中甸厅	乾隆二十一年	改剑川州州判地置
	龙陵厅	乾隆三十五年	原土司地
	腾越直隶厅	嘉庆二十五年	改腾越直隶州置

续表

省份	厅	增置时间	备注
云南	缅宁厅	乾隆十四年	原猛缅长官司地
	鲁甸厅	乾隆二十三年	苗疆新地
	巧家厅	嘉庆十六年	割会泽县地置
	安平厅	嘉庆二十四年	文山县五里地方
贵州	仁怀厅	乾隆三年	设于仁怀县旧城
	松桃直隶厅	嘉庆二年	苗疆新地
	普安直隶厅	嘉庆十六年	改普安直隶州置
	下江厅	乾隆三十五年	苗疆新地
江西	定南厅	乾隆三十八年	改定南县置
	莲花厅	乾隆八年	割永新、安福二县置
陕西	孝义厅	乾隆四十七年	割长安、盩厔、镇安三县地
	五郎厅	乾隆四十七年	嘉庆五年改名为宁陕厅
	潼关厅	乾隆十三年	潼关县改
	留坝厅	乾隆二十九年	割凤县地置
	定远厅	嘉庆七年	于西乡县渔渡路地方置
	汉阴厅	乾隆五十四年	原为汉阴县,乾隆四十七年裁入安康县,五十四年于汉阴县旧址置厅
安徽	南平厅	嘉庆十年	嘉庆十三年又废
福建	云霄厅	嘉庆五年	以漳浦、平和、诏安三县地置
	马巷厅	乾隆三十九年	以同安县翔风、民安、同禾三里五十八堡及安海通判原管之十保共六十八保地置
	噶玛兰厅	嘉庆十七年	割淡水厅所属地置
河南	仪封厅	乾隆四十九年	改仪封县置
甘肃	洮州厅	乾隆十四年	改洮州卫置
	抚彝厅	乾隆十六年	以张掖县抚彝地方置
	巴里坤直隶厅	乾隆二十四年	口外地方,乾隆三十八年升为镇西府

续表

省份	厅	增置时间	备注
甘肃	哈密直隶厅	乾隆二十四年	口外地方，乾隆三十八年降为散厅，四十九年升为直隶厅
	乌鲁木齐直隶厅	乾隆二十五年	口外地方，乾隆三十八年降为迪化州
	辟展直隶厅	乾隆三十六年	乾隆三十八年改为吐鲁番厅，四十四年升为直隶厅
	伊犁直隶厅	乾隆二十九年	于新疆惠远城置
	奇台直隶厅	乾隆三十七年	乾隆三十八年降为散厅，四十一年改奇台县
	贵德厅	乾隆五十六年	裁归德所置
	庄浪厅	乾隆十八年	管理熟番
	循化厅	乾隆二十七年	以河州循化营地方置
	巴燕戎格厅	乾隆八年	西宁、碾伯县南山后附近各番，初为摆羊戎厅，乾隆三十四年改为巴燕戎格厅
	盐茶厅	乾隆十三年	割固原州地置
广西	龙胜厅	乾隆六年	以义宁县龙胜城地置
	小镇安厅	乾隆三十一年	小镇安土司改土归流
山西	丰镇厅	乾隆十五年	以丰川卫、镇宁所地改置
	宁远厅	乾隆十五年	以宁朔、怀远二所改置
	和林格尔厅	乾隆二十五年	以归绥地置
	清水河厅	乾隆二十五年	以归绥地置
	托克托厅	乾隆二十五年	以归绥地置
	萨拉齐厅	乾隆二十五年	以归绥地置
奉天	兴京厅	乾隆二十八年	以兴京地置
	岫岩厅	乾隆三十七年	以岫岩地方置
	昌图厅	嘉庆十一年	以昌图额勒克地置
	新民厅	嘉庆十八年	以新民屯等地置

省份	厅	增置时间	备注
吉林	吉林直隶厅	乾隆十二年	于吉林乌拉地方置
	长春直隶厅	嘉庆五年	于长春堡地方置
	伯都讷直隶厅	嘉庆十五年	于伯都讷地置

注：同知厅与通判厅、散厅与直隶厅之间的转换不计。

四　嘉庆《大清会典》与厅的判别标准

明乎明末厅制起源至清代演变的制度史变迁，才可对"何者是厅"这一厅制研究最根本的问题做出准确回答。关于何者是厅，不仅今著彼此有很大差异，就是清人乃至会典、总志都有不同认识。回到第一部记载"厅"制的嘉庆《大清会典》中：

> 凡抚民同知、通判，理事同知、通判，有专管地方者为厅。其无专管地方之同知、通判，是为府佐贰，不列于厅焉。

这里所说的"其无专管地方之同知、通判，是为府佐贰，不列于厅焉"，并不意味着无专管地方的同知、通判没有一定的辖区，只是在辖区内无专管之权罢了；也不意味着这类府的佐贰就不可以有厅名，因凡是同知、通判的衙署及其辖区都会被称作"厅"。《大清会典》明确区分开来的"厅"与"府佐贰"在诸种文献中共享"厅"这一名称，无疑为我们的区分制造了诸多障碍，事实上，这也是清人和今人关于哪些是厅哪些不是厅产生诸多不同理解的最重要原因之一。

判断同知、通判分防区域是"厅"还是"府佐贰",首先还是应回到《大清会典》。它实际上涉及两个问题:一是厅要有"专管地方";二是关于厅的长官名称。

"专管地方"意味着在这一辖区内排斥了同一级其他权力的介入,也即同知、通判在辖区内从事一切行政事务不受其他知州、知县及同知、通判的束缚。当然,行政事务所指甚广,又因钱粮和刑名,尤其是命盗案件的审验权乃清代正印官职责的上限,故一般用钱粮和命盗来衡量是否有专管之地。清人也明确意识到这一点,一个绝好的例子是嘉庆年间安徽南平集抚民同知的设立与废弃。嘉庆八年时,经奏请在安徽宿州南平集地方设立抚民同知,"将浍河以南五十三集统归管辖,一切刑名、钱谷事件照依直隶厅之例俱归该同知专管",①所言"照直隶厅之例"是取直隶厅有"专管地方"之意,而实际上南平厅只是属凤阳府的散厅。但仅仅五年后,护理安徽巡抚鄂云布就奏请更改同知章程,"将抚民同知改为捕盗同知,所有刑名、钱谷事件仍归宿州经管,……将宿州、灵璧、怀远、亳州、蒙城五州县捕务并归该同知就近督缉"。②此外,道光元年在平定白莲教起义以后,曾有意在湖北郧阳府竹山县白河口地方设抚民同知置厅,③"兼管刑名、钱谷",但旋于四年因建

---

① 嘉庆八年六月初八日两江总督费淳、安徽巡抚阿林保折,一档馆藏录副奏折,档号:03-1464-078。
② 嘉庆十三年二月二十五日护理安徽巡抚鄂云布折,一档馆藏录副奏折,档号:03-1513-012。
③ 道光元年十月十一日大学士曹振镛等折,一档馆藏录副奏折,档号:03-2502-020。

设城池耗费巨大，仿嘉庆十三年南平抚民同知改为凤颍捕盗同知旧案，改白河口抚民同知为郧阳府分防捕盗同知，房县、竹山、竹溪三县"窃盗、抢夺案件均归该同知督捕开参"，"所拨厅治各保一切赌博、私宰、打降、枷杖案件并听该同知就近审理，刑名、钱谷仍归各地方官办理"。白河口厅被撤的奏疏中还专门提到"抚民同知必须兼理刑名钱谷，如命盗招解，征收钱粮，政繁责重，事不止于缉捕"。①"厅"与"捕盗同知"间的最大区别就在钱粮征收和命盗招解上。

但"专管地方"之厅并非会全然应对一切行政事务，这并不妨碍厅的存在，只能说是厅在特殊地域、情势下的变通形式。如浙江玉环厅，雍正六年置，拨太平县、乐清县之地归其管辖，该同知"有管理钱谷、刑名事件"之责，但该厅于钱粮、命案虽有责，而编查保甲的任务仍归于太平、乐清两县，② 以致多有"粮归玉环而户口编查仍在本籍"者。③ 此外，直隶口北三厅中的多伦诺尔厅，乾隆二十三年的《口北三厅志》对其职能的描述是"雍正十年设，管理东翼正蓝、正白、镶白、镶黄察哈尔四旗及内扎萨克、外喀尔喀一百三十余旗蒙民交涉命盗等案，并查缉逃匪，审理汉铺户争讼、窃劫人命各案之事"，④ 而察哈尔东翼四旗半的钱粮则仍归张家口理事同知厅。在《地粮志》部分均开列了张家口理事同知、独石口

① 道光四年二月二十五日湖广总督李鸿宾、湖北巡抚杨懋恬折，一档馆藏朱批奏折，档号：04-01-01-0658-002。
② 乾隆十一年十月初十日浙江温州总兵倪鸿范折，一档馆藏朱批奏折，档号：04-01-01-0128-029。
③ 乾隆十一年七月二十二日闽浙总督马尔泰折，一档馆藏朱批奏折，档号：04-01-01-0128-011。
④ 乾隆《口北三厅志》卷4《职官志》。

理事同知所属地粮，但只有多伦诺尔厅下写了"新旧粮地无"，① 这是口外地区比较特殊的情况。

就"专管之地"而言，厅的长官同知的功能与知州、知县已非常相近，代表了对一个区域的全面负责，既有"分土"又有"分民"。道光《佛冈直隶军民厅志》中对于厅同知的功能有一番很全面的阐述：

> 同知掌厅属军民之政令，周知其民物户口、钱谷之数，而司其催科听断缉捕之事，兼辖营伍，督训练，核粮饷，以守境土，以诘奸暴，以安庶民。朔望则督率而读法，宣讲圣谕广训，教军民以孝友、睦姻、任恤之谊，简其不率教者惩之。凡刑名命盗狱讼，奉法律以绳，其犯科者辨其事之情伪以定其罪之轻重，罔或不慎，拟议而达于臬司，乃审转焉。其秋审人犯亦如之。凡钱粮奏销考核，归督粮道管辖，岁终则会以上下忙征收所入及其额支之项核实造册。罔或有紊，加结以达于藩司，乃汇题焉。其兵马粮料亦如之。……此今同知之职也。②

除了关于"专管地方"的认识外，关于厅的长官名称，也需要讨论。或有人依据《大清会典》，认为唯有具"抚民同知、通判，理事同知、通判"衔方可为厅。应该说，清代出现过的绝大多数厅的长官头衔或为抚民，或为理事，但不宜将之绝对化，有个别厅的长官头衔有特殊性。依笔者所见，在抚

---

① 乾隆《口北三厅志》卷5《地粮》。
② 道光《佛冈直隶军民厅志·秩官志第四·同知》。

民、理事之外，至少还存在四种厅的长官名称。一是"理民督捕"，如四川马边厅，其关防于 1977 年出土，明确写着"马边理民督捕关防"；[①] 四川江北厅关防亦为"重庆府分驻江北镇理民督捕同知"。[②] 二是海防衔，如南澳厅长官为"闽粤南澳海防军民同知"，澎湖厅为"粮捕海防通判"。[③] 三是抚彝衔，典型的是四川越巂厅，原为抚民通判，因"但官非抚夷，熟夷皆受隶于土司，该通判并无专责。营汛员弁，又均非所辖，每遇重大夷案，督拿巨匪，呼应不灵，应改为抚夷通判，自千、把总，外委以下，均受节制。庶事权归一，可专责成"，[④] 经部议准，将该通判改为抚夷同知。[⑤] 改为抚彝并不意味着不再抚民，而是兼辖民、彝。此外，还有四川峨边厅、盐边厅为抚彝通判衔。四是理番、理瑶衔，以四川理番直隶厅、广东理瑶直隶厅为典型。故在判断厅的性质时，还应具体分析，不宜全以长官名称而断。

清代还存在一类有户而无土的同通及其辖区。这主要是在各少数族群与汉人杂处之地设立理番同知等，以"身份"作为其管理对象的判别标准，只管理番民或番汉交涉事件，可谓"有民而无土"，不为厅。比较典型的是设置之初的广东理瑶同知。该同知初设于康熙四十一年，其职责是管理苗务，并兼管连州、连山、阳山三州县捕务，[⑥] 雍正七年改为广东理瑶军

---

① 石湞：《从一方清代铜印看马边厅的设置》，《四川文物》1984 年第 2 期。
② 《清高宗实录》卷 511，乾隆二十一年四月癸亥，第 462 页。
③ 光绪十九年澎湖粮捕海防通判潘文凤序，光绪《澎湖厅志》卷前。
④ 《清宣宗实录》卷 240，道光十三年七月甲戌，第 591 页。
⑤ 《清宣宗实录》卷 246，道光十三年十二月庚戌，第 713 页。
⑥ 《清圣祖实录》卷 209，康熙四十一年八月乙未，第 124 页。

民同知，专管瑶务，至雍正九年又将三州县捕务归该同知管辖，隶属司道考核。① 但当时该同知管瑶人及瑶、汉争端之事，并无辖地，"凡瑶人盗案以同知为专辖，瑶人争讼有涉连、阳三州县民者，听同知关会审理。瑶户钱粮仍连州、连山县照旧征解，同知有分民无分土"，② 实质上仍是府佐贰，不可称之为"厅"。直到嘉庆二十一年始将连山并入同知为专辖，"然后同知有疆域也"。③ 至此，连山绥瑶直隶厅始置。

还应注意到，很多厅的建置并非在同通分防之初便具有了刑名钱粮专责，往往经历了一个从具有单一或不完整职能的辖区逐步过渡到有"专管之地"的厅的过程。如陕西留坝厅，乾隆十五年时移汉中府通判驻凤县留坝，"分管松林、留坝、武关三驿，除命盗、钱粮、户婚、田土等事仍听该县管理外，其私茶、私盐以及酗酒、斗殴等事俱令通判就近查缉"，此时尚是府之佐贰。至乾隆二十九年仿陕甘潼关、固原同知分隶之例，将附近留坝一带村庄及松林、武关二驿分隶该通判管辖，"其境内一切户口、钱粮、命盗、词讼及护送饷鞘、递解人犯等事悉归该通判办理"，④ 至是始为留坝厅。因此考量厅的设置时间时，就不能远溯至乾隆十五年通判初设之时。再如福建泉州府通判，先后数次迁治，但直到乾隆年间迁至马巷之后成为马巷厅，才正式成为政区。志书中将该通判前后的职责变化做了非常细致的区分："泉郡别驾盖四易其治矣。始则附郡，

---

① 《清世宗实录》卷110，雍正九年九月戊寅，第467页。
② 道光《连山绥瑶厅志·总志第一》。
③ 道光《连山绥瑶厅志·总志第一》。
④ 乾隆三十年五月十六日大学士兼管吏部户部事务傅恒、户部尚书阿里衮题，内阁户科题本，档号：02-01-04-15692-009。

继移安海，再迁金门，乃移驻马巷。其初虽经征晋邑兵米，统辖同邑海防，然地县地，民县民也。县则志之，不必自为一书。今划地分疆，各理其事，各治其民，仍佐理五城之名而考成之责同于望县，不得不与县分，此《马巷厅志》所以不可无也。"①

另外，厅的学额问题比较特殊。一般而言，设立一个正式行政区划之后会单独设立学校及分配学额，不过厅的情况与一般的府州县有较大差别，存在不分配学额或分配学额与设置政区不同步的现象，其背后所体现的清廷对于"厅"的态度颇可玩味。如广东佛冈厅，嘉庆十八年设厅，直到道光年间纂修厅志时，仍然未立学额。该志收录了一篇《请设学略》文，是向广东督抚方面请求设立学额的呈文，提到嘉庆十八年新设佛冈厅时，"并未议设学校，所有吉河等七乡文武考试照归两县录送"。厅民自认佛冈厅与直隶州相等，佛冈籍贯却半为清远县，半为英德县，而云贵川陕各省所设直隶同知均有学额，因此呈请设立学校。② 不过佛冈厅的学额之请终清一代未得到允准。

福建云霄厅亦如此，嘉庆《云霄厅志》在《凡例》中为学额问题单列了一条："学校经详请设立，尚未具题……云霄附三县边隅，未能设学。"③ 早在嘉庆四年设厅之初，该厅就请求设立学校，甚至未要求在厅治建立学校，而是希望参照广东南澳厅的成例，将学额拨入府学，到府城参加考试。至于学额，则从云霄厅设立的地域来源之漳浦、平和、诏安三县各科

---

① 万友正：《泉州府〈马巷厅志〉原序》，乾隆《马巷厅志》卷首。
② 道光《佛冈军民直隶厅志·学校志第六》。
③ 嘉庆《云霄厅志·凡例》。

中酌情拨发核定。为此云霄厅还专门移文江西莲花厅，询问乾隆八年时莲花厅如何获得学额，但并未得到批准，也未设立训导、教谕一类的教育官员。到了嘉庆十九年，该厅再次呈请设立厅学，提出云霄厅文武童生应试千有余家，文风日盛，但只能赴漳浦、平和、诏安三县考试，长途跋涉。此后连年呈请，甚至不断陈述漳泉械斗之风日盛，必须设立厅学改善社会习气，这类奏疏在嘉庆《云霄厅志》中均长篇全文照录，班班可考。至于为何未获批准，嘉庆二十一年云霄方面的说辞也许更为关键："拨平和、漳浦两县学额建立云霄一学，则和、浦两县更多饶舌而其理转长。如因诏安现在详请增广未便抽拨，以致云霄碍难建学。"可见，主要是因为"学额"是一种稀缺的资源，牵涉到县际之间的资源调拨，故而不易实现，况且云霄方面要求将原三县学额共五十五名匀为四份，云霄厅要求获得十三名，这当然会遭到三县的极力反对。漳州府审议后即回复称"该厅不问治地多寡，概请拨出四分之一，致诏安绅士以厅治所拨二保村居零落，童生无多，向无入学之人，不愿抽拨"，[1] 要求云霄方面向朝廷申请增添学额，这当然不会得到清廷的轻易允准。直到民国时期修纂《云霄县志》回顾过去教育情形时，云霄方面仍然不无感慨地说争取学额之事"迄无结果，所以生童岁科两试，一向分向浦、和、诏三县投考。盖地方制度，仅有州县而无厅，其人民虽属厅辖，而学则浦、和、诏之学也"。[2]

此外，还有广东南澳厅、赤溪厅，虽有学额，但并未设立

---

① 嘉庆《云霄厅志·学校志》。
② 民国《云霄县志》卷11《政治四·教育》。

学校，而是附在府学之下，这也是一种变通方式。① 台湾的淡
水厅虽置于雍正九年，但乾隆年间多次奏请设立学官，均未被
允准，一直附于彰化县考试，直到嘉庆十五年才照江西莲花厅
例设有学额，嘉庆二十三年正式开考，取进文童六名、武童二
名。② 四川马边厅，乾隆三十一年置，"所属文武生童，仍附
入屏山县考试"。③ 江苏海门直隶厅设于乾隆三十三年，但直
到嘉庆十七年才设厅学，江苏方面当时奏请酌定学额时所提到
的直隶厅中分配学额的有浙江定海，云南景东、蒙化、永北、
镇沅，四川叙永，湖南凤凰、晃州，广东连山，四川石砫，甘
肃镇远、循化诸厅。④ 四川懋功厅设于乾隆四十一年，但直到
光绪十四年才设厅学具有学额。⑤ 陕西留坝厅，干脆在撰写志
书中专列一条体例，"厅学未设，故不志学校"。⑥ 云南龙陵厅
设于乾隆三十五年，但学额一直附于保山县，直到光绪九年始
分学。⑦ 贵州郎岱厅设于雍正九年，但直到道光七年才设置厅
学，⑧ 八寨厅设于雍正七年，直到道光二十年才依据郎岱厅之
例添设了厅学。⑨ 云南中甸厅设于乾隆二十一年，但直到光绪
八年始有学额。⑩

① 乾隆《南澳志》卷6《学校·生员》；民国《赤溪县志》卷4《经政·学制》。
② 同治《淡水厅志》卷5《学校·学额》；《捐造淡水学文庙碑记》，同治
　《淡水厅志》卷15《文征上》。
③ 《清高宗实录》卷718，乾隆二十九年九月壬戌，第1010页。
④ 光绪《海门厅图志》卷13《学志》。
⑤ 民国《懋功县乡土志·实业》。
⑥ 道光《留坝厅志·凡例》。
⑦ 民国《龙陵县志》卷8《学校志·学额》。
⑧ 咸丰《安顺府志》卷27《经制志·学制》。
⑨ 《清宣宗实录》卷335，道光二十年六月戊寅，第91页。
⑩ 民国《中甸县志稿》卷首《总纲·大事记》。

明乎清代厅的本质，则厅的判别理应以该同知、通判何时具有一地"刑名钱粮"专责为基本依据。然而，正是长期以来对这一问题模糊不清，或者虽认识到此点，但并未对每一个厅的具体情况进行细致分析，以至于在清代地理文书及今人著作中，将大量并非厅的建置写入地理沿革中，并往往误将职官设置时间与厅的设置时间等同起来，产生了不少疏误。① 以往判断政区性质的厅的形成存在一个方法上的问题，就是过于注重"名"而不注重"实"。往往从文献中寻找"××厅"的写法是何时出现的，一旦在实录、方志等史料中发现"××厅"的写法，便顺理成章地断定"××厅"作为政区是存在的。这种方法本身是不准确的。前面所引的《大清会典》中明确提到清代的同知、通判有两种：一种是厅，它必须具有专管之地；一种是府佐贰，它没有专管地方，区分的标准非常明确。但问题在于，在清代多数文献中，无论有没有专管之地，无论是"厅"还是"府佐贰"性质，它的长官即同知或者通判都可以使用"××厅"的名称。因为"厅"这一词语在产生之初只是指同知或通判的衙署而已，但明末清初，部分同知或通判辖地逐渐成为新的政区形式，其辖境被称作"厅"。所以，文献中"××厅"可以有两种含义：一是作为政区的"厅"，二是作为同知或通判衙署的"厅"。毋庸置疑，"厅"指代含义的非唯一性给我们判断政区性质的"厅"的存在造

---

① 误记厅设置时间的，如牛平汉主编《清代政区沿革综表》台湾台南府记"雍正元年八月乙卯于淡水港置淡水厅"，但初设之时仅为"淡水捕盗同知"，雍正九年将大甲溪以北之地"一切钱粮、命盗"交予该同知管理之后始为厅（《清世宗实录》卷103，雍正九年二月庚子，第360页）。类似的例子不少，兹不赘举，可参见本书附录部分。

成了极大的干扰。

　　将府佐贰误认为厅的例子非常多，笔者仅以第一部记载厅制，而且是记载清代典章制度非常权威的嘉庆《大清会典》为例来说明，清人对厅的判别已有偏差。嘉庆《大清会典》卷4《吏部》记载了京畿四路厅四、直隶厅十八、散厅七十八，其中误记了广东广州府前山寨厅、惠州府碣石厅。前山寨同知系乾隆八年移肇庆府同知驻澳门之前山寨地方而设，"专司海防出口、进口海船，兼管在澳民番"，关防为"广州府海防同知"。① 该同知绝非厅之建置，因其与钱粮、刑名无涉，该地仍是由香山县分驻澳门县丞分管民番词讼。碣石同知系雍正七年添惠州府海防军民同知驻碣石而设，"专司督缉，山海均资稽查，一应碣石沿海兵民事务，除人命、强盗照例仍令海丰县知县印官承审，余令同知就近审理"，② 该同知并未获得专管之权，仍属府佐贰。至雍正九年，又将海丰、长乐、兴宁、龙川、永安、陆丰六县捕务归碣石军民同知管理，③ 其职责更加庞杂。道光二十五年将此海防同知改为广州府虎门屯防同知，而将广州府永宁通判驻此，为惠州府海防通判，④ "照旧经管海防事宜，并兼辖海丰、陆丰、龙川、永安四县捕务"，⑤ 依然未改

① 乾隆八年八月初四日署理两广总督策楞、广东巡抚王安国折，一档馆藏录副奏折，档号：03-0072-026。
② 雍正七年三月二十四日广东总督孔毓珣《请裁汰碣石卫守备添设海防同知并南丰平安东海窖驿丞改设巡检》，《清代吏治史料·吏制改革史料》第3册，第1478页。
③ 《清世宗实录》卷105，雍正九年四月己亥，第387页。
④ 《清宣宗实录》卷413，道光二十五年正月乙亥，第186页。
⑤ 道光二十四年十月二十六日两广总督耆英、广东巡抚程矞采折，一档馆藏朱批奏折，档号：04-01-12-0463-054。

其府佐贰性质。时间断限与嘉庆《大清会典》接近的《嘉庆重修一统志》就未记载前山寨厅与碣石厅，是正确的。

尽管厅在清代被确认为一种正式行政区划，但在实际行政实践中，又往往与府州县有所区别，在民国初年政权转换之际表现得比较明显。民国元年南京政府要求内地府县知事各厅州一律改为县。因厅的性质比较特殊，其在这一改制过程中，并不像一般的府或州一样可以直接改县，加上有的同知和通判虽有厅名，但并没有分地，或者虽是政区性质的厅，但地域狭小，因此围绕厅的问题，不少省份存在一些争论。以福建省为例，民政司接到南京政府的来电后，即对全省现有的州厅包括同知、通判设置情况做了一番盘点，为透视不同性质的同知、通判功能及其政区性质提供了细致的材料。兹引录如下。

> 本省永春直隶州、龙岩直隶州及云霄同知均自有分地，不入他县管辖。其改州厅为县，不过更易其名，并使永春不辖德、大，使龙岩不辖漳、宁，转移甚易。厅缺中如邵军同知、汀军同知与府知事同城且所辖事务甚狭，似应径行裁汰，以其事并入府知事主管。厦门为兴泉永道驻扎之所，厦防同知似可从裁并。惟平潭同知所辖之地入福清辖，马巷通判所辖之地入同安辖，地域偏小，若改为县，碍与他县性质不类。三都同知、上洋通判、石码通判均非抚民，而三处均当要冲，商旅辐辏，论其地则不可无官，而改县实亦不类。平潭、马巷所管民政并入福清、同安两县，但其地点必要设官，与三都、上洋、石码一律各

派分防委员驻扎该处。①

但随即这一方案就遭到了原设各厅的反对，平潭各界暨自治会表示不便仅设分防，云霄厅方面电呈要求直接独立改县，且云霄方面听到民政司的意见，表示"各界惊骇万状"，认为自己是"独立机关，凡征收租税、行政、司法均负完全责任，自科举废后，与三县早已断绝关系"，若与三县再次统一，"我云万不承认"，表达了坚决拒绝与三县合并的态度。漳州府方面也反馈云霄厅"名为抚民，即与知县无异"，请求直接改为云霄县。② 但财政司方面坚持云霄厅"区域太狭"，仍决定改云霄厅为分防委员，云霄方面再次阐明云霄厅与"上洋、石码分隶于各县者不同"，"云霄确系抚民分地为治，与各省之独立厅制无异"，财政司再次反驳"满清缙绅书中载云霄为粮捕同知，显与抚民性质迥异，缙绅乃满清时代每季进呈之书，当可据。是云霄既无专籍之人，又非抚民之厅，决不能指为当然可改县也"。不过财政司显然对清代厅制比较陌生，即便查核一下《云霄厅志》也应知所谓云霄无专籍之人并无根据。好在民政司查核了嘉庆时期设厅文件，确认云霄厅为抚民同知，且有明确辖地，故奏请改为云霄县。福建省临时省议会最终于民国元年九月对云霄、平潭、石码通判改县与否定下方案，其依据正是"县制沿革不同，要以户口、钱粮、地域为标准"，平潭"久具独立性质"，云霄"独立机关，相安已

---

① 嘉庆《云霄厅志》（民国重印本）卷21所附《改厅为县并划地设厅谘询案》。
② 均见嘉庆《云霄厅志》（民国重印本）卷21所附《诏安转云霄来电》《漳州府呈民政司文》。

久"，均改为县；而石码"其地介在漳浦、龙溪、海澄三县之间，若改为县，势必将三县之辖地与丁粮宰割分裂，截长补短，牵一发而动全身"，故不同意其改为县。① 石码通判为府的佐贰而不列于厅，自然也无资格直接改为县。

民国元年，在国民政府划定参议院选举区时，广东方面遇到了厅是否应列入选举区的问题。在初步方案中，但凡府州县均在其中，但佛冈厅、赤溪厅、南澳厅却未提及。广东都督专门向内务总长去电，认为按照选举办法第十条规定，厅"皆以县论"，为何三厅不在其列。② 广东都督来电后，徐傅霖对三个厅的情况做了介绍：

> 佛冈、赤溪、南澳三处地方，本员可以略为言之。佛冈厅本无学额，在广州与韶州府交界之处。该地人民甚稀少，所以大家商量，未经列入，现在既然来电询问，则加入亦未尝不可。赤溪厅本在广州属之新宁县，该地本来习惯有土客之分，土民与客民势不两立，互相争斗甚剧，于是乎新宁县中设赤溪厅。赤溪厅者，属于客民者也，学额赤溪厅有两名，专为客民的。去年光复以后，召集临时省议会，由每州县派人，赤溪厅亦有一名。现在来电询问是否应得加入，本员以为赤溪厅加入亦未尝不可。至于南澳厅，在广东与福建交界之处，该处前清时代设有总兵，即南澳镇总兵是也，有一小岛曰南澳岛。南澳厅有同知，人

---

① 以上均见嘉庆《云霄厅志》（民国重印本）卷21所附各来往公文。
② 《政府公报》第134号，1912年9月11日，第5册，上海书店，1988，第312页。

民甚少，仅有两三万左右，现在该厅亦要加入选举区，亦
未尝不可。并且该处设官治民，有学额，有钱粮，岁考二
名，科考八名，所以改为区域甚好。

胡璧城支持徐傅霖的意见，"广东佛冈厅、赤溪厅、南澳
厅之加入，不必研究内容，只问有学额、有土地、有人民、曾
设官分治者，均可改为区域。至于土客之间，更不必问矣"，①
将土地、人民、学额作为条件。最终在选举区内，佛冈、赤
溪、南澳三厅均被列入，也说明政府承认了它们是正式的行政
区划类型之一。②

五　清末边疆政区变革与厅制应用及其终结

乾隆中期以后，厅制基本稳定下来，虽不断在增置，但均
属于常规变革，其设置与清朝疆土、行政管理的深入发展相
伴，特别是在改土归流与省区交界地带得到广泛设置。与此同
时，也有不少厅治由于发展成熟，被改置为府州县，完成了向
州县化的过渡。

到了光绪年间，随着移民进入并占据了一定比例，清廷不
得不考虑在边疆地区用厅的形式来管理汉民及处理汉民与边疆
少数族群司法等方面的关系。随后新疆、东北开始设省，边疆
政区形式发生了剧烈变化，厅制在这一新旧转换之际发挥了关

① 《政府公报》第 161 号，1912 年 11 月 16 日，第 6 册，第 264～265 页。
② 《中华民国法令大全补编》第十二类《地方制度》，商务印书馆，1921，
第 40～41 页。

键性作用，设置数量急剧增加。与此同时，在内地的直隶、山西与蒙古交界一带，厅制的形态也发生了显著变化。可以说，原本预期主要作为州县过渡的厅制在晚清政区变革中的作用进一步凸显。

在奉天，^① 光绪之前所设置的厅并不多，雍正五年置复州厅，但旋即于十一年改为复州。^② 此外还有乾隆二十八年设置的兴京厅、乾隆三十七年设置的岫岩厅、嘉庆十一年设置的昌图厅、嘉庆十八年设置的新民厅、道光二十三年改宁海县所置的金州厅、同治五年设置的营口厅，至光绪元年只有六个散厅。

光绪元年清廷大幅度变更奉天吏治章程，如盛京将军兼管奉天府尹，仿照各省总督加衔，而奉天府尹仿照巡抚，逐渐开始向内地体制靠拢，各厅州县等缺皆仿照热河之例，满汉兼用，特别是州县各官均加理事同知、通判衔等。^③ 自该年以后，奉天地区厅的设置速度明显加快，光绪二年设置凤凰直隶厅，升兴京厅为直隶厅，改岫岩厅为州，三年升昌图厅为府，五年设海龙厅；二十八年升海龙厅、新民厅均为府；三十二年设置庄河直隶厅、江家屯厅（锦西厅）、盘山厅、法库厅；三十三年将法库厅升为直隶厅；宣统元年升营口为直隶厅，置辉

---

① 东北厅制具体沿革，谢长龙硕士学位论文《清代东北厅制研究》（中国人民大学，2021）考证甚详，可参考。另可参考本书附录部分简要考证，此处不再展开。

② 《清世宗实录》卷133，雍正十一年七月甲午，第721页；雍正十一年七月十五日兼管吏部尚书事张廷玉《议奉天府尹所请裁汰复州通判改设知州吏目金州另设知县等款》，《清代吏治史料·吏制改革史料》第5册，第2387页。

③ 《清德宗实录》卷24，光绪元年十二月乙酉，第360~361页。

南直隶厅，升兴京直隶厅为兴京府。至清末，共存直隶厅五、散厅三。

吉林的情况与奉天类似。光绪之前所设厅不多，只有乾隆十二年所置吉林直隶厅、嘉庆五年所置长春、嘉庆十五年所置伯都讷直隶厅。光绪以后，调整态势明显，大致以将原有设置较久的厅升为府及新置厅为主。光绪七年吉林直隶厅升为吉林府，新置双城直隶厅、五常直隶厅；十四年长春直隶厅升为长春府；二十八年新置延吉直隶厅、绥芬直隶厅；三十二年伯都讷直隶厅升为新城府；宣统元年将宾州、五常、延吉、绥芬四个直隶厅均升为府，同时新置榆树、滨江两个直隶厅，东宁、珲春、呢玛三个散厅；宣统三年呢玛厅改为虎林厅。至清末，共存直隶厅一、散厅四。

黑龙江于光绪之前所置的厅仅有同治元年设置的呼兰直隶厅。光绪十一年新置绥化直隶厅，三十年升呼兰、绥化直隶厅为府，同时新置了黑水、海伦、大赉三个直隶厅。光绪三十二年至宣统二年间，除了将黑水、海伦两个直隶厅升为府外，又连续新置了肇州、安达、瑷珲、呼伦、讷河五个直隶厅。至清末，共存六个直隶厅。

新疆在光绪十年建省之前延续下来的厅有镇西、吐鲁番、哈密、伊犁、喀喇沙尔、库车、英吉沙尔、玛喇巴什八个直隶厅，后面五个均置于光绪八年，光绪十年建省以后新置的厅有库尔喀喇乌苏厅、塔尔巴哈台直隶厅、精河直隶厅、蒲犁厅，同时将伊犁直隶厅升为伊犁府、喀喇沙尔直隶厅升为焉耆府、库车直隶厅改为直隶州、玛喇巴什直隶厅改为巴楚州。至清末，共存直隶厅八、散厅一。

直隶和山西北部与蒙古交界地带原设置有口北三厅、归绥诸厅，随着汉人比例的逐步增加，加上移民实边的需要，光绪八年、十年时直隶和山西方面均提出了将原设理事同知改为抚民同知，并在光绪末进一步将厅的设置推广至蒙部更遥远之处（见本书第四章）。清末是推行改土归流的另一重要时期，与清初类似，清廷也借鉴了厅这一行政建置，故而在广西、四川西部、云南等地大量出现了改土归流后新置厅的情况。

边疆地区之所以采用厅这一种形式，当时的政策设计富有深意。云贵总督岑春煊于光绪三十三年奏陈蒙部今后改革方向时，就提到要吸收清朝初年九边及晋甘边厅的经验："再，各边治理久敝，风气未开……请即按东三省分设各司名目，于巡抚公署酌设分科，而以参赞一二员总之，暂不设立司使。蒙旗及土司等应办垦矿林渔地方，及向有司员、粮员，可设民官者，拟照国初九边及山西、甘肃边厅办法，多设道厅。俟地辟民聚后，再改州县。一以重边吏之事权等威，一以免蒙部之疑沮。"① 表达的正是厅作为过渡性政区在边疆地区二元政治结构中所能发挥的独特的渐进式改革作用。

到了清末，清廷筹备预备立宪，对于官制改革多有讨论，对于"府州厅县"一级形式多样的政区结构怎样改革，做了一番比较深入而激烈的讨论。光绪三十二年七月出使德国大臣杨晟建议废除厅和州之名，只留府县二级；② 同年九月十九日厘定官制大臣给各省督抚发电，关于地方行政区划，计划将其类型分为府、州、县三等，已没有了厅的位置，"直隶州知

① 光绪三十三年四月二十八日云贵总督岑春煊片，一档馆藏录副奏片，档号：03-7438-001。
② 故宫博物院明清档案部编《清末筹备立宪档案史料》上册，中华书局，1979，第399页。

州、直隶厅抚民同知均不管属县，与散州知州统称知州，正五品，直隶厅抚民通判及知县统称知县"，并裁去各府首县，由知府专治附郭事。① 光绪三十三年五月二十七日总司核定官制大臣奕劻等奏定各直省情形折，附有具体改革清单，涉及厅的部分在第二十条"各省所属地方得因区划广狭，治理繁简，分为三种：曰府，曰直隶州，曰直隶厅"；第二十三条"各省原设之直隶厅有属县者，一律改为直隶州。其无属县者，仍设同知一员，承该管督抚之命，并各司道主管事务，承该长官之命，处理所治境内各项行政"；第二十七条"各府原设之同知、通判有辖境者，一律改为州县。其无辖境而有主管事务，如河南之河防，各省之海防、粮捕等同知、通判，均应由各省督抚择其事务繁要者，一律作为同知（撤去通判名目，别于各级审判），明定责成以资治理。若不关紧要各员缺，应与各府所属佐贰杂职，一并斟酌改置，作为知府佐治员缺，由各该督抚体察情形，分别奏明办理"。② 预备立宪关于地方官制改革的思路中，厅只保留直隶厅，且直隶厅不准领有属县，而在县一级不再有厅的位置，原有的散厅须一律改为州县。但直到清朝灭亡，这份改革方案仍在不断讨论当中而未得到执行，但改革方向已定，厅在新的官制中已基本没有了位置。

到了民国初年，从 1911 年 10 月中华民国鄂军都督府颁布的"地方官职令草案"中规定"各厅州县一律正名为县"开始，各地陆续跟进，在民国 2 年，北洋政府出台的《划一现行

---

① 侯宜杰整理《清末督抚答复厘定地方官制电稿》，《近代史资料》总 76 号，中国社会科学出版社，1989，第 52 页。

② 《清末筹备立宪档案史料》上册，第 508～509 页。

各县地方行政官厅组织令》中明确规定"现设有直辖地方之府及直隶厅、州地方,该府,该直隶厅、州名称均改为县;现设厅、州地方,该厅、该州名称均改为县",类似四川西部的懋功、松潘、马边、峨边、理番、雷波、越巂七厅原奏报因民族杂处,厅官官制较崇,试图保留厅的名称,① 但到了1914年也全部改县。至此,萌芽于明末而盛行于清代的厅制彻底走进了历史。

---

① 该段历史可参考华林甫、高茂兵、卢祥亮《论清末民初政区剧变及其现实意义》,收入华林甫主编《清代政区地理续探》,北京联合出版公司,2019,第35~66页。

第二章 清代厅制的因地制宜
及其多样化

清初新置的厅，依稀能看到明制的影子。以清初新设的诸厅为例，其大多与卫所归并和疆土开拓有关。将卫所归并入同通辖区管辖，可以被视作明代岷州厅模式的延续，而各改土归流或苗疆新土设置的新厅，又多少可以被看作与叙永厅类似。但随着厅制的实践，厅制被应用于更多元的地域与场景，其自身也在不断演变，正不断体现着清代行政治理中"因地制宜"的理念，诚如乾隆《莲花厅志》所言"从古分土治民，必有因地制宜之政"。①

一 厅与旗民分治

清代厅制第一个变化是被应用于旗、民分治的地区。清代与明代相比，北部边疆得以拓展，漠南蒙古归附而设立盟旗，而内地随着人口的剧增，部分汉民到蒙古和东北地界开垦耕种，形成农耕与游牧双重生产方式的交织。在旗民、蒙民交界之地，更需采用"兼而治之"的策略，厅尤其是理事厅成为

---

① 乾隆二十五年江西按察使亢保序，乾隆《莲花厅志》卷首。

当时最常见的设治方式。这些新设置的理事同知厅、通判厅分布在东北及直隶、山西与蒙古交界地带，为满缺或蒙古缺，主要处理蒙民、旗民互控及民人间的交涉事件，民人钱粮亦归其征收。① 嘉庆《大清会典》将抚民厅与理事厅分而述之，正可看出理事厅的分布态势，"理事、抚民有专管地方之厅，或属于府，或属于道，或属于将军"。嘉庆年间的理事同知厅有直隶口北道属张家口厅、独石口厅、多伦诺尔厅，吉林将军所属吉林厅、伯都讷厅，山西归绥道属归化城厅，大同府属丰镇厅，伊犁将军所属理事厅；理事通判厅有奉天府属兴京厅、岫岩厅、昌图厅，吉林将军所属长春厅，山西归绥道属和林格尔厅、托克托厅、清水河厅、萨拉齐厅及朔平府属宁远厅。

以归化城地方为例，因处蒙古地界，故一直未设立府州县，初设归化城、绥远城同知专司刑名与粮饷，又陆续添设七协理通判，② 形成绥远城、归化城同知—七处协理通判的管理体制。该二员同知共同管理口外地方的粮饷与刑名案件，类似于厅有专管之地的性质，只是长官有两名而已，与别处不同。乾隆六年时设归绥道以统辖口外。③ 经过多次调整，最终于乾隆十六年形成归绥道—归化城、绥远城同知—七协厅的体制，④ 七协厅所管"与州县无异"。在乾隆二十五年时，各协

---

① 关于清代理事同知设置情况，可参考定宜庄《清代理事同知考略》，收入蔡美彪主编《庆祝王锺翰先生八十寿辰学术论文集》，第263~274页。
② 乾隆二十七年正月十八日山西巡抚鄂弼折，一档馆藏朱批奏折，档号：04-01-01-0252-001。
③ 乾隆六年山西巡抚喀尔吉善、绥远城建威将军补熙折，一档馆藏朱批奏折，档号：04-01-12-0022-017。
④ 乾隆十六年二月二十九日护理山西巡抚朱一蕈折，一档馆藏朱批奏折，档号：04-01-01-0206-004。

理通判最终改为理事通判或同知厅，口外厅制定型。① 乾隆二十九年裁归化城通判而以归化城同知治。② 所谓理事同知，主要是因处理旗民互讼而设，需通晓蒙古语，与管理内地汉民的同知拣选办法不同："归化城、张家口同知员缺，令各部、理藩院将满洲、蒙古员外郎、主事内通晓汉文者，各拣选一员，送部引见补授。陆续添设各边口同知，俱照此例办理。"③ 可以说，理事厅是清代首创，适应了族群杂处地带二元体制的特殊环境，是清代边疆政策的重要组成部分。关于归绥地区诸厅变革详见本书第四章。

与归绥诸厅类似的是直隶、蒙古交界的口北三厅。④ 张家口理事同知设于雍正二年，乾隆《口北三厅志》载雍正二年奏疏，其大意是仿照"归化城同知例"，设立两名同知，一名驻扎于四旗之中正红旗西边北新庄，"督催钱粮"，一名驻张家口，为理刑满洲同知，"汉人之事令同知料理完结，如蒙古汉人参错之事，会同该总管审事可也。如有所关人命，汉人之事，解与直隶巡抚完结，其同知关防照依归化城土默特同知关防，着该部铸给""自杀虎口至张家口种地人民俱令新设同知管辖"，奉旨"尔等这议得好，依议"。⑤《清世宗实录》将

---

① 乾隆二十五年八月初七日山西巡抚鄂弼折，一档馆藏朱批奏折，档号：04-01-01-0238-005。
② 乾隆二十九年七月二十五日山西布政使文绶折，一档馆藏录副奏折，档号：03-0052-053。
③《清高宗实录》卷124，乾隆五年八月丙午，第824页。
④ 关于直隶口外政治治理体系，最为系统深入的研究是陈肖寒《清代多族群混居地区的政治治理——以口外地区（直隶）为例》（博士学位论文，北京大学，2018）。
⑤ 乾隆《口北三厅志》卷1《地舆志》。

其事系于雍正二年七月甲寅："怡亲王允祥等遵旨议复都统世
子弘昇疏奏，丈量察哈尔右翼四旗地亩，共二万九千七百余
顷，每年应征银十九万余两。请设满洲理事同知一员，驻扎北
新庄地方，督管农民事务，并设满洲千总二员，催粮稽察。
再，察哈尔西界，穷山僻谷，易于藏匿，请再设满洲理事同知
一员，驻扎张家口，管理词讼，稽查边口出入之人。均应如所
请，从之。"① 另据乾隆《口北三厅志》卷 1《地舆志》所收
录雍正十二年九月直隶总督李卫奏疏中所言，张家口理事同知
原"管理口外东西两翼八旗地方，经征西四旗入官地租银两，
承审口内宣属十一州县旗民互讼命盗等案，职掌甚重"，可见
其在"西四旗"地方兼管了钱粮和刑名。自雍正十二年设立
独石口厅后，承审的口内州县由十一降为七——蔚州、怀安、
万全、宣化、保安、西宁、蔚县，且钱粮征收亦与独石口厅有
了分工。据乾隆八年的题本可知，"张家口理事同知乾隆八年
征收过察哈尔正黄半旗地亩奏册"，只剩正黄半旗的钱粮征收
权。② 多伦诺尔理事同知设于雍正十年，独石口理事同知设于
雍正十二年，其职能又有一定调整（参见本书附录），与张家
口理事同知合称"口北三厅"。

热河是在清朝前中期另一个设置理事厅的重要区域，变动
也非常大。早在雍正元年清廷就于热河设置了理事同知，③ 这
与旗民杂处有关，也与清初康熙诸帝常来热河一带巡幸带来大

---

① 《清世宗实录》卷 22，雍正二年七月甲寅，第 355 页。
② 乾隆九年五月二十九日直隶总督高斌题，一档馆藏内阁户科题本，档号：
　 02 - 01 - 04 - 13677 - 007。
③ 《清世宗实录》卷 12，雍正元年十月乙卯，第 220 页。

量人口、贸易有关。且此时恰逢清廷将京城无业兵丁移驻于热河,① 不可避免地会涉及不同族群的管理,不得不"设理事同知,专管旗民词讼及命盗重案"。不过热河范围过大,一员同知显然不敷所用,雍正七年时署理古北口提督魏经国奏请在八沟地方添设理事通判,与同知分管。② 此时在实录的记载当中,上述两事还仅被视作一次职官迁移而非政区调整事件,故多称其为"满洲理事同知"等,未有"热河厅""八沟厅"之说,可见还未视其为两个行政区。今众多著述中关于热河厅设置于雍正元年、八沟厅设于雍正七年的记录只能说属于事后追记,而非当时人已然认识到新置了这两个政区。当时热河地方除了这两员职官之外,并无文官系统,故同知、通判兼管旗民。

雍正十一年清廷设立承德直隶州,这是试图于热河地区建立州县正式行政区划的开端。不过清廷立即面临的一个难题是旗民如何管理。最初设想是承德州专管民人,而同知、通判专管旗人。但因热河幅员过于辽阔,后来不得不有所变通,又于八沟续设理事同知,③ 管理喀喇沁民人事务,④ 其关防名称是"口外八沟理事同知"。⑤

乾隆元年以后,热河地区行政管理体制继续调整,首先是

---

① 《清世宗实录》卷8,雍正元年六月辛酉,第156页。
② 雍正七年八月十七日署理直隶古北口提督魏经国折,一档馆藏朱批奏折,档号:04-01-30-0001-008;雍正七年十月十七日兼管吏部尚书张廷玉《议直隶热河地方添设通判巡检各一员》,《清代吏治史料·吏制改革史料》第4册,第1716~1718页;《清世宗实录》卷87,雍正七年十月戊午,第166页。
③ 《清世宗实录》卷132,雍正十一年六月甲寅,第706页。
④ 《清世宗实录》卷148,雍正十二年十月丁未,第835页。
⑤ 雍正十一年五月初十日直隶总督李卫《请铸给热河新设知州印信及八沟同知关防》,《清代吏治史料·吏制改革史料》第5册,第2326页。

乾隆元年将八沟理事通判移驻四旗土城子，八沟理事同知则专管八沟等三汛及喀喇沁三旗。因八沟理事同知所管幅员仍然辽阔，故乾隆四年直隶总督孙嘉淦又奏请在八沟地方添设理事通判，将贝勒、扎萨克两旗蒙古民人事归理事通判管理，八沟三汛及喀喇沁王子旗仍归八沟同知管理。同年为统合热河地区的同知、通判和知州而专设热河兵备道驻扎承德州，将以上诸文员统归管辖。① 原八沟理事通判于乾隆五年确定置于塔子沟，即塔子沟厅。②

到了乾隆七年，承德直隶州被裁，其起因是直隶总督高斌奏称"热河一带，旗民杂处，设有理事同知，与承德州分管。地广事歧，瞻顾辗转，多至盗扬伤变，甚或厅袒旗人，州偏民户"，州厅矛盾突出，故又将承德州知州改为理事通判，移驻喀喇河屯，是为喀喇河屯厅，理事同知移驻原承德州署，是为热河厅。③ 至此，热河地区再度恢复道厅体制，并在乾隆三十九年实现扩容，于八沟厅北设置乌兰哈达厅（分理翁牛特两旗、喀尔喀库伦两旗、奈曼一旗事务）、三座塔厅（土默特两旗，巴林两旗事务），④ 主管"旗民大小案件"及"地方民人拖欠旗地租粮"等事。⑤ 至此，热河七厅之制形成。

乾隆四十三年在皇帝的要求下，热河厅升为承德府，主因是他在木兰秋狝过程中，观察到热河一带户口日增，人文日

① 乾隆四年三月初十日直隶总督孙嘉淦奏，一档馆藏朱批奏折，档号：04-01-16-0009-053；《清高宗实录》卷89，乾隆四年三月丁卯，第376~377页。
② 《清高宗实录》卷112，乾隆五年三月己酉，第651页。
③ 《清高宗实录》卷160，乾隆七年二月癸巳，第18页。
④ 《清高宗实录》卷959，乾隆三十九年五月癸酉，第1000页。
⑤ 《清高宗实录》卷972，乾隆三十九年十二月癸未，第1271页。

盛，俨然一大都会，而还是厅的体制，"殊于体制未协"。① 在乾隆帝心目中，"厅"依然与未开发、人烟稀少等印象挂钩。在乾隆帝的乾纲独断下，随即八沟厅改为平泉州，喀喇河屯厅改为滦平县，四旗厅改为丰宁县，塔子沟厅改为建昌县，乌兰哈达厅改为赤峰县，三座塔厅改为朝阳县，均属于承德府。至此，在行政建置上，热河一带实现了府县体制。不过改得并不彻底，第一是与一般府的体制不同，承德府不设附郭县，府存在亲辖地，这是沿用了"直隶州例"；第二是新改诸县的正印官头衔仍然是"理事同知通判管知县事"，按照原理事同知、通判衔升转，至于其他一般性体制则"俱如知县例"。可以说，直隶和吏部方面的行政安排既反映了乾隆帝谕旨的精神，也保留了原道厅体制的内在实质，以适应口外"多系蒙古旗民交涉事务"的现实需要。② 事后，乾隆帝专门颁布一道谕旨，介绍清廷定鼎以后热河沧桑巨变以彰显清朝盛德，其中行政体制的转变即关键依据之一。他的逻辑是热河地区原或为外域，或侨治于内地，清朝以后才登入版籍，乾隆七年改承德州为厅时，乾隆帝认为这是由于"地方大吏建议，此地究为关外，仍设为厅"，而乾隆四十三年之所以要由厅改府，乃是因为"土著与侨居者，久于其化"，而"耕桑日辟，版籍日繁，成都成邑之升"，这样一来"其地犹仍热河厅之旧"，③ 已与体制未协。在乾隆帝眼中，厅主要是设于边域，而开发成熟以后，自然要成府成县，方是体制应有之意，且"厅"与"州

---

① 《清高宗实录》卷1048，乾隆四十三年正月乙亥，第10~11页。
② 《清高宗实录》卷1050，乾隆四十三年二月甲午，第27~28页。
③ 《清高宗实录》卷1050，乾隆四十三年二月丙午，第37~38页。

县"自身带有关外、关内分野的象征意义。

东北也是为旗民交界设置厅的典型区域，不过所设同知、通判虽不少，但最初不过是希望由理事同知和通判负责旗民之间的司法事务。如雍正九年吉林将军常德奏请添设同知和通判的主要考虑是吉林军民混杂，虽设有永吉州，遇到兵民之事，知州和旗官共同审办，但知州任务繁重，旗官并不通晓法律，故只能设立同知等员，将涉及旗民司法的部分承担起来。① 此时具有一地专管之权的"厅"比较少，特别是光绪元年以前。东北第一个设置的是复州厅，设于雍正五年，不过六年之后即改为复州。直到乾隆初年才非常谨慎地陆续添置了一些厅。这一地区厅制探索也不是在最初就有明确设计的，与归绥等地一样，是经历了一番艰难的尝试之后才得以确立的。

表 2 - 1　嘉庆及其以前东北所设厅

省份	厅名	设置时间
奉天	兴京厅	乾隆二十八年
奉天	复州厅	雍正五年置，十一年改为复州
奉天	新民厅	嘉庆十八年
奉天	岫岩厅	乾隆三十七年
奉天	昌图厅	嘉庆十一年置
吉林	吉林直隶厅	乾隆十二年
吉林	长春直隶厅	嘉庆五年
吉林	伯都讷直隶厅	嘉庆十五年

---

① 雍正九年二月二十七日吉林将军常德等《奏请添设同知或通判折》，中国第一历史档案馆译编《雍正朝满文朱批奏折全译》第 3 册，黄山书社，1998，第 2029 页。

　　以伯都讷直隶厅为例，原设委署主事，"专办蒙古事件，至钱粮狱讼及旗民交涉诸务，俱归户司官员管理"，乾隆四十四年奏请改为理事通判，不过考虑到流民尚不及原居民多，且经常转移，故未允准。① 早在嘉庆十一年，因吉林与伯都讷地界相连，界址不清，时吉林方面即请划定两城界限并设立鄂博，添设界官。② 奏设伯都讷同知事在嘉庆十五年，吉林将军赛冲阿称伯都讷地方"屯堡毗连，人烟稠密"，除了已征纳丁粮之陈民，新近流入尚未报丁并陈民滋生分居另户民人千余户，管理难度剧增。随后赛冲阿回顾了该地的设治史："先于雍正四年设立长宁县知县驻扎该城，管理民事。迨乾隆二年间将知县裁撤，改为州同。乾隆十二年又将州同裁去，改为巡检。至乾隆二十六年前任将军恒禄以该处地连蒙古，交涉事多，奏将巡检裁撤，请发理藩院委署主事一员，住于该城，管办蒙古交涉事务。其一切民人刑事事件均归伯都讷副都统衙门兼理，仍咨报将军衙门核定奏咨，历今五十年来均系如此办理。"为何嘉庆十五年要改为同知呢？赛冲阿表示民人土地众多，讼狱繁多，"除军流徒杖各案外，其人命案件每年多至二十余起及十余起不等。若非添设地方官员，实不足以治理"。鉴于嘉庆五年于吉林长春堡地方添设通判，而伯都讷与吉林事务无异，建议仿照吉林理事同知例添设同知，"专管地方刑钱及旗民交涉事务"，原理藩院委署主事则因蒙古案件无多，且副都统衙门原设有蒙古笔帖式一缺，足资治理，故将其撤

---

① 《清高宗实录》卷1085，乾隆四十四年六月戊寅，第582页。
② 《清仁宗实录》卷169，嘉庆十一年十月辛卯，第197页。

回。① 其实，早在乾隆四十四年时吉林方面已请求裁撤该委署主事，改设理事通判，但被拒绝。"查该处流民虽多，究非土著可比，转移无常，日后民务减时，再将通判裁撤，未免纷更。请嗣后将伯都讷地方，凡蒙古旗民事件，均令该委署主事办理。惟居民及钱粮税务，令司员办理。添设通判之处毋庸议。从之。"② 伯都讷原为理事同知，光绪七年改为抚民同知加理事衔。③ 光绪三十二年升为新城府。

新疆地区也是如此。乾隆二十四年设巴里坤直隶厅，三十八年升为镇西府；乾隆二十四年置哈密直隶厅，三十八年降为散厅，四十九年升为直隶厅；乾隆二十五年置乌鲁木齐直隶厅，三十八年降为迪化州；乾隆三十六年置辟展直隶厅，三十八年降为散厅且改名吐鲁番厅，四十四年升为直隶厅；乾隆二十九年置伊犁直隶厅；乾隆三十七年置奇台直隶厅，三十八年降为散厅，四十一年改为奇台县。以上为光绪以前新疆置厅之梗概，具体参见本书附录新疆部分，不赘述。此处拟依据档案资料分别探讨新疆设置的这些厅的功能。

巴里坤、哈密两厅乾隆二十四年设置，《清实录》记录该事为"安西同知移驻巴里坤，靖逆通判移驻哈密，俱令管理粮饷，兼办地方事务"。④ 此事的背景是安西改制，安西提督及本标五营移驻巴里坤，应驻之兵，驻防于巴里坤、哈密。在乾隆二十五年选择第一任巴里坤同知时，办理陕甘总督事的吴

① 嘉庆十五年七月初六日吉林将军赛冲阿折，一档馆藏朱批奏折，档号：04-01-01-0518-002。
② 《清高宗实录》卷1085，乾隆四十四年六月戊寅，第582页。
③ 《清德宗实录》卷140，光绪七年十二月丁卯，第1006页。
④ 《清高宗实录》卷593，乾隆二十四年七月丁丑，第607页。

达善就特意强调任职巴里坤同知需要"兼通清汉文义"。① 而哈密通判于乾隆二十八年添设巡检时，所执的理由之一便是"哈密为口外总汇之区，回汉杂居，通判一官兼顾不周"。② 虽然巴里坤、哈密为甘肃新疆往来要道，支应差使兼管八旗官兵粮饷是其重要职责，但治理旗民杂处地带亦是选择厅这一建置的重要原因。

二　厅与少数族群治理

厅在明末起源时，就与少数族群的治理有关，特别是在土司地区，厅成为一种比较惯常的政区设置方式。本书第七章将以广西改土归流与厅的设置为例，以一省案例展示厅与少数族群治理之间的关系。除了广西之外，在西南、西北地区，厅的设置大多与少数族群治理有一定关系，这些地区也成为整个清代厅设置最为集中的区域之一。

湖南与少数族群治理有关的厅基本分布在西部苗疆旧地。凤凰厅地原系苗民所居，为五寨土司，康熙三十七年移驻销算镇臣以示弹压，四十三年设通判"以分防之"，然"土官尤仍其旧习。四十六年土司田宏天不法，偏沅巡抚赵申乔奏请斥革，不与世袭，厅始得专管政令"，③ 此时才具有厅之实质。另据乾隆《凤凰厅志》卷3《沿革》，康熙四十三年设分防通判后，"五寨之学校钱粮仍土官经营"，直到康熙四十六年赵

---

① 乾隆二十五年正月初四日办理陕甘总督事吴达善折，一档馆藏朱批奏折，档号：04-01-01-0238-001。
② 道光《哈密志》卷42《纪事志一》。
③ 郑宪文序，乾隆《凤凰厅志》。

申乔将其革职后，"钱粮学校统归凤凰营通判经理"。康熙五十年令其专管买贮谷石，如有亏空挪移，"照知县例议处"。①康熙四十七年设乾州厅，该地原为苗人所居，明洪武三十年置镇溪军民千户所，隶辰州卫，正德八年又置守备。清顺治十五年复置守备，康熙三十七年平"苗乱"，四十三年裁镇溪军民千户所，设辰州分防同知。②据康熙四十九年巡抚赵申乔奏请将新归顺之六里苗民划归乾州同知管抚时，"责令土弁专司约束，乾州同知管辖，辰沅靖道统辖"。③雍正八年设永绥厅，原为六里苗民所居，属保靖土司管辖，康熙二十三年、二十七年、三十二年请归镇溪所，但未被允准。四十三年置乾州厅后，苗地设寨长、土百户等。康熙四十九年巡抚赵申乔奏请六里地区改土归流，拨归乾州同知管辖。雍正八年秋经巡抚赵宏恩奏请新设永绥厅，以加强对苗疆的控制。④上述苗疆三厅均为加强对苗地的控制而设，又均于嘉庆元年平定"苗乱"后升为直隶厅，更进一步加强了对这一地区的控制。

此外，四川石砫厅、松潘厅、杂谷直隶厅、懋功直隶厅均与理番功能有关，马边厅、峨边厅、越巂厅均带"抚彝"字样，雷波厅、盐边厅之设均与弹压土司及夷人有关。至于贵州以"新疆六厅"为代表的诸厅之设，多与苗民控制有关，其头衔也多带"理苗"字样。云南地区所设诸厅亦多与土司和"夷人"控制有关，可参见本书附录部分。

---

① 《清圣祖实录》卷247，康熙五十年八月壬午，第450页。
② 光绪《乾州厅志》卷1《沿革》。
③ 《题名六里苗民归乾州同知管抚疏》，同治《永绥直隶厅志》卷4《艺文门·奏疏》。
④ 乾隆《凤凰厅志》卷3《沿革》。

　　除了西南一带，西北一带甘肃等地所置的厅也多与番民管理有关。乾隆八年置摆羊戎厅，因西宁府南山一带番汉杂处，故将巩昌府通判改为西宁府抚番通判，移驻摆羊戎，"董率垦种，管辖各番"。① 后又改为巴燕戎格厅。洮州厅的沿革在光绪《洮州厅志》中有一番概括："明洪武四年置洮州军民千户，隶河州卫，十二年讨洮州十八族叛番三副使，事竣，筑新城于东陇山，以旧洮城为堡，升为洮州卫军民指挥使司，隶陕西都司，领千户所五。本朝因之，雍正二年改属巩昌府，乾隆十三年裁卫所，以旧驻西固城同知改为抚番同知，移驻于此。"② 该抚番同知的职责是"管理一切汉番事宜"。③ 乾隆十六年于张掖县所设抚彝厅，从名称上即知其性质。乾隆二十七年所置之循化厅，"所管番民七十一寨一十五族，计一万四千余户"。④ 乾隆五十六年所置贵德厅又是模仿循化厅而设，"所有命盗一切案件及征收屯番粮石、奏销钱粮各事宜，应归同知审办造报，由西宁府审解核转，以专责成"。⑤ 丹噶尔厅置于道光九年，在改主簿置厅的奏疏中，开头便提到"丹噶尔地方为汉、土、回民、番子、蒙古往来交易之所"。⑥

---

① 《清高宗实录》卷202，乾隆八年十月癸亥，第609页。
② 光绪《洮州厅志》卷2《舆地》。
③ 乾隆十二年十二月二十四日甘肃按察使顾济美折，一档馆藏朱批奏折，档号：04-01-01-0146-015。
④ 乾隆《循化厅志》卷1《建置沿革》。
⑤ 乾隆五十六年九月初五日陕甘总督勒保折，一档馆藏朱批奏折，档号：04-01-02-0004-011。
⑥ 道光九年二月十三日陕甘总督杨遇春折，一档馆藏朱批奏折，档号：04-01-01-0704-011。关于丹噶尔厅在清代的政区演变历程，可参见闫家诚《边疆内地化与厅的设立——基于清代西宁府丹噶尔厅的个案研究》。

之所以要在这些地区设厅，原因很易理解。一是该地开发不够成熟，诚如乾隆《乾州厅志》的序言所称，"其土俗民情迥殊于中土者乎？出一政惟恐不宜其俗，发一令惟恐不顺其情"，①无法直接设置州县，故先设置厅，徐图治理，所谓"尊崇先圣，加意师儒，则宏建学宫之请，又将次第举行，使边方荒服，竟为中土胜地，乾之人不大有庆乎？"② 二是厅的长官级别较高，便于弹压土司和少数族群，甚至在有些地区，因同知的品级高于通判，为保证弹压效果，还要将通判改为同知，这也说明了品级在少数族群分布地带治理的重要性。如凤凰厅本为通判厅，乾隆五十五年因通判品级较低，"以致征粮听讼，苗民视同末弁，不听弹压"，故仿乾州厅、永绥厅之例，改为同知。③

三　厅与内地边缘地带的控制

清代厅制的一大特点是应用于政区边远区域。如果说厅的起源——边疆拓土，是就整个国家疆土而言，那么对于一个省级或府级政区而言，它的"边缘"也处在一个类似的位置上。清代采纳了厅这一建置，应用于政区内距治所较远或因其他原因难以管理的地方。当然，这一类的厅若追溯其来源，似与明代内地分防但不具完全之责的同、通直接相关，只不过清代直接给予其专管之权。如苏州府东山、西山地区，由于地处太湖中，州县难以管理，雍正十三年设太湖同知驻东山，但只负责

① 乾隆四年杨辅臣序，乾隆《乾州厅志》卷首。
② 黄凤翔：《乾州新建土垣碑记》，乾隆《乾州厅志》卷3《艺文》。
③ 《清高宗实录》卷1351，乾隆五十五年三月丙申，第77页。

捕务及户婚、田土细故而已，不成厅的建置。乾隆十一年将太湖东山、西山应征钱粮划归太湖同知催征，十六年又将西山钱粮划归吴县征收，一切地方事务仍由太湖同知管理，而东山地方命盗案件亦归吴县。乾隆三十二年奏请东山钱粮依然由太湖同知征收，而将东山、西山一切命盗案件改归太湖同知管理，由府核转。① 至此，太湖厅始置（详见本书第五章）。

广东佛冈地区处于万山重叠之中，故早在雍正年间便有设县之议，但部议分县费繁，故于九年设捕盗同知一员以资弹压，② 专管花县、从化、清远、英德、广宁、长宁等六县捕务，但又于乾隆七年裁汰，所管捕务分隶各县。③ 该捕盗同知设立之时，"并无钱粮刑名之责"。嘉庆十六年复设，改为直隶同知，驻扎大埔坪佛冈地方，于英德、清远县酌量分拨，"凡应征钱粮、兵米及命盗、词讼案件，均归该同知管理"，"所有奏销及刑名案件，由该同知申详分巡广州粮储道核转"。④

再如广东、福建交界处的南澳海岛，雍正十年设闽粤南澳厅，"兼理刑名、钱谷，地方命盗等事，悉归该同知就近勘审，分别径解各该知府审转"，其中属福建漳州府者归漳州府，属广东潮州府者归潮州府，无论刑名还是钱粮皆然。而该同知大计考核统归广东省潮州府申详，⑤ 是设厅处置省级政区

---

① 乾隆三十二年十一月十九日苏州布政使苏尔德折，一档馆藏录副奏折，档号：03-0052-079。

② 《清世宗实录》卷110，雍正九年九月戊寅，第467页。

③ 《清高宗实录》卷173，乾隆七年八月癸卯，第206~207页。

④ 嘉庆十六年八月二十九日两广总督松筠、广东巡抚韩封折，一档馆藏朱批奏折，档号：04-01-01-0525-005。

⑤ 雍正十年五月二十日兼管吏部尚书张廷玉《为请设闽粤南澳海防同知》，《清代吏治史料·吏制改革史料》第5册，第2240~2241页。

交界的典型案例。四川城口厅之设乃清廷平定白莲教起义后，于川陕交界一带的整体性布置。城口厅同知吴秀良声称道光皇帝上任之初就有饬谕，"初以川陕楚交界地方，为从前教匪出没之区，幅员辽阔，最易藏奸，急宜添建厅县营治"，由此，陕西兴安府增设砖坪厅，湖北郧阳府增设白河口同知，四川东部的太平直隶厅改为太平县，而将太平厅的厅缺移驻城口，新置了城口厅。① 嘉道时期陕西方面连续设置定远厅、砖坪厅，均是加强该交界地方控制的重要事件。②

福建云霄厅处于闽粤交界一带，数县交界，盗贼出没，难以控制。早在明嘉靖五年，当地乡民吴子霖就建议创设城池，知县周仲开始筑城。福建布政使在此设云霄镇时，曾写了一块筑城碑记，其中谈道"云霄在漳州郡最南境，北去郡南，由南诏入潮各二百里，林箐深蔚，瘴海外浮，故多盗"，③ 而"政属浦、诏、平之冲而去邑远，三部之民多杂处"。④ 万历二十年于此设立督捕通判一员，称"督捕馆"，"凡三县道之民，馆得以一意督察，盗贼发，馆得一切蹑寻案验，民以事诣馆告者，馆得受其词为捕，治以罪，轻重行罚。自置馆以来，于今且十年，民视馆若大府"。但督捕通判与下属各县之间权责不甚清晰，也带来诸多不便，"馆为三县设，而漳浦之民未受

---

① 《城口士民捐修圣庙文昌宫及祠宇学署序》，道光《城口厅志》卷20《艺文志》。
② 关于川陕楚一带的行政建制变迁，可参考张振国《清代川陕楚边区的行政建制与人事管理——以道光元年设治为中心》，《中国历史地理论丛》2020年第4辑。
③ 《新建云霄石城碑记》，嘉庆《云霄厅志》卷17《艺文志上》。
④ 《郡倅吕侯复公溪修城记》，嘉庆《云霄厅志》卷17《艺文志上》。

馆之利也",① 故此后该督捕通判即不再驻扎云霄。康熙三十五年移驻盘陀巡检,乾隆元年移驻漳浦县丞,但均难以治理该地,直到嘉庆元年始奏请设立云霄厅。

浙江玉环厅,雍正六年设。光绪《玉环厅志》卷首即点出了玉环厅所处的边缘位置:"两浙辖十一郡,濒海六,而孤悬海中之区则舍定海惟玉环为最险要。"② 类似的还有南田厅。这些海岛为主的政区均在清朝经历了封禁、展复的过程,设厅与它们所处位置边缘、开发不够成熟有关,无法直接设立州县。

同样,对于县际交界地带,由于控制不力,也有设置厅管理的案例。嘉庆年间所设川沙厅,其起因就在于江苏松江府所属上海、南汇两县滨海各保图僻在沿海,"距县城较远,犷悍成习,讼狱繁多,钱粮历有拖欠,该县等鞭长莫及"。③

清代陈文述曾论及为何在政区交界地带须移驻类似同知、通判一类佐贰官,"州县接壤之地及距城辽阔处所宜增设、移驻佐杂以资控驭也。县境辽远者,每至百数十里,两三县接壤之地,最易藏奸纳匪,及土豪把持之弊,以去县较远,控制不便也。宜酌量形势,添设巡检或移驻县丞……两三县搭界者,即宜兼辖两三县搭界之地,以杜奸民越境避拘之弊,则声势联沿、人心安静矣。至邻省接壤之地则宜移驻丞倅,以资控驭"。④道光年间,御史黄爵滋也提出了移驻佐贰以控制交界地带的措

---

① 《议云霄镇事纪》,嘉庆《云霄厅志》卷17《艺文志上》。
② 光绪六年张沄卿奏,光绪《玉环厅志》卷首。
③ 嘉庆九年十一月二十一日两江总督陈大文、江苏巡抚汪志伊折,一档馆藏朱批奏折,档号:04-01-02-0006-008。
④ 陈文述:《答魏爱轩中丞询问地方事宜》,《颐道堂集》卷12《文钞》,清嘉庆十二年刻道光增刻本。

施："至佐贰、佐杂各官，应酌量移驻扼要地界，以专责成。
如错互接壤之区，遇有窃劫各案，必互相推诿。并于省郡交界
责成同知、通判等官，州县交界责成县丞、巡司等官，务须会
同兜捕。"① 实际上，当同知、通判移驻偏远未开发地区时，
一个新政区正在萌生。

四 府州县逆向改厅

时人向视厅为州县制的过渡阶段，故往往在设厅时论及本
欲设县，但较为困难，才不得已设厅；或者暂先设厅，等条件
成熟再设置州县，厅的前景目标是州县。然而，清代出现了改
府州县为厅的逆向现象。

较早的是乾隆三十五年云南永北、蒙化、景东、广南四府
均改为直隶厅同知。广南府是因为下辖只有同城的宝宁县，
"不成郡"；永北、蒙化、景东三府则无属邑，不成郡，按道
理可以改为州县，但是"地方辽阔，距府辽远，归并他郡，
一切征输审解未便"，故改为直隶厅。②

其他如同治六年，广东阳江县升为阳江直隶州，管辖阳
春、恩平、开平三县，仅三年后因三县要求还属肇庆府，以致
阳江直隶州无辖县可言，要么降为县，要么改为厅，但考虑到
"县令凡事禀命道府，于控制沿海要区尚未简当；如改同知，
遇有海洋要务，饬与阳江镇就近商办，责成既臻周密，体制亦

---

① 《清宣宗实录》卷222，道光十二年闰九月戊戌，第317页。
② 《清高宗实录》卷852，乾隆三十五年二月庚戌，第408页。

极合宜"而改为直隶厅。① 与蒙化、景东、永北三府因无属邑
降为直隶厅，有相似之处。

和阳江类似的还有镇沅直隶州改为直隶厅事，因该州仅辖
恩乐一县，道光二十年裁恩乐县，镇沅未便仍以州名，故改为
直隶厅；② 普安直隶州，嘉庆十六年因州民与所属兴义县民互
控，故将兴义县仍归兴义府，普安直隶州因无属县，而改为直
隶厅。③ 还有因无可隶属之府而由州升厅者，光绪十八年因上
思州虽隶太平府，然道里较远，官民不便，又处边防重地，故
升为直隶厅。④ 此外，改州为厅，还有升职分的意义在，因
同、通品级均高于知州，如云南腾越直隶州于嘉庆二十四年改
为直隶厅，原因之一就在于"知州职分较小，不足以资控
驭"，加上腾越州界连缅甸，"俾体制稍崇，办理边务不致掣
肘"。⑤ 光绪三十年又升湖北宜昌府鹤峰州为直隶厅，原因在
于"鹤峰直隶厅本苗疆旧地，山深箐密，道路纷岐，民教杂
处，风俗强悍"，由此"请升设为直隶同知，职分较崇，庶
足以资镇摄"。⑥

改县为直隶厅的例子有三。一是嘉庆二十年升连山县为连

① 民国《阳江志》卷1《地理志一·沿革》。
② 道光二十年四月十九日兼护云贵总督颜伯焘折，一档馆藏录副奏折，档号：03-2695-041。
③ 嘉庆十六年正月十四日云贵总督伯麟、贵州巡抚鄂云布折，一档馆藏朱批奏折，档号：04-01-01-0528-031。
④ 光绪十七年十月二十八日两广总督李瀚章、广西巡抚马丕瑶折，一档馆藏朱批奏折，档号：04-01-12-0552-098。
⑤ 道光二年五月二十六日云贵总督史致光、云南巡抚韩克均折，一档馆藏录副奏折，档号：03-2502-027。
⑥ 光绪三十一年八月三十日湖广总督张之洞折，一档馆藏录副奏折，档号：03-5447-091。

山绥瑶直隶厅。① 连山属于瑶人居住之地，早在明代即不断有
瑶人与汉人冲突事件，地方政府一直有征讨之举，但也一直未
能将其完全纳入王朝统辖之下。入清以后，清廷仍以其"僻
在粤省西北，界连广东、湖广，山莽崇深，本属险阻，而境内
猺人八排毗连各一，聚落皆在深岩邃壑之内，丰草密菁之
间"，以羁縻为主。但冲突未休，清廷仍有征讨之举。对于如
何管理瑶人，最初有意见设县，但"周围约计四百余里，俱
系崇山峻岭，鸟道羊肠，难设县治"，"今若割而为一，鞭腹
尤长，即添设县令，一时未谐，猺情不无顾此失彼"，"另设
一县，钱粮为数无多，不敷一邑俸工之用"，故未改当地连
山、连州管辖的基本建置，但于三江口之地设置了理瑶同
知。② 该同知初设之时，职责是管理瑶务，并兼管连州、连
山、阳山三州县捕务。雍正七年改为广东理瑶军民同知，专管
苗务，"不另委署调遣他出"。至雍正九年又将三州县捕务归
该同知管辖，隶属司道考核，但当时该同知管瑶人及瑶、汉争
端之事，并无辖地，"凡猺人盗案以同知为专辖，猺人争讼有
涉连、阳三州县民人者，听同知关会审理，猺户钱粮仍连州、
连山县照旧征解，同知有分民无分土"，③ 实质上仍是一分防
事务官，不可称为"厅"。直到嘉庆二十年始革连山并入同知
为专辖，"然后同知有疆域也"。④ 二是嘉庆六年四川太平县升

---

① 关于连山的民族与政区演变，可参见谭嘉伟《清代连山瑶、壮的源流、
分布及相关历史地理问题研究》。
② 道光《连山绥瑶厅志·总志第一》。
③ 《清世宗实录》卷110，雍正九年九月戊寅，第467页；道光《连山绥猺
厅志·总志第一》；
④ 道光《连山绥猺厅志·总志第一》。

为太平直隶厅，这是川楚交界一系列政区与职官设置调整中的一个环节，当是平定白莲教起义后出于提升对该地区的控制力度而有意提升官员等级。① 三是道光二十一年定海县改为定海直隶厅，其原因在于"定海孤悬海外，总兵之体制既崇，知县之品级似卑，每为弁兵所蔑视"，升直隶厅以后，隶宁绍台道管辖。② 《定海厅志》也写道定海县"道光年间两遭夷患，旋就抚议，以海疆严邑，重其权，始不隶于郡"。③

改县为散厅的例子有五。一是潼关县改为潼关厅，乾隆十年时陕西布政使慧中即奏请裁汰潼关县置厅，其原因是潼关县系改潼关卫而置，继承了原卫地诸屯地，"各屯地分处十属，各有印官，乃舍本土之员，不使就近管辖而于隔境弯远之潼城，赘设一县，凭空遥制"。④ 此次改县为厅实际上隐含"降格"之意。二是仪封县改为厅，乾隆四十九年改，五十二年奏请将仪封通判由沿河要缺改为冲简之缺的奏疏中称："该厅北岸地方划归考城，南岸地方划归睢州，所管村庄地亩无多，其征收钱粮以及词讼命盗事务均不甚繁。"⑤ 可见辖域减小而改厅，与潼关类似，有"降格"之意，至道光四年并入兰阳

---

① 《清仁宗实录》卷91，嘉庆六年十一月己亥，第 210~211 页；庆桂等编《钦定剿平三省邪匪方略》之《正编》卷285，《续修四库全书》第398册，上海古籍出版社，2002，第 146 页。

② 道光二十一年六月二十六日军机大臣穆彰阿等折，一档馆藏录副奏折，档号：03-2986-041。

③ 史致驯叙，光绪《定海厅志》卷前。

④ 乾隆十年十一月十二日陕西布政使慧中折，一档馆藏朱批奏折，档号：04-01-01-0121-024。

⑤ 乾隆五十二年七月初三日河南巡抚毕沅折，一档馆藏录副奏折，档号：03-1033-018。

县。① 三是定南县改为定南厅，乾隆三十八年裁汰定南县知
县，将赣州府同知移设，改为定南厅，"该县地方刑名、钱谷
一切案件悉归该同知管理，照依莲花厅章程，由府核转"。借
莲花厅之例，点出厅比县的优越之处："莲花厅即系因其繁剧
移设厅员以为控制，因思厅员不惟体制优崇，可以慑服严疆，
而且多属历任荐升之员，究非初任之县令可比，择其精明强干
之员，以之治理，自能转蛮野为驯良，并可查异籍垦田之赋
役，庶于地方有裨。"② 地方志书亦记载改厅原因是"界连闽
粤，赣郡门户，保障维艰，特疏题准改县为厅，移郡僚驻
焉"，③ 目的也不仅仅是为了定南一地的控制，而是设立同知
之后，"盖崇官司之秩，非特足以威本境，而宵小之出入于龙
南、信丰、安远及和平、龙川等处者，皆易以控制焉，此其功
视前人又有加矣"。④ 此处改县为厅则有"推崇"之意，可见，
清代地方官员对厅制的理解都不相同。四是道光二十三年吉林
宁海县改为金州厅，这是因金州地方移驻了副都统，而知县与
之品级悬殊，故奏请改为厅而置海防同知于此。⑤ 五是道光十
二年河南淅川县改为淅川厅，"同知职分较大，可与荆子关副
将互相控制，于地方弹压巡防尤为得力"，又含升职之意。⑥

① 《清宣宗实录》卷76，道光四年十二月己巳，第233页。
② 乾隆三十八年四月十四日江西巡抚海成折，一档馆藏朱批奏折，档号：
　04-01-30-0426-011。
③ 朱昕序，道光《定南厅志》卷前。
④ 道光《定南厅志》卷2《建置沿革》。
⑤ 道光二十三年五月初七日盛京将军禧恩、盛京户部侍郎明训等折，一档
　馆藏朱批奏折，档号：04-01-12-0460-036。
⑥ 道光十二年五月二十八日河南巡抚杨国桢折，一档馆藏录副奏折，档号：
　03-2624-018。

也有试图改州县为厅但失败的例子，这也为我们理解厅与府州县体制的差异提供了难得的材料。道光元年盛京将军松筠等提出要将奉天辽阳州改为辽阳厅同知，主要理由是奉天州县过少，随着人口增多，政务越来越繁忙，特别是刑钱案件越来越多，但奉天地区州县与层级过少，兴京、岫岩、昌图、新民四厅直达奉天府尹，锦州府所属四县由锦州府再审转奉天府，但承德等八州县也是径自到奉天府尹，不够慎重，因此建议增设州县之上的承转机构。特别是辽阳地方，原设有辽阳府，但已裁撤，不敢轻言恢复，又不敢额外再增添官员，建议将辽阳州知州改为辽阳厅同知，"管理海、盖、复、金四州县地方海防事务"，"辽阳本界事宜仍归该厅照旧管理"。① 其实是打算设一个管辖县的直隶厅，但厅管县体制在清代极其罕见，最后实际没有批准是预料之中的。

将县与厅的体制直接进行比较的是《定南厅志》的编纂者：

> 论曰：昔之治以知县，今之治以分府，体统盖不同矣。……盖知县之职，以之整饬境内则易，以之弹压边疆则难，易以分府驻防，固职之与地尤相宜也。况居此者，又皆自知县之卓异升擢而来，其洞悉民情、练习吏事，有制锦之能而无宰割之伤，宜乎振贫起瘠，旋至立效，为斯土之福星，岂独体统严肃云尔哉？②

① 道光元年九月十六日盛京将军松筠、盛京工部侍郎兼管奉天府尹龄椿折，一档馆藏朱批奏折，档号：04-01-01-0613-029。
② 道光《定南厅志》卷4《文秩官》。

此外，光绪年间任贵州古州厅同知的吴厚恩在为光绪《古州厅志》所写的序言中也提到了厅与州体制之间的比较：

> 古州……固黔中一大都会也，四至八到，绵亘六百余里，五方杂居，号为难治。议者谓同知分驻，事权不一，宜改为直隶州，而以永从一县隶之。余惟同知重以民社，临之监司，凡所以奉命达情者，若领袖然，交相挈也。其事势既与台拱、八寨诸厅异，而繁难且倍于松桃，似不若竟改为直隶同知，仍存理苗之名，公事直达于道，以崇体制而严专责。其一切设施悉仍旧贯，毋俟纷更，但别铸一关防畀之耳。惜无有议及之者。①

之所以称古州同知"事权不一"，是由于古州一地另设有贵东兵备道。且乾隆二年于此设古州左右二卫，共屯堡四十，安屯军二千五百一十九户，隶属古州同知兼辖，贵东兵备道统辖。② 事权有所分割。不过吴厚恩也很清醒，治理苗寨林立的古州地区，官员的级别非常重要，而同知显然比知州更具优势，且如能升为直隶同知，可直达于道，更有利于地方治理。

东北地区也出现过类似的例子。奉天府属永吉州，设在吉林乌拉，办理宁古塔将军所辖地方旗民事务，但永吉州遇事须申报奉天府尹，稽延时日，且办理事件掣肘较多，故将永吉州改为理事同知，归宁古塔将军管辖。③

---

① 吴厚恩叙，光绪《古州厅志》卷首。
② 光绪《古州厅志》卷3《田赋志·屯政》。
③ 《清高宗实录》卷284，乾隆十二年二月壬戌，第699页。

五 京畿四路厅

清代还有一个变化是厅制在中枢统治地区的应用，这便是京畿四路厅的设置。顺天府处于京畿要地，顺天府尹兼有中央官和地方官的二重性，不为直隶总督所辖，故顺天府体制与一般府差别很大。

顺天府所辖诸州县，起初于康熙二十五年应于成龙之议设立四路捕盗同知分治，但专司捕盗而已，东路驻通州，西路驻卢沟桥，南路驻黄村，北路驻沙河。雍正六年将"各州县刑名事件悉归审转"，①乾隆十九年又将各州县钱谷事件令其兼管，"一切考成均照知府、直隶州之例办理"。②在此之前，顺天府所辖各州县钱粮是由霸昌、通永二道管辖，但霸昌、通永两道所辖州县过多，缺少下一级审转机关，负担较重，此次改革之后，"照府州之例，定以考成，仍令申详本道，听其统核，往来盘查，……查四路同知既经管理该州县钱粮事务，则与知府、直隶州体察无异，凡遇州县钱谷案件，应以各该同知为专理，以霸昌、通永二道为兼管，其盘查详请议处议叙等案，悉照知府、直隶州、知州之例，一体遵行办理，奉旨依议"。③不过这时关防等象征性物件尚未更改，该四路同知所用的关防兼永平、保定、河间等府衔。乾隆二十四年将其关防正式定为"顺天府某路刑钱捕盗同知"字样，只有西路因稽

---

① 李卫：《敬陈地方控制事宜疏》，雍正《畿辅通志》卷94《艺文》。
② 乾隆十九年二月初四日直隶布政使玉麟折，一档馆藏录副奏折，档号：03-0536-006。
③ 光绪《顺天府志》卷51《食货志三》。

查水利，故增加"水利"二字。自此，四路厅兼具刑钱，具有专管之地，其"职掌既与知府、直隶州无异"，^①嘉庆《大清会典》也称其"制如知府"，分隶于霸昌道、通永道。然而，四路厅若为直隶厅，则其属顺天府；若为散厅，则又有辖县。只能称其为特殊地域、特殊形态下的厅，起着顺天府分治的目的。其属于直隶布政司下的霸昌、通永二道，又系衔于顺天府，本身就体现了顺天府地域内顺天府尹与直隶总督双重管理的特殊性质。嘉庆《大清会典》也将"京畿四路厅"单独列出，而不与直隶厅、散厅等同起来。^②

该四路厅的职责虽可笼统类比为知府，但其性质又与一般府州不同。如东路同知，其职能是"管辖通州等七州县，职司捕务并河工漕运及审转所属一切刑钱案件"，^③重点在于捕务与司法审转。同时，各路同知对于所属州县有监督之权，如咸丰六年东路厅同知曾经向武清县绅民访查该县前任知县胡启文事迹并向顺天府尹汇报。^④

雍正六年时四路厅的辖境与驻地如下：东路厅驻通州，辖香河、通州、三河、武清、宝坻、宁河、蓟州、大兴；西路厅驻卢沟桥，辖宛平、良乡、涿州、房山；南路厅驻黄

① 乾隆二十四年十一月十九日直隶布政使三宝折，一档馆藏朱批奏折，档号：04-01-01-0229-039。
② 王洪兵在《清代顺天府与京畿社会治理研究》（博士学位论文，南开大学，2009）中依据大量档案论述了清代四路厅的设置经过及其与顺天府、直隶总督间的行政运作关系，可参见。
③ 光绪二十一年闰五月十七日工部尚书管理顺天府事务孙家鼐、顺天府尹陈彝折，一档馆藏录副奏折，档号：03-5325-069。
④ 咸丰六年十月初四日吏部左侍郎兼管顺天府尹张祥河、顺天府尹曾望颜折，一档馆藏录副奏折，档号：03-4116-057。

村，辖固安、永清、东安、霸州、文安、大城、保定；北路厅驻沙河巩华城，辖昌平州、顺义、密云、怀柔、平谷。乾隆二十年直隶总督方观承因大兴县属东路厅，东路厅所辖州县属于通永道管辖，但大兴县钱粮又属于霸昌道，并不一致，故将大兴县钱谷归入西路厅核转，这样整个西路厅所辖州县钱粮俱属霸昌道，但刑名仍属通永道东路厅。香河县钱粮则由原归霸昌道改归通永道兼辖，实现了道厅所辖的划一。① 不少文献直接记载大兴县属于西路厅，忽略了刑名和钱谷的分离，并不完全准确。档案当中记录了一件大兴县的命案，正证明了大兴县刑名归属东路厅的事实。同治二年大兴县民洪五强奸民女灭口，被判处斩立决，在直隶总督李长佑上奏的刑科题本中是这样描述审理程序的："据署东路同知乔文蔚呈，据署大兴县知县吴感曾详称……"② 可见东路厅对大兴县刑名有核转之权。

不过需要留意的是，顺天府境内旗人案件有特殊处理渠道。雍正九年署直隶总督唐执玉认为通州为顺天府适中之地，故请将西南两路同知所管的大兴、宛平、东安、永清、固安、房山、良乡、涿州等州县及东路同知所管的宁河县辖境内旗人一切刑名事件，均由通州理事通判就近审理，再由四路捕盗同知核转，再转臬司。③

---

① 乾隆二十年九月二十三日直隶总督方观承题，一档馆藏内阁户科题本，档号：02 - 01 - 04 - 14911 - 018；光绪《顺天府志》卷54《经政志一》。

② 同治二年十二月二十一日直隶总督刘长佑题，一档馆藏内阁刑科题本，档号：02 - 01 - 07 - 3624 - 019。

③ 《清世宗实录》卷110，雍正九年九月庚辰，第468页。按，雍正九年大兴属东路厅，但实录该条确实将大兴置于西南两路同知所管条下叙述。

六　钱粮、词讼分离之古丈坪、厦门模式

"专管地方"之厅与"无专管地方"之府佐贰之间还有一类特殊的形态，即所辖区域词讼甚至直到命案、钱粮等项，不同属一厅一县。对该地而言，命案和钱粮分属两处，其实对两者而言，都谈不上是"专管之地"，呈现的是"双头管理"形式。这类分防同通按照《大清会典》的规定，不可完全被视作"厅"，但接近"厅"的功能，个别还纂修有"厅志"。

专辖命案而钱粮另征的典型例子是湖南古丈坪。该地属永顺府永顺县，原驻有古丈坪督捕同知，"该县管辖之西英、冲正、罗依、功全四保地方……向归永顺府古丈坪同知稽查弹压，其命盗词讼仍归永顺县审理"，不属厅的性质，"其地犹隶之永顺县，有人民而无土地，于郡县之建置，十九不完全，于古者分土无分民之制，颠倒行之，相沿又百年"。① 道光二年将该督捕同知改为抚民同知，"该西英等四保地方一切命盗、词讼案件概为该同知管理审办"，"其屯粮、考试等事照旧归于永顺县管理"。② 但钱粮事宜未参与，当地人哀叹"有讼狱而无学校，敢于刑人而不敢于教人；有地土而不管钱粮，民疑于骑墙而不专于是，郡县之建置犹太半不完全。甚矣，古丈坪厅之无所表见于宇内也。封建不可知矣，郡县亦太半不完全。宜官斯土与生斯土者，姑且少安"。不过该地钱粮很少，

---

① 光绪《古丈坪厅志》卷4《建置第二》。
② 道光二年七月二十八日湖广总督陈若霖、湖南巡抚左辅折，一档馆藏录副奏折，档号：03-2502-031。

只有一两九钱，但定例是由永顺县征解，每年永顺县派书到厅征收。① 对这种厅之功能不完整的状态，当地人不满之态显而易见。光绪年间修纂《古丈坪厅志》，在序言中就刻意强调"设厅为治，实划邑地、人民、社稷，亦既专城而学校未分，监狱未立，前此忽忽，遂如疣寄，乃至志乘亦附县书"。② 对比省内其他厅，古丈坪厅甚至有受辱之感，"辰永沅靖道所辖五厅，若凤凰、乾州、永绥三同知，晃州一通判，皆直辖，此以道光年间奏案有军流以上重犯，仍解永顺府审转，一言遂未能脱于羁轭。曰钱粮、考试向归永顺县办理，曰瘠苦之至，在湖南厅州县无可比数"。③

直到光绪变科举，光绪二十九年厅自建学，脱离永顺县考试之羁轭，为筹学费，收田房税契归厅，于是土地人民政事渐趋完全，"所不尽归厅者，犹有限两之粮米地丁，此外则纯乎郡县之建置矣"。④ 钱粮征收仍未归该抚民同知，但已极接近完全之厅的功能。不过古丈坪厅仍然不满，有改直隶厅之议，认为"湖南凡有自治之土地者六厅，乾、凤、永、晃州，南洲皆直隶，古独不得直隶。……惟既改直隶，如乾、凤、永，钱粮仍归保、泸各县，使民疑于骑墙而不专，亦非事理所宜"。⑤

自此形成了厅制设置中的"古丈坪模式"。类似的还有湖南湘潭县株洲，光绪三十四年因萍醴铁路通达，萍乡煤矿由此转运装载，外国工程师及传教士均经此，故于此设抚民同知，

---

① 《古丈坪厅官司职制纪》，光绪《古丈坪厅志》卷4《建置一》。
② 永顺府知府徐槃倩序，光绪《古丈坪厅志》卷前。
③ 董鸿勋叙，光绪《古丈坪厅志》卷前。
④ 光绪《古丈坪厅志》卷4《建置第二》。
⑤ 《治古丈坪厅条陈》，光绪《古丈坪厅志》卷1《纪事凡四》。

将一都自一甲至八甲及三都全都地方"统拨归该同知管辖。凡关涉路矿及民间命盗、词讼案件，仿照道光五年永顺府同知移驻古丈坪改为抚民同知成案，均由该同知审理解勘，钱粮、学校仍归湘潭县征收管理"。①"株洲厅"同知的功能有两个特点：一是命盗案件由该同知审理；二是钱粮归湘潭县征收，学校归湘潭县管理，也就是刑名、钱粮实现了分离。从这层意义上讲，依据嘉庆、光绪《大清会典》中的规定，"株洲厅"不满足厅须有专管之地的条件。另一个证据在于清朝刚刚灭亡之际，湖南特别议会曾通过几份议案，其中一份是《议决裁撤佐贰杂职案》，强调"查满清弊政，各属学官之外，佐贰杂职尤为淆乱无当，职司徒糜款帑，吏治之坏，此其一端。……惟地之情形不同，职掌之关系各异，自应分别去留，以期办理适当。拟将各府厅州县佐贰杂职，除暂行县留典史、州留吏目、府厅酌留经历或巡检以重监狱，以及各同知有直接管辖地方之责，骤难裁并外，其余各佐贰杂职一律裁撤如左"，② 其中就包括了长沙府湘潭县株洲厅同知、永州府江华县江蓝厅理瑶同知、永州府新田县永桂厅理瑶通判。可见这三员同知、通判并不属于"直接管辖地方之责"者，而属于该议案所提到的"佐贰"。

此外，还有江西瑞安府铜鼓营同知。该同知于雍正三年移驻，系为弹压棚民而设。③ 光绪三十三年仿古丈坪厅成案，④

---

① 光绪三十四年四月十一日湖南巡抚岑春蓂折，一档馆藏录副奏折，档号：03-5095-081。
② 李铁明主编《湖南自治运动史料选编》，湖南师范大学出版社，2012，第43~44页。
③ 《清世宗实录》卷34，雍正三年七月辛丑，第514页。
④ 光绪三十三年六月二十三日两江总督端方等折，一档馆藏录副奏折，档号：03-5095-034。

"凡厅属命盗词讼悉归审理解勘，钱粮因隶义宁州，日久粮籍牵连，甚难分割，应仍归义宁州经管"。① 江西上栗市抚民同知，光绪三十三年亦仿古丈坪厅成案，将袁州府同知改为抚民同知移驻上栗市，萍乡县安乐、归圣、钦凤三乡 "所辖地方命盗词讼案件，统归审理，解勘钱粮，仍令州县照旧经管，亦由藩司筹给津贴，以资办公"，② 宣统三年又将归圣、钦凤划归萍乡县。③ 这两个厅设置的起因均为江西义宁州、萍乡县临近湖南省，辖境太宽，原拟分县，但被中央否决，认为两县 "地势偏僻，改析不易"，④ 故酌量变通，改为两个抚民同知。因其不负钱粮重责，故仍非完全之厅之建置。

专辖钱粮而命案不与的例子是福建平潭。该地原为福清县平潭县丞所辖，该县丞乃分征县丞，该地刑名、钱粮俱归其经理，但命案则要移至福清县审办。但到了嘉庆初年，该地 "生齿日繁，民人往来采捕，易启奸匪，借捕鱼为名在洋伺劫"，县丞 "职分较小"，难资弹压，故将建宁府同知改为福州府平潭海防同知，"一切地方词讼、征收地粮，统归该厅管理。其命盗案件仿照泉州府属厦门同知之例，由该同知验报，仍移归福清县审办"。⑤ 所谓的 "厦门同知之例" 乃乾隆六年

---

① 宣统二年四月初四日江西巡抚冯汝骙折，一档馆藏朱批奏折，档号：04 - 01 - 01 - 1105 - 070。

② 光绪三十三年六月二十三日两江总督端方等折，一档馆藏录副奏折，档号：03 - 5095 - 034。

③ 宣统三年六月二十五日江西巡抚冯汝骙折，一档馆藏录副奏折，档号：03 - 7440 - 055。

④ 《清德宗实录》卷568，光绪三十二年十二月丙子，第516页。

⑤ 嘉庆二年十月初八日闽浙总督魁伦、福建巡抚费淳折，一档馆藏录副奏折，档号：03 - 1653 - 005。

定例。先是康熙二十五年即将泉州府同知移驻厦门，"管理海口、商贩、洋船出入收税，台运米粮，监放兵饷，听断地方词讼"，[①] 乾隆六年时又将命案报验之权授予该同知，"别有情节者，移县讯报"，仍要报告同安县，[②] 其终清一代未获命案审办权。故平潭地方虽置同知，档案中也称"该厅"，但无命盗案件审办之权，故不应为"厅"。

　　厦门一地非常特殊，曾经专门修纂过《厦门志》，也有一些文献和现代地图集将其作为县级单位的"厦门厅"处理。《清代政区沿革综表》《清代地理沿革表》等工具书都将厦门厅列为政区，甚至《清宣宗实录》卷191中也出现了"厦门厅"的说法，但其实这是不理解厅的判别标准及受到文献的误导所致。该同知终清一代未获命案审办权，且钱粮征收亦不专责，仍归同安县征。道光二十三年因鸦片战争英军攻占厦门，奏请缓征二十一年地丁银时，还是由厦门海防同知及同安知县共同提出的。[③] 所以厦门同知既不管钱粮，亦不管命案，这些重要事项还是归同安县管理。这也是为什么清代道光年间厦门修志时仅称《厦门志》而不称《厦门厅志》；这其实也体现了清朝人本身对厦门政区性质的判定。《厦门志》序言中多处提及"厦门则又同安一隅耳"，[④] 正是从政区性质角度对厦门的准确界定。在凡例当中第一条即称"厦门地属弹丸，原不必立志"，只是厦门"海疆要隘，渡台通洋正口，其政事有

---

① 道光《厦门志》卷10《职官表》。
② 《清高宗实录》卷153，乾隆六年十月乙卯，第1186页。
③ 道光二十三年闰七月二十八日福建巡抚刘鸿翱折，一档馆藏朱批奏折，档号：04-01-35-0076-008。
④ 厦防同知卢凤棽序，道光《厦门志》卷前。

关通省"，① 况且此地驻扎了兴泉永道和厦门同知，位阶较高，故有修志的强烈愿望。直到光绪二十五年，在闽浙总督许应骙的奏疏中仍称"厦门口为同安县辖境"，只是此时因厦门为通商口岸，故赋予其权力，特别是在司法与交涉方面，令其"凡遇中外交涉案件，……在厦门口者，统归厦防同知专办，饬令随时了结。其命盗重案仍由各该县承审，以昭慎重而专责成"，② 但仍不赋予其全权，故也不宜将其视为独立政区。

有的文献将这类钱粮与命盗重案两分的同知或通判视为厅，也许是可以再商榷的。如湖南株洲厅，《清史稿·地理志》未记载，只在湘潭县下记录了"株洲"（洙洲）这一地名："黄茅巡司，乾隆二十六年置，后迁县东洙洲市，更名。"赵泉澄《清代地理沿革表》载，光绪三十四年于湘潭县之株洲地方设株洲厅，移府督捕水利同知驻之，改为株洲厅抚民同知，以湘潭县一都自一甲至八甲及三都全都地方为厅属。牛平汉主编《清代政区沿革综表》长沙府下未记录。傅林祥等《中国行政区划通史·中华民国卷》称："又，清光绪三十四年（1908）析湘潭县地置株洲厅，治所即今湖南株洲市城区，似未实行，民国元年8月13日公布的《众议院议员各省复选区表》中湖南省无此厅。"③ 在《中国行政区划通史·清代卷》后附录《清代各省政区沿革表》表17-2《长沙府县级政区变迁表》中又列有"株洲厅"。

---

① 道光《厦门志·凡例》。
② 光绪二十五年十一月二十四日闽浙总督许应骙折，一档馆藏朱批奏折，档号：04-01-12-0592-064。
③ 傅林祥等：《中国行政区划通史·中华民国卷》，复旦大学出版社，2007，第211页。

至于将厦门列入厅的文献就更多了。如牛平汉主编《清代政区沿革综表》称"康熙二十五年以泉州府同知分防厦门，置厦门厅来属"。《福建历史地图集》也将"厦门厅"视为一个县级单位，这些都是不准确的。

七　厅与政治上的权宜之策

厅的功能的多元性使其具有了种种变通之道，既不是为了管理多元的族群，也不是纯粹为了边疆或内地边缘的治理。清廷多因政治上的考量而采取设厅这样一种权宜之策，以下就档册所见，略述几类情况。

（1）为处理省界争端而设。湖南晃州厅位于湖南、贵州交界，围绕这一区域的归属，湖南、贵州常年争端，并最终在嘉庆年间酿成群体性事件，震惊到两省督抚甚至嘉庆帝。为了解决省界争端，安抚该地百姓，清廷采用了将这一区域整体设立晃州直隶厅的方式加以应对（详见本书第六章）。

（2）为处理土客之争而设。广东赤溪厅的设置是因赤溪本地多客民移居，土客矛盾突出，在同治年间酿成数十年的土客大械斗。为平息土客之争，清廷采取了"以产换产"的策略，在赤溪集中打造了一个客民区，并将其改置为赤溪厅，从而与土民所居的新宁县分开（详见本书第八章）。

（3）为处理新涨沙地而设。江苏海门直隶厅设治的目的在于"专管沙务"。"从前请设海门一厅，将通州、崇明新涨沙地刑名、钱谷划归管理，原为涨沙日广，讼案繁兴，该州县各子其民，听断未平，争端不息，故将新涨各沙一切刑名、钱谷划分海门厅专管。"① 再如江苏镇江府太平洲，该地因位于江心沙洲，距临近的丹徒、丹阳、江都、泰兴四县均较远，于是设了太平厅。② 湖南南洲直隶厅之设也是因临近州县就洞庭湖新涨沙洲争夺不休，③ 不得不设一专门政区管理，且该政区亦不稳定，设厅就再合适不过了。

（4）处理涉外事务而设。奉天营口设厅之议起于同治五年，由三口通商大臣崇厚出奏。④ 盛京户部侍郎兼管奉天府尹事务额勒和布等加以详奏："是其员缺专为海防而设，与抚民者究有不同，该区为滨海要区，华洋杂处，洋务、税务均关紧要，应遵部议，作为海疆最要题调缺。"但该奏最初建议似是要设直隶厅，但遭到否决，"命盗疏防以及寻常词讼罪止枷杖，在于所辖界内，即遵部议，由该同知按限承缉，照例审办"，"其余刑钱事宜无论巨细，概不由同知核转，以符体制，所有原奏命盗审转解勘之处，应毋庸议"。⑤ 于是定为散厅，直到宣统元年时因奉天建省，锦新营口等处分巡兵备道辖锦新两府，不必再兼辖营口厅，营口才变为直隶厅。⑥ 此外还有湖北夏口厅，该厅系光绪二十四年从汉阳县划出，张之洞在奏请

---

① 乾隆三十七年十二月二十日两江总督高晋、江苏巡抚萨载折，一档馆藏录副奏折，档号：03 - 0131 - 005。
② 光绪三十年十月二十二日暂署两江总督端方、护理江苏巡抚效曾折，一档馆藏录副奏折，档号：03 - 5094 - 053。
③ 光绪二十年正月二十八日湖南巡抚吴大澂折，一档馆藏朱批奏折，档号：04 - 01 - 01 - 0996 - 081。
④ 《清穆宗实录》卷190，同治五年十一月癸未，第406页。
⑤ 同治年间呈抄录额勒和布折，一档馆藏录副奏折，档号：03 - 4779 - 091。
⑥ 宣统元年东三省总督锡良折，一档馆藏朱批奏折，档号：04 - 01 - 01 - 1092 - 004；《宣统政纪》卷18，宣统元年七月癸亥，第339页。

该事时的理由是"汉口华洋交涉，地方繁要，拟改设专官以资治理"。汉阳镇与夏口之间隔着汉水，来往不便，无法随时应对华洋交涉事务，故设夏口厅抚民同知。①

（5）为平息政区内部矛盾而改。贵州普安州嘉庆十四年时升为直隶州，下辖兴义县，不过两年后即因州民与所属兴义县民互控，又将普安直隶州改为直隶厅，"其普安厅案件即径解臬司审转，钱谷事件由贵西道核转"，兴义县仍归兴义府。②普安虽然为州，但清初实际仍设有土官，直到康熙年间才裁卫归州，后又彻底改土归流，"实除土官，于是普安州乃与中土州县等"，③仍需要设置重官且直隶于省方可弹压。这是嘉庆十六年其下辖兴义县改属别府后，普安直隶州没有顺势改为散州而是改为直隶厅的原因。

（6）为平定地方起事而设。如同治十年甘肃所设化平川直隶厅，即是平定陕甘回民起事善后事宜中的一环。④

八　非政区厅性质的同知和通判

这类同知和通判，多具有单一职能而不具备完全之责，故在《清会典》中不被视为厅，而仅称其为府佐贰。可是，由于同知和通判的衙署常常有"厅"的名称，故而在文献中也常见"××厅"的写法，但这并不意味着它具有政区意义，

---

① 民国《夏口县志》卷1《舆地志》所收湖广总督张之洞原奏。
② 嘉庆十六年正月十四日云贵总督伯麟、贵州巡抚鄂云布折，一档馆藏朱批奏折，档号：04-01-01-0528-031。
③ 乾隆二十三年王粤麟序，光绪《普安直隶厅志》卷1《原序》。
④ 《清穆宗实录》卷304，同治十年二月壬戌，第31页。

需要仔细区分。有学者称其为"派遣厅"，不过如从严格意义上而言，《大清会典》的正式规定中已将派遣性质的同知和通判排除在"厅"之外，而将其视作府佐贰，故最好不再以"厅"称之。这些非政区性质的同知和通判仅就所见，略述如下。

（1）同城同知、通判。有些同知和通判与知府同城，属于知府的佐贰官，辅佐知府从事政务，不具备政区性质。他们从事的职责较为广泛，如协助地方起解饷银，广东巡抚提到"定例十万两以上，委同知、通判"；① 督粮，如苏州府所设督粮同知等，不赘述。清初还一度有同知兼衔清军、军捕、军盐、军粮等，但经清初卫所改制之后，同知、通判已无"兼辖军卫专管军户之实"，只是关防内尚存"军"字兼衔，故于乾隆三十四年各省统一予以清查。②

（2）理事同知。清初康熙年间即在各省驻防及旗民杂处地方设置理事同知或通判，主要目的在于审理词讼案件。最早在驻防城设立理事同知的当属江宁驻防城，康熙二十四年、二十五年陆续在杭州、西安、荆州、镇江、福州、广州等处设立。③ 边疆地区的理事同知或通判有的发展成政区性质的厅，但内地各省驻防则多仍局限于司法功能，其长官也多于中央"各部院满洲、蒙古主事及保送头等笔帖式内拣选发往"。④ 除了驻防城外，旗民分布较多的地方也有设置理事同知的情况，如古北口，乾隆三十五年于此设立了理事同知一员，管辖该地

---

① 《清高宗实录》卷641，乾隆二十六年七月丙寅，第168页。

② 《清高宗实录》卷833，乾隆三十四年四月庚辰，第123~124页。

③ 可参见定宜庄《清代理事同知考略》，收入蔡美彪主编《庆祝王锺翰先生八十寿辰学术论文集》，第264页。

④ 《清高宗实录》卷714，乾隆二十九年七月甲子，第971页。

旗民交涉词讼等事，同时将附近的昌平、顺义、怀柔、密云、平谷五州县旗民案件均归其管辖。[①] 此外，如清西陵设有易州理事通判，道光元年于清东陵马兰峪一带设立理事通判，三年正式定为遵化州石门理事通判，"遇所管民间寻常词讼案件，均准就近办理。如有旗民交涉事件及旗人犯重案者，仍照例会遵化州详审。至遵化并所属之丰润、玉田及迁安、蓟五州县屯居旗人庄头，仍拨归该通判管辖。其原管七十九村庄内一切缉捕事宜，悉照原设石门州判旧章，以资弹压而专责成"。[②] 既有专管地方，又兼管遵化等五州县旗人庄头事宜，也有对旗民交涉等司法案件及民间寻常词讼案件的管理，兼具多重功能，但其并不能处理所管七十九村庄内的户婚田土钱债命盗及差徭粮租事宜，这仍然是遵化州知州这一正印官的职责。[③]

（3）水利同知和通判。如京城的通惠河各段，即设有务关同知、张家湾漕运通判等，管理河道防守险工及岁修抢修等事，下辖闸官及各汛外委等。[④] 江苏运河河道亦如此，设有邳睢黄河厅、运河厅等，专管河道事务。[⑤] 直隶永定河河道霸州淀河通判兼管南堤九工。[⑥] 咸丰十年黄河改道，清廷计划裁汰江苏境内河员，改设漕运总督事时，就回顾了江南河道总督统辖三道二十厅，其中管理黄河的有丰北、萧南、铜沛、宿南、宿北、桃南、桃北、外南、外北、海防、海阜、海安、山安等

① 《清高宗实录》卷 872，乾隆三十五年十一月壬子，第 700 页。
② 《清宣宗实录》卷 54，道光三年七月辛未，第 966 页。
③ 《清宣宗实录》卷 70，道光四年七月庚辰，第 119 页。
④ 《清高宗实录》卷 698，乾隆二十八年十一月癸亥，第 818 页。
⑤ 《清高宗实录》卷 795，乾隆三十二年九月丙辰，第 739 页。
⑥ 《清高宗实录》卷 1130，乾隆四十六年五月癸未，第 111 页。

十三厅，管理洪泽湖的有中河、里河、运河、高堰、山盱、扬河、江运等七厅。① 这些河厅都按照河道分段管理，今台北"故宫博物院"刚好就保存了《江南省黄河各厅属河道工程情形图》，在图上清晰地描绘了江苏境内各河厅及与邻近的河南归河厅、山东粮河厅之间的界线。② 此外，《黄运河工程图》还依次介绍了这二十个河厅的事宜。以萧南厅为例，它的管辖范围及职责是"管辖黄河南岸砀上、砀下、萧汛三汛堤埽工程，上自河南商虞厅交界起，下至铜沛厅郭汛交界止，缕堤长二万六千一百零七丈四尺，计程一百四十四里零"。③

（4）分防捕盗、抚瑶、海防同知等。这类同知多管辖县级以下局部地区或是兼管数县的捕务、瑶务等，其他钱粮、命盗等词讼案件则不参与。如江西临江府樟树镇，"为江浙楚粤水陆冲途，商民云集，向设都司一员、巡检一员。第都司止任巡缉，一切地方事务，未便专委巡检经理。查临江府通判，并无专管事件，请移驻该镇"。④ 江西南昌府同知驻扎新建县吴城镇，职责是捕盗与弹压；⑤ 福建泉州府通判于乾隆三十一年移驻金门岛，负责弹压金门岛民人；延平府通判移驻南屏县王台，头衔为"王台总捕通判"；⑥ 湖南宝庆府移驻长安同知于乾隆六年设置，管辖城步、绥宁二县苗瑶事务；⑦ 苏州府海防

---

① 《清文宗实录》卷322，咸丰十年六月庚辰，第774页。

② 台北"故宫博物院"明清舆图数据库，统一编号：平图020883。

③ 台北"故宫博物院"明清舆图数据库，统一编号：平图020891。

④ 《清高宗实录》卷740，乾隆三十年七月庚辰，第152页。

⑤ 《清高宗实录》卷747，乾隆三十年十月己巳，第224页。

⑥ 《清高宗实录》卷760，乾隆三十一年五月己巳，第363页；卷765，乾隆三十一年七月戊子，第400页。

⑦ 《清高宗实录》卷139，乾隆六年三月丙戌，第1002页。

同知驻扎常熟县，"专司常熟、昭文二县土塘工程，兼管太厂船工，并稽查海口商渔船只"。①

往往一个府设有同知或通判者，会将府所属各县捕盗事务分区域管理，以便责有所属。如广西平乐府设有粮捕通判和捕盗同知各一，乾隆三十五年时将平乐、恭城、荔浦、修仁、昭平、永安六州县专责通判，而富川、贺县专责同知管理。② 直隶大名府同知管辖元城、大名、南乐、清丰四县捕务，通判管辖长垣、开州、东明三州县捕务，③ 恰好将大名府所属七州县分割完毕。

这类以捕盗弹压功能为主的同知也多分布于政区边缘地带，如光绪八年时为加强对河南、安徽交界一带的控制，将颍州府粮捕通判移驻霍邱县叶家集，同时调整附近分防巡检司和直隶州州同的驻地。④

同知、通判或为设县条件不足时的替代品。如湖北黄州府岐亭镇，雍正年间曾有意见应在此设县，但湖广总督方面上疏认为"若再将各县地土分割设县，则壤地偏小，难成县治"，且同知驻扎该地，于弹压地方有利，故仍建议维持原状。⑤

（5）临时性专职同知、通判等。东川府汤丹通判，办理汤丹、大碌两铜厂的刑名案件，到了乾隆三十五年被撤消；⑥

---

① 《清高宗实录》卷867，乾隆三十五年八月戊戌，第635页。
② 《清高宗实录》卷873，乾隆三十五年十一月壬戌，第707页。
③ 《清仁宗实录》卷115，嘉庆八年六月壬辰，第533页。
④ 《清德宗实录》卷143，光绪八年二月丙戌，第31页。
⑤ 雍正五年三月初二日署湖北总督傅敏《议黄州府岐亭镇仍以同知驻扎不可改设县治》，《清代吏治史料·吏制改革史料》第2册，第824页。
⑥ 《清高宗实录》卷725，乾隆二十九年十二月戊戌，第1081页；卷860，乾隆三十五年闰五月己酉，第527页。

江苏镇江府还一度设置过船政通判，专管京口水师营战船，不过到了乾隆三十四年被改为粮捕通判，不再管理船政事务。①又如山东省驻扎大兴镇之海赣通判，在兼管河务之外，专司巡缉海州、赣榆、峄县及兰山、郯城等处私盐。②

（6）同知掌管府印或理事同知、通判管县事。这类情况出现不多，就其政区而言，当然应被视作府和县，不过其长官名称则为同知，文献中又被记作"掌印同知"。如承德府系在乾隆四十三年由热河厅改，但热河地区其他如喀喇河屯、八沟、四旗、塔子沟、乌兰哈达、三座塔六厅改为州县以后，该管官印信是"理事同知通判官某州某县事印"，就政区而言是州县，就官员而言是同知、通判兼知州、知县衔。③

---

① 《清高宗实录》卷846，乾隆三十四年十一月癸未，第330~331页。
② 《清高宗实录》卷1045，乾隆四十二年十一月辛巳，第991页。
③ 《清高宗实录》卷1050，乾隆四十三年二月甲午，第27~28页。

第三章　清代厅的政区分等

政区分等是秦汉以降历代统治者为对行政区划进行分类管理而做出的一项重要制度安排，其分类标准屡经变迁，或以人口数量，或以赋税额度，或以政治地位，或以治理难度。延至清代，政区分等制度集历代之大成，无论是分等标准的综合性与标准化，还是政区分等与官僚选任结合的紧密性，都达到了极高程度。

清代政区分等制度一直受到清史学界的广泛关注，特别是刘铮云、张振国等诸位学者多有精深研究，对这一制度的流变做出了深入、清晰的梳理，特别是对雍正至乾隆朝制度初创至稳定阶段的变迁研究比较细致。① 不过，以往的研究主要基于

① 施坚雅:《城市与地方体系层级》，收入施坚雅主编《中华帝国晚期的城市》，第 327 ~ 417 页;《"冲、繁、疲、难":清代道、府、厅、州、县等级初探》，《中央研究院历史语言研究所集刊》第 64 本第 1 分，1993 年;《〈清史稿·地理志〉府州厅县职官缺分繁简订误》，《中央研究院历史语言研究所集刊》第 65 本第 3 分，1994 年;《皇权为中心的权力竞逐:以清雍正十二年官缺更定为例》，《档案中的历史:清代政治与社会》，北京师范大学出版社，2017;真水康树「清代 18 省における『北京首都圏』の行政管理上の特質」（上、下）『法政理論』32 巻 1 号、1999 年、32 巻 3、4 号、2000 年;董枫:《清代府县级行政单位划等问题的再审视——以乾嘉时期浙江省县级单位划等情况的讨论为例》，《历史地理》第 25 辑，上海人民出版社，2011;张振国:《论清代"冲繁疲难"制度

制度史和政治史的视角，侧重这一制度的历时性变化及其背后所体现的皇帝、吏部与督抚之间的政治关系，基于地理角度的空间分析还比较少。以往有学者对缺分的类型依据某一个或几个年份进行过量化分析，如施坚雅、瞿同祖、张振国、尹树国等，[①] 但制度的另一层面即空间分布及其差异，除了施坚雅曾绘制过一张关于"冲"字分布的地图并由哈佛大学处理为 GIS 数据公开展示外，[②] 尚未见到其他基于区域差异的研究。且关于缺分的量化分析多以一个或两个年份的静态统计为主，这些年份又多集中于乾隆时期，属于这一制度创立的早期阶段，到了后期，由于边疆新的省份的设立，政区分等制度又有所调整，而这又改变了制度本身。政区分等本质上是一种选官任官制度，不仅需要静态的等第、缺分的数量统计，也需要与官员选任和流动结合起来。这一方面学界之所以关注较少，与这一领域制度史研究的取向有关，但更重要的原因是关于全国性政区分等的数据基础不太理想，足够精确的系统性、全面性数据不多，与缺分对应的动态的官员数据不易获取，且以往依赖手工统计，无法完成太多数据分析功能，对各类技术工具如 GIS

之调整》，《安徽史学》2014 年第 3 期；《清代道、府、厅、州、县等级制度的确定》，《明清论丛》第 11 辑，故宫出版社，2011；《论清代官不久任与"冲繁疲难"缺分之调整——以乾隆十二年为中心》，《明清论丛》第 15 辑，故宫出版社，2015；《清代"冲繁疲难"制度再审视——以乾隆七年制度调整为中心》，《清史研究》2019 年第 3 期。

① 瞿同祖：《清代地方政府》，范忠信、晏锋译，何鹏校，法律出版社，2003，第 30 页；和田正廣「明代の地方官ポストにおける身分制序列に關する一考察：縣缺の清代との比較を通じて」『東洋史研究』44 卷 1 期、1985 年；尹树国：《盛衰之界——康雍乾时期国家行政效率研究》，黄山书社，2008，第 122~124 页。

② http://worldmap.harvard.edu/chinamap/，2020 年 4 月 10 日。

等应用尚有不足。

笔者曾对包括府州厅县在内的政区分等进行过初步探讨，基于 GIS 与量化方法，依托政区分等及《缙绅录》量化数据库，展示了清朝政区分等的空间分布及其对官员选拔、任用与晋升的影响。[①] 不过清朝"府厅州县"四类政区的等第分布及选任方式均有差异，且数量不均，宏观性的分析固然可以看出政区分等整体制度设计的考量，但难以对不同类型政区分等的特点予以深入揭示，故此后笔者又和其他学者专门对府州县的缺分及知府、知州、知县选任做了一些新的探索。[②] 本章将在前文基础上，对清代的厅的政区分等研究中若干讨论不足之处继续进行探索，以深入观察厅的政区分等制度运行的细节。

一 清代厅的缺分等第数据的来源与制度分析

自雍正六年清廷初次讨论"冲繁疲难"制度之后，至乾隆初年此类缺分等第一直处于频繁的调整阶段，直至乾隆十二年终于稳定下来。《清实录》中有一段对乾隆十二年前"冲繁疲难"制度演变的概括描述：

[①] 胡恒：《清代政区分等与官僚资源调配的量化分析》，《近代史研究》2019 年第 3 期。

[②] 胡恒、陈必佳、康文林：《清代知府选任的空间与量化分析——以政区分等、〈缙绅录〉数据库为中心》，《新亚学报》第 37 辑，2020 年；胡存璐、胡恒、陈必佳、康文林：《清代州的政区分等与知州选任的量化分析》，《数字人文研究》2021 年第 1 期；胡恒：《清代县级政区分等制度再探》，《历史地理研究》2021 年第 2 期。

伏查雍正六年九卿议复广西巡抚郭𫓶条奏，将各省
道、府、同知、通判、州、县各缺，分别冲繁疲难，除道
府请旨补授，其同知以下四项、三项相兼者，于现任属员
内拣选调补。原恐初任之员，贻误地方，是以分别办理。
雍正十二年直隶总督李卫奏称，从前所定繁简未确，奉旨
令各省督抚详查据实具题。经各督抚更正，有将选缺改为
要缺者，亦有将要缺改归部选者。乾隆七年奉旨，各省
道、府、同知、通判、州、县等缺，从前督抚办理时，不
过据属员开报，以致繁简之间多不的确。着吏部行文各省
督抚，将从前所定各缺，悉心妥议，务期名实相称，亦
经遵照酌定在案。近年来各省仍有陆续奏改者，是同一
地方、同一职守，繁简前后互异，更改不一。……应再
通行各该督抚，将现定应题、应调各缺，详核更正，造
册奏报。①

经过雍正六年、十二年及乾隆七年、十二年等几番重大调
整，各省缺分基本稳定下来。对乾隆十二年"冲繁疲难"制
度调整做过深入研究的张振国认为这次调整"标志着请旨缺、
外补缺和部选缺在道、府、厅、州、县中分配格局的正式确
定，亦标志着道、府、厅、州、县缺选任结构和选任权力分配
的正式定型"。②

---

① 《清高宗实录》卷289，乾隆十二年四月丁丑，第776~777页。
② 张振国：《论清代官不久任与"冲繁疲难"缺分之调整——以乾隆十二
年为中心》，《明清论丛》第15辑，第174页。

表 3 - 1　清代政区分等制度演变

年份	制度变化
雍正六年至九年	经郭铁奏请、吏部议复，以"冲繁疲难"四字确定州县等级
雍正十二年	确定除苗疆、烟瘴等特殊官缺由督抚题补外，"冲繁疲难"占三字或四字的，由吏部开列名单，皇帝简用；一项或两项的由吏部月选。此时，"冲繁疲难"与最要、要、中、简缺之间并未形成规范的对应关系
乾隆七年	确定"冲繁疲难"四项俱全者为最要缺，三项者为要缺，两项为中缺，仅一项或四项俱无为简缺。官缺等级制度趋于成熟
乾隆十二年	各省再次厘定官缺
乾隆四十三年	确定各省官缺不得妄请更改。如以简改繁，必须同时将另一府厅州县由繁改简

资料来源：参考张振国《清代道、府、厅、州、县等级制度的确定》（《明清论丛》第 11 辑）一文。

　　这一制度大致的标准是"地当孔道为冲，政务纷纭为繁，赋多逋欠为疲，民刁俗悍、命盗案多为难"，[①] 即将交通、政务、赋税和治安四要素综合考虑，来确定州县等第。与这套政区分等制度相匹配，清朝另有一套最要、要、中、简缺四缺分的选官任官制度，并将四等第与四缺分相联系，最终在乾隆年间形成了"冲繁疲难"四字与"最要、要、中、简"四缺分之间的对应关系，即兼四字者为最要缺，兼三字者为要缺，兼两字者为中缺，一字或无字者为简缺。其中最要缺和要缺由皇帝简放或督抚题调，合称"繁缺"，而中缺、简缺则由吏部铨选，合称"简缺"。

　　雍正年间开始，各地督抚便确定了各府州县的等第和缺

---

① 雍正六年三月十九日广西布政使郭铁折，《宫中档雍正朝奏折》第 10 辑，第 92 页。

分，后来又迭次奏请更改，尤其是以中缺、简缺改为要缺为主，这就迫使清廷不得不以定额的方式将各省缺分数量确定下来。乾隆四十三年时吏部规定一省若将某府厅州县由简缺改为繁缺，则必须同时将另一府厅州县由繁缺改为简缺。自此直至清末，除了新设府厅州县单独奏请缺分和等第外，一省之内各府厅州县的缺分比例保持了大体稳定，从而也使皇帝、督抚和吏部在选任官员方面达到了一种权力平衡。

宣统三年厅的名目来自本书附录部分的考订，共 142 个，其中直隶厅 62 个，散厅 80 个；缺分等第数据基本是国家新修《清史·地理志》中考订后的结论。笔者现将宣统三年的数据制成表 3-2 和表 3-3，共 56 个直隶厅、70 个散厅。①

表 3-2　宣统三年全国直隶厅的名称及其缺分等第

序号	省份	直隶厅	缺分	等第
1	奉天省	法库直隶厅	要	冲繁难
2	奉天省	辉南直隶厅	要	繁疲难
3	奉天省	营口直隶厅	要	无字
4	奉天省	凤凰直隶厅	要	冲繁难
5	奉天省	庄河直隶厅	要	冲繁难
6	吉林省	榆树直隶厅	要	繁疲难
7	吉林省	滨江直隶厅	/	
8	黑龙江省	肇州直隶厅	要	繁难
9	黑龙江省	大赉直隶厅	要	冲疲难

①　台湾三个散厅因已于 1895 年被割让给日本，故不计入。另山西归绥十二厅、直隶口北三厅在晚清是直隶厅还是散厅，难以明确。此处姑且采用《清史稿·地理志》和牛平汉主编《清代政区沿革综表》的说法，暂且将其列为直隶厅。

续表

序号	省份	直隶厅	缺分	等第
10	黑龙江省	安达直隶厅	要	冲繁难
11	黑龙江省	讷河直隶厅		/
12	黑龙江省	瑗珲直隶厅		/
13	黑龙江省	呼伦直隶厅		/
14	直隶省	张家口直隶厅	要	冲繁难
15	直隶省	独石口直隶厅	要	冲繁难
16	直隶省	多伦诺尔直隶厅	要	冲繁难
17	江苏省	海门直隶厅	要	冲难
18	山西省	归化城直隶厅	要	冲繁疲难
19	山西省	萨拉齐直隶厅	要	冲繁疲难
20	山西省	清水河直隶厅	要	繁疲难
21	山西省	丰镇直隶厅	要	繁疲难
22	山西省	托克托直隶厅	要	繁疲难
23	山西省	宁远直隶厅	要	冲疲难
24	山西省	和林格尔直隶厅	要	繁疲难
25	山西省	兴和直隶厅	要	无字
26	山西省	陶林直隶厅	要	无字
27	山西省	武川直隶厅	要	无字
28	山西省	五原直隶厅	要	无字
29	山西省	东胜直隶厅	要	冲繁难
30	河南省	淅川直隶厅	要	繁难
31	甘肃省	化平川直隶厅	要	繁疲难
32	新疆省	英吉沙尔直隶厅	要	冲繁难
33	新疆省	乌什直隶厅	要	繁疲难
34	新疆省	库尔喀喇乌苏直隶厅	要	冲繁难
35	新疆省	镇西直隶厅	最要	冲繁难

序号	省份	直隶厅	缺分	等第
36	新疆省	吐鲁番直隶厅	要	冲繁难
37	新疆省	哈密直隶厅	要	冲繁难
38	新疆省	精河直隶厅	要	冲繁难
39	新疆省	塔尔巴哈台直隶厅	要	繁疲难
40	浙江省	定海直隶厅	要	无字
41	湖北省	鹤峰直隶厅	最要	冲繁难
42	湖南省	凤凰直隶厅	最要	繁难
43	湖南省	永绥直隶厅	最要	繁难
44	湖南省	乾州直隶厅	最要	繁难
45	湖南省	晃州直隶厅	简	冲
46	湖南省	南洲直隶厅	要	繁疲难
47	四川省	石砫直隶厅	简	无字
48	四川省	松潘直隶厅	要	冲繁难
49	四川省	理番直隶厅	要	难
50	四川省	懋功直隶厅	/	
51	广东省	佛冈直隶厅	简	难
52	广东省	赤溪直隶厅	要	无字
53	广东省	连山绥瑶直隶厅	要	繁难
54	广西省	百色直隶厅	要	无字
55	广西省	上思直隶厅	要	无字
56	云南省	景东直隶厅	要	繁疲难
57	云南省	蒙化直隶厅	要	无字
58	云南省	永北直隶厅	要	繁疲难
59	云南省	镇沅直隶厅	最要	无字
60	云南省	镇边直隶厅	要	无字
61	云南省	靖边直隶厅	/	
62	贵州省	松桃直隶厅	要	繁疲难

表 3 - 3 宣统三年全国散厅的名称及其缺分等第

序号	省份	府份	散厅	缺分	等第
1	直隶省	承德府	围场厅	要	冲繁疲难
2	奉天省	奉天府	金州厅	要	冲繁疲难
3	奉天省	锦州府	锦西厅	要	繁难
4	奉天省	锦州府	盘山厅	要	冲繁难
5	吉林省	宁安府	东宁厅		/
6	吉林省	宁安府	珲春厅		/
7	吉林省	密山府	虎林厅		/
8	江苏省	苏州府	太湖厅	中	无字
9	江苏省	苏州府	靖湖厅	简	无字
10	江苏省	松江府	川沙厅	要	繁疲难
11	江苏省	镇江府	太平厅	简	无字
12	陕西省	西安府	孝义厅	要	繁难
13	陕西省	西安府	宁陕厅	要	繁难
14	陕西省	同州府	潼关厅	要	冲繁难
15	陕西省	汉中府	佛坪厅	要	无字
16	陕西省	汉中府	定远厅	要	繁疲难
17	陕西省	汉中府	留坝厅	要	冲繁难
18	陕西省	兴安府	汉阴厅	要	繁疲难
19	陕西省	兴安府	砖坪厅	要	无字
20	甘肃省	巩昌府	洮州厅	要	繁难
21	甘肃省	宁夏府	宁灵厅	要	无字
22	甘肃省	西宁府	丹噶尔厅	要	/
23	甘肃省	西宁府	巴燕戎格厅	要	/
24	甘肃省	西宁府	贵德厅	要	无字
25	甘肃省	西宁府	循化厅	要	无字
26	甘肃省	凉州府	庄浪厅	简	无字

序号	省份	府份	散厅	缺分	等第
27	甘肃省	甘州府	抚彝厅	中	无字
28	福建省	泉州府	马巷厅	要	无字
29	福建省	漳州府	云霄厅	中	无字
30	浙江省	宁波府	南田厅	要	冲繁
31	浙江省	温州府	玉环厅	要	繁难
32	江西省	吉安府	莲花厅	要	繁疲难
33	江西省	赣州府	定南厅	要	繁疲难
34	江西省	赣州府	虔南厅	要	繁疲难
35	湖北省	汉阳府	夏口厅	最要	冲繁疲难
36	四川省	宁远府	越嶲厅	要	冲繁
37	四川省	叙州府	马边厅	要	冲繁
38	四川省	叙州府	雷波厅	要	繁
39	四川省	重庆府	江北厅	简	无字
40	四川省	绥定府	城口厅	中	繁疲难
41	四川省	嘉定府	峨边厅	要	无字
42	四川省	康定府	理化厅	要	无字
43	四川省	巴安府	三坝厅	要	无字
44	四川省	宁远府	盐边厅	/	
45	广东省	潮州府	南澳厅	中	无字
46	广西省	桂林府	龙胜厅	要	无字
47	广西省	桂林府	中渡厅	要	无字
48	广西省	庆远府	安化厅	要	无字
49	广西省	平乐府	信都厅	简	无字
50	广西省	思恩府	那马厅	/	
51	广西省	太平府	龙州厅	要	冲难
52	广西省	太平府	明江厅	要	冲难

续表

序号	省份	府份	散厅	缺分	等第
53	广西省	太平府	凭祥厅	要	冲难
54	云南省	顺宁府	缅宁厅	要	无字
55	云南省	丽江府	中甸厅	要	无字
56	云南省	丽江府	维西厅	简	无字
57	云南省	元江直隶州	威远厅	最要	无字
58	云南省	元江直隶州	思茅厅	最要	无字
59	云南省	元江直隶州	他郎厅	要	无字
60	云南省	永昌府	腾越厅	要	无字
61	云南省	永昌府	龙陵厅	要	无字
62	云南省	开化府	安平厅	要	无字
63	云南省	东川府	巧家厅	要	无字
64	云南省	昭通府	大关厅	最要	无字
65	云南省	昭通府	鲁甸厅	简	无字
66	云南省	广南府	富州厅	要	/
67	贵州省	贵阳府	罗斛厅	要	繁
68	贵州省	镇远府	台拱厅	要	无字
69	贵州省	镇远府	清江厅	要	无字
70	贵州省	黎平府	古州厅	要	无字
71	贵州省	黎平府	下江厅	要	无字
72	贵州省	安顺府	郎岱厅	简	无字
73	贵州省	安顺府	归化厅	要	无字
74	贵州省	兴义府	盘州厅	要	冲繁难
75	贵州省	都匀府	八寨厅	要	无字
76	贵州省	都匀府	丹江厅	要	无字
77	贵州省	都匀府	都江厅	要	无字
78	贵州省	大定府	水城厅	要	无字

续表

序号	省份	府份	散厅	缺分	等第
79	贵州省	遵义府	赤水厅	要	冲繁
80	新疆省	莎车府	蒲犁厅	/	

注：丹噶尔厅缺分据道光九年二月十三日陕甘总督杨遇春折，一档馆藏朱批奏折，档号：04-01-01-0704-011；巴燕戎格厅缺分据光绪三十四年七月二十三日陕甘总督升允折，一档馆藏朱批奏折，档号：04-01-12-0666-039；广西那马厅系"边俸选缺"，但不知冲繁疲难的情况，此据光绪三十三年十月二十三日广西巡抚张鸣岐折，一档馆藏朱批奏折，档号：04-01-13-0420-011；富州厅仅有要缺，缺冲繁疲难信息，系据光绪二十九年十一月二十日署理云贵总督丁振铎、云南巡抚林绍年折，一档馆藏朱批奏折，档号：04-01-12-0632-039。

二　由"冲繁疲难"看清代厅的地理空间等级

清代的厅的等第首先要看府的等第，即占有"冲繁疲难"四字的多寡，而后根据等第确定缺分的差异，按一般性的规则是占有四字为最要缺，三字为要缺，二字为中缺，一字或无字为简缺，但在实践中，偶尔会有打破一般对应规则的例子。待确定了缺分之后，又会将其划分为请旨缺、题调缺和部选缺三类。一般而言，最要缺和要缺归属请旨缺、题调缺，而中缺、简缺多划为部选缺。其中请旨缺归皇帝简放，题调缺归督抚，而部选缺则归吏部。这相当于是三套体系，即由政区位置、政务繁简、赋税征收和治理难度四项指标确定等第，再根据等第确定繁简缺分，而后再根据繁简缺分确定其选官权力归属于皇帝、督抚还是吏部。三套体系大体是对应关系，但也有特殊情况。一般政区等第调整以后，也会带来缺分的对应调整。

从厅的"冲繁疲难"所占情况来看，原本地理条件并不

优越、含有四字或三字的只有 47 个而已，占全部厅的
36.2%，而府可以达到 61.6%，[1] 但比州（含直隶州和散州）
的 29.2% 略高。[2]

表 3 - 4　全国厅的"冲繁疲难"分布与缺分对应情况

缺分	最要	要	中	简	合计
冲繁疲难	1	4	0	0	5
冲繁难	2	18	0	0	20
冲疲难	0	2	0	0	2
繁疲难	0	19	1	0	20
冲繁	0	4	0	0	4
冲难	0	4	0	0	4
繁难	3	8	0	0	11
冲	0	0	0	1	1
繁	0	2	0	0	2
难	0	1	0	1	2
无字	4	39	4	9	56
缺载	/	3	/	/	3
总计	10	104	5	11	130

注：表 3 - 2 和表 3 - 3 中 6 个直隶厅、6 个散厅缺少缺分和等第的信息。甘肃省丹噶尔厅、巴燕戎格厅和云南省富州厅只有"要缺"而无冲繁疲难信息，故此表缺分总数为 130 个，冲繁疲难的总数为 127 个。

不过与府或州、县的情况较为不同的是，厅的缺分等第的一大特点是与理想标准背离。从表 3 - 4 可以看出：最要缺一共 10 个，但其中有 9 个达不到占有"四字"的标准；要缺

① 胡恒、陈必佳、康文林：《清代知府选任的空间与量化分析——以政区分等、〈缙绅录〉数据库为中心》，《新亚学报》第 37 辑。
② 胡存璐、胡恒、陈必佳、康文林：《清代州的政区分等与知州选任的量化分析》，《数字人文研究》2021 年第 1 期。

104 个中，58 个均未达到"三字"的标准（三个要缺缺少冲繁疲难信息），其中有 39 个为"无字"。这意味着这些职位原本是由吏部铨选初任人员，但通过提升其等级，地方督抚可以从那些已担任过地方职务的人员中调补，这既体现了督抚权力的扩大，一定程度上也意味着清廷对这些区域给予了特殊的政策照顾。在"冲繁疲难"标准不足的情况下，清朝通过特定的制度设计有意识地提高厅的缺分等级，以使最干练的官吏调到最难以治理的厅去任职。这些地方多分布于边疆地区，鲜明地体现出在大一统的整体格局下，国家治理体系中极为注重内地与边疆区域之间官僚资源的均衡。这套擢升府厅州县等级的制度设计包括设置"苗疆缺""烟瘴缺""沿河缺""沿海缺"等特殊官缺，[1] 给予其特殊优待，不受"冲繁疲难"这套四要素对应体系的限制。烟瘴缺主要分布在广东、广西，苗疆缺多分布在云南、贵州、四川等地，而沿河缺主要分布于黄河沿线，沿海缺主要分布在江苏、浙江、广东沿海。

从厅的缺分分布来看，绝大部分的厅为最要缺和要缺，占 87.7%，只有 16 个属于中缺和简缺（见表 3-5）。最要缺和要缺的比例远远高出府、州、县，可以说是厅清廷最看重的政区类型。

表 3-5　清代厅的缺分

	最要缺	要缺	中缺	简缺
直隶厅	6	47	0	3

---

① 参见傅宗懋《清代文官缺分之研究》，《政治大学学报》第 21 期，1970 年；张振国《清代海疆缺考论》，《史学月刊》2015 年第 9 期等。

续表

	最要缺	要缺	中缺	简缺
散厅	4	57	5	8
合计	10	104	5	11

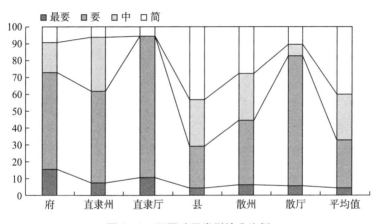

图 3-1 不同政区类型缺分比例

这里值得特别注意的反而是中缺和简缺。在如此高比例的最要缺和要缺衬托下，这 16 处中缺和简缺格外引人注意。以下拟分析其原因。

（1）直隶厅中有三处简缺，分别是湖南晃州直隶厅（冲）、四川石砫直隶厅（无字）、广东佛冈直隶厅（难）。晃州直隶厅的设置是为解决湖南和贵州的省界争端，在嘉庆二十二年最早奏请时是请定为"题调冲繁难要缺"的，① 嘉庆二十三年奏请以俞克振试署晃州直隶厅通判时称该通判缺"系冲繁难兼

---

① 嘉庆二十二年八月二十二日湖南巡抚巴哈布折，一档馆藏朱批奏折，档号：04-01-16-0109-001。

三要缺",① 可见得到了批准。但到了道光二十九年宝庆府新宁县由简缺改为繁缺，由于清朝州县繁简更改必须另找一处互换，湖南方面认为晃州通判"从前因系新设，定为题缺。并查该厅仅辖六里地方，赋轻政简，易于办理，堪以改简换抵"。② 石砫直隶厅于乾隆二十六年置后定为"繁要缺",③ 道光年间新设越嶲抚彝同知定为要缺，故将石砫直隶厅改为了选缺以做冲抵。④ 如宣统元年石砫直隶厅同知董崇本开缺时叙述其履历，"现年四十七岁，系山西忻州定襄县人，由监生报捐同知，分缺先选用。光绪二十五年七月选授斯缺",⑤ 可见是由吏部选授的。佛冈直隶厅于道光十年时仍为"繁难要缺",⑥ 但咸丰五年时已系"难简缺"。⑦ 后两缺可能于改缺中被作为互换的条件而由繁改简。

乾隆四十三年清廷出台了一项政策，即所谓"繁简互换例"："嗣后各省大小各缺，再不得妄请更改。如有因繁简不符，必须随时酌改之处，令各督抚分别缺之大小，如丞倅、牧

① 嘉庆二十三年七月初十日湖南巡抚巴哈布折，一档馆藏朱批奏折，档号：04 - 01 - 12 - 0331 - 039。

② 道光二十九年十二月二十一日湖南巡抚冯德馨折，一档馆藏录副奏折，档号：03 - 2787 - 007。

③ 乾隆三十五年十一月初六日大学士留办四川总督事务阿尔泰折，一档馆藏朱批奏折，档号：04 - 01 - 12 - 0139 - 023。

④ 道光《城口厅志》卷2《沿革志》附录道光十五年城口厅改设理民通判原奏。

⑤ 宣统元年五月二十九日四川总督赵尔巽折，一档馆藏朱批奏折，档号：04 - 01 - 30 - 0071 - 003。

⑥ 道光十年六月十七日两广总督李鸿宾、广东巡抚卢坤折，一档馆藏朱批奏折，档号：04 - 01 - 12 - 0415 - 075。

⑦ 咸丰五年十二月二十二日两广总督叶名琛、广东巡抚柏贵折，一档馆藏录副奏折，档号：03 - 4112 - 128。

令之缺应请改繁者，即于丞倅、牧令缺内改简互换。其佐杂之缺，即以佐杂内酌改。不准将州县以上之缺，与佐杂互易。"①由于要找到合适替换的缺分并不容易，在"冲繁疲难"的占有率上不具优势的厅可能就成为繁简互换中优先选择的对象。

（2）散厅中有五处中缺，分别是江苏苏州府太湖厅（无字）、甘肃省甘州府抚彝厅（无字）、福建漳州府云霄厅（无字）、四川绥定府城口厅（繁疲难）、广东潮州府南澳厅（无字）。其中城口厅原为题缺，但在道光十五年改同知为通判案中，为了将越巂厅由冲难中缺改为要缺，故将原为题缺边俸的城口厅改为了部选缺，② 但字数未予以更改。

（3）散厅中有八处简缺，分别是江苏镇江府太平厅（无字）、甘肃凉州府庄浪厅（无字）、江苏苏州府靖湖厅（无字）、四川重庆府江北厅（无字）、广西平乐府信都厅（无字）、云南丽江府维西厅（无字）、云南昭通府鲁甸厅（无字）、贵州安顺府郎岱厅（无字）。值得注意的是太平厅为光绪三十年置，是为管理江心中的太平洲而设，③ 铜鼓厅设于光绪三十三年，④ 信都厅为光绪三十四年所设，⑤ 属于晚清临时动议，尚未有充分时机处置周全。云南有两个厅为简缺的原

① 嘉庆《大清会典事例》卷49《吏部·汉员遴选·道府请旨部选各缺不准改题调缺》，文海出版社，1992，第2257～2258页。
② 道光十五年二月二十四日兼署成都将军四川总督鄂山折，一档馆藏录副奏折，档号：03-2503-037。
③ 光绪三十年十月二十二日暂署两江总督端方、护理江苏巡抚效曾折，一档馆藏录副奏折，档号：03-5094-053。
④ 光绪三十三年六月二十三日两江总督端方等折，一档馆藏录副奏折，档号：03-5095-034。
⑤ 光绪三十三年十月二十日两广总督张人骏、广西巡抚张鸣岐折，一档馆藏朱批奏折，档号：04-01-02-0012-010。

因，乾隆三十五年署理云贵总督彰宝曾专门提及。原定夷疆极边，历俸三年、五年期满，议叙留任三年，再行升用的缺分中就有鲁甸通判、维西通判等十四缺。"从前新辟之初，夷猓愚顽，治理不易，须得干济之才，以收整饬之效。是以于内地人员内拣选题调并定为边俸，年满升用，以示优异。今各该处……与腹地民人无异，员缺亦属事简"，而"在外题调之缺过多，恐一时不得其人，又恐从中迁就，亦于吏治无益"。故将维西通判改为了简缺而鲁甸通判未改。①

---

① 乾隆三十五年四月十三日署理云贵总督彰宝折，一档馆藏朱批奏折，档号：04 - 01 - 12 - 0136 - 113。

第四章　蒙汉杂处地带的治理：归绥地区厅制变迁

中国疆域向以广袤著称，由于自然环境、耕作方式、族群结构的差异，一个王朝往往无法采用单一治理模式而必须进行复合治理，从而在地方政治地理空间上构成了显著的差异。周振鹤将中国历史上的两种基本政治地理格局概括地称为"九州制"和"五服制"，前者为分块式，后者则为圈层式。[①] 郭声波细化了圈层结构的概念，将传统府郡州县等经制区域作为直接行政区，诸侯国、羁縻府州、土司、藩属国等作为间接行政区或统治区范畴。[②]

以有清一代为例，内地十八省与藩部显然构成两个差异明显的圈层。清朝采用了"因俗而治"的治理策略，在不同区域采用了多样的治理结构。汪晖曾以"跨体系社会"对其进行概括，即在儒家文明居于主体和核心地位的同时，为其他文化形式与族群预留灵活的生存空间。但他也注意到"跨体系社会"不是静态结构，而是动态过程，需要从历史的变动、

---

① 周振鹤：《中国历史上两种基本政治地理格局的分析》，《历史地理》第20辑，上海人民出版社，2004。
② 郭声波：《中国历史政区的圈层结构问题》，《江汉论坛》2014 年第 1 期。

权力关系和人的活动来理解区域、中国等历史范畴。① 换言之，如何从动态的角度来理解圈层结构的变动过程就变得非常重要。

如果观察清朝府州县与藩部两大圈层的过渡地带，可以发现清代特有的政区形式——厅恰好就广泛分布在这一区域，厅的变动过程就具有了圈层动态演变的指标性意义。

清代厅制被广泛应用于旗民、蒙民分治的区域，嘉庆《大清会典》所列，以东北、漠南蒙古及其西南临近青海、西藏地区，还有土司地区最为典型，其中沿长城一线的漠南蒙古南缘与山西交界的归绥地区尤其值得关注，这也是清代执行蒙古"封禁政策"的核心地带。长城一线在明代为北部边界，入清以后，此处设盟旗或察哈尔八旗、土默特二旗等，在清朝或紧或松的"封禁"政策下，不少汉人来此耕种，逐渐产生了管理汉民与处理蒙汉纠纷的需求，雍正元年于此设立了归化城理事同知。及至汉人移民逐渐增多，归绥地区开始不断增置理事厅，并在光绪年间又尽数改为抚民厅。由理事而抚民，清代归绥地区的行政建制鲜明地体现出府州县与藩部两大圈层过渡地带管理模式的巨大转变。学术界一般将其视作"二元管理体制"，张永江曾提出用"内地化与一体化"来概括清代藩部地区政治发展的一般趋势，极富启发意义。② "内地化与一体化"并非一条直线前进的历史进程，相反，是在政策不断的试错和调整中动态演变的。清代为何要在此创设理事厅而非

---

① 汪晖：《中国：跨体系的社会》，《中华读书报》2010 年 4 月 14 日。

② 张永江：《论清代漠南蒙古地区的二元管理体制》，《清史研究》1998 年第 2 期；《内地化与一体化：略论清代藩部地区政治发展的一般趋势》，《明清论丛》第 6 辑，紫禁城出版社，2005。

州县的行政架构？厅的行政建制与司法实践如何适应蒙古与汉民两类迥异的族群，特别是在军事系统的绥远城将军、郡县系统的山西方面与蒙旗系统的土默特旗方面如何协调？在清末"移民垦边"的背景下，理事厅纷纷改为抚民厅的政策考量为何？这一系列问题，都需要在精心辨析史料的基础上，以厅这一特殊行政制度的演变为轴心予以深入分析。

以往关于清代厅制的研究不少，具体到归绥地区，成果更多，但仍有诸多待改进之处。特别是厅制在清代开始创置，其复杂性使厅制本身的定型程度较州县为差，在不同区域展现出形态各异的制度面向。以往学界对厅制的复杂性认识不足，在对材料的理解与阐释上，存在较多疏误之处。

以往对于归绥地区厅制的演变，一般会注重其沿革变化及土默特地区汉民流入、族群关系、土地产权、政治结构等与厅有关的"外围"问题，但对厅制本身的关注不够，包括厅的长官设置及其制度渊源、厅在司法实践中的角色变化、道厅之间的行政关系、理事厅与抚民厅的区分等，缺乏细致深入的探讨。再如对光绪十年归绥诸厅由理事厅改为抚民厅这一重要制度转变之后厅的性质判定问题，需要在重新理解《大清会典》所谓道之所辖为散厅这一制度条文的基础上，疏通各类地方志书和地理总志关于归绥诸厅到底是直隶厅还是散厅的记载歧异，这样才能有助于加深对清代厅制特殊性的认知。

一　理事：归化城同知溯源

万历年间，蒙古部落首领俺答汗于土默川之丰州滩建城，明朝赐名为"归化城"，为明朝与蒙古互市贸易的重要关口。

皇太极天聪年间灭林丹汗，土默特部率众投诚。为安置蒙古诸部，清廷开始划分牧地，分设旗佐。

土默川平原因耕种条件良好，早在明末即已有汉人在此耕种。随着清初政治形势的稳定，汉人逐渐增多。他们或开垦荒地，或租用蒙人土地，与蒙古人之间的纠纷也越来越多，单靠旗佐显然无法处理汉民及蒙汉交涉问题。在归绥地区建立怎样的行政体制才能适应这一郡县藩部过渡、农耕游牧交错、汉民蒙民杂处地带的特殊需求，清廷也在探索。

清廷最早试图以设置理事同知的方式进行应对。雍正元年，经归化城都统丹晋奏请，"添设归化城理事同知一员"。① 所谓理事同知或理事通判，是因应旗民分治政策而产生，专门处理旗人、民人交涉事件的官员。《明史·职官志》关于同知职掌的记载是"同知、通判分掌清军、巡捕、管粮、治农、水利、屯田、牧马等事。无常职，各府所掌不同，如延安延绥同知又兼牧民，余不尽载。无定员（边府同知有增至六七员者）"。② 其中没有"理事"性质的同知，可见这是清代的首创。理事同知或通判一职是为了应对八旗驻防中旗民交涉事务，最早于顺治年间在江宁驻防始设的，此后又在康熙二十四年、二十五年在完善八旗驻防体制之际，在将军一级的驻防地甚至更低一级设置。③

---

① 《清太宗实录》卷10，雍正元年八月癸亥，第186页。
② 《明史》卷75《志五十一·职官四》，第1849页。
③ 定宜庄：《清代理事同知考略》，收入蔡美彪主编《庆祝王锺翰先生八十寿辰学术论文集》，第263~274页。又可参见程云鹏《清代理事同知制度初探》，硕士学位论文，中央民族大学，2011；牟翔《清代理事同知研究》。

应该说，理事同知并非归绥地区行政建制的唯一选项。据乾隆元年永泰回忆，早在康熙年间，时任归化城都统的丹晋就奏请于土默川设置州县，并开垦升科，但并未得到允准。① 州县是行政区划最为成熟的建制，它相当于一步到位，既使该地土地、人民全部归于王朝直接管控之下，也势必要与蒙旗划疆分界，甚至要将蒙旗划归于州县直接治理之下，这在康雍年间显然是极不成熟的。事实上，纵观清朝一朝在边区甚至内地新开发地区的行政建制进程，直接设置州县都是相当罕见的。以情形类似的东北吉林为例，雍正四年时曾设置过永吉州及泰宁、长宁县，但至乾隆十二年三个州县已全部被裁撤，直至光绪年间才在吉林地区再设州县，这充分说明在条件尚不成熟的边疆地区直接设置州县并稳定下来是非常困难的。② 理事同知应当是归绥地区奏设州县被否决以后的第二方案，但也是最可行的方案。

关于该理事同知的职能，《清实录》所载仅有上述寥寥一句，极为粗略。但雍正二年清廷于直隶张家口仿照归化城同知设理刑满洲同知，奏疏上明言其职责是"汉人之事令同知料理完结，如蒙古、汉人参错之事，会同该总管审事可也。如有所关人命，汉人之事，解与直隶巡抚完结。其同知关防照依归化城土默特同知关防，着该部铸给"。③ 据此可知，归化城理事同知职责当与张家口理事同知类似，主要管理刑名案件，汉人之事由该理事同知料理，而蒙汉交涉事件，则由该理事同知与

---

① 乾隆元年四月初一日稽查归化城军需工科掌印给事中永泰折，一档馆藏朱批奏折，档号：04-01-01-0012-016。
② 《清高宗实录》卷284，乾隆十二年二月壬戌，第699~700页。
③ 乾隆《口北三厅志》卷1《地舆志》。

土默特左右两旗会审。雍正十二年一份满文议复档曾追记了雍正元年理藩院会同吏部议复丹晋奏设理事同知的意见，"以归化城应设理事同知一员办理蒙民案件；既然民人案件，原俱送山西巡抚，故该同知应隶山西巡抚兼管；凡归化城所居民人之命盗大案，仍送该巡抚审理外，其争讼斗殴等小案，即交同知完结；凡蒙民交涉之案件，由都统派出属员，会同同知审理，报都统后结案；凡蒙古之命案，仍报送该部"。① 从雍正十三年的一份满文奏折可看出，该理事同知最初所能审理的仅是"杖、笞、枷号"等轻微案件，如系"命案、盗案及充军、发遣、徒罪等案"，要送到内地的朔平府，由右玉县知县审问拟罪，一直到雍正十三年时仍是如此。② 也正因为它的特殊性质，故被定为满蒙缺，从满洲或蒙古人中拣选，即使是汉军旗人亦无缘担任，"归化城、张家口同知员缺，令各部、理藩院将满洲、蒙古员外郎、主事内通晓汉文者，各拣选一员，送部引见补授。陆续添设各边口同知，俱照此例办理"。③ 其拣选办法与一般内地府的同知截然不同。在雍正二年冬季《文升阁缙绅全书》"大同府"下记载有归化城理事同知，"洪通，

---

① 雍正十二年九月十五日《大学士鄂尔泰等议奏归化城添设理事同知办理蒙民案件等情折》，一档馆藏军机处满文议复档，档号：784－0001，译文见国家清史编委会数字图书馆。

② 雍正五年十月二十日山西巡抚石麟《奏复归化城审理狱讼命盗等事情形折》，中国第一历史档案馆编《雍正朝汉文朱批奏折汇编》第10册，江苏古籍出版社，1991，第839～841页；雍正十三年十月十五日兵部右侍郎希德慎《奏陈归化城民案审拟程序更张折》，《雍正朝满文朱批奏折全译》第3册，第2421页。

③ 《清高宗实录》卷124，乾隆五年八月丙午，第824页。

满洲正红旗人，监生。二年五月题"。① 虽然同知是内地知府的佐贰官，但清朝对其进行了创造性改革，一方面将更多同知分防到府城之外，以其非正式性的特点灵活增加清朝对地方的管理层次，特别是用在由于卫所归并及改土归流所得到的疆土上，避免了新增州县的困扰；另一方面将其分为抚民官与理事官，前者仍为传统内地知府的佐贰，部分也开始具有独立辖境，而后者被定为满蒙缺，专管边疆地区包括各省驻防等旗民杂处地带。

　　以往学界对山西北部设置的这一理事同知的制度渊源基本没有关注，或将其追溯至康熙四十七年清廷于宁夏所设置的两员理事官身上。该理事官办理"蒙古内地民人"事件，"凡沿边地方蒙古事件，均令会同该札萨克完结，不能完结者报院"，管辖范围是"瑚坦和硕至中卫沿边鄂尔多斯六旗"。② 康熙六十一年又将两员理事官分驻于宁夏和神木，其中宁夏理事官管理鄂托克、阿拉善二旗蒙古民人事务，神木理事官管理鄂尔多斯六旗蒙古民人事务。③ 但需要注意的是，驻扎于宁夏与神木的理事官从属于理藩院，而归化城理事同知从属于省府系统的知府佐贰官，两者有着本质上的不同，虽职能有相近之处，但并无渊源关系。

　　一直被学界忽略的是山西省内理事同知的设置并不始于归

---

① 雍正二年冬季《文升阁缙绅全书》山西省部分，日本东京大学东洋文化研究所藏，第 34 页。

② 光绪《大清会典事例》卷 976《理藩院一四·设官》，第 1100 页。

③ 可参见包满达《理藩院驻神木理事司员、神木同知与巡边制度》，《内蒙古民族大学学报（社会科学版）》2015 年第 5 期；王伏牛《清代神木理事司员研究》，硕士学位论文，中央民族大学，2012。

化城，在此之前，还曾在大同右卫设置过一处。

> 康熙三十二年右卫初设驻防满洲兵丁，因无知府、知县办理事务，故设立理事同知。遇有满洲、汉人互相争讼之事，将军衙门派出旗员，与同知会审。①

大同右卫系延续明制而设，顺治年间裁玉林卫并入，改称右卫或右玉卫。上述文献中提到的"康熙三十二年右卫初设"表述并不准确，实际上系康熙三十二年为防蒙古进犯，抽调八旗兵丁移驻右卫，并非右卫始置于该年。如此一来，便产生了新的问题，驻防满洲兵丁与汉人的司法案件无合适机构可以受理，康熙《山西通志》记载大同诸卫所"顺治十一年裁路将印屯等官卫并西路府统属城守，事务俱属把总"。② 把总等俱属武职，"带兵巡防，例不干与民事"。③ 故康熙三十二年大同右卫理事同知之设是山西设置理事官的开始，它的性质和功能与雍正元年所设的归化城理事同知相当接近，由此也提醒我们追溯归绥地区行政体制的由来时，需要考虑山西本省的制度渊源。

如果不考虑入清以后同知中新增的"理事"一类，亦可将用同知来理民、理事的行政实践追溯至更早的时期。明代于

---

① 吏部尚书查弼纳《山西大同左右卫已分别改为左云县朔平府请裁汰右卫理事同知》，《清代吏治史料·吏制改革史料》第 2 册，第 652~653 页。又见于雍正《朔平府志》卷 12《艺文志·奏议》收录的雍正四年八月将军申慕德《朔平府粮饷同知兼管理事同知奏议》。
② 康熙《山西通志》卷 3《建置沿革》。
③ 《清高宗实录》卷 434，乾隆十八年三月丁卯，第 668 页。

北部边疆设立九边以为防御。明代后期九边之地曾出现以同知、通判协理卫所钱粮的制度安排，山西北部与蒙古临近一带也不例外，"宣大山西等镇临边一带，设有同知、通判等官，专管路厅之事，分理各路兵马钱粮，盖与协路将官相颉颃，而守备以下则有相临之体矣。同与判俱系厅官，而同知五品，通判六品"。① 在清代初期山西北部长城沿线一带的卫所改制为大同府、朔平府及州县的过渡时期，"同知"这一职官一度发挥了极其关键的作用，并给口外蒙地的管理以新的启示，即可以沿用同知、通判之类的佐贰官来进行沿边地区的行政管理。这也提醒我们，雍正元年归绥地区设立理事同知的做法，既来自江宁等地驻防的理事同知这一新制度创造，也与康熙三十二年大同右卫理事同知的设置直接相关，更与明末以来沿边卫所以同知、通判分管行政事务的制度实践存在一定程度的渊源关系。

归化城理事同知设立之初，因离大同府较近，故一切文移由大同府申转，迨至朔平府设立之后，雍正七年改由朔平府申转。② 以往对这一事件的描述是"雍正元年置归化城厅，属大同府。雍正七年改归朔平府管理"。无论是清人关于归绥地区的沿革叙述还是今人所编的清代行政区划沿革，大体均是如此。以牛平汉主编《清代政区沿革综表》为例，在记载口外诸厅沿革时写道："雍正元年八月癸亥置归化城同知厅来

---

① 卢象昇：《宣云奏议》，《明大司马卢公奏议》卷6，《四库未收书辑刊》第2辑第25册，第137页。

② 兼管吏部尚书事张廷玉《请准归化城理事同知归属山西朔平府管辖一切文移由该府申转》，《清代吏治史料·吏制改革史料》第3册，第1470～1471页。

属……七年三月乙丑析归化城同知厅往属于朔平府。"① 这便是将归化城理事同知的设置与归化城厅直接等同起来了。

雍正元年设置归化城理事同知之初，还只是将其视作一次简单的职官变动，当时及其后一段时间的文献中未见有"归化城厅"的称呼。以《清代吏治史料·吏制改革史料》中所收录的雍正朝吏科题本而言，在提及该项职官设置时，均只是称呼其为"归化城理事同知"而不是"归化城厅"。雍正十年编纂的《朔平府志》沿革部分，将该事件表述为"朔平新设郡治，所属一州四县及边外归化城"，"雍正三年准晋抚诺珉条议，升右玉林卫为朔平府，设右玉县附郭，改左云川卫为左云县，改平鲁卫为平鲁县，割朔州马邑来属，共一州四县，俱隶朔平府。复于直北口外归化城土默川地设理事同知、协理理事同知各一员，亦归朔平府统辖"，② 丝毫未提及"归化城厅"的存在。《雍正朝汉文朱批奏折汇编》所收录的相关奏疏中，提及本次事件，均只是将其称作"归化城理事同知"，时人并未将雍正元年设置理事同知视作一次设立了"厅"这一行政区划的行为。从《清实录》的记载来看，直到乾隆二十六年八月才第一次出现"归化城厅"的记载，"善岱巡检改归归化城厅管辖，移驻色尔登，并建衙署"。③ 因此，雍正元年在归化城设立理事同知的事件，就当时而言，只是一次简单的职官调整，并非新置了一个"厅"的区划。以往关于"雍正元年设归化城厅"的叙述明显受到了乾隆中期厅制定型以后的志

---

① 牛平汉主编《清代政区沿革综表》，第 44 页。
② 雍正《朔平府志》卷 3《方舆志·沿革》。
③ 《清高宗实录》卷 643，乾隆二十六年八月乙酉，第 191 页。

书等历史文献记述的影响，并不合乎历史实际。

二　分辖：归绥诸协理通判的设置

雍正年间，山西口外仅设归化城理事同知一缺，随着口外移民的迅速增加，原有的归化城同知一员已很难处理繁剧的行政事务，加之所管地域又如此广袤，迫切需要在归绥地区增设职官，分土而治。为此，清廷进行了诸多制度上的尝试，而此后剧烈的职官变动与职能变迁，也预示着这一实验的反复与曲折。

雍正年间清廷大员仍有在此设立州县的设想。《雍正朝汉文朱批奏折汇编》收录了一篇没有日期的山西按察使蒋洄的奏折《奏请于晋省边外归化城地方设立州治隶于朔平府折》，因归化城理事同知"管理蒙古与民之事，而命盗等案必报明巡抚解至省城，巡抚方委员审理"，故建议于归化城设知州一员，事涉蒙古者仍归理事同知管理，但涉及商民一切事务均归知州专管，隶属朔平府管辖。① 蒋洄任山西按察使始于雍正三年正月，② 卸任在雍正六年三月，③ 故此奏当在雍正三年至六年间。这一奏疏考虑到归化城刑名专权的统一问题，故试图设立正印官知州来兼理，但知州与理事同知无法兼容，一个为州的建制，一个为府的佐贰官，加之知州选任来自府州县这一系统，势必无法有效处理蒙汉交涉事务，故这一奏疏并未获得允准。但由此可以看出，设立归化城理事同知虽临时性、局部性

---

① 《雍正朝汉文朱批奏折汇编》第 33 册，第 477～478 页。
② 《清世宗实录》卷 28，雍正三年正月丙寅，第 427 页。
③ 《清世宗实录》卷 67，雍正六年三月丙子，第 1029 页。

地解决了蒙汉管理的需求，但还面临着理事同知并非正印官，无法独立具备命盗等司法完整权限的难题，故交涉双方及相关文移不得不频繁往返于归化城与邻近的山西大同府或朔平府，由此带来的不便与效率低下，使归绥地区这一行政体制无法稳定下来，势必仍然要继续调整。

雍正十二年归化城都统丹晋奏请在归化城理事同知之外再新设同知一员，清廷本来已经同意，但丹晋又担心两个同知之间级别接近，容易相互推诿，于是改变方案，奏请在归化城南的和林格尔、东面的坤都仑（或作昆都仑）、西面的托克托和西北的萨尔齐（或作萨拉齐）各设笔帖式驻扎，协助归化城理事同知办理事务，并得到允准。①

这些笔帖式仿照直隶张家口之例，以原衔兼管同知及协理事，② 只是各中央部院低级文官，职掌翻译满、汉章奏文字，作为旗人出仕宦途之阶，"非职官且无关防印记"，从事行政事务多有不便，故又将其全部改为协理通判，遇有缺出，仍然由"部院笔帖式拣选引见补放"。③ 但即便如此，"协理通判"也非清代职官体系中的正式一员，遍寻清代文献，也只在雍正末乾隆初的山西口外出现过，这也充分说明这一时期对口外的管理多是权宜之计，尚未经过系统性的谋划。这一体制安排早

① 雍正十二年十二月初四日《领侍卫内大臣丰盛额等议奏于归化城和林格尔等处增设笔帖式折》，一档馆藏军机处满文议复档，档号：784-0001，译文见国家清史编委会数字图书馆；《清世宗实录》卷150，雍正十二年十二月乙巳，第856页。

② 雍正十三年五月初八日光禄寺卿办理军需王棠《为归化城理事同知铨补事》，中研院史语所藏内阁大库档案，登录号：011509。

③ 乾隆二十五年八月初七日山西巡抚鄂弼奏折，一档馆藏朱批奏折，档号：04-01-01-0238-005。

在乾隆元年时就受到稽查归化城军需工科掌印给事中永泰的质疑，认为协理通判应当裁汰，因"其紧要案件仍解归化城同知会审，申详朔平府完结，殊多往返，甚为无益"。① 但口外事务繁多，仅靠归化城理事同知一人经理显然并不现实。永泰建议裁撤协理通判的奏请不但未得到允准，清廷反而很快又于清水河、善岱等处添设协办同知事务笔帖式各一员，管理"开垦田亩，办理地方事务"。② 又于次年新设归化城笔帖式，③加上之前设置的四处，共有七处，形成归化城理事同知下辖七处协理通判的管理体制。

乾隆初年对于口外来说发生了一件大事，原驻守于大同右卫的建威将军移驻于临近归化城的绥远城，归化、绥远的战略地位迅速提升，同时大量八旗兵丁入驻，口外事务日益繁杂。为筹集粮饷，乾隆二年又在归绥地区设立了理事粮饷同知一员，④主要职司粮饷，但也有绥远城内外的少部分刑名事务。乾隆八年时山西巡抚刘于义曾称赞首任绥远城理事粮饷同知福廉"经理粮饷，采买米豆，办事实心；审断词讼，旗民相安"。⑤乾隆十八年一份选任绥远城同知的奏疏中称该职"管理支放驻防旗员粮饷，兼理蒙古旗民一切命盗案件"。⑥《绥远

① 乾隆元年四月初一日稽查归化城军需工科掌印给事中永泰奏，一档馆藏朱批奏折，档号：04-01-01-0012-016。
② 《清高宗实录》卷23，乾隆元年七月庚申，第539页。
③ 《清高宗实录》卷36，乾隆二年二月庚申，第662页。
④ 《清高宗实录》卷41，乾隆二年四月己卯，第736页。
⑤ 乾隆八年九月二十七日山西巡抚刘于义折，一档馆藏朱批奏折，档号：04-01-12-0036-049。
⑥ 乾隆十八年六月初四日署理山西巡抚胡宝瑔折，一档馆藏录副奏折，档号：03-0086-045。

志》记载，"理事粮饷同知是职专司粮饷，兼管本城旗民交涉、词讼及城外浑津、黑河二里十三户庄头等事"。① 户科题本中有大量有关户部核销绥远城粮饷同知征收浑津等庄头米石的记录。② 可见，绥远城理事粮饷同知主要职能是服务绥远城驻防，除了要经理驻防城的粮饷支放和若干庄头钱粮征收，也有司法权，只是局限于绥远城内。

经过这样一番调整，归绥地区的行政体制形成了两同知共治模式：一是归化城理事同知，一是绥远城理事粮饷同知；一管民事，一管粮饷。其下辖有七处协理通判，"归化、绥远城一带孤悬口外，向系土默特游牧之地，逐渐商民居住、贸易、耕种，人殷地广，更且满洲、蒙古官兵与民人错杂相处，情伪百出，政务殷繁。因该处系蒙古地面，与内地情形不同，是以未设立府州县，初设绥远城同知专司粮饷，兼督征地亩钱粮，复设蒙古民事同知，专办刑名事件，又陆续添设七协理通判"。③ 归化城与绥远城两员同知分担归绥地区的刑名与粮饷，通常我们形容一个地方主官所具有的两大职能"刑名钱粮"被两位同知分割，这也是归绥地区行政体制的特殊性。

就这一时期的档案文献来看，这七处协理通判承担了相当程度的行政职能。乾隆六年以后，各处协理通判征收钱粮，由绥远城理饷同知督催，每年查核造册，由同知申布政司核转，

---

① 光绪《绥远志》卷4《职官表》。

② 乾隆四十五年二月二十日署理绥远城将军弘晌、归化城副都统积善题，一档馆藏内阁户科题本，档号：02-01-04-17132-006。

③ 乾隆二十七年正月十八日山西巡抚鄂弼折，一档馆藏朱批奏折，档号：04-01-01-0252-001。该奏折中称先有绥远城同知，后有归化城同知，误。

照内地钱粮考成。① 口外灾害事件赖其奏报。② 且协理通判也承担了刑名案件的审理权，如善岱协理通判所属民人卢美名因地租纠纷殴伤杨宣身死一案，开始便是该协理通判"单骑减从，带领吏件，亲诣尸所"，当场验讯并将结果报知归化城同知。③

可见，协理通判虽非国家经制内的官员名称，但其在行政实践中具备了刑名和钱粮两项关键职责，"专司招垦，兼理刑名"，④ 其辖地作为行政区划的实质已呼之欲出，只是还未有"合法身份"而已。这就为之后的归绥地区行政体制改革预示了方向——将非正式的行政体制制度化。

三　统合：归绥道与归绥诸厅体制的确立

归绥地区虽有分辖之态，分地治理，但行政体制并不合理。首先是管理民事的最高官员仅仅是同知而已，级别太低，责任过重；其次是虽有各协理通判，但毕竟不是国家经制官员，其选任与升迁均无章程可循，如司法案件，其程序就存在诸多困难。先是乾隆五年规定，凡归化城、土默特等处蒙古盗

---

① 《清高宗实录》卷138，乾隆六年三月癸酉，第989页；乾隆十年十二月初二日山西巡抚阿里衮题，一档馆藏内阁户科题本，档号：02 - 01 - 04 - 13824 - 006。

② 乾隆五年九月二十六日山西巡抚喀尔吉善折，一档馆藏朱批奏折，档号：04 - 01 - 22 - 0008 - 033。

③ 乾隆二十年十一月二十九日山西巡抚恒文题，一档馆藏内阁刑科题本，档号：02 - 01 - 07 - 05362 - 014。

④ 乾隆五年二月二十八日署理绥远城将军甘国璧折，一档馆藏录副奏折，档号：03 - 0737 - 005。

案，由绥远城将军一并管理；蒙古民人交涉命盗案件，由山西巡抚主稿，并关会都统、将军。① 但问题在于这些司法案件一并由归化城理事同知直接交给绥远城将军和山西巡抚，体制上并不妥当，因同知和将军、巡抚级别相差太多。随着归绥地区移民的增多，蒙汉交涉事件剧增，设置一个新的、较高级别的官员来统合，并成为上级的将军、巡抚与下级的同知、协理通判之间的枢纽，便成为必要，于是便有了归绥道的设置。乾隆六年山西巡抚与绥远城将军共同奏请：

> 以归化城地处塞外，庶务殷繁，而地方政务，文武各有专责，不能相代为理。以刑名而论，则有夷汉交涉之人命奸拐等事，以钱谷而论，则又有丈量开垦积贮等事。前因绥远城未垦地亩前后查报不一，积年弊窦多端，必须地方文职大员协同稽察，业经具折奏请，委令雁平道商酌办理。但若遇公务，请委内地大员出口同办，不过权宜一时，究非常策。请于归化城添设巡道一员，将各同知、通判归其考核，口外一应刑名、钱谷政务俱督察办。②

道本来是省的派出机构，明代已广泛设置，但形态各异，既有分管数府的专辖道，也有专管某项具体事务的专业道。经过清初尤其是康熙六年的调整，道形成了以介于省与府之间的

---

① 《清高宗实录》卷164，乾隆七年三月丙戌，第52页。
② 乾隆六年九月十九日绥远城建威将军补熙折，一档馆藏朱批奏折，档号：04-01-01-0062-024。

一级承转机构为主，以管理专业事项为辅的基本结构，但通常不将其视作正式行政区划。对此，学界已有较多研究。① 但归绥道的性质显然与内地一般的道不同，其下属机构是同知和通判，一定程度上接近于"府"的功能但比"府"的级别高，它不简单属于省的派出机构，在归绥地区又具有准实体政区的性质，因此，归绥道属于道制在行省边缘地区的特殊形态。它的设置初衷就是要统合归绥地区诸多基层官员，将分散的、临时性的同知、协理通判全部归其考核，并督办刑名钱谷等政务。

归绥道设置之后，面临的任务是复杂而艰巨的。一方面，作为山西省的派出机构，要协调绥远城将军、都统系统，也要统合同知、通判等山西省的文官体系；另一方面要顾及土默特衙门等蒙旗体系，其间又涉及蒙民不同的法律体系，调整的过程甚为复杂。

设置归绥道后，在当年年终山西巡抚喀尔吉善密陈考核口外归绥二城文武官员的奏疏中，明显体现出对新体制的满意："归化、绥远二城设在口外，分驻重兵驻防，都统等官并设，建威将军统辖弹压，又设立蒙古民事同知一员，添设协理通判七员，复于绥远城设粮饷理事同知一员，又将巡察一员，移驻绥远城内。本年复添设归绥道一员，所在文武大小员弁，星罗棋布，措置已极周密。"但他也坦承所存在的问题依然非常突

① 林涓：《清代"道"的准政区职能分析——以道的辖区与驻所的变迁为中心》，《历史地理》第 19 辑，上海人民出版社，2003；傅林祥：《清康熙六年后守巡道性质探析》，《社会科学》2010 年第 8 期；周勇军：《清代地方道制研究》，博士学位论文，南开大学，2010；卢祥亮：《清代道的制度变革与地理要素研究》，博士学位论文，中国人民大学，2013。

出，尤其是归绥道文员与都统、将军之间的矛盾："至新设归
绥道六格，初莅外任，因系监司大员，立意整顿，未免稍露棱
角，而将军、都统皆指为奇异，交相指摘，其丞倅各员狃于习
尚，又多仰承意指，是以嫌隙从此而生，外议乘机而入，无怪
乎荆棘丛生，事件难办也。"① 这看起来是时任归绥道六格个人
与将军、都统之间的矛盾，实质上反映的是口外难以理顺的体
制性冲突，特别是蒙汉两种体制之间的矛盾。就连乾隆皇帝都
有耳闻："朕闻绥远城、归化城两处将军大臣等，凡办理旗民
交涉事件，每与文官拘执地界，互相猜疑，以致掣肘，案悬经
年未结。"②

为继续完善口外体制，乾隆六年以后继续对口外的道厅体
制进行了一系列调整，尤其是在司法审判及流程方面，可以看
出清朝在边疆地区的行政建制最终奠定，是一个"摸着石头
过河"的探索过程，起初并无"顶层设计"。以往对此研究虽
较多，但因对档案利用不足，所以对道厅的职能转变关注不
够，对若干环节的梳理尚有缺环。③

乾隆七年，正式确定归绥道的职权与行政流程。口外刑名

① 乾隆六年十二月十三日山西巡抚喀尔吉善折，一档馆藏朱批奏折，档号：
04-01-13-0007-016。
② 《清高宗实录》卷157，乾隆六年十二月辛亥，第1246页。
③ 梁潇文《清代归化城土默特地区二元司法审理模式的形成与变迁》（《中
国边疆史地研究》2020年第3期）较为系统地梳理了清初至乾隆二十
八年归化城土默特地区从以蒙古都统为首的一元管理体制演变成乾隆
二十八年"将军—巡抚"二元管理体制的过程。只是该文对乾隆二十
八年以后的变迁并未涉及，同时对于之前二元司法审理模式形成过程
中的某些环节论述有所缺失。关于归绥道政府机构的变动，李治国
《清代归绥道政府机构的变化发展》（《昆明学院学报》2014年第5期）
梳理较详细。

案件，由协理通判—同知—道员逐级审理，仿照各省州县府司体系，这里协理通判对应内地州县，同知则类似府的功能，而道员则接近于按察使司的派出机构。"口外一应刑名、钱谷俱令督察办理，凡通判申报同知之事，同知转报该道复勘明白，应归将军办理者，具报将军；应由抚司完结者，该道移会两司核转，应由都统报部者，该道会同都统联衔呈报。"① 归绥道起到了承上启下的关键枢纽作用，向下统合协理通判与同知，向上依据行政事务的族属性质，分别转呈将军、都统、山西布政使司与按察使司。

但道员以上的命盗案件审转流程则出现了分歧。设置归绥道之前的乾隆五年，刑部定，蒙古民人交涉命盗案件，由山西巡抚主稿，并关会都统、将军，三处核拟，显然效率不高。改设归绥道之后，绥远城将军表示归绥"夷汉交涉命盗案件"巡抚、将军、都统三处核拟，容易意见不一，且由口外再转至山西省城，鞭长莫及，故请求归绥道嗣后就近全归将军或都统咨题完结案件。山西巡抚则不同意，他提出所谓盗案归将军管理，只是就蒙古盗案而言，至于"夷汉交涉盗案"则不在其中，刑部议复称巡抚有统理封疆重任，按察使司有刑名专责，委责将军，不唯与原例不符，且可能因为武职不谙律例而导致审案贻误。② 这也充分体现出无论是绥远城将军还是山西巡抚，试图接手口外的蒙古民人刑名案件审转事项，同时也体现了由于族群杂处，军政有别，复杂的体制给归绥地区行政体系

---

① 乾隆六年山西巡抚喀尔吉善、绥远城建威将军补熙折，一档馆藏朱批奏折，档号：04 - 01 - 12 - 0022 - 017。
② 乾隆七年三月十二日山西巡抚喀尔吉善折，一档馆藏朱批奏折，档号：04 - 01 - 01 - 0089 - 023。

运作带来了莫大困难。这一争议经大学士鄂尔泰等议复，最终的结果依然是维持了先前的状态，蒙汉交涉案件仍统归山西巡抚审转具题，"口外归化、绥远二城，应照内地之例，凡巡道、同知、协理等官，承办案件，有应查取职名者，均归巡抚，以一体制，毋庸将军查处。应如所请，从之"。① 乾隆十年时又定命盗案件，如犯人为蒙古或蒙古民人同为凶盗，"俱令同知招解归绥道，由都统审定，移臬司详抚具题"，而与民人无关的命盗案件，则"由同知解道，会同都统复审报部"，不再经山西方面。② 为防止文武之间的对立，乾隆十一年经山西巡抚阿里衮奏请，将归绥道加兵备衔并稽查靖远营，③ 其官衔也变为"总理旗民蒙古事务分巡归绥兵备道"。④

至于归绥道之下的行政体制则更为混乱。七处协理通判在审理案件时，本来就因审理对象不同而程序有别。"七处协厅系自雍正元年以后陆续增添经管事务，实与州县相同。只因地连蒙古，所以遇有蒙古、民人交涉命盗事件，例报将军、都统派委旗员会同该协厅审拟招解，归化城同知审转，由归绥道核明移咨按察司具详，巡抚核题。至于民人命盗等案，并无蒙古干涉者，令该协厅勘验通报之后，解犯进口，由朔平府派委所属州县，另行扣限审解府司核详。"如是蒙古民人相关案件，则土默特旗员会介入并由归化城同知审转。但如是纯粹的民人

① 《清高宗实录》卷 163，乾隆七年三月辛巳，第 50 页。
② 《清高宗实录》卷 237，乾隆十年三月戊戌，第 52 页。
③ 乾隆十一年七月山西巡抚阿里衮折，一档馆藏录副奏折，档号：03 - 0083 - 060。
④ 乾隆十二年二月初七日山西巡抚爱必达题，中研院史语所藏内阁大库档案，登录号：028816 - 001。

事件，则由临近的山西省朔平府委派州县官员审解。乾隆十六年因这种审理程序"验报者一官而承审者又一官，不特与通行经制未符，且与添设归绥道原议亦未尽合"，奏请"嗣后七协厅民人命盗等一切问拟案件俱照直隶热河、八沟例，责成各该协承审，就近招解归化城同知审转，由归绥道复审，移解按察司审详，巡抚分别题咨，毋庸解送朔平府委员承审，则与通行之成法划一"。① 此时，归绥道—归化城、绥远城同知—七协理通判的体制才最终形成。直到此时，山西朔平府才彻底从口外的管理体制中退出，归绥道完成了对归绥地区司法权限的整合。

由于理顺了行政关系，七处协理通判逐渐开始具备类似内地州县官的功能，一个标志性事件是乾隆十三年协理通判被纳入官员大计考核之列。在此之前协理通判"按照在京笔帖式办理"，可在京缺中流转，但无法题补道府州县官，就意味着协理通判仍属于在京官员的临时外放，而不完全属于地方官的序列，而此时"据各协理通判呈称，伊等现办地方事务，与内地州县相等，请照州县之例一体考核"。② 至此，协理通判已无限接近于州县的功能。次年又规定七处协厅的笔帖式见都统的礼仪遵照州县见督抚礼执行。③

乾隆二十五年时，"名不正言不顺"的各协理通判最终被

----

① 乾隆十六年二月二十九日护理山西巡抚朱一蜚折，一档馆藏朱批奏折，档号：04 - 01 - 01 - 0206 - 004。
② 乾隆十三年闰七月二十六日山西巡抚准泰折，一档馆藏朱批奏折，档号：04 - 01 - 12 - 0060 - 007。
③ 乾隆十四年十二月十六日礼部尚书海望题，中研院史语所藏内阁大库档案，登录号：051246 - 001。

改为理事通判或同知，这被称作"更定口外归化协厅官制职守"事件。

> 从前陆续增设协理通判时，亦止就时论事，未经通盘筹计，经管地方之广狭，地亩钱粮之多寡，俱未衡量均调。如清水河一协厅，岁征钱粮至一万有奇，萨拉齐一协厅并无丝毫钱粮，至协理笔帖式虽改为协理通判，既非实在职衔，无升转之路，又例不入计典举劾，虽庸劣败检之员，自可随时参劾；而激劝之方未备，中才皆不知奋勉。且由部院笔帖式补放，内中固有通晓清文、蒙古，明白干练之人，其平庸者往往于钱粮、刑名事务茫然不解，且有但谙清文而于汉文不甚通晓者。该衙门所理民人命盗重案全系汉文，尤多未谙。①

乾隆二十五年前归绥地区的体制主要存在两大弊端。一是"协理通判"属于临时性建制，既然清廷打算在归绥地区实行稳固长久的治理，那就必须将其改为"经制"内的官员，既便于选拔升迁，也便于考核。二是语言始终是归绥地区行政体制设计的重要考量因素，因其事关汉民之间及蒙汉之间交涉，故当地官员蒙古文及汉文均须熟悉。乾隆二十五年，清廷对归绥地区的治理做出重大调整，原有七处协理通判，一律改为通判，颁给关防，其员缺补放由部院拣选请旨，这样从来源上提高了归绥地区基层官员的素质。同时，

---

① 乾隆二十五年八月初七日山西巡抚鄂弼折，一档馆藏朱批奏折，档号：04－01－01－0238－005。

将善岱协理通判、昆都仑协理通判裁撤，最终确定为归化城厅、和林格尔厅、萨拉齐厅、清水河厅、托克托厅五通判，统于归化城同知，而最终统于归绥道。从这时开始，山西口外诸厅长官名称被确定为理事通判，权限上兼有刑名钱粮，具备了"厅"的所有条件，且具有了以厅的主官的身份正常升迁的途径，这时口外各理事通判所辖之地才可以被确认为政区性质的"厅"。而就在此后一年的《清实录》中，第一次出现了"归化城厅"的称呼。以往众多论著所称的所谓雍正元年置归化城厅或乾隆六年置归化城厅等观点，均非对清代制度的正确解读。

　　然而，这次仍未调整到位的重点在于归化城通判与归化城同知的职能重叠，且由通判而同知再到道，中间层级的削减也是下一步要调整的。乾隆二十九年即考虑到"多此同知一层核转而事务未免不能与别属一体迅速也，……窃思同知与通判官阶同属厅员，原无表率之责，而该同知又别无专办之事，止不过遇事核转而已"，故裁归化城通判而以归化城同知治。[1] 如细致考辨的话，可知乾隆二十五年至二十九年，"归化城厅"实际指的是归化城理事通判厅，此时归化城理事同知是介于五处通判厅与归绥道之间的承转机构，直到乾隆二十九年以后，"归化城厅"才可以名正言顺地指归化城理事同知厅。

　　乾隆二十五年关于命盗案审理程序也有了新的重大变化，扎萨克会审制度取消，[2] 具体变化见表4-1。

---

① 乾隆二十九年七月二十五日山西布政使文绶折，一档馆藏录副奏折，档号：03-0052-053。
② 《清高宗实录》卷614，乾隆二十五年六月癸未，第911页。

边缘地带的行政治理

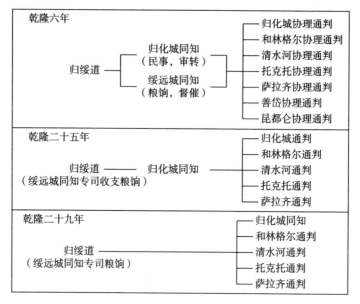

图 4 - 1 乾隆六年至二十九年归绥地区行政体制变迁示意

表 4 - 1 归绥地区命盗案件审转流程

案件对象	乾隆二十五年前	乾隆二十五年后
民人之间	协理通判—同知—归绥道—山西省按察使司—山西巡抚—刑部	通判—同知—归绥道—山西省按察使司—山西巡抚—刑部
蒙古之间	外藩扎萨克派员，会同协理通判审理—同知—都统、归绥道会审—刑部	通判验讯—由都统就近派委土默特佐领与同知会审—都统、归绥道会审—刑部
蒙古民人之间	通判行文外藩扎萨克—都统各委员至同知处会审—同知转解归绥道、都统会审—山西按察使司—山西巡抚、将军、都统—刑部	通判验讯—都统委派佐领与同知会审—同知转解归绥道、都统会审—山西按察使司—山西巡抚、将军、都统—刑部

乾隆三十年时再次简化蒙古民人交涉案件的审理程序，同

知转解归绥道与将军勘审后，直接由道移臬详抚具题，不用再咨都统。① 以乾隆三十年萨拉齐厅蒙古公格因争租伤毙汉民郭玉尧案为例，该案的审理流程是：萨拉齐厅属包头村甲长魏敏报案至萨拉齐厅通判，随后萨拉齐厅通判福庆带领吏员仵作前去验尸并审讯相关人等，"申请将军委员定期会审"，之后将军委派骁骑校温独尔户前来会审，因殴伤事件发生于蒙古地方，"例应依蒙古律问拟"，拟"绞监候"，此后该案"由道司核转"（即归绥道、山西按察使司），到山西巡抚彰宝处，彰宝又题刑部，并由三法司核复施行。②

至此，归绥诸厅体制大体确立并延续至光绪时期，唯一重大变化在于同治四年萨拉齐厅因政务纷纭，由理事通判厅改为理事同知厅。③ 由此归绥地区形成了旗民分治又合治的局面。蒙民归旗，汉民归厅，遇到蒙汉交涉，旗厅会审，归绥道在其中发挥了关键性的弥合作用。

这里的一个问题在于绥远城理事粮饷同知的性质。以往有著作将其视作"绥远城厅"，作为带有政区性质的行政实体，是不准确的。该同知主要承担粮饷任务，有学者将其视作"将军属下一个颇为重要的粮银出纳会计机关。其性质很象近代部队里面的军需处"。④ 嘉庆《大清会典》中明晰了什么是厅："凡抚民同知、通判，理事同知、通判，有专管地方者为厅。其无

---

① 《清高宗实录》卷742，乾隆三十年八月乙巳，第165～166页。

② 乾隆三十年十二月十三日大学士管理刑部事务刘统勋、刑部尚书舒赫德题，一档馆藏内阁刑科题本，档号：02-01-07-06058-006。

③ 同治五年正月二十五日护理山西巡抚王榕吉折，一档馆藏朱批奏折，档号：03-4620-126。

④ 荣祥、荣赓麟：《土默特沿革》（征求意见稿），内蒙古土默特左旗印，1981，第46页。

专管地方之同知、通判，是为府佐贰，不列于厅焉。"绥远城理
事理饷同知显然不具备上述条件，《绥远通志稿》说得非常明
白，"绥远城内专管粮饷之理事同知，但称粮饷厅，不在十二抚
民之数"。① 且绥远城理事粮饷同知所管的乃是"归化城等五厅
每年征解土默特厂地租银"，相当于归绥道之下的钱粮总汇之
地。但绥远城也不是司法案件都不涉及，"绥城命盗各案付粮饷
同知承审讞具，由军府复审，其重案分别奏闻。至旗汉交涉事
件或旗汉相戕，统由归化厅官讯鞫"，② 也就是说该同知的司法
职能只限于绥远城驻防城内的命盗案件，类似于江宁城等驻防
理事同知的功能，但显然并非政区性质。清代文献③、今人著
作包括《中国历史地图集》将其当作政区性质的"绥远城
厅"，是不准确的。

四 兼辖：归绥三厅与准噶尔
草地的"辖而不管"

归绥诸厅与土默特旗的辖境是基本重叠的，属于双头管
理，依据族属不同而实行不同的管理体制，相当于旗厅并治。

---

① 民国《绥远通志稿》第1册，远方出版社，2008，第66页。
② 光绪《绥远志》卷5上《经政略·五司所职总记》。
③ 如《嘉庆重修一统志》卷5《沿革》："绥远厅，朔平府西北三百七十里，
驻杀虎口外。乾隆元年置理事同知一员、库大使一员，隶归绥道。"台北
"故宫博物院"所藏《山西省舆地图说》中有一幅《归化绥远二厅图
说》，其中声称"归化厅，雍正元年理事同知；绥远厅，乾隆元年置理
事同知，均驻杀虎口外，隶归绥道"。可是，如果将其作为两个县级单
位，就应当在图上将厅的分界画出，但图上显然是将所谓的归化、绥远
二厅合二为一。这只能理解为，作者在绘图时所称的厅仅仅是指职官或
同知衙门而言，不具政区含义。

《中国历史地图集》在山西和内蒙古图中对这一地区采用了
"两见"的办法同时绘出其建置与辖境，是合理的。

可是，在与光绪《山西通志》配套的《山西疆域沿革图
谱》所附山西地图中，我们见到几张稍令人感到诧异的地图，
分别是《萨拉齐厅分管地》、《托克托厅分管地》、《清水河厅
分管地》、《偏关县分管地》和《河曲县分管地》。后二者与归
绥诸厅无关，暂不讨论，此处只谈前三幅。

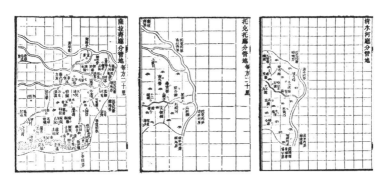

图 4-2　《山西疆域沿革图谱》中《萨拉齐厅分管地》
《托克托厅分管地》《清水河厅分管地》

这些"分管地"均不在《中国历史地图集》所绘归绥诸
厅的辖境范围之内，而是属于鄂尔多斯左翼两旗的地界。无独
有偶，在台北"故宫博物院"所收藏的《山西省舆地图说》
中也收录了三幅类似的地图，图名分别是《托克托城兼辖准
噶尔地界图说》、《萨拉齐厅兼辖达拉特地界图说》和《清水
河厅兼辖准噶尔地界图说》。

三厅虽兼管准噶尔地界，但保存至今的山西清代地图基本
没有将其绘入山西省的范围，可见只是"兼辖"而不将其视
作山西省的地界。这三处为何进入三厅的管辖范围？其性质又

是什么，因相关史料不多，前人多未寓目。

道光《河曲县志》中有一段记述，阐明了这一特殊管理形式的由来。

> 蒙古草地案件，向系陕西办理。因近河蒙民交涉之案，每就近赴河东呈报山西厅县代为讯办，以后陕省遂相推诿。乾隆四十八年经各宪详定界限，自河岸以西五十里至十里长滩，归河曲管理。遇有呈报蒙民交涉案件，先详请神木部院，饬准噶尔贝子委蒙员押解蒙人来河曲，会同审办，遂为定例。①

道光《神木县志》更加清晰地记载了陕西北部沿长城一线准噶尔草地的蒙民交涉案件的地界划分，"内有民人交涉者，则归理事同知或地方官会办，若命盗重案，则专归知县验讯，会同蒙员理事同知复审，详解该管巡道、理事司员会勘，报部完结……准噶尔……北归山西托克托城、偏关、河曲分管……杭锦一旗、打拉忒一旗均归山西萨拉齐厅分管"。②

上述文献中，"神木部院"指的是驻扎在神木的理事司员。该司员设于康熙六十一年，与康熙四十一年设立的宁夏司员一起管理鄂尔多斯六旗蒙古民人事务，其后又设立宁夏、神木、安边等理事同知作为辅助，大体由陕西办理。只是鄂尔多斯辖境广阔，最东边的区域与山西接壤，故而道光《河曲县志》中有"每就近赴河东呈报山西厅县代为讯办"的说法。

---

① 道光《河曲县志》卷4《河曲兼营蒙古地界》。
② 道光《神木县志》卷2《舆地下》。

　　山西三厅两县所管准噶尔地界，虽有协助审理民人案件的功能，但其性质与厅县本辖地域自有不同。《清水河厅志》曾专门辨析称，"河西一带系准噶尔游牧草地，清厅辖而不管"。[1]"辖而不管"是这一区域三厅的真实管理状态，而这些兼管地界并不应直接绘入清代山西的区域范围，至少应当明确其"兼辖"性质，而与厅县本辖区域区别开来，《山西省近现代史地图集》将其绘入归绥诸厅地界，[2]恐当调整。

　　从这一权宜之计，不难看出对整个长城沿线蒙汉交界地带，清朝始终采用的是因地制宜的治理模式，且这一治理模式更多是被动因应，而非主动求变。故山西、直隶北部与蒙古交界地带采用了厅这一固定体制，而陕西北部与蒙古交界地带则仅以沿边州县进行有限的辅助治理，无论是行政建制还是管理权限均带有极强的临时性色彩。

　　实际上到了清中期以后，除了这些"辖而不管"的分辖地，归绥诸厅司法管辖范围早就超越了土默特和察哈尔右翼的范围，而囊括了邻近其他内蒙古盟旗，这点尚未引起足够注意，这也代表着汉人移民的范围已扩展到了更广阔的蒙古地界，但还未到要专门设置行政治所来管辖的地步，故将其权且交给临近的归绥诸厅来兼管。咸丰年间任归绥道员的钟秀在《查复各厅地方情形禀》中提到，清水河、托克托两厅"分管准噶尔一旗"，归化城厅"兼管四子部落、茂明安、达尔汉三部"；萨拉齐厅"兼管乌拉特东、西、中三公，达拉特贝子，

---

①　光绪《清水河厅志》卷2《疆域》。
②　山西省地图集编纂委员会编制《山西省近现代史地图集》，西安地图出版社，2012，第18页。

杭锦郡王等五部"，"各厅辖境数百里之外，兼管外藩，遇有命盗等案，亦归勘验"。①

五　抚民：光绪十年归绥诸厅改制后的性质

对于晚清归绥地区而言，重要变化是归绥五厅体系被打破，光绪十年丰镇厅、宁远厅由大同府改隶归绥道，变为七厅。更重要的变化在于原本归绥诸厅长官皆为理事同知或通判，至光绪十年全部改为抚民同知、通判兼理事衔。光绪二十九年以后，又陆续增设了兴和厅、陶林厅、武川厅、五原厅、东胜厅，变为十二厅。这一变化背后体现的族群关系、土地结构等深层次变化，前人讨论已较多，② 此处只从厅的性质入手来讨论。

由理事厅变为抚民厅，厅制上的重大变化在于厅的长官同知、通判选任的区别。就清朝制度而言，理事同知于雍正七年定为从各部"中书、小京官、笔帖式"中拣选，③ 乾隆五年定为在"各部院满洲蒙古主事、小京官、笔帖式"中，"拣选通晓汉文，熟习蒙古字话"的贤能之员，④ 且理事同知只能升为京职，无法在地方迁转，基本属于与京职之间的封闭流动。由于选择面过窄，多无地方行政经验，而理事同知、通判所辖又往往是地方形势极其复杂的地域，其行政素养难以满足治理需

---

① 咸丰《古丰识略》卷33《人部·艺文上》。
② 如乌云格日勒《口外诸厅的变迁与清代蒙古社会》，《山西大学学报（哲学社会科学版）》2007年第2期等。
③ 《清世宗实录》卷85，雍正七年八月丁未，第132页。
④ 《清高宗实录》卷124，乾隆五年八月丙午，第825页。

求。咸丰年间任归绥道员的钟秀就提到，"边外之难治，值近日之情形，自非精明谙练、通权达变之员，鲜克有济。而各厅多由京外笔帖式简补，与各省抚民、抚彝同知曾任州县者有别……口外治理未能日见起色者，殆由于此"。① 在光绪八年张之洞奏请归绥改制的奏疏中提到，"丰镇、归化、萨拉齐三同知缺向例于理事同知、通判中升调"，宁远、清水河、和林格尔、托克托等四理事通判缺于"俸满笔帖式"中请补，但"大率此项人员在各部院中原非上等出色之选，其才具固非绝无可造，而不能通晓政体者居多"；② 改为抚民同知或通判后，则可参考直隶口北三厅例，"满汉统用"，"新改七厅抚民同知缺出，应先尽实缺同知、直隶州及实缺州县中保以同知、直隶州在任候补者请调请补……遇有新改七厅抚民通判缺出，先尽实缺通判及知县中保有升阶者请调请补"，"但须人地相宜，不拘满汉"，着重强调了人才选拔范围的扩大及主政一方特别是有任职实缺知县的经验。③

此外，张之洞奏请改理事为抚民，还怀有另一深远的意图。所谓"理事"，其实重心在于强调少数族群的分布及其优势地位，清朝全国几乎所有的理事同知或通判都与旗汉问题有关，而"抚民"一词强调的是以"民"为主，相当于承认了汉人的主体性。这在张之洞归绥地区厅制改革的奏疏中被列为重要一条，"户籍宜编立"。光绪十年前来归绥生活的汉民是

① 咸丰《古丰识略》卷33《人部·艺文上》。
② 光绪八年七月二十九日《请变通边缺折》，《张文襄公奏议》卷5《奏议五》，《续修四库全书》第510册，上海古籍出版社，2002，第197页。
③ 光绪九年九月二十九日《筹议七厅改制事宜折》，《张文襄公奏议》卷6《奏议六》，《续修四库全书》第510册，第213页。

寄籍的"客",而蒙古人则为原居住民,"租户俱自远来,岁收偶遇歉薄,辄卷席逃遁,无籍贯可考,无家属亲族可追,与土著居民编立户口,由近及远,都累都、甲累甲者迥别"。① 此次改革要将汉民正式编立户籍,相当于承认其定居的合法性。这当然就引起了蒙古方面的强烈不满,绥远城将军丰绅、归化城副都统奎英上疏反对,为此光绪十年时张之洞专门反驳,直指蒙古方面的反对,"非惧客民占其地,实惧蒙官失其权耳",进而直率地提出"土默特蒙古自命外藩,欲私分土"。② 最终朝堂争论的结果,以张之洞的意见被接受告终,而寄民落籍与理事厅改抚民厅一样,对归绥地区的历史进程产生了深刻的影响。③ 表面上看来,厅的建制与辖境未发生变化,但从理事到抚民,实际上已蕴含了要逐渐改变旗民分治的可能方向。

清代的厅分为直隶厅和散厅,前者属于府级单位,直属于省,而后者属于县级单位,属于府。对于全国内地大部分地区而言,厅属于直隶厅或是散厅都是明确的,可是比较特殊的地方在于山西、直隶与内蒙古交界的归绥道、口北道所辖诸厅。由于该地未曾设置过府县,而是直接由道来管辖厅,它的性质就与内地一般的或属于省或属于府的厅不太相同。

在光绪十年以前,归绥诸厅属于归绥道—五厅的体制。按照嘉庆《大清会典》的记载,直属于道的厅为散厅,实际上

---

① 咸丰《古丰识略》卷19《地部·田赋》。
② 光绪十年三月二十六日山西巡抚张之洞折,一档馆藏朱批奏折,档号:04-01-30-0213-006。
③ 关于寄民落籍的争论及影响,可参见晓克主编《土默特史》修订版,内蒙古大学出版社,2018,第218~220页。

是将道视作一个大府。① 在嘉庆《大清会典》中逐一列出了这些厅的名称。

　　理事、抚民有专管地方之厅，或属于府，或属于道，或属于将军。……直隶口北道属张家口厅、独石口厅、多伦诺尔厅三人；吉林将军所属吉林厅、伯都讷厅二人；山西归绥道归化城厅、大同府属丰镇厅，伊犁将军所属理事厅三人，均为理事厅同知。……吉林将军所属长春厅四人；山西归绥道属和林格尔厅、托克托厅、清水河厅、萨拉齐厅，朔平府属宁远厅五人，均为理事厅通判。②

　　到了光绪《大清会典》，其记载类似，在散厅部分写道，"厅同知、通判，或属将军，或属道府"。在《中国历史地图集》标准年代为嘉庆二十五年的山西图中，归绥道所属的五厅均是按照散厅也就是县级单位来处理的，这是正确的。相反，赵泉澄《清代地理沿革表》将归化城直隶厅的设置系于乾隆六年，将萨拉齐、清水河、和林格尔、托克托均视作直隶厅且系于乾隆二十五年，是将道所辖的厅视作直隶厅，且归化城直隶厅的设置也以归绥道的成立为标准。③ 牛平汉主编《清代政区沿革综表》的结论与赵泉澄相同，显然也认为厅直属

---

① 傅林祥提到归绥道员与归化城理事同知、绥远城理事同知共同组成一个行政机构（政府），归绥道成为兼具道、府双重功能的特殊政区，见《清代地方行政制度专题研究》，博士学位论文，复旦大学，2010，第112页。
② 嘉庆《大清会典》卷4《吏部》。
③ 赵泉澄：《清代地理沿革表》，第53～55页。

于道就是"直隶厅"。① 以上认识与《大清会典》所载制度相违，且清代文献迄今未见到直接称呼此时的归绥诸厅为"直隶厅"的记载。

光绪十年，归绥诸厅由理事厅变为抚民厅。如前所述，其实质意义在于厅的长官由理事同知或通判变为抚民同知或通判，而归化城厅、萨拉齐厅、清水河厅、托克托厅、和林格尔厅行政隶属上仍然是属于归绥道，行政流程亦未发生变化。只有丰镇厅、宁远厅因是从大同府、朔平府所属而改，原为散厅，故有的著作将其视作一次升散厅为直隶厅之举。当然，这一说法被认可的前提，是归绥道所属的一定是直隶厅。

史籍的记载就此出现了差异。部分文献将理事厅改为抚民厅看作一次职官的变动，而厅的性质未变，仍为散厅。如光绪《山西通志》记述："光绪十年，以大同府分防丰镇厅之理事同知、朔平府分防宁远厅之理事通判来隶，自绥远城设理事同知仍故制外，并改为抚民厅兼理事。于是归绥道领抚民同知厅三、抚民通判厅四：归化城同知厅、萨拉齐同知厅、丰镇同知厅、清水河通判厅、托克托通判厅、宁远通判厅、和林格尔通判厅。"② 有的文献将此时的归绥诸厅视作直隶厅，一份是张之洞的奏折，光绪九年九月二十九日《筹议七厅改制事宜折》中明确提到，"归化、萨拉齐二缺均应定为冲繁疲难直隶厅抚民同知兼理事衔边外最要缺；丰镇厅东界张家口，错处察哈尔，大同门户，牧厂环列，流民屯聚，亦多洋务教堂交涉，应定为繁疲难直隶厅抚民同知兼理事衔边外要缺；宁远厅开垦日

---

① 牛平汉主编《清代政区沿革综表》，第46~48页。
② 光绪《山西通志》卷30《府州厅县考八·归绥道》。

多，朔平外蔽，七属枢纽，且现拟改设驿站，托克托厅滨临黄河，为边外商船下驶入晋口岸，水道咽喉，均应定为冲疲难抚民通判兼理事衔边外要缺；和林格尔厅山险俗犷，粮多逋欠，亦为北通归、萨之道，清水河厅环拱边墙，民庞俗悍，均应定为繁疲难抚民通判兼理事衔边外要缺"。① 另两份是《清史稿·地理志》《清国史·地理志》，其将归绥十二厅均定为直隶厅，这也为很多研究清代行政区划变迁的学者所继承。

可是，上述材料也有可疑之处。一是张之洞奏折中，对口外七厅进行了区分，只有归化城厅、萨拉齐厅、丰镇厅明确写了是直隶厅抚民同知，而托克托、和林格尔、清水河、宁远厅则只简单称为抚民通判而已。而七厅均属于归绥道下辖的平行单位，不可能存在层级上的差异。二是《清史稿·地理志》定本中的确将口外诸厅处理为直隶厅，并成为今人著作中将光绪十年改制后的归绥诸厅定为直隶厅的主要史料来源，可是在台北"故宫博物院"所藏的《清史稿·地理志》初修稿本中，归绥诸厅均为散厅，且该部分是由山西人田应璜所作。② 三是与归绥地区相关的纂修于清末民国初年的志书中如《绥远志》《绥乘》等，包括清末各年《缙绅录》，迄今未见明确称其为直隶厅者。③

遇到这样史料记载有冲突之处，以往的思考路径似乎陷入一个非此即彼的死胡同，即一定要在直隶厅和散厅之间决定何

---

① 光绪九年九月二十九日《筹议七厅改制事宜折》，《张文襄公奏议》卷6《奏议六》，《续修四库全书》第 510 册，第 212 页。

② 台北"故宫博物院"藏民国清史馆文献稿本，收藏号：205000684。

③ 可参见杨帆《归绥诸厅性质刍议——以相关方志、政书为中心》，《理论界》2010 年第 7 期。

者是正确的、何者是错误的。笔者从归绥地区实际行政运行的角度来看，直隶厅与散厅之间截然的划分在内地省份才存在，而在归绥这样的边疆地区，二者之间的区分是无足轻重的。

所谓直隶厅或散厅，其长官的品级是相同的，并不因是直隶厅而略高一级，也不因是散厅便低人一等，唯一的差别在于行政流程上，即直隶厅对接的是省级单位，而散厅对接的是府级单位。但对于归绥地区而言，上述对接并没有太大意义，因为无论是改制之前的理事厅还是光绪十年以后的抚民厅，其上级机关始终是归绥道，口外诸厅始终是归绥道下的一级行政单位，这一点没有发生任何变化。从这一角度而言，无论称其为直隶厅还是散厅，归绥地区的行政体制都没有任何变化，也许这正是为何清代文献记载比较随意的原因所在，而以往我们非此即彼的硬性择取反而远离了历史的真实状态。

与归绥道类似的由道直辖厅的情况还有直隶口北道下辖的张家口厅、独石口厅、多伦诺尔厅，在《清史稿·地理志》中被记录为直隶厅，但在嘉庆和光绪《大清会典》中均被记录为散厅，与归绥诸厅的记述方法完全一致。

六 建省：蒙汉合治的新尝试

这样旗厅并置的局面，《绥远通志稿》称"有清一代，蒙旗与厅治并存之制，颇与隋唐胡州郡县间立之形势相类焉"。①蒙汉之间的摩擦，给归绥地区的管理带来了不少难题，诚如清末姚锡光在《筹蒙刍议》中所言："同立于一土地之上，而区

---

① 民国《绥远通志稿》第 1 册，第 69 页。

别两种人民，受治于两种官吏，非特五洲万国，无论本国属地，无此办法。且畛域区分，势必猜疑互起，讼狱繁兴，迭起愤恨。……我朝龙兴，建为藩卫，设理事丞倅，以绥蒙汉。嗣以汉民出关佃种者多，乃分立州县，以理讼狱。然有治侨寓汉民之权，而无治各旗蒙古之权，亦无辖蒙古土地之权。"更糟糕的是，归绥十二厅"隶于归绥道，而内辖于山西巡抚，外辖于归化城将军"，①东四厅丰镇、宁远、陶林、兴和又受辖于察哈尔都统，直到民国初年厅改为县以后仍然如此，"行政权之管辖，却分寄于二省，此固不能不谓之畸形病态也"。②

　　在包括归绥在内的蒙古区域建省，在清末已有了较多议论。③这次建省，无疑是在近代面临西方列强压力下，试图以郡县取代被称为"分封"的藩部体制的又一实验，新疆的建省无疑提供了一个样本，其后关于青海、蒙古建省的议论又层出不穷。如果说以往边疆地区的改制可以被视作由于民族融合而逐渐实现的政区形式自然转换的话，那么清末边疆设省的实践受到边疆危机这一外来因素的影响更大，故与之前被动缓慢推进行政体制改革不同。此时边疆建省或郡县化改革的进程要急迫得多，也要动荡得多。

　　俄国人对蒙古地区的觊觎，国人早有注意，到了晚清则更甚。光绪二十七年贻谷奏请晋边蒙地开垦，一方面是为开拓利源以弥补清政府财政负担，④另一方面也是为巩固边疆。光绪

---

①　姚锡光：《筹蒙刍议》，远方出版社，2008，第39、41页。
②　民国《绥远通志稿》第1册，第70~71页。
③　一些有关建省的议论，可参见乌云格日勒《清末内蒙古的地方建置与筹划建省》，《中国边疆史地研究》1998年第1期。
④　张世明：《清末贻谷参案研究》，《中国人民大学学报》2014年第4期。

二十九年《大陆报》刊文指出"即蒙古亦且视如囊中物，中政府虽欲为剜肉医疮之计，其可得也耶"，① 备感忧心。此时渐有在蒙古改省的呼声。光绪三十二年一位黑龙江知县上万言书，建议将内蒙古分为两省，东四盟以承德府为省会，置东蒙省；西二盟以绥远城为省会，置西蒙省；外蒙则分为三省。② 当年底即有"政府议划辽河以西东部蒙古合为北直隶省，归袁世凯兼辖；又议分满洲为二省，以徐世昌为总督"的传闻。③ 光绪三十三年又释放出政府"将蒙古改设行省，并将内地旗民移植口外兼营屯垦，以固藩围而杜觊觎"的信号。④

中央一级对蒙古是否建省也一直犹豫不决，光绪三十三年时左绍佐、岑春煊所上统筹西北全局折中，筹划西北设省，从热河、察哈尔及绥远三处入手。到了宣统二年政务处会议上，蒙古建省之议暂停。据当时报道，主张速改行省者占多数，但理藩院尚书寿耆建议暂停并得到载沣的认同，理由是"蒙古系未开化之国。突改行省则更张纷纭，必酿乱机。且改行省之后办事人员非通蒙古之文言习尚，则无从入手，故又须培植蒙古学问，人材足资应用后，再建行省，则办事自能井然有条，不至有纷扰之弊"。时人感慨，"以蒙治蒙即可，何急急学蒙人也。此老误事矣！"⑤ 到了宣统三年理藩院尚书善耆视事后，蒙古改省之议重新进入人们视野，⑥ 同年又传政务处议订蒙地

---

① 《中国纪事：俄人之经营东三省及蒙古》，《大陆报》1903 年第 8 期，第 51~52 页。

② 《蒙古：改省之区划》，《广益丛报》第 123 期，1906 年，第 4 页。

③ 《电报一》，《时报》1906 年 11 月 1 日。

④ 《蒙古改省续闻》，《广益丛报》第 151 期，1907 年，第 4 页。

⑤ 《蒙古暂停建省》，《丽泽随笔》第 1 卷第 10 期，1910 年，第 7~8 页。

⑥ 《蒙古改省之议复活》，《新闻报》1911 年 10 月 7 日。

改编行省草案，以内蒙古六盟为一省，外蒙古则分为两省。①

不过建省的意义不仅在于高层政区从藩部转化为行省。抛却名称的差异，绥远城将军一定程度上所起到的正是与"总督巡抚"类似的功能，这是最容易通过官员任免加以实现的。真正困难的也是最重要的地方在于基层政区，也就是厅和旗这一层次如何统合。当时的绥远城将军贻谷已在密奏中提及了郡县与蒙旗二元体制的深刻弊病：

> 今第就绥远情形论，以言管辖，蒙旗为将军之属部而非将军之领土。……以言政令，省吏管地方而蒙旗不受其约束，将军统蒙旗而地方不听其指挥。每当交涉两难之时，土客之势相倾，是非之真莫辨，劣蒙莠汉勾串为奸，往往厅署不能自主其应理之事，旗署不能自制其受治之人，责无所专，词有可诿，无怪讼案无结时，盗案无获期，命案无信谳。
>
> 建省之议，已无可疑，且建制之所关，固不仅在此数端已也。自来行法在得人，然莫患于事权之不一，筹边无善策，然莫要于远近之相维。②

贻谷显然看到了归绥二元体制内在的困境，而希望通过建省达到"蒙汉合治"，而合治的方式不是以"封建"替代"郡县"，而是要推进完全的郡县化。姚锡光在《筹蒙刍议》中直

---

① 《蒙古将改为北三省》，《广东劝业报》第 109 期，1911 年合订本，第 73 页。
② 光绪三十三年八月初六日绥远城将军贻谷折，一档馆藏朱批奏折，档号：04-01-01-1085-056。

接提出了建省的方向就是"易为完全无缺郡县制度，非收回各札萨克土地人民之权不可"，且"不论蒙民汉民，同受治于地方官"。在此基础上，"如新疆开设行省成法，将热河、口北两道所辖二府三厅六州县益以逐北境地，画至外蒙古南界止，西循三厅边境，顺山河天然形势，亦北指外蒙古为西线，别设直隶山北行省以资控制"。[①] 显然，要以厅县体制彻底取代蒙旗体制。

但终清一代，蒙古建省的使命未能完成。直到民国 3 年，绥远、察哈尔、热河设置为特别区，至 1928 年建绥远省、察哈尔省、热河省，只是该三省亦未存在太久。

中国历史上，国家的建设与发展伴随着郡县制的扩张，郡县制既有内部发展——新设县治，以谭其骧先生地区开发之说来解释新县的生成早已为人所熟知；[②] 也有外部发展——朝向边疆地区逐步扩大郡县建制，但往往并非一步到位，而是渐进式的。如果翻看历代行政区划中那些同级政区中的特殊设置，往往有一些政区形式具有"边疆性"和"过渡性"的双重特征，如秦汉的道，唐宋的羁縻府州，明清以来土知府、土知县等。以特殊建制的政区类型作为郡县设立前的过渡阶段，既是在经济和社会结构迥异的区域不得不以多种制度并行的形式来满足现实治理的需求，但同时也具有"过渡性"特征，其终极指向是郡县化。

---

① 姚锡光：《筹蒙刍议》，第 33 页。
② 谭其骧：《浙江省历代行政区域——兼论浙江各地区的开发过程》，《长水集》上册，人民出版社，2009，第 422 页。

　　清代山西北部归绥地区的制度演进正提供了一个极好的边疆地区郡县化的案例。在清代行政区划所称的"府厅州县"中，"厅"在边疆区域正充当了郡县化的过渡性工具。光绪末年的岑春煊对蒙部变通官制的阐释证明了这一点："蒙旗及土司等应办垦矿林渔地方及向有司员、粮员，可设民官者，拟照国初九边及山西、甘肃边厅办法，多设道厅，俟地辟民聚后，再改州县，一以重边吏之事权等威，一以免蒙部之疑沮。"① 清廷通过稳健的政策来推进蒙古地区郡县化进程，这一过程是渐进式的，有效避免了激进改制带来的与蒙部冲突的可能。

　　只是"郡县化"虽是终极走向，但过程并非是直线式的，它同样受到区域社会历史进程的制约，甚至"郡县化"未必是朝廷的有意设计，而只是时势发展所带来的自然结果。以归绥地区来看，郡县化的起始条件是汉人移民的进入，原有的蒙旗无力管理，虽清廷实行"封禁"政策，但无力阻止这一历史进程，故产生了设官管理的需求，雍正元年于此设立归化城理事同知，以之管理蒙汉交涉事件，与其说这是蒙古"封禁"政策的一环，毋宁说是以一种隐晦的方式默认了汉人移民的现实，并由此造就了旗厅并立的基本格局。

　　不过旗厅二元管理体制虽适应了蒙汉杂处的现实，但也带来了不可克服的管理难题，于是清廷继续整合行政体制并使其逐渐朝一体化方向发展，乾隆六年"归绥道"的设置是一个标志性事件。无论旗还是厅的蒙汉交涉，均于此汇合，并对接之上的蒙旗、将军与督抚体制。道厅在较大程度上掌握了行政

的主动权，由于其建制上从属于山西督抚方面，整个归绥地区行政体制逐渐向内地郡县化方向发展，特别是光绪十年归绥诸厅由理事改为抚民，正是在基层政区层次上推进内地化与一体化的关键性事件。

这样一套体制难称是稳定的和可持续的，郡县化越向前推进，蒙汉之间的矛盾越加剧，反"郡县化"的力量也在增强，必须要通过政治上强有力与彻底的整合才能最终实现一体化。清末出现的"建省"呼吁与尝试，正是"郡县化"推进到接近终点的标志。清末边疆建省无疑受到了近代民族国家建设与外敌觊觎的影响，但如从郡县化本身的历史发展长河来看，这又的确是一种趋势，即使没有外国因素，它依然会朝这一方向发展，只是近代这些新的因素的出现大大加速了郡县化的步伐。毫无疑问，归绥地区的郡县化进程损害了蒙古王公贵族的权益，引起了他们的强烈不满。①

民国初年，绥远地区成立了特别区并于1928年成立了绥远省，而归绥诸厅也都去掉了厅的称呼而改制为县，并新置了若干新县和设治局，更进一步推进了郡县化的程度。如果单纯从政区名称上来看，省县的架构已与内地无异，只是旗的设置仍在，故虽建省，但因民国中央政府缺少强力推进更深层次融合的力量，"旗县并治"的局面并未消失。只是此时一个历史时期从未有过的新的重大理论被引入并极大改变了这一区域的历史进程，这就是民族区域自治理论，它于20世纪前期逐渐在中国酝酿，20世纪20年代中国共产党在苏俄影响下接受了该理论，承认民族平等成为中国共产党的主要民族理

---

① 纪蔼士：《察哈尔与绥远》，文化建设月刊，1937，第96页。

论与政策。① 正是在民族区域自治理论的指引下，内蒙古最终于 1947 年建立了中国第一个民族自治区，新中国成立后的 1954 年又废归绥省，并入内蒙古自治区，清代的归绥诸厅、民国时期的归绥诸县又部分改回了旗或与原存在的旗合并，重新以盟旗制为主建立了内蒙古的政区体系。归绥县、萨拉齐县、陶林县等建制被取消，并被分别并入土默特旗、察哈尔右翼中旗。② 至此，归绥地区的地方行政建制也步入一个新的历史阶段。

① 王希恩：《也谈在我国民族问题上的"反思"和"实事求是"——与马戎教授的几点商榷》，《西南民族大学学报（人文社科版）》2009 年第 1 期。
② 庆格勒图：《绥远地区解决"旗县并存、蒙汉分治"问题初探》，《内蒙古师大学报（哲学社会科学版）》1996 年第 1 期。

第五章 内地的边缘：太湖厅建置
沿革及其行政职能变迁

　　太湖地处江浙两省交界，面积广阔，周边环绕的常州、苏州、湖州等府，皆为江南财赋集中之地，地理位置十分重要。以往太湖地区的行政往往被划归陆上的吴县，远隔湖面，管理十分不便，到了清代，才第一次以太湖东山、西山及若干湖面为中心，设立太湖厅。这是清代为数不多的以湖泊岛屿为主建立的县级政区，也是苏州府这一江南最核心区域自雍正二年分县事件以后最重要的政区调整。

　　明清以降的政区变革，依赖于丰富的资料留存，本不当有太大争议。但因厅是清代新产生的一种政区形式，本身又经历了一个从明末萌芽到乾隆三十年前后定型的过程，不少厅的设立，往往在清人志书中就已有不同说法，后人所依据材料来源不同，结论也屡屡相异，太湖厅就是其中一例。兹举若干最重要的地理志书与工具书为例。

　　乾隆《大清一统志》、《嘉庆重修一统志》称苏州府"领县九"，丝毫未提及太湖厅。

　　《清史稿·地理志》"苏州府"条下列太湖厅，称"乾隆元年置，移吴江同里抚民同知来驻，治洞庭东山"，将太湖厅的设置年代定在乾隆元年。

　　赵泉澄《清代地理沿革表》"苏州府"条下称"（雍正）八年，于吴江县设太湖厅，隶府属"，[1] 其资料依据是同治《苏州府志》卷 21。

　　牛平汉主编《清代政区沿革综表》"苏州府"条下称"乾隆元年三月二十五日（1736.5.5）置太湖厅来属"，其资料来源是乾隆元年三月二十五日朱批张廷玉题奏。[2]

　　此外定为雍正八年说的还有郑天挺等主编的《中国历史大辞典·上卷》、[3] 史为乐主编的《中国历史地名大辞典》。[4] 至于乾隆元年说，近来论著多采之。[5] 但雍正八年、乾隆元年说实在大有可疑，太湖厅本身的辖境及太湖同知的职权在雍正八年初设以后直至光绪末年经历的复杂变迁过程，过往研究并未清晰呈现，且太湖厅存在与吴县的"双辖"区域，在清代地方行政架构中颇为特殊，为一般研究者所忽略。值得一提的是，日本国会图书馆和南京博物院藏有太湖厅档案，时段集中在乾隆八年到光绪二年，是比较有代表性的清代县级档案之一。已有学者注意到这批档案的存在，并对其中的诉讼文书、晴雨记录、商业活动做了较细致深入的研究，但对太湖厅本身职权变化并无太多关注，且其中叙述太湖厅建置沿革时还存在

① 赵泉澄：《清代地理沿革表》，第 65 页。
② 牛平汉主编《清代政区沿革综表》，第 124 页。
③ 郑天挺、谭其骧主编《中国历史大辞典》，上海辞书出版社，2000，第403 页。
④ 史为乐主编《中国历史地名大辞典》，中国社会科学出版社，2005，第367 页。
⑤ 如冯贤亮《明清中国地方政府的疆界管理——以苏南、浙西地域社会的讨论为中心》，《历史地理》第 21 辑，上海人民出版社，2006；范金民《太湖厅档案及其史料价值》，吴春梅主编《安大史学》第 1 辑，安徽大学出版社，2004。

一些不太准确的地方。① 本章将结合中国第一历史档案馆所藏的与太湖厅相关的档案及其他史志材料，在更细致地还原细节的基础上，对以往研究有所纠正。

一　雍正八年、乾隆元年太湖同知的性质

明乎清代厅的判别标准，只需要分析太湖同知何时具有钱粮征收与命盗审理之权，就可以明确太湖厅的设置时间。

在整个历史时期，太湖一直未设有正式的较高级别的职官驻扎。宋时仅设有角头巡检司一员，置于元祐八年，其效果尚佳，据说"经百八十余载，两山之民咸受其惠。营寨兵级固壮，善于水势，长于勇敢，虽有盗徒，无所施其暴"。②延至明成化十七年，又添置东山巡检司一员，专管东山，而角头巡检司则专管西山一带。③ 以二巡检司微员管辖太湖诸岛，且其职能被限制在"稽察非常"上，民事则不参与，④ 只能说聊胜于无，充分显示了以往对太湖水域行政管理的忽视。

苏州府于雍正八年设立水利同知一员，驻扎于吴江县同里镇。赵泉澄《清代地理沿革表》将太湖厅的设置时间系于该

---

① 岸本美绪：《关于清末江苏省太湖厅的晴雨粮价报告》，收入氏著《清代中国的物价与经济波动》第十四章，刘迪瑞译，胡连成审校，社会科学文献出版社，2010；范金民：《太湖厅档案所见洞庭商人的活动》，《江苏大学学报（社会科学版）》2002年第2期；又见前述《太湖厅档案及其史料价值》；等等。

② 金友理：《太湖备考》卷12《集文》，薛正兴校点，江苏古籍出版社，1998。

③ 金友理：《太湖备考》卷4《兵防》。

④ 金友理：《太湖备考》卷12《集文》。

年，其依据正是水利同知的设立。关于太湖水利同知的情况，吏部讨论的题本尚存。该事为礼科给事中顾祖镇请奏，吏部讨论后，向雍正皇帝回复：

> 查太湖界连江浙，周围广阔，支港交错，沿湖田亩，实资灌溉。我皇上轸念民生，东南、湖南堤岸悉颁发帑金，委员修筑，工程具举，利邑弘多。但沿湖郡邑事务繁剧，州县各官于疏浚修筑之任，势难兼顾，若无专员管理，恐历年久远，淤塞倾圮之患，或所不免。应如该给事中所奏，太湖地方准其添设水利同知一员，令其专司疏浚港汊，修筑圩岸，启闭闸座等件，其地方事务不得干预。①

该折还否定了令该同知"督领各地方兵备，沿湖游巡，缉捕盗贼"的请求，仅仅职司沿太湖地区的水利而已，"地方事务不得干预"。且衙署亦不在太湖上，而是吴江县同里镇，哪里会有"专辖之地"？将该年视作太湖厅设置之年，显然是不合适的。

到了乾隆元年，该水利同知被移驻于太湖东山。以往将太湖厅的设置时间定在乾隆元年，正是依据此点。《清实录》记载甚为简略，乾隆元年"吏部议准，前江苏巡抚高其倬疏请，移吴江县同里镇之太湖水利同知驻东山，移督粮水利同知驻枫桥。从之"。② 该同知的职责，据乾隆八年建造衙署的太湖同

---

① 雍正八年三月三十日兼管吏部尚书事张廷玉《议增设太湖地方同知专管水利》，《清代吏治史料·吏制改革史料》第4册，第1888~1891页。
② 《清高宗实录》卷15，乾隆元年三月己未，第416页。

知高廷献所记，"太湖为东南巨浸，界连江浙，跨苏、常、湖三郡，分隶十邑。湖中多山，大半属吴县。惟东洞庭最为繁庶，距城百里，稽察难周。雍正十三年，大中丞高公题请太湖同知移驻东山，加督捕衔，专理东山民事，重职守所，以资弹压也"。① 由"水利"而加"督捕"，并非仅仅是头衔的简单增减，而是有职权和考成的变化。高廷献深有体会，"同知职司水利，居斯署也，当使泛滥不闻，耕凿常安，则必穷源竟委而利导之，非是则旷"，而"同知又职兼督捕，居斯署也，当使鼠雀不争，萑苻无警，则必抚循而稽察之，非是则溺"。② 可见，此时"水利同知"除了照旧管理环太湖诸县的水利、堤岸事宜外，新加"督捕"衔，意味着要开始处理民间争端、督捕盗贼等。

关于乾隆元年太湖同知的职权，笔者查到了雍正十三年十月初二日江宁巡抚高其倬的奏疏，其中有更加明确的说明：

> 查苏属太湖周八百里，界跨两省四府，乃众流汇注之区，亦盗贼藏集之所。雍正八年间设立太湖同知，修浚水利，驻扎于府属吴江县之同里镇。但太湖扼要之地在洞庭东、西两山，秉高瞭度全湖形势，皆在目前。且山水交会，支港既广，渔舟聚集，宵匪易潜，而东山居民极繁，不下数万户，亦须大员就近弹压查参。近年以来，虽设有专营巡察盗匪，较之从前颇觉严密，而民事无文职专办，即缉获之盗犯与渔舟之编查，亦无文员就近查究经理，实为不

---

① 金友理：《太湖备考》卷 12《集文》。
② 金友理：《太湖备考》卷 12《集文》。

便……先据升任苏州府知府姚孔铴议称，请将太湖水利同知移驻东山，居四府之适中，扼全湖之要领，既可修浚水利，兼司缉盗，洵有裨益……至遇失事疏防，仍将督捕同知及专汛官弁各分定地界，分别报参，亦无所容其推诿。①

该水利督捕太湖同知所管主要是东山捕务及环太湖区域水利事，不具有"专辖之地"，太湖东山一地仍然属于吴县。事实上，清代所设的"督捕"同知，还有很多，均非厅的建置。如道光元年在平定白莲教起义后，曾有意图在湖北郧阳府竹山县白河口地方设抚民同知置厅，"兼管刑名、钱谷"，但旋于四年因建设城池耗费巨大，改白河口抚民同知为郧阳府分防捕盗同知，房县、竹山、竹溪"该三县窃盗、抢夺案件均归该同知督捕开参"，"所拨厅治各保一切赌博、私宰、打降、枷杖案件并听该同知就近审理，刑名、钱谷仍归各地方官办理"。白河口厅被撤的奏疏中还专门提到"抚民同知必须兼理刑名钱谷，如命盗招解，征收钱粮，政繁责重，事不止于缉捕"。② 可见督捕同知仅可管理民间细事而已，遇到刑名、钱谷事件，仍然由地方官办理，不构成厅的建置。

综上，乾隆元年太湖同知的移驻，其职责在于捕务及民间细事处理，不能视作"厅"的建置。以往将乾隆元年作为厅的设置时间，正是犯了将职官的移驻时间与厅的设置时间等同起来的错误，而完全不顾及该职官的权责范围为何，这是不妥当的。

---

① 雍正十三年十月初二日江宁巡抚高其倬《请将太湖同知移驻东山等情》，《清代吏治史料·吏制改革史料》第6册，第2948~2950页。
② 道光四年二月二十五日湖广总督李鸿宾、湖北巡抚杨懋恬折，一档馆藏朱批奏折，档号：04-01-01-0658-002。

二 钱粮与命盗权责的分合

——乾隆三十二年太湖厅形成说

乾隆元年设立太湖同知,专理东山捕务之后,钱粮、命盗案件仍然由吴县来处理。但这一制度安排面临地理上的困境。众所周知,清代对于钱粮征收和命盗处理有着严格的时限控制,该二事是州县官的"头等政务"。太湖之中的洞庭东山、西山,人烟稠密,但与吴县相隔甚远(见图5-1),尤其是西山地区,钱粮交纳和命盗招解极为不便,因此在制度上进行调整,便成为一种迫切的现实需要。

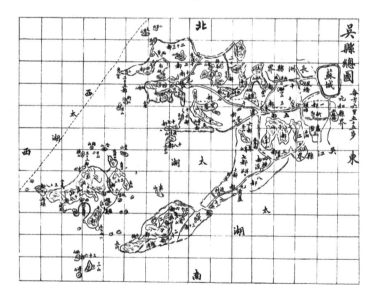

图5-1 太湖厅、吴县形势

图片来源:民国《吴县志》。

关于太湖区域钱粮征收，乾隆十一年清廷第一次做出调整，将太湖东山、西山应征钱粮划归太湖同知催征。《清实录》中有载：

> 吏部议准。调任江苏巡抚陈大受等疏称……再洞庭东西两山，前因太湖地宽，知县不能遥制，是以设立太湖同知驻扎东山。查该处地阔粮多，湖面风涛险阻，输纳甚艰，请就近归太湖厅催征。所征银米，即支放附近太湖左右两营弁兵俸饷，不敷银两在司库拨补，余米运回吴县贮仓，统作南米。其起运漕白米，于吴县征收米内，照数兑运。至太湖左右两营弁兵，驻防震泽、宜兴者，应支粮饷，仍照旧于司库及附近县分拨给，免致过湖支领。从之。①

《太湖备考》记载了巡抚陈大受奏疏的略本，除了《清实录》中谈到的"湖面风涛险阻"外，还提到钱粮征收中可能出现的"包揽侵蚀"之弊。② 东山、西山之人也常感叹，"两

---

① 《清高宗实录》卷279，乾隆十一年十一月辛酉，第645页。按，该段实录中出现了"太湖厅"一词，并不能证明乾隆十一年时政区性质的"太湖厅"即已存在，理由有三。第一，依据所引文献，此时太湖同知在其辖境内的职能显然是有限的，不符合作为政区性质的"厅"的标准；第二，"厅"这一名词本身就具有两种含义：既有作为政区存在的"厅"，也有作为衙署名称的"厅"，并不能由"太湖厅"一词断定该政区的存在；第三，《清实录》中"请就近归太湖厅催征，所征银米，即支放附近太湖左右两营弁兵俸饷"，据《太湖备考》卷四记载的陈大受奏疏，原文应为"议归太湖水利同知就近征收，即就近支放太湖营兵饷"，《清实录》中的"太湖厅"很可能是嘉庆年间的实录修纂官对"太湖水利同知"一词的简写或改写，不代表乾隆年间的认识。

② 金友理：《太湖备考》卷4《兵防》。

山之民之输粟县仓者，久为风波所苦"。^① 自乾隆十二年起，太湖同知正式开始征收东山、西山钱粮，并于次年七月新造了东山、西山的鱼鳞册。^②

但这种局面并未持续太久，仅仅五年之后，江宁巡抚王师又奏请将西山钱粮重新划归吴县征收，^③ 乾隆十八年得到批准："户部议准。署两江总督庄有恭疏称洞庭东山丁粮，经前抚臣陈大受题归太湖厅同知征收，其西山与吴县地方较便，应归该县征收。从之。"^④ 户部议复的题本尚存，其中记载了太湖同知征收东、西山钱粮后的一些弊端，"西山不与东山接壤，而且山多田少，鲜出米谷，所产花果丝绵必借苏城销售，顺途易银，完粮粜米交仓"，"必须先赴苏城售货易银，再至东山，不免重涉风波之险"。^⑤ 至此，太湖同知所统仅为东山钱粮。

此时太湖同知除征收钱粮之权外，地方事务管理仍有限制，直到乾隆三十二年时奏折中还称"东山地方命盗案件及西山一切民事向系吴县管理"，^⑥ 这也就意味着乾隆十一年之后，尽管太湖同知已具备钱粮征收之权，但司法上权限仍然非常有限，仅限于民间细事审理，命盗仍然由吴县管理。且乾隆十八年之后，太湖同知的有限职权仅仅能够行使于东山而已，

---

① 金友理：《太湖备考》卷12《集文》。
② 金友理：《太湖备考》卷5《都图》。
③ 乾隆十六年闰五月三十日江宁巡抚王师题，一档馆藏内阁户科题本，档号：02-01-04-14552-017。
④ 《清高宗实录》卷440，乾隆十八年六月乙未，第733页。
⑤ 乾隆十八年二月十八日江宁巡抚庄有恭题，一档馆藏内阁户科题本，档号：02-01-04-14713-008；乾隆三十二年十一月十九日苏州布政使苏尔德折，一档馆藏录副奏折，档号：03-0052-079。
⑥ 乾隆三十二年十一月十九日苏州布政使苏尔德折，一档馆藏录副奏折，档号：03-0052-079。

西山一切钱粮、司法已重新改归吴县管理。即便如此，当地人依然感激政府"虑太湖中风涛不测，山民之输将于县者，舟行险阻，命太湖厅就近征收，以爱民之心，行爱民之政"。①

但吴县为苏州府附郭县，本身政务纷纭，根本难以顾及远隔湖面的洞庭东山、西山一带。到了乾隆三十二年，苏州布政使苏尔德奏请将东山、西山一切命盗案件改归太湖同知管理：

> 吴县最为繁剧，东、西两山地广人稠，讼狱繁多，遇有民事，往山勘验，远隔太湖，自苏州至东山相距六十余里，自东山至西山又越二十余里，涉险逾岭，既难朝发夕至，设遇风浪间阻，尤难按程，而□辗转耽延，未免顾此失彼。即该处民人遇有命盗等事，赴县控理，由西山渡湖至苏城八十余里，风□□□，转恐重犯远扬。臣悉心筹酌，东山钱粮向由同知分征，西山钱粮已归吴县征收，官民相安，似应各循其旧。所有东山、西山一切户婚、田土、打降、赌博及命盗等案，应请归同知经理审勘，仍由知府核转。②

苏尔德同时奏请为同知添设司狱，以便于协助同知处理政务。随即得到批准，司狱署建立。③次年，太湖厅发生人命案件，民人宋大林、妻芮氏被其子宋金满黑夜砍伤身死。时任太湖同知杨玉麟相验尸伤棺殓，随即拿获犯人，"提齐邻证，究

———————

① 金友理：《太湖备考》卷首。
② 乾隆三十二年十一月十九日苏州布政使苏尔德折，一档馆藏录副奏折，档号：03－0052－079。
③ 《清高宗实录》卷843，乾隆三十四年九月丁酉，第257页。

审明确"，转解至江苏巡抚处。① 可见，太湖同知审理命盗案件之权在乾隆三十二年确系得到落实。

至此，太湖同知所具有的权责具体是东山钱粮征收权和东西两山包括命盗在内的司法权。就东山一地而言，太湖同知可以说具有了"专辖之地"，太湖厅自此成立。太湖厅的建立是一个从水利而捕务，再到钱粮，再到命盗案件，逐渐具有完全行政职能的复杂设置过程。

表 5-1 雍正八年至光绪三十年太湖同知权限变化

时限	驻地	钱粮征收区域	司法权限
雍正八年至乾隆元年	吴江同里镇	无	无
乾隆元年至十二年	洞庭东山	无	东山户婚、田土等细事
乾隆十二年至十八年	洞庭东山	东山、西山	东山户婚、田土等细事
乾隆十八年至三十二年	洞庭东山	东山	东山户婚、田土等细事
乾隆三十二年至光绪三十年	洞庭东山	东山	东山、西山一切户婚、田土、命盗等案

注：咸丰十一年太平军曾攻占太湖厅，改置东珊县，隶属苏福省，但仅存在两年。

三 光绪末年靖湖厅之设及其与太湖厅、吴县两属管理体制之关系

乾隆三十二年时，太湖中的东山、西山虽设有太湖厅参与

---

① 乾隆三十三年七月初八日江苏巡抚彰宝折，一档馆藏录副奏折，档号：03-1222-018。

管理，但制度运行中仍然存在不合理之处，最主要的就是西山地区的管理问题。西山地区的户婚、田土、命盗等词讼案件全部划归太湖厅管辖，但西山地区的钱粮却因乾隆十八年的改属而划归了吴县。由此，西山地区的钱粮与司法出现了"两属"现象，或称西山为太湖厅"兼辖"，[①] 于行政管理而言，显然是有不太便利之处。太湖厅人往往因此而将西山视作太湖厅之外的区域，光绪年间续编《太湖备考》的郑言绍就在《凡例》中写道："东山始设太湖厅，西山丁漕由厅征收，故前编都图、田赋皆兼志西山。今西山赋役，已归吴县版图，此次续纂，自无庸再行并列。又西山节孝，现亦由吴县具报，是编采访列女，亦不复兼及。"[②]

另一仍然存在的弊端在于西山钱粮运送吴县，仍然需要跨越太湖湖面，存在一定的风险。而且吴县为苏州府附郭县，钱粮数额较大，征收本身就是极大耗费县官脑筋的事，其对于西山的钱粮征收，很难兼顾。西山地区的钱粮名义上划归吴县，但也不是由吴县直接来征收的，而是借助了设在西山的甪头巡检司。由巡检司来兼管，事实上是违反了清代佐杂官非官方授权不得参与钱粮征收的制度规定。两江总督端方等奏称：

> 吴县所辖之洞庭西山与省城远隔太湖，该处居民甚夥，应征正杂钱粮均须渡湖来城完纳，风汛靡常，往来不便，每每由县委甪头司巡检代征，事权不属，呼应未能灵通。至于命盗各案，则尚由太湖厅讯办。该厅驻扎东山，

---

① 民国《吴县志》卷48《舆地考·田赋五》。
② 光绪《续编太湖备考》卷前《凡例》。

与西山相距湖面数十里，近年枭匪充斥，出没湖中，该厅亦复兼顾难周，鞭长莫及。①

依据端方的奏疏，清廷将苏州府管粮通判改为靖湖厅抚民通判，② 正式设立靖湖厅，管理西山地区的钱粮征收与司法案件。民国《吴县志》写道："分太湖厅兼辖之西山为靖湖厅，特设通判管理，凡百草创，未臻完备，其田赋以西山赋册为限。"③ 至此，太湖地区同时出现两个县级政区：太湖厅专管东山，靖湖厅专管西山，同属于苏州府。靖湖厅的设置正是乾隆三十二年至光绪三十年之间洞庭西山"两属"管理体制下不得不予以调整的结果。但直到光绪三十二年，靖湖厅通判仍未到任，以至于《申报》上登出太湖厅同知催促靖湖厅通判梁书祥尽快赴任的禀示。④

但这一局面仅仅持续了七年。宣统三年，江苏巡抚程德全又奏请将靖湖厅裁并入太湖厅，其理由是"厅县区域不便行政"。

窃前准民政部咨府厅州县辖境有壤地插花不便行政者，妥筹改正，禀明办理等因。当经札饬司道查明详办去后，兹据苏州布政使陆钟琪会同宁苏两属司道暨苏属自治筹办处详称……苏属移设之靖湖厅一缺，驻扎洞庭西山，

---

① 光绪三十年十月二十二日暂署两江总督端方、护理江苏巡抚效曾折，一档馆藏录副奏折，档号：03-5094-053。
② 民国《吴县志》卷8《职官表七》。
③ 民国《吴县志》卷48《舆地考·田赋五》。
④ 《申报》1906年5月30日。

旧隶吴县，距城较远，该处四面滨湖，与太湖厅之东山对峙，时有枭匪出没，而命盗词讼各案又向归太湖厅审理，民多不便。经前督臣端方会同前护抚臣效曾于光绪三十年间以苏州府管粮通判一缺奏准改为靖湖厅抚民通判，移驻该处，原属因地制宜。惟时异势殊，太湖枭患自经前升抚臣瑞澂统兵痛剿，渐就平息，其民刑词讼，现又筹设审判，不归行政官讯办，是已与移设厅治时情形有异。该厅地方瘠小，下级自治，只能合城乡为一区，本年筹设厅自治，势必强分为上下两级，而区域之大小从同，徒增担负于人民，何裨行政之实际。似未便以设治未久，轻于变置为嫌。拟请将靖湖厅境归并太湖厅管辖。①

此次将靖湖厅归并太湖厅，其主要原因可能并非仅仅是匪患的消除，那只是裁撤政区时常常寻找的"合适理由"而已。太湖如此之大，即使真如奏折所言，匪患已平息，但一旦裁撤靖湖厅，难保会重新导致控制不力，盗贼复萌，故这一裁厅理由并不坚实。真正的原因恐怕是两个。一是无论太湖厅还是靖湖厅，本身辖域偏小，对于常被标示为"百里之区"的县级政区而言，其"合法性"始终是存在严重危机的，因此，从行政建置的角度而言，合并太湖诸岛为一个县级政区乃至将其归并入附近县份将是唯一具有稳定性的出路，后来太湖东山、西山被并入太湖县，直到今天仅仅作为镇级单位存在，就是证明。二是清末政府架构发生了变化，清末以前，县级政府乃

---

① 宣统三年四月十八日江苏巡抚程德全折，一档馆藏录副奏折，档号：03 - 7475 - 047。

"一人政府"，举凡钱粮、词讼、教化全部归知县一人负责，故一旦地方讼狱频繁，往往不得不专设政区以做处置。但到了清末新政改革以后，行政权与司法权分离，从中央到地方，各级政府架构都出现了分科化的趋势，县级政府的各项权责逐渐改由专门的职能部门负责，审判权就划归新设的审判厅。因此，再单独设置县级政区显得殊无必要。

但此次重新合并了靖湖厅的太湖厅，已不是光绪三十年之前太湖厅的旧貌。光绪三十年之前的太湖厅，钱粮只负责东山一带，而司法则要负责东山、西山两地。合并以后的新的太湖厅则是将东山、西山一带的钱粮和审判都纳入管理，比光绪三十年之前，事实上职权是扩大了。当然，由于奏请靖湖厅裁撤的决议已处于风雨飘摇的宣统三年，不久清帝逊位，故合并的行政操作最终是在民国元年完成的。1912 年 1 月两厅合并为太湖县，旋即改名洞庭县，旋又被并入吴县。此事由西山绅商提出，其中很重要的一条理由便是西山的钱粮一向由吴县管理（除了靖湖厅设置的几年外），故仍隶属吴县，"习惯本甚便利，且地方都图仍根据吴县，未经变更"。[1] 尽管 1916 年前后东山地区曾有复县的动议，[2] 但终因种种原因而未能成功。1953 年曾以东山镇为中心设立震泽县人民政府，下辖东山、西山及水上 5 个区，不过 1959 年再度宣告撤销，并入吴县。[3]至此，太湖上单独设立县级政区的历史彻底结束了。

---

① 《申报》1912 年 3 月 17 日。
② 《申报》1915 年 12 月 20 日。
③ 《东山镇志》编纂委员会编《东山镇志》，东南大学出版社，2002，第 22 页。

第六章　厅作为政治权宜之策：湘黔省界争端与晃州厅的设置

　　边界是行政区划的要素之一，亦是"空间单元"的分割，"地方"亦因此而形成并呈现多重层次的组合。对于边界的研究，除了历史地理学界极为擅长的对界线的复原以外，由边界的形成及边界纠纷而导致的区域社会变迁，也日益受到关注，从而使边界不再仅仅作为一条界线而存在，更具有了以此来观察区域社会变迁的意义。① 省界又是诸层界线中较为特殊的一种，它的设置与变动最能体现国家在行政区划设置上的意图，周振鹤提出的"山川形便"与"犬牙相入"依然是我们观察政区设置尤其是高层政区设置的两大基本原则，而省界走向及其变动正是其最好的体现。

　　贵州在明代始建立布政使司，加之族群众多、土司广布、

---

① 较具代表性的论著有张伟然《归属、表达、调整：小尺度区域的政治命运——以"南湾事件"为例》，《历史地理》第 21 辑；胡英泽《河道变动与界的表达——以清代至民国的山、陕滩案为中心》，《中国社会历史评论》第 7 卷，天津古籍出版社，2006；徐建平《政治地理视角下的省界变迁——以民国时期安徽省为例》，上海人民出版社，2009；闫天灵《民国时期的甘青省界纠纷与勘界》，《历史研究》2012 年第 3 期；等等。

开发较晚，其与邻近省份的边界一直呈现"犬牙相入"之态，"插花地"众多。清代的胡林翼曾论及其原因：

> 而贵州所以多插花者，其故又有三：贵州之郡县，一因乎明之卫所，一因于元、明之土司，一因于剿抚蛮苗所得之土田。……三者之弊，皆勘定乱略之时，未暇深考，而其流弊乃百出而不穷。[1]

贵州与邻省几乎都存在类似"犬牙相入"的地方，在全国各省区中尤其突出，其中与湖南之间存在众多"争议地段"。尤其值得注意的是两省边界，如果细观地图并忽略一些微观层次的"插花地"的存在，总体上由北而南呈现一条直线，唯有今湖南新晃侗族自治县一带，像一把楔子直接插入贵州省境内，而临近的贵州省玉屏侗族自治县的县城正紧贴湘黔省界，这样的省界走向与县治的位置均有些"异常"，而边界两侧又属于传统的"苗疆"之地，族群关系复杂，与内地各省之间的边界划分显然有极大不同，这就使笔者对此产生浓厚的兴趣并力图追踪这条界线是如何形成的。通过仔细阅读档案而不仅仅是地方志中的记载，笔者发现这条界线在明清两代经过复杂的变迁，并屡次产生争端乃至京控案件，最终通过设置厅这一清代新式政区而暂时明确，但又滋生出新的问题。本章的目的就在于通过这一湘黔两省边界的典型个案，来揭示方志记载背后被隐没的一段历史，并试图重新理解"犬牙相入"

---

[1] 道光二十八年《论贵州境插花情形启》，《胡林翼集》第 2 册《书牍》，胡渐逵等校点，岳麓书社，2008，第 9 ~ 10 页。

背后、"地理"之外的丰富含义。

一　插花：明代平溪卫的设置与湘黔边界

　　湖南、贵州交界沿线一带，明清两代被称为"苗疆"，分布着众多族群。明朝占领贵州后，就开始着手在贵州建立各类区划，其中既包括府县，也包括卫所，尤其是在"苗疆"，设置过许多卫所。其中，位于今贵州省玉屏县的就是洪武二十三年设置的平溪卫。

　　之所以要设置平溪卫，是因为其所在正当"滇黔之孔道"，①负责护卫由湖南进入贵州、云南的驿路大道。②洪武年间设卫所时，"调诸万户于五方，附五所千百户于郭内，铨流职以参军政，籍六郡良家子五千六百有奇"，③可见从外地调集了大量人员进入这一苗人广布的区域。这批官军大多来自江南，"官俸军饷取给于湖广衡、永等府"，因此，平溪卫所在虽为贵州思州府地界，却归属湖广都司管辖。尽管明代贵州官员多次奏请将平溪卫等划归贵州，甚至提出将黎平等府划归湖广以作为交换，但因平溪等卫地处交通要道，湖广不愿割舍，而终未实现。万历二十九年时，因播州之乱，贵州方面再次提出将平溪等卫改拨贵州，并得到允准，但仅仅两年过后，经湖

---

① 康熙《平溪卫志书·旧志序》。
② 可参见谢晓辉《只愿贼在，岂肯灭贼？——明代湘西苗疆开发与边墙修筑之再认识》，收入魏斌主编《古代长江中游社会研究》，上海古籍出版社，2013。
③ 康熙《平溪卫志书·旧志序》。

广巡抚的奏请，平溪等卫再次划归湖广。[①] 这一边界的特殊建置虽被明廷视作"犬牙相制"的典型，[②] 明代王士性在《广志绎》中也说"出沅州而西，晃州即贵竹地。顾清浪、镇远、偏桥诸卫旧辖湖省，故犬牙制之"，[③] 但也早早为未来湘黔边界争端埋下了伏笔。

平溪卫刚刚设置时，与其他卫所一样，其屯地是零散分配的，不仅与贵州思州府壤地交错，就是与邻省的湖广沅州也是错壤频仍。诚如《平溪卫志书》所言：

> 平溪卫治东南则沅州错壤，西北皆黔郡地界，环属思沅，仅处一隅。编户三屯，俱界窵远，麻屯距卫五百余里，沅屯离卫一百六七十里，附近平屯山岗硗确。各屯地方原系有司拨出，瘠薄不堪。[④]

平溪卫的屯地处于两省交界的多个县份当中，根据《平溪卫志书》所载顺治十六年偏沅巡抚将军粮依照有司民粮一例编改的训令中，知晓平溪卫的屯地坐落于麻阳县、沅州等地，而这两县当时均属湖广辰州府。

---

① 关于思州府与平溪卫等的府卫关系及平溪卫属黔属湖广的变迁，郑宁《明代黔东南的府卫设置与配合——以思州府为个案的研究》（《民族史研究》第 12 辑，中央民族大学出版社，2015）一文论之甚详，兹不赘述。又可参见郭红、靳润成《中国行政区划通史·明代卷》，复旦大学出版社，2007，第 500～505 页。
② 《明宪宗实录》卷 280，成化二十二年七月己巳，第 4728 页。
③ 王士性：《广志绎》卷 5，《王士性地理书三种》，周振鹤编校，上海古籍出版社，1993，第 398 页。
④ 康熙《平溪卫志书·田赋》。

平溪卫在明代时就处于这样"犬牙相制"的微妙态势中。
于湖广而言，其属于湖广都司所辖，军饷又来自湖广各府，自
然关系较为亲近；于贵州而言，其坐落于思州府境内，弹压思
州府境内的土司要仰仗平溪卫的官军。更重要的是，平溪卫也
有求于思州府，这就是科举考试。

平溪卫既属湖广，按道理应当到武昌参加乡试，可是，由
于路途遥远，又要经历洞庭湖，往往有覆舟之患，明代也发生
过这样的惨剧。嘉靖二十五年，朝廷批准平溪等卫的军生寄居
贵州诸学者，可以到贵州参加乡试，^① 同时，拨湖广举人额内
五名入黔，由此，平溪卫与贵州关系更进一步密切起来。但不
久之后又有人担心云南、广西临近贵州者也提出类似请求，故
而又奏请禁止，"贵州乡试，邻省不得再行请附"，只是到了
万历二十四年因平溪等卫生儒没有官员节制，才令思州府推官
提调平溪卫学。^②

驿站问题同样需要两省之间的协调。永乐年间，思州府在
平溪卫设置驿站，因其位于交通要道，便于应答。当时，设置
了驿站官员一名管理马政，归属思州府。最初规定"卫属楚
辖，驿属黔辖，夫属楚，马属黔"，可是"卫有官而驿无官，
部选驿官应日隆久未到任，以致夫马咸属卫官管理"，平溪卫
官一直存有怨言。到了顺治年间，该卫请求仍沿用"楚夫归
楚，黔马归黔，均平差遣"的办法平衡思州府与平溪卫的负
担，但一直到康熙年间双方仍未能达成一致，以至于《平溪

---

① 乾隆《玉屏县志》卷9《事纪》。万历年间平溪卫人曾凤彩就中万历壬子
科贵州乡试第十九名，见《曾凤彩墓志》，载铜仁地区文管会、铜仁地区
文化局编《铜仁地区文物志》，1985，第15页。
② 万历《贵州通志》卷18《兼制·学校》。

卫志书》编纂者仍在感慨，"岂以黔之马不必责之黔官而专累楚官耶？且昔时之原额，今日之宪文，炳若日星，迄今十有余年，驿官不至，旧额未蒙查复，各府高下其手，任意支吾，马归民走，事无着落，贻害实非渺小，站倒民逃，必至之势也"。①

围绕平溪卫的设置，卫地属黔而建制属楚，虽明代一朝基本相安无事，但亦非风平浪静，边界争议始终隐性潜伏。

二　划界：雍正年间的边界调整及其遗留问题

顺治十七年，经赵廷臣奏请，平溪等卫生儒照旧赴黔应试。②康熙年间，对黔楚边界的调整就已开始。康熙二十三年，贵州巡抚有"划清地界之疏"，据康熙《平溪卫志书》的记载，当时似乎要将平溪卫彻底划归湖广，包括马政，拟割归湖广，"黔人永卸走马之责，一切夫马驿费，俱于湖南驿道支领"。连科举考试也要完全划归湖广，但并未成功，"康熙二十三年忽有改楚之举，至康熙二十八年蒙抚军田大中丞题请归黔，子衿称便，纪石颂德焉"。③所谓"田大中丞"，指的是田雯，其因仍将平溪卫保留于黔省内参加乡试而备受平溪卫人称颂。有一篇《题复平清学校碑记》对此事的前因后果有详细记述，碑中记述"多士欢祝，咸欲揄扬"。这一方面当然是因平溪卫免除了到武昌千里奔波的困扰，更重要的其实是碑记中

---

① 康熙《平溪卫志书·驿递》。关于黔楚交界地带的驿站管理及其问题，可参见吴春宏《清初"一线路"上的驿站管理——以四边卫为中心的考察》，《珞珈史苑》2011年卷，武汉大学出版社，2012。
② 乾隆《玉屏县志》卷9《事纪》。
③ 康熙《平溪卫志书·驿递》《平溪卫志·学校》。

并不愿意明确提到的，"窃忆黔闱捷后，岁癸卯，曾经平城满目，断烟荒草，以昔之雅尚弦歌者，一旦人文寥落"。① 科举考试的难度省与省之间差异甚大，因此，在湖南参加考试的中式概率当然要比贵州小很多。在改属湖南的几年间，"人文寥落"自然不能全部怪罪到"路途遥远"上，只是后者更易作为一个堂而皇之的理由而已。

到了雍正年间，清廷派员查勘省界。② 雍正三年时，雍正帝在谕令中还特意点名"疆界所关，诚为至重。从来两省交壤之地，其界多有不清，云贵川广等省为尤甚"。③ 此后贵州进行了一些勘界工作，特别是对平溪卫所在的湘黔边界进行了一些调整，其中包括政区的改置。雍正五年改平溪卫为玉屏县，并划归贵州思州府。

　　又平溪、清浪二卫，楚之防兵，亦已议裁。平、清二卫必得大员驻扎，始有裨益。

　　思州府地方，昔与楚属接壤，即为黔之边地。今平溪、清浪归黔，思州即系腹里……

　　又据署贵州布政司事按察使富贵等详称，平溪、清浪二卫一应人命盗案等件，卫官无刑名之责，向俱系移送沅州等州县审理。今改隶思州府管协，而思州府并无所属州县，但有命盗之案，不便再委楚省州县相验审理。若令州府相验提审，不惟难以分身奔驰，而且牵连人犯往返，有

① 康熙《平溪卫志·学校》。
② 可参见韩光辉《清雍正年间的政区勘界》，《中国方域》1997年第4期。
③ 雍正《大清会典》卷27《户部》，文海出版社，1994，第1302页。

所拖累，应照五开、铜鼓改卫为县之例，将平溪、清浪二
卫改为二县，一切刑名钱谷各专责成。①

自平溪卫改县，玉屏县继承了原平溪卫的辖地，但辖境甚
小，"玉邑一弹丸耳……山溪之参错、关津要害之控扼、村寨
田土之掺杂，孰黔孰楚"，②难以分划清晰。雍正六年时，两
省为解决省界交错不清的情况，会勘拟订方案：

> 平溪卫所辖平屯、麻屯、沅屯三屯，雍正六年奉旨划
> 清地界，经黔楚两省会议，将附近湖广麻阳县之麻屯拨归
> 麻阳，附近湖广之沅州之沅屯拨归沅州，将附近玉屏县之
> 沅州西溪六里拨归玉屏。③

此次划界玉屏县有进有出，将距县治"五百余里"的麻
屯与"一百六七十里"的沅屯拨出，同时将临近的沅州"六
里"地区拨予玉屏。所谓"六里"，明代于此曾设晃州驿，也
就是文献中所说的"晃州"之地。这一方案照顾到贵州与湖
南两省的利益，看起来似乎是一个考虑周全的方案。但执行起
来，却是另外一种情形。据玉屏县方面的说法：

> 前署县卢奉文到日，遵将沅麻两屯册籍移送沅麻两州

---

① 雍正五年闰三月初三日云贵总督鄂尔泰《湖广五开等四卫归黔管辖请
拨官兵驻防并将平溪清浪改为县》，《清代吏治史料·吏制改革史料》
第2册，第854~855页。
② 思州知府序，乾隆《玉屏县志》卷前。
③ 乾隆《玉屏县志》卷2《分界》。

县。雍正八年据沅州将平三一里中之四、八两甲拨归
玉邑。①

　　湖南沅州方面划拨之地不仅晚了两年，而且与原定方案大
相径庭。原方案中为"六里"之地，而实际划拨的仅仅是六
里之中"平三里"中的四、八两甲。对此，贵州方面的不满
显而易见，玉屏县乃至黔楚之间的省界调整有了更大的困难。
　　第一便是省界的犬牙相入更为复杂。划拨之后，玉屏县治
所在黔楚省界之上，其县城东门外就与沅州的平二里、平三里
田土相连，南门外与其平四里、平五里、平六里田土相连，仅
坡岭坟山自东门外起至鲇鱼堡黄泥坡止属于玉屏县管理，其余
地界皆与沅州参错。自两省划界之后，沅州所属幅员辽阔而玉
屏甚为局促，整个县域与县治的设置极不合理。再加上玉屏县
本身就继承了平溪卫畸零的辖地，"东北八十里尚有玉屏地
界，又皆村屯田亩，孤悬于本府黄道司及青溪并沅州三属，境
内畸零掺杂"。② 甚至连一座小桥的修筑，都难免会受到影响。
曹家溪原有桥，春夏水涨，漫桥而过，泥沙淤积，不可履此，
但可惜无人修理，经芷江县令询问"久废不修之故"，方知
"此楚黔犬牙交错地，夙传为三不管云"。③
　　第二是差役繁重。玉屏原有三屯：平屯、麻屯和沅屯。其
中，麻屯、沅屯皆割隶麻阳、沅州，仅剩平屯一屯，共分为两
甲，一甲二十户，二甲十三户，共三十三户。玉屏本身又位于

①　乾隆《玉屏县志》卷2《分界》。
②　乾隆《玉屏县志》卷2《分界》。
③　前芷江令黄允芃《曹家溪桥序》，道光《晃州厅志》卷42《艺文》。

黔楚交通要道，各项差役络绎不绝，应差极为繁重，自然难以承受。"赋既无多，户尤寥落。又地处首冲，虽科派绝无而夫役例应不免。"①

正因如此，玉屏县一直未放弃向湖南沅州索回全部"六里"之地的希望，故而雍正以后不断提出各种请求。雍正十一年以贵州学政名义，试图以"苗疆"用兵而奏请将湖南沅州归并贵州镇远府，② 随即遭到湖南方面的强烈反对，认为改隶虽有益于贵州但不利于湖南，"沅州实系楚省之门户、楚省之咽喉，最为要害地方，有断断不可归黔者"。③ 此时湖南方面对沅州作为湖南东南部控制苗疆之地的战略重视程度也在提高，乾隆元年时以沅州为"全楚之咽喉、滇黔之门户"，将其升为沅州府，④ 作为防御苗疆的重要行政举措之一，并设置附郭县芷江县，六里改归芷江县管辖。无疑，沅州府的设立，使玉屏县索回六里的难度进一步增加了。

另一方面，雍乾年间，贵州一带的苗区正在推行改土归流，在黔湘交界地区设置了诸多厅作为统辖苗区的行政建制，而苗疆的反弹也一直此起彼伏。在这种情况下，清廷并不愿意轻易调整省界，尤其是六里地区作为湖南插入贵州的一个"楔子"，作为犬牙相制的典型，更成为湖南方面保留其作为辖域的典型说辞。在乾隆年间纂修的《玉屏县志》和《芷江

---

① 乾隆《玉屏县志》卷5《粮户》。
② 雍正十一年十一月初六日贵州学政晏斯盛折，一档馆藏录副奏折，档号：03-0008-008。
③ 雍正十二年二月十九日署理湖南巡抚钟保折，一档馆藏录副奏折，档号：03-0008-010。
④ 湖南巡抚钟保奏疏全文见同治《芷江县志》卷55《奏疏》。

县志》中，虽有一些关于两县纠纷的记载，但都"模模糊糊"，并不清晰，大概这两方都不愿意公开在县志这一代表官方意见的著述中表达对国家政区安排的"不满"。此外也找不到双方关于此事的交锋记录。但在嘉庆年间因此事激化而由玉屏县民呈递的状纸中，我们看到了雍正六年玉屏、芷江划界以后，玉屏方面的上控及其遭遇，也让我们理解看起来并不公平的"疆域交换"为何在县志中显得"风平浪静"。状纸上写道：

> 雍正七年黔楚抚院奉旨清查地界，就近割拨。玉之沅麻二屯近楚，应拨归楚。楚之沅州六里近玉，应拨归玉。玉县主遵旨奉咨割送，沅州主抗旨违咨，仅将六里中平三里内四八两甲归玉塞责，其余五十八甲不拨送，致玉屏仅存孤屯，人不满千，户不满百，空存县分之名。雍正八年玉民、六里民先后赴省呈控，两省咨委会勘，经四五载，屡定勘期，楚省委员，叠次借故违误愚宕。延至雍正十三年逆苗猖獗，官办军需，下民逃难，案遂寝搁，案帙鳞集炳存。嗣后屡经呈请，或批驳不准，或准理不行。①

状纸中所写"玉民、六里民"先后赴省呈状，似乎六里之民也愿意改属贵州。此事因出自贵州玉屏县民之手，未必能反映全部的事实，但所说雍正七年以后，玉屏县民屡次呈请按

---

① 思州府玉屏县民具呈，见嘉庆二十四年五月初四日都察院左都御史诚安等折及所附呈状，一档馆藏录副奏折，档号：03-2405-017、03-2405-018。

原约定归还六里属贵州而湖南未允，则属事实。湖南方面的说法是"迁延未办"，或者以乾隆元年芷江设县时的奏疏为依据，认为"乾隆元年申划黔楚界限，以六里地方为楚省之藩篱，设官分汛，郑重分明，自有深意存焉。〈不〉然雍正七年奉旨清查地界，九年两省咨商会勘，距乾隆元年中间不过四年耳，文书档案近而可征"。①

清代两省之间的疆界调整不仅牵涉省间的协调，更需中央的介入。雍正七年勘界之后，两省虽一直在博弈之中，但仍只是在"地方"的层面上，且湖南方面态度强硬，双方的争执若不进入中央的视野，似乎并无解决的希望。

三 设厅：嘉庆年间争议再起
与晃州厅的设置

到了嘉庆年间，关于六里之地的归属话题再次升温。这次提出问题的是贵州玉屏方面。事隔多年问题仍未解决，大概玉屏已是群情汹涌，难以遏制，背后恐怕也有贵州官府暗中的推动。

嘉庆十七年时，玉屏县民刘世华等人到云贵总督伯麟处呈请划拨六里之地属黔，据说收到六里愿归"甘结数千余纸"，②

---

① 同治《芷江县志》在卷62《杂记二》部分收录了嘉庆年间玉屏、芷江围绕六里归属而争论的部分文书，可以看到雍正至嘉庆间芷江方面的意见。但将之放于志书之末，已可看出芷江方面对六里改拨一事低调处理的态度。此段关于雍正年间划界芷江方面的意见，参见嘉庆时任湖南沅州知府蓝嘉璸的上奏，同见于同治《芷江县志》卷62《杂记二》。
② 嘉庆二十四年五月初四日都察院左都御史诚安等折所附呈状，一档馆藏录副奏折，档号：03-2405-018。

后经湖南、贵州双方协商会勘，但一如以往各次会勘一样，无果而终。嘉庆二十年十一月云贵总督伯麟与贵州巡抚曾燠联名上奏嘉庆帝，请求将湖南芷江县六里地方改归贵州管辖。由此中央开始介入黔楚两省的划界争议，并真正在此后数年间引发了一场风暴。伯麟奏折较为全面地反映了贵州方面的理由，主要有以下几点。

第一，六里距玉屏、芷江县治的距离，"距玉属甚近，离芷江甚远。从前分拨未定，凡遇完粮考试及词讼案件，均须远赴芷江，一切俱多不便"。且六里地方"相距贵州玉屏县界近者止三四里，远者亦不过八九十里"，相距湖南芷江县近者有九十三里，远者有二百里，故而"远近不便，多年受累"。

第二，雍正七年划拨不公事，始终是贵州方面索要六里之地最坚强的理由。

第三，六里之民的意愿。两省会勘时，六里士民签署具结，"愿归黔者多至数千人，其不愿改拨者，仅至数十人"，而且就是这反对的"数十人"，"尚系现在芷江县充当书役，是以不愿归黔"。

第四，湖南方面的反对意见存有私心，即所谓六里乃湖南门户，若改拨贵州，则"楚南盖无扼要之处"，川盐会顺流而下流入湖南淮盐之区。贵州方面反驳"门户顿失"之说过于夸张；食盐销售，玉屏自有稽查之法。①

今台北"故宫博物院"保存有一幅彩绘舆图《湖南芷江

---

① 嘉庆二十年十一月初九日云贵总督伯麟、贵州巡抚曾燠折，一档馆藏录副奏折，档号：03-1638-044。

县六里地方图说》，^① 装裱尺寸 41×59.5cm，台北"故宫博物院"断其成图时代为嘉庆年间。不过据该图内容，它必定绘制于嘉庆二十一年前后湖南、贵州争执六里之时，而且很可能是贵州或湖南方面奏折的附图，但因图与奏折早已分开，已无可考证。不过图的左上方有一段文字，对比其行文风格，虽是描述客观的里程数据，但字里行间所显现的是距离贵州玉屏县近而距湖南芷江县远的含义，推测可能属于伯麟、曾燠奏疏的附图。

该图非常精美，图的方位是上南下北、左东右西，图上有贴黄，写有"图内青色系贵州境，本色系湖南境。其六里各分颜色，填明里名"，在六里地方重点标绘了六里的分布、凉伞通判驻地及晃州的位置，写明"晃州离玉屏六十里，离芷江一百三十里，原设巡检一员，守备、千总、把总、外委各一员"。图的左上角较细致描述了六里的位置和居民情况：

> 伏查六里内，平二里、平三里住居汉民，平四里、平五里、平六里、永正里住居峒民。该处东西长一百七十余里，南北宽一百二十余里，离玉屏近者四五里，远者八十七里，离芷江近者九十五里，远者二百九十余里。北面贵州思州府界，西面玉屏县界，西面迤南青溪县界，西南镇远县界，南面天柱县界，东面芷江县界。理合登明。

嘉庆皇帝收到伯麟的奏折后不久，就下发谕旨：

---

① 台北"故宫博物院"藏图，统一编号：平图 048721。

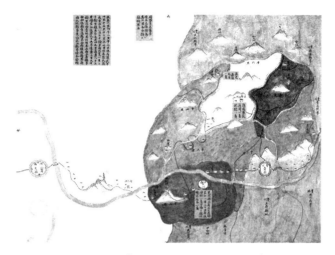

图 6 - 1　《湖南芷江县六里地方图说》

又谕。伯麟等奏：近黔之楚省地方民人，愿归黔省管辖，会勘移商未定，请敕交楚省核议一折。湖南芷江县六里地方，距贵州玉屏县界甚近，离芷江甚远。所有完粮考试及词讼案件，远赴芷江，俱多不便。该处民人刘世华等呈请改归黔省管辖，经楚黔两省委员会勘，各执一词。前经伯麟等札商马慧裕，该督系湖广总督，并曾任湖南巡抚，何以意存推诿，因循疲玩，日久不为勘议？马慧裕着交部察议。[1]

嘉庆皇帝的态度明显受到贵州方面奏议的影响，并将划界不清的责任推到湖南方面。对于嘉庆皇帝来说，对两县的了解也许只是奏疏中的几句介绍或者提供的若干地图而已。若仅从

---

① 《清仁宗实录》卷313，嘉庆二十年十二月庚申，第164页。

单纯的"地理"方面而言，很明显，六里距玉屏县更近，且有雍正七年双方划界的最初方案可以援引，从"道理"上而言，贵州方面显然占据了上风。

湖广总督马慧裕与湖南巡抚巴哈布迅速于次年正月会衔回复，当然，仍然是坚持六里仍应归属湖南，其理由要点如下。

第一，强调六里之地的重要战略价值，即"芷江县，全楚之门户，六里又为芷江之藩篱"。

第二，坚持疆域不可轻改，即所谓"久定疆域，一旦忽议更张，且民情各怀意见，岂能轻言更改"？

第三，同样以民意为说辞，即有民人到湖南巡抚衙门表示"芷江相安已久，一经改拨，与应试纳粮内多有不便，恳请仍旧贯等情"。①

双方围绕划界争议展开了舆论大战。当时的沅州知府蓝嘉瓒迅速集齐芷江县所存案卷册籍，同时，开始在芷江县搜集不愿改属的证据。当然，无论何种"证据"和"民意"，既可以是"真实"的表达，也可以是被"创造"出来的。果然，"该县六里民人田永洪等五十八名、吴锦江等五十七名递具公呈，以纳粮考试，向在芷邑，不愿改拨"，"该县绅士杨起虞等四十一名、耆民杨光禄等四十九名纷纷递呈，备述设县以来，疆界厘定，相安日久，不便改变情形"，同时，以知府权威控制舆论，以划界乃两省委员自会斟酌之事，"谕令该士民等安静候示，不许私行建白"。②沅州知府一面不许百姓私自表达意

---

① 嘉庆二十一年正月十一日湖广总督马慧裕、湖南巡抚巴哈布折，一档馆录副奏折，档号：03-1639-006。
② 同治《芷江县志》卷62《杂记二》沅州知府奏。

见，一面在公文中以该县"民人""绅士""耆老"三方意见
为依据，这样的公文显然是为表达己方意见而刻意"制造"
出来的。同时，有六里民人到贵州方面具呈，有湖南方面差派
兵役"围屋搜捕，勒写悔结"，[1] 不惜动用武力。

　　嘉庆二十一年，湖南辰沅道道员姚兴源、贵州贵西道潘恭
辰等人在会勘之后，上了一份禀稿，很幸运的是，这份禀稿至
今尚存，使我们能够摆脱此后来自芷江和玉屏两县各自出于自
身的目的而所做的有利于己的解读，而直接了解当时双方会勘
的结果。这份禀稿题目是《楚黔二省委员查勘六里两议会禀
稿》，记录了湖南、贵州两方各执一词、争论不休的状况。

　　湖南方面坚持的理由仍然是六里作为控扼苗疆和湖南门户
的重要战略位置，一旦划拨，川盐会经六里而至湖南，造成私
盐充斥的景象。另外，这份禀稿还新发现了对湖南有利的理
由，即"芷江别里民户多有置买六里田地，六里民户亦多有
置买别里田地"，若划归贵州，则"两处完粮当差，多有未
便"。又，将来田宅不清，"又启歧考之风，势必诘告不休"，
也即将来划归之后，籍贯所在多有不清，到湖南或贵州参加科
考，势必会引起更多纷争。而对于贵州方面提出的玉屏县境狭
小的问题，湖南方面也进行了反驳，"且各省分界之州县与各
州县之乡村，离本省本邑远而与邻省邻邑近者，所在皆有，若
俱援照呈请，将不胜其纷扰"。湖南方面甚至表示可以将六里
部分归楚，部分归黔，以示调停。

　　贵州方面坚持的理由一是雍正年间划拨不均，湖南方面未

---

① 同治《芷江县志》卷62《杂记二》所记嘉庆二十一年四月十六日嘉庆皇
帝上谕。

按双方约定分别划拨，已如前述；二是民情。先有递送愿拨玉屏甘结一千三百余纸，又有六里绅耆三千余人同日到晃州，报告年貌、住址等信息，情愿归拨玉屏管辖者共"二千六百三十二纸"，"内绅士一百十三名"，均称"离芷窎远，完粮考试词讼均属不便，呈以情愿归玉"。而据湖南方面提供的信息，不愿划拨者不过"绅耆旧二百余人"而已，且经过详细复讯，真正不愿改拨者只六十八人，其中有五十人住在距芷江较近的地区，其余十八人是在六里地方购置田产，其中生员三人，本来就是楚民，不愿归玉。即使是有别里购置六里田地，及六里民户置买别里田地，均属寥寥，不及十分之一。况且，"粮随田纳，此天下之通例，有田在本里而粮在别里者，则应分别划清"。即使是科举考试，考其庐墓，凡借粮歧考，随时照例查办即可，与改拨之事毫无关系。贵州方面还表示，如果六里划拨贵州，则该地原设置的通判、巡检、守备、千总、把总及额设兵丁，一体归黔统辖，一切仍其旧，如此一来，"并无纷更难办之事"。[①]

抛开细节问题，双方交锋的核心实际上在于三个方面。一是地理方面，六里确实距离玉屏甚近，且属于湘黔之间界线不甚清晰之地，若依"形便"原则，则六里理应归属贵州。二是民心，上述会勘属于湖南和贵州各自派员调查的结果，故其中所反映的民意应较为可信，不然其中一方一定会在禀稿中提出异议。从贵州方面提出清晰的愿意改拨的人数而湖南方面的意见中对民意并无涉及来看，六里之民偏向贵州是显而易见的

---

① 嘉庆二十一年湖南辰沅道姚兴杰、贵州贵西道潘恭辰《楚黔二省委员查勘六里两议会禀稿》，一档馆藏录副奏折，档号：03-2480-045。

事实。三是从中央来看，"犬牙相入"是行政区划设置中与"山川形便"同等乃至更为重要的原则之一，因此，湖南方面最重要的就是不断强调六里之于湖南的门户意义和六里之于苗疆的控制作用，而这显然比较能够促动皇帝的心思，尤其是考虑到乾隆与嘉庆之间，贵州刚刚发生一次大规模的苗民起义，这似乎也是湖南方面能够阻止六里划归贵州的唯一途径。多年以后，在参与此次决策的湖南方面的幕客沈光熙的墓志铭中，我们体会到了湖南方面的用意所在。

> 君为人真直而介，生平不作诳语，见不善疾之若仇雠，非义之取，一介不苟。其参谋幕府，能识大体，观察所至，尝倚重焉。芷江六里民诉于部，请拨其地隶黔之玉屏。檄黔楚大吏会勘，持议未决。君为观察草牍曰："乾隆六十年，黔苗蠢动，蔓延楚边，而六里独安堵如故，则前人所以议废未行，其成效可见。地为黔楚门户，门户之设锁钥，宜在内不宜在外。湖南内也，贵州外也。隶湖南便。"牍上，议遂定。[1]

贵州方面未尝不知湖南方面的考量，自然也知要使六里顺利划归贵州，必须在此方面有所回应。果不其然，贵州方面在会勘意见中提出，"果西溪四里有关楚省藩篱，何以不设立重兵、驻守大员弹压，而仅设一把总、外委，并兵丁数十余名之理？"且六里划归贵州，贵州又岂能弃之不管而使湖南失其藩

---

① 《秀水文学沈君病鹤墓志铭》，《黄本骥集》第 1 册，岳麓书社，2009，第 199 页。

篱？事实上，在六里之地，湖南方面设置的不过是驻扎于凉伞的通判和驻扎于晃州驿的巡检而已。

双方各执一词，嘉庆二十一年四月，嘉庆皇帝委派湖广总督马慧裕与湖南巡抚巴哈马前去确查，随后贵州方面由云贵总督上奏湖南方面派兵役抓捕愿归贵州的百姓并劝写悔结，一时嘉庆帝亦不明就里，难以分辨是非，尤其是两位总督针锋相对。于是便将会勘之任交予新任贵州巡抚文宁，令其在赴任时与巴哈布会同查办，主要原因是"文甫经简任贵州巡抚，巴亦到任未久，其两省委员争执之事，尚在该抚到楚以前，皆无所用其回护"。① 嘉庆皇帝认为新任地方官员便会无所偏向，实属思维过于简单。巴哈布虽然是到任湖南巡抚未久，但在此之前，先后担任过湖南知府和按察使多年（见表 6-1），其偏向性应属显而易见。但显然，在嘉庆皇帝对两省其他官员均不信任的情况下，此次会勘的结果将会对六里的最终归属产生决定性影响。

表 6-1 巴哈布在湖南的为官经历

时　间	官职
嘉庆元年至二年	湖南永州府知府
嘉庆二年至七年	湖南衡州府知府
嘉庆七年至十一年	湖南岳常澧道道员
嘉庆十一年至十二年	湖南按察使
嘉庆二十年至二十三年	湖南巡抚

资料来源：台北"故宫博物院"人名权威档数据库。

---

① 同治《芷江县志》卷62《杂记二》所引嘉庆二十一年四月十六日上谕。

　　湖南巡抚巴哈布与贵州巡抚文宁到了晃州驿之后，进行了实地考察并寻找人证。在两人共同上奏的奏折中，可以看到一些政区划分原则的微妙处理。

　　在奏疏中，先对双方各执一词的"民意"进行了重新调查："旋据黔楚委员公同接收愿拨呈结三千零三十六张，不愿改拨呈结八百七十张。此又六里士民愿拨者众，不愿改拨者少之，实在情形也。以远就近，以寡就众，以拨归黔省管辖为宜。"

　　针对先前两省会勘时黔省委员姚兴洁关于六里为黔省门户的说辞，两人也进行了批判，"若道员姚兴洁门户藩篱之说，未免心存畛域，不知六里即经改拨而藩篱自在，门户依然，岂得执此为不应改拨之确论？"实际上，也是因嘉庆帝在上谕中对姚兴洁提出过批评，故而此处必须对皇帝意见有所回应，故将姚兴洁之辞单独拎出批判一番。所谓"门户""藩篱"之说，又岂是姚兴洁一人所提，那可能是湖南方面的"共识"，即使是巴哈布本人也曾在与湖广总督马慧裕会衔的奏疏中谈到过这一点。

　　上述说辞看似对贵州方面有利，实则不然。谈"民意"之时，虽然点明赞同改拨贵州者众，但反对改拨之甘结"八百七十张"亦多，且其中隐晦而曲折地表达出，之所以大多数人愿拨贵州，是有从众的心理在。而对原贵州方面谈到的雍正年间划拨不均事，均未特别提及，可以想见，巴哈布在与新到任的贵州巡抚文宁的较量中，明显占据了上风，并精心制作了这份极为高明的表述文本，甚至可以讲"无懈可击"。

　　嘉庆帝并不具备他的先辈那样的雄略，守成有余而革新不足。巴哈布作为老练的地方大员，自然不会不了解皇帝的喜好。接下来，奏疏讲到"奴才等悉心参酌，秉公熟商，以为六里士民向背，虽分众寡而有愿拨，亦有不愿拨，强为之合，究恐未安。且地远苗疆，一动不如一静，欲合两造而归一，是莫如仍旧贯而酌其中"。①

巴哈布当然也深知，仅仅如先前一样，以暂时的说辞固然可以平息事态，但六里始终具有向属贵州之心，也一定会继续提出划归贵州的请求，必须由湖南方面给予一些特殊照顾，方足宽慰人心，更使湖南方面占据六里之地最重要的但又不宜明白宣示的"犬牙相入"原则具有"职官"和"地理"上的双重宣示。于是，将六里之地建为单独的行政区，便成为湖南方面的一步棋。

嘉庆二十二年，湖南方面奏请将凉伞通判驻扎于晃州驿，改为晃州直隶厅，"凡六里地方钱粮、考试、命盗、词讼事件并晃州驿站均归该厅管辖"，②成为直属于湖南省的行政单元，与邻近的沅州府甚至是同等级别。据说这是时任芷江知县卢雨秋的主意，"值湖南巡抚巴、贵州巡抚文会勘晃州六里，卢公陈策设厅，两抚采其说，遂为定议，请旨设厅"。③若从晃州厅设置于黔楚交界地带的格局而言，其显然处于省的边缘地带，是厅的"防御性"功能的具体体现。但若仔细分析晃州厅设置前后的背景，则可知该厅之设不过是省界争议中通过提升该地地位以便笼络人心的"权宜之策"，不然，我们无法解释为何在边界争议之前该地仅有巡检之置，而到了民国初年，

① 同治《芷江县志》卷62《杂记二》。
② 嘉庆二十二年八月二十二日湖南巡抚巴哈布折，一档馆藏朱批奏折，档号：04-01-16-0109-001。
③ 同治《芷江县志》卷29《名宦二》。

该地又迅速降为一个普通小县。首任通判俞克振所撰之文不经意间就流出了升格为厅对于该地的照顾；"晃州为直隶厅，厅制迈州县，与郡相埒……将昔之地属于县，分隶于郡者，至是乃专隶于厅，此晃州之以直隶厅名所自昉也"。①

不过设立直隶厅，对于六里地区而言，并未完全达到其要改属贵州的目的，而这显然是民意所在，并非仅仅给予一些恩惠所能遏制。果不其然，晃州厅设立后不久，六里地区便有民人吴继泽等人来京控告。嘉庆皇帝甚为不满，严加斥责：

> 该处民人，自当静受抚绥。此时甫经定制，何以即知该通判日后必致扰累地方，来京控诉。国家建官牧民，其柄操之自上，小民岂得妄兴訾议。似此刁抗之风，断不可长。惟该民人当更制之初，未谙禁令，地方官当善为开导，乃率任胥役人等，强拿滋扰，竟有抢掠民财、刀棍伤人之事，办理亦属错谬。着巴哈布亲赴该厅地方，传集绅士耆民，明白晓谕，令其遵照成议，守分安业，毋许妄生异论。其从前滋扰问阎之县役，着该抚逐一查明，按律惩办，并示谕该民人等知悉。若有刁民始终抗违，即行查究治罪。②

作为行政区划的管理，自然是如嘉庆帝所言"其柄操之自上"，这几乎是古来之通则。在整个六里地区的改属之中，各方不断在强调民意所属，民人亦多积极提供甘结，表达政治

---

① 《晃州直隶厅始建学宫碑记》，道光《晃州厅志》卷42《艺文》。
② 《清仁宗实录》卷339，嘉庆二十三年二月甲戌，第473页。

意愿，不过这些只是各省掌握权柄之人进行更高层博弈时的一些说辞而已。尽管我们在各代区划变革中见到那些因地方民意而进行政区调整的案例，但始终应清醒认识到，这些民意始终未成为区划变革中的决定力量，对其作用与影响切不可高估，"其柄操之自上"更是区划变革的精髓所在。

自嘉庆帝同意设置晃州厅的那一刻起，六里地区的命运几乎就已决定了。对权倾天下的皇帝来说，要改变自己先前的意见，有损于"乾纲独断"的威名，六里小小地区的民人意愿，与之相比实在微不足道。所以，此后经年晃州民人不断"京控"，试图改变归属湖南的命运，但其结局也可想而知。嘉庆二十三年晃州厅民人吴继泽到京控告设厅不便七款，民人钟大祥控告芷江县役吴泰等索拿具结愿归玉屏民人、殴伤多人等事，[1] 嘉庆二十四年玉屏县民人刘世荣、周昌儒、潘文魁、吴胜锡、姚大纯、周秀文、龙升、杨秀良等人到都察院衙门呈控，状纸有如哀鸣，"八十年旧案由兹永定章程，泣自雍正七年迄今相继之呈不已，非敢妄欲哀多益寡，以紊国家定制"，[2] 甚至有吴映玙等人在晃州厅打伤朝廷命官拒绝传唤等事，[3] 又有晃州厅生员姚文贤、民人黄友开联名遣吴继海到都察院呈控，自然是毫无结果，且都察院竟称"该民人所控系属远年成案，何以事越数十年之久，至今始行牵诉，其中显有别情，

① 嘉庆二十三年二月初六日兵部题，中研院史语所藏内阁大库档案，登录号：164507－001；嘉庆二十三年五月初十日湖南巡抚巴哈布折，一档馆藏朱批奏折，档号：04－01－01－0587－053。
② 嘉庆二十四年五月初四日都察院左都御史诚安等折所附呈状，一档馆藏录副奏折，档号：03－2405－018。
③ 嘉庆二十四年八月初六日湖广总督庆保、湖南巡抚吴邦庆折，一档馆藏录副奏折，档号：03－2486－021。

或竟系六里士民串唆教使，亦未可定"。① 雍正年间双方分割不均时，湖南方面亦未否认，而贵州方面连年诉讼，亦见于嘉庆设厅以前关于此事交涉的几乎所有奏疏，何以都察院竟有六里士民"串唆教使"之想？这大概就是专制体制下的"表达"，"事实"本身从不比更上层官员的意见更重要，更何况民意一样是可以被"制造"的。诚如嘉庆二十三年以后民人屡次有京控之举，显而易见的事实是晃州厅之置并未解决六里地区的根本问题，可是，等到湖南巡抚巴哈布亲往勘察之时，听到的和反馈给皇帝本人的民意却是"行至该厅境内，沿途绅士耆庶人等夹道欢迎，咸称设厅便民，共沐圣恩。伊等正殷感戴，何肯又请改拨？"②

四　冒籍："犬牙相入"的地方性实践

晃州厅的设置虽稍微缓解了两省之间关于"六里"归属的紧张态势，但犬牙相错、壤地相接、插花林立的局面并未有丝毫调整。晃州厅设立之后，成为一个单独的学区，"冒籍"的问题迅速凸显。

理解明清地方区域的改属与变革，必须要深刻理解赋役与科举制度。前者关系到钱粮征收与夫役的轻重，后者关系到士子的晋身之阶，同时，由于钱粮征收与科举定额，县与县之间存在较大的差异，而这两者又与辖域内几乎所有百姓身家性命

---

① 嘉庆二十四年五月初四日都察院左都御史诚安等折，一档馆藏录副奏折，档号：03-2405-017。
② 嘉庆二十三年五月初十日湖南巡抚巴哈布折，一档馆藏朱批奏折，档号：04-01-01-0587-053。

有关，故在政区的设置与改属中，常常会成为争论的焦点问题，它的处理关系到政区变革是否可以平稳推进。笔者曾在山西被裁之县京控的状纸中，看到他们对于科举考试名额的担忧，也注意到清代为了裁县的平稳过渡，而在被裁之县设置了县以下单独的学区这种特殊的政策。①晃州厅同样存在这样的问题，而且由于晃州厅与玉屏县犬牙相入、土地买卖频繁、户籍所在不清、湖南与贵州科考难度存在较大差异而更加复杂。

早在嘉庆年间设厅之前的争论中，已有人提到科举考试的问题。嘉庆二十一年双方的会勘中，提到一旦划归贵州之后会开启"歧考"之风，已如前述。晃州设厅之时，便已考虑到学额的问题，湖南巡抚巴哈布奏请将原来为西溪四里峒民所编的新童字样取消，全部编为民籍，并从芷江等县划拨，共设厅学文生八名及廪、增生各四名，另增设武童进额四名。②

晃州厅设立专门学额只是解决了部分问题，"歧考"问题随即凸显。在嘉庆二十三年晃州厅民吴继泽等人京控之后，巴哈布到了晃州厅，已发觉"歧考"问题的存在。据巴哈布调查，当时参与京控者有生员名姚湖者，其之所以要挂名反对设厅，是因为"姚湖之孙姚桂林从前歧考贵州镇远府入学"，又"姚文贤之子姚秀魁亦歧捐贵州铜仁府籍贯贡生，诚恐清厘学校，查出歧考歧捐，致干革究"。③巴哈布随后向

---

① 胡恒：《关于清代县的裁撤的考察——以山西四县为中心》，《清史研究》2011年第2期。

② 嘉庆二十三年正月十八日湖南巡抚巴哈布折，一档馆藏朱批奏折，档号：04-01-38-0128-034。

③ 嘉庆二十三年五月初十日湖南巡抚巴哈布折，一档馆藏朱批奏折，档号：04-01-01-0587-053。

嘉庆帝提出关于"歧考"的处理意见：

> 再现在六里民人多有歧考贵州省入学，是否在于该省
> 置有田产，年限已符，照例报名入籍，有无冒考等弊，咨
> 会贵州省查明，分别拨归办理，以免歧考。

要在疆界不清的湘黔两省明晰籍贯，其难度显而易见。道
光元年上谕："湖南新设晃州厅，管理地方钱粮词讼，其所属
士子自应俱归晃州考试。该厅邓姓一族前曾冒考黔省思州。兹
查明田园庐墓俱在晃州，所有邓姓阖族之人与各姓冒籍贵州入
学中式并报捐贡监职员，凡现居厅治者，无论年分久暂，均着
改归晃州厅原籍管理，以杜歧冒而归划一。"① 邓姓是晃州地
区的大族，冒籍贵州的现象并非设厅之后才存在，乾隆年间，
关于邓姓冒籍贵州的问题就已非常突出。光绪《大清会典事
例》中记载有乾隆五十三年关于邓姓冒籍贵州的处理意见：

> 查定例，本非此地之人，而新来入籍者，以居住二十
> 年为限。至族大丁多之户，散处四方，以一姓而分隶两籍
> 者，惟应严加查核，禁其两处跨考，以清冒滥。……今邓
> 姓于康熙四十五年即在思州府应考，迄今已八十二年，若
> 因其居住芷江县，遽将现在生员多人，全数勒归湖南，恐
> 此例一开，凡入籍别县之人，已合二十年定例者，或仇雠
> 忌嫉，或地棍挟持，告讦日繁，或援此案以借口，将不胜

---

① 《清宣宗实录》卷 12，道光元年正月己巳，第 235 页。又见道光《晃州
　厅志》卷 18《学校》。

其纷更。……惟是芷江、思州地界毗连，邓姓生童应试者众，若不严立章程，恐跨考之弊，在所不免。应饬各该州县彻底清查，凡邓姓生员现籍隶思州者，其子孙永远不许在芷江考试；现籍隶芷江者，其子孙永远不许在思州考试。①

刘希伟曾注意到这则冒籍资料，认为这种并不居住于"入籍地"却在"入籍地"参加科举考试的现象有一定的特殊性。此外，对于"族大丁多、分立异籍"之"户"规定各归各籍应试，也是一种通常性规定。② 不过，若是考虑到六里地区玉屏、芷江犬牙相入的地理形势，要清晰划出属黔属楚的籍贯归属，恐怕也不容易。邓姓在乾隆五十三年即由礼部确定籍隶思州者不许在芷江考试，籍隶芷江者，不许在思州考试，而到了道光元年仍需再次商议并做出一刀切式的处理，已充分说明这一地区科举考试冒籍现象的存在有着深刻的地理背景。

到了道光八年，贵州巡抚又奏，晃州设厅以后，"曾经列拨之思州府属举人胡世校、生员向日中等，纷纷以祖籍贵州，族众俱在贵州呈诉不已"。可见，胡世校等人大概是在设厅之后改划为晃州厅籍，但显然湖南科考难度要远大于贵州，故一直申诉，由此，也可以想见反对六里地区设厅的士人，应当也有一定数量是希望在贵州等文教相对落后地区参加科考的民众。经过调查发现，"廪生向日中等三十八名，既非原籍湖

---

① 光绪《大清会典事例》卷391《礼部·学校·生童户籍》，第360页。
② 刘希伟：《清代科举冒籍研究》，华中师范大学出版社，2012，第149页。

南，又不住居晃州，议将该生等改归黔省；岁贡胡钟显等四十
四名，皆系本籍贵州，现居楚境，其族人皆黔多楚少，应否改
拨贵州，以昭划一，抑或应以居址为断，但居晃州界内即应拨
归晃州"。经礼部商议之后，实行了更为严厉的政策，不仅胡
钟显等人仍归晃州厅，即使是向日中等人也归晃州厅管理，至
于同族之人，"有实系居住贵州，田庐坟墓俱在贵州者，除父
子、兄弟不准异籍外，族远人多，不妨各归各籍。其捐考时，
令地方官严行查明，不许稍有朦混，以杜歧冒而免攻讦"。①
这种处于科举大省与小省的交界地带容易发生冒籍应试的问
题，更何况所在府、州、县试以及院试，往往是在不同的时间
举行的。②

　　这一问题愈演愈烈，终于引起了道光皇帝的注意。原来在
追查冒籍案的过程中，尤其是在道光元年那次将邓姓改拨晃州
的过程中，首任晃州厅通判俞克振"不行查明，牵指思州府
青溪等县、铜仁府铜仁县胡杨等姓十八族举贡生监职员共一百
一十余人，捏称各姓田园庐墓皆在晃州，详请湖南巡抚咨
部"，但"其实确在晃州者，不过十分之三，其中错误不一而
足。各姓因指拨多谬，纷纷呈请更正。内有经贵州学政咨部仍
改回黔省者，其余各姓仍复呈控不已。道光七年两省委员会勘
时，湖南巡抚因与从前咨部之案不符，不肯会咨贵州，独咨礼
部请示，部复概归晃州厅管理。各姓既不甘隶籍隔省，又不获
坐安本籍，请旨饬查"。③ 于是清廷下令湖南、贵州两省彻查。

① 《钦定科场条例》卷35《冒籍》，燕山出版社，2006，第2683~2684页。
② 刘希伟：《清代科举冒籍研究》，第149页。
③ 《清宣宗实录》卷179，道光十年十一月丙辰，第804页。

湖南巡抚程祖洛随即复奏，要"确切查明，以原查时住址田庐坟墓，分别隶楚隶黔为断"。① 道光十二年湖南巡抚吴荣光与贵州巡抚嵩溥会衔上奏汇报处理办法，从中可以发现晃州厅民人籍贯的复杂性。其中有"原籍本非晃州，考黔亦非冒籍，而移居厅治者"，它们又在黔楚两省均置有田墓，只是缴纳赋税及坟茔年份，贵州在先而湖南在后而已；还有原籍非晃州，而一族之中居黔居楚各有其人，如思州府的胡姓、郭姓，玉屏县的罗姓，镇远府的许姓等；还有一类是原籍在黔但又不居厅治者，不过田园庐墓均在黔省。以上三类情况共十四族均请改拨贵州考试。

在该奏疏中，还提到了嘉庆二十二年设立厅治时，"将现居厅治并有粮册可考者概行奏拨归楚，原因该厅专为管辖六里土民而设，且彼时不知各姓黔省先有田墓，是以如此办理，并非混行指拨。而各姓以历考贵州，并未在楚冒考，不愿改隶楚省，亦非有意抗违"。这里可以看到两省巡抚为当年冒籍士子所做的"回护"，又能看到清代政区设置与科举考试之间的内在矛盾，即政区本身为一地理区域，自然应当以地理实体为限，但科举考试以籍贯为凭，加之土地私有，买卖亦属平常，以致籍贯不清。在科考难度相差较大的两省交界之地，此问题就会更加突出。晃州"冒籍"问题的背后，更多体现的是地理区域和学区之间的内在"张力"。

本次会奏的结果自然是皆大欢喜，晃州厅几乎所有要求到

① 《清宣宗实录》卷182，道光十年十二月乙巳，第874页；道光十年十二月二十一日湖南巡抚程祖洛折，一档馆藏录副奏折，档号：03-2605-086。

贵州考试的族人皆得到满足，即使是道光八年被礼部强行划归晃州厅的"向日中等三十三名"也被拨归黔籍并被免除因欠考三次而将受到的除名惩罚。道光皇帝开恩表示"依议"。与其说这是一次依照科考条例而制定的解决之法，毋宁说湖南方面以满足晃州厅不少大族到贵州参加科举考试的条件换取了晃州厅对省里的支持。从此以后，在文献中再未看到晃州厅京控的记录，事态似乎基本平息。只是，这样一来，晃州与玉屏除了疆界上的"犬牙相入"依然照旧，连科考与赋役也无法按照地理区域进行，这些考生"钱粮赋税命盗词讼凡隶晃州境内者，概归晃州厅办理；其现居厅治之文武生员既已改回黔籍，遇有一切应行传讯等事，难保不恃符藐抗，应请比照《学政全书》四川寄籍生员之例，由晃州厅学教官就近约束"。①

五　政区划界中"犬牙相入"原则的再思考

雍正至道光年间漫长的黔楚划界争议，在道光十二年之后看起来便平静了下来。湖南仍具有此"门户"与"藩篱"之地，而六里之民亦因厅的设立而具有了单独学区，且不少大族获得了到贵州参加科考的资格。可是，黔楚边界的"犬牙相入"这一时刻引发边界管理与纠纷的问题始终未得到改善，

---

①　以上所引俱见道光十二年三月二十三日湖南巡抚吴荣光、贵州巡抚嵩溥折，一档馆藏朱批奏折，档号：04-01-01-0735-016。关于各姓改籍具体情形，原为附录，今存朱批奏折中不全，但见于兵部《移会稽察房湖南巡抚吴荣光等奏为查明湖南省晃州厅属甘姓等十四族于黔楚两省均置田产惟有黔先楚后或黔多楚少者非属冒籍应拨归黔版以清版籍》，中研院史语所藏内阁大库档案，登录号：156653-001。

反而愈形严重。如玉屏县记载，"县境广三十五里，袤二十八里。西北至东南袤二十三里，惟东北与西南袤近九十里，然所属之波州、新庄、龙溪口、曹家、田垅坪等地，离城七八十里者多插入本府及晃州、芷江界中，畸杂华离，难以整计"。[①]同治、光绪年间，贵州曾试图清理插花地以正经界，但均无果而终。[②]直到民国《玉屏县志资料》仍然记载着：

> 玉屏县城南约五里许即湖南晃县属天和、良知、登丰三乡，此三乡虽为晃县产米区，但距离晃县县城在百里以上，政令不易达到，常为变乱匪盗渊薮……而本县大龙乡第十保飞插于晃县辖境，成十字小区，其中贵州街与晃县县城仅一河之隔，已形成晃县县城之一部。而晃县政令既不能达到本县，已有鞭长莫及之感，因此亦为晃县心腹之患。[③]

事实上，直到 1943 年贵州玉屏县与湖南晃县为解决插花地问题，才由内政部主持进行了会勘，[④]并拟定了划拨方案。但对整个湘黔边界而言，犬牙相入及插花地依然存在不少。1949 年以后依然如此，1951 年到 1987 年新晃县与玉屏县先后签署边界协议 12 次，[⑤]可见其纠纷之多。对于晃县来说，除

---

① 道光《黔南职方纪略》卷 6《思州府》。
② 光绪十一年六月二十四日署理贵州巡抚李用清折，一档馆藏录副奏折，档号：03 - 6716 - 021。
③ 民国《玉屏县志资料》第 6 节"行政区划"。
④ 可参见杨斌、张祥刚《民国时期湘黔交界地区插花地的清理拨正》，《广西师范大学学报（哲学社会科学版）》2014 年第 2 期。
⑤ 湖南省地方志编纂委员会编《湖南省志》第 4 卷《政务志·民政》第 2 篇"行政区划"第 2 章第 4 节"湘黔边界"，中国文史出版社，1994，第 109 页。

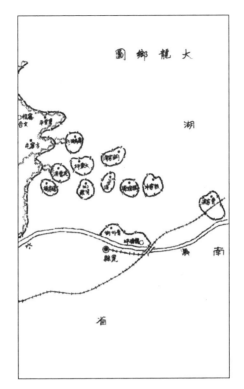

图 6 - 2　民国《玉屏县志资料》中所见贵州街等飞地

非将其全部划归贵州，否则"犬牙相入"始终存在。不过对
于湖南来说，失去一县显然损失巨大，故而至今这块黔楚间的
"楔子"依然存在。

　　对于清代湘黔边界的调整而言，其变动不仅有插花地的局
部调整，还包括政区的诸多改置，"晃州厅"正是其中的一个典
型案例。"山川形便"与"犬牙相入"显然是我们观察政区设
置的两把利器，尤其是从长时段的宏观历史的角度而言。贵州
与湖南省界划分常常被归为"犬牙相入"的典型，显然，这一

划分原则背后体现的是国家对地方的控制。周振鹤在讲述行政区划划界原则时专门指出："犬牙相制的目的自然是为了统治的需要，尤其是湖广与贵州间是为了稳定苗族地区的措施。"[1] 可是，当讲到"犬牙相入"时，更多是从自上而下的角度来谈的，并未顾及划界中的另外一方即该政区或边界附近的地方官员或人民是如何考虑的，以至于他们的声音是完全缺失的，每次划分不过是国家专制权力的又一种表达而已。但这很难解释得通，为何在苗族已日益纳入国家疆土管理，乃至苗族已不再构成对政权挑战的民国直到今天，这条看似并不合理的、犬牙相入的边界仍然长期存在。这背后一定有结构性力量在起着巨大的作用。

笔者以为，在以"犬牙相入"作为分析工具来看待历史上的政区边界时，有两个问题是必须要重新思考的。

第一，"犬牙相入"是不是一种必然的划界结果？"犬牙相入"界线的形成，除了国家的统治性力量外，地方性力量是绝不可以被忽视的。而且，正是各种复杂的地方性力量的介入，才使政区界线变动似乎带有更多的"不确定性"。同一政区，往往一时属此而随即属彼，如此反复变迁者亦所在多有。既以平溪卫与玉屏县而言，多次改属湖广或贵州。当我们用"山川形便"或"犬牙相入"原则去分析边界变迁时，往往会陷入以划界结果去臆测划界原因的逻辑链条当中，也正如在民国史研究中常常被批评的"倒放电影"式的分析路径。[2] "犬

① 周振鹤：《中国地方行政制度史》，上海人民出版社，2005，第249页。
② 罗志田：《民国史研究的"倒放电影"倾向》，《社会科学研究》1999年第4期。

牙相入"绝非一种必然的结局，而只能是各方力量博弈平衡后的产物，带有相当大的不确定性。即以晃州厅而言，嘉庆皇帝开始的态度是非常明确的，"如应隶黔省，不可固执成见，即奏明拨入黔省，以符民情；如应隶楚省，亦不可曲拘人言，轻改旧章，即奏明仍归楚境，以杜争端"，① 完全持有一种开放性的态度。

　　这种政区划界的不确定，背后是由政区建置的政治主导原则决定的。政治本身就带有极强的不确定性，尤其是涉及政治背后复杂的人的因素时。无法否认的是在具体的政区变迁中，除了地理因素之外，人及其背后的博弈与运作同样重要。博弈论作为数学的一个分支，最近二十余年融入经济学之中并逐渐用于政治学、国际关系学等领域，在博弈行为中，参与竞争的各方显然具有不同的目标或利益，为了达到这一目标，各方必须考虑对手的可能方案，从而选择于己最为有利的决策。

　　对于晃州厅而言，其牵涉到湖南与贵州的省界划分，显然是一次比较复杂的动态博弈过程。皇帝、双方督抚、玉屏与芷江县乃至各道、地方生员都参与了这场博弈，其中最重要的显然是湖南与贵州方面的大员。因为在整个决策体系中，皇帝本人处于最高的位置，而如何影响到皇帝本人的决策是其中最为重要的环节，双方各自握有的底牌彼此也是非常清楚的，贵州方面当然是雍正七年划界不均的不公之感与民意，而湖南方面亦知贵州底牌，故有衙役抓捕令写悔结并搜集愿归湖南的甘结之举，虽不能在争夺民意中占据上风，但至少可以搅浑清水。湖南方面同时清楚皇帝的心结，那就是苗疆的安全。乾隆嘉庆

---

① 同治《芷江县志》卷 62《杂记二》。

之际的苗疆起义，使皇帝本人对省际安全重要性的考虑显然要超过其他，而湖南适时抓住这一契机，在会勘中将之刻意凸显出来，最终赢得了这场博弈的胜利，尽管在贵州方面包括今人来看，贵州的意见仅就历史传统与地理状况而言，更具有合理性。这也充分说明，政区变革中的"地理"不仅是实然的物质实体，更是上层统治者心目中所理解的"地理"——一个并不确定的"地理"。甚至极端地讲，在某些情况下，"地理"只是一种被表述出来的"地理"而已。譬如本案例中，对于嘉庆皇帝而言，"晃州"不过是在奏折与地图中被表述出来的文本而已，至于真实的"地理"如何，反倒无关紧要，地方督抚上奏文本的"修辞"与"技巧"也就显得格外重要了。这也就提醒我们，在研究历史时期政区变革时，基于今日地形对政区地理状况的分析，是否只是代古人立言而忽略了在政区变动的行政运作过程中，"地理"究竟是怎样的"地理"。需要特别指出的是，在政区变革背后，隐藏着相当多的地方性声音，而多数声音被遮蔽于历史书写当中，尤其是被遮蔽于地方志的书写之中。这就要求我们必须尽可能地发掘史料，尤其要注重档案资料的阅读与整理，才能真正在平淡无奇的方志叙述背后阅读到惊心动魄的故事。

博弈论中强调"纳什均衡"，它对人有一个基本假定：人是理性的。人在具体策略选择时会追求个人利益的最大化，而所有参与人的最优策略组合，构成纳什均衡点，在这一均衡点上，每一个理性的参与者都不会有单独改变策略的动机，因为每一个博弈者都不可能因为单方面改变自己的策略而增加收益。具体到晃州厅来说，湖南方面通过设厅的办法来实现对六里地区的占有，这是追求利益最大化的一种表现；但对于六里地区而言，显然是受到损失的，尤其是科举考试方面和以前相比，难度增加，故而在设厅之后会有六里士民激烈的抗争，科考利益的受损是一个极其重要的因素。若行政运作止于此，则并未达到博弈的均衡点，必须通过弥补科考损失的办法来予以平衡。从嘉庆年间到道光十二年，在允准晃州厅大族到贵州参加科考之后，湖南方面领有晃州之地的要求得到了满足，晃州地区的大族赴贵州考试的机会也得到了兑现。自此以后，晃州厅的建置包括湘黔边界才基本稳定下来，而这正是达到博弈中的"纳什均衡"的表现。

第二，"犬牙相入"的划界为何会长期存在？晃州所在，自明代迄今，始终是黔楚两省边界中并不平整的一块。无论是强调国家控制的传统社会，还是讲求地方自治的民国时期，还是1949年以后，这条看似并不合理的边界始终维系旧有走向。其中关键的因素自然在于省界调整中如不能实现利益的调换，则单纯使一方受损的方案很难实现。以晃州的地域体量，显然在相当长的一段时间内，贵州无地可换。其实，更关键的也许是"犬牙相入"在形成之初还只是地域上的，但随着时间的推移，不同层次的"犬牙相入"相继叠压，如户籍、科举、人口、赋税乃至认同，如清代晃州设厅之后的"冒籍"现象就是典型表现。这使"犬牙相入"的消除不仅仅要处理复杂的地域划拨，更要将长期以来由于地域上的"犬牙相入"而形成的各种复杂局面加以理清。这种困难构成了一种结构性的制约力量，更限制了这一不合理局面的彻底解决。

第七章　改土归流与厅的设置

——以广西为中心

土司广布于中国西南边疆，明清至民国时期，改土归流代有其举，终将边疆区域纳入与内地相同或近似的行政管理体制下，至少达到了行政制度形式上的统一，但区域社会、经济、文化则仍各有多元的演进趋势并呈现面貌各异的样态。

尽管科举、土地、商贸等因素对于观察改土归流以后社会形态的转变至关重要，[①] 但考虑到改土归流首要的还是政治行为，特别是以行政体制变革的形式出现的，因此对职官设置与行政体系的观察仍具有相当的价值。[②] 清代在各省改土归流的过程既沿袭了前代设置府县体制的传统，也有创新性的举措，这便是对"厅"这一行政建置的应用。土司地区设立厅当然不完全始于清代，它与明代的佐贰流官体制存在渊源，但又具有独立辖区的特色。事实上，学界公认的厅制起源的最早形态之一，也是最具代表意义的叙永厅正与土司有关，也可以说正是在改土归流的行政实践中才诞生了厅这样一种政区形式。

---

① 张江华：《科举、商品化与社会平等：清代广西土司社会的"文明化"》，《社会》2020 年第 2 期。

② 崔继来：《"改土归流"与清代广西土司地区行政隶属关系变动》，《民族史研究》第 13 辑，中央民族大学出版社，2016。

清代是改土归流推进最为迅猛的时期，广西是土司分布较为集中的区域，也是与土司有关的厅设置较多的省份，具有一定的代表性。观察清朝改土归流中厅的设置的一般状态及厅与土司的关系，有很大的意义，而学界相关的探讨还不是太多。[①] 本章即以广西为例，重点阐述厅这一清代特有的政区形式在改土归流中所发挥的特殊作用。

一 清代广西厅的设置

土司势力以明代中期以前最为强盛，明代中期以后经过屡次讨伐，势力已大为削弱，广西表现得也比较明显。不过对于是否在土司地区用强力直接推进改土归流，明朝政策尚游移不定。嘉靖时王守仁平定思恩府土司大乱后，听从了当地人"流官之设亦徒有虚名，而反受灾祸"的意见，采取了依赖土司的政策，随后又采用"众建诸蛮"之策，特别是对于田州、思恩这两大土府屡次派兵镇压，到了明末，广西只剩下势力不是很大的土司了。[②] 不过就制度而言，采用流官直接管理的例子还不是太多。

清代初年，广西被纳入版图，此时清廷关于土司的政策尚未定型，皇帝和督抚尚举棋不定。督抚大员包括云贵督抚及四川总督、广西巡抚等俱请求剿灭土司，不过康熙帝显然还有所

---

① 郑维宽《清代广西政治进程中的政区演变探析——以道、直隶厅州为中心》（《广西地方志》2020 年第 5 期）对清代广西道、厅、州的设置演变有过概括的梳理。

② 明代土司政策可参考龚荫《中国土司制度》，云南民族出版社，1992，第104~109 页。

疑虑，认为"土司地方所产金帛异物颇多，不肖之人，苛求剥削。苟不遂所欲，辄以为抗拒反叛，请兵征剿。在地方官，则杀少报多，希冒军功；在土官，则动生疑惧，携志寒心，此适足启衅耳"。不过经九卿会议讨论后，仍定下了"剿抚并用"的政策。① 其后康熙帝斥责贵州、广西、四川、湖广等地官员，"朕思土司苗蛮授官输赋，悉归王化，有何机阱？互相格斗，无有宁居，嗣后作何立法？务令该地方督抚提镇等官，洗心易虑，痛改前辙，推示诚信，化导安辑，各循土俗，乐业遂生。亦令苗民恪遵约束，不致侵扰内地居民，以副朕抚驭遐方至意"。② 康熙一朝对广西的改土归流始于康熙二年镇安土府改设流官通判，隶属思恩府，不过这样的例子不多。

雍正一朝是广西改土归流的关键时期，有十余家土司先后改流，或设为府，或改为县。③ 雍正帝对于土司的态度与康熙帝有很大区别，早在雍正二年就发布上谕表达了对于土司的反感："朕闻各处土司，鲜知法纪，每于所属土民，多端科派，较之有司征收正供，不啻倍蓰。甚至取其马牛，夺其子女，生杀任情。土民受其鱼肉，敢怒而不敢言……宜严饬所属土官，爱恤土民，毋得肆为残暴，毋得滥行科派。傥申饬之后，不改前非，一经发觉，土司参革，从重究拟。"④ 在鄂尔泰等人的努力下，改土归流成为处理土司问题的主导方向。学界以往对此研究颇多，兹不再赘述。

---

① 《清圣祖实录》卷124，康熙二十五年二月庚子，第319页。
② 《清圣祖实录》卷124，康熙二十五年二月丁未，第321页。
③ 崔继来：《改土归流与清代广西土司社会》，硕士学位论文，陕西师范大学，2015，第20页。
④ 《清世宗实录》卷20，雍正二年五月辛酉，第326页。

　　值得注意的是改土归流并非一味设置府县，对于尚不具备直接设立府县条件的区域，清朝也会因地制宜，利用同知和通判等府级佐贰官进行灵活治理。

　　改土归流中对于同知的应用可能早在明代即已开始，在四川的叙永等处已有叙永同知作为流官直接管辖一块区域的案例。在广西，类似的例子出现在明末。在思明土州的地域内有一处名为"四寨"的区域，早在明末因该地在思明土州和思明土府之间争执不下，当时议定由流官同知专门管理，成为大片土司区域之间的一块流官辖地，极为特殊。明代冯时可为决策者之一，他的文集中曾详细记述了这一经过："思明府与思明州争黎龙四寨，至相兵数十年不戢，先后议者首鼠不能决，余请割属流官。……彼此无得失之嫌，封疆有弹压之益。……中丞遂以疏请，土官卒息争。"① 雍正《太平府志》亦载万历四十三年时任同知林梦鼎所撰《思明四寨条编记》，称"四寨东南接交夷西北，界思明府州之中。往时府州争得之，治兵相攻，累年仇杀，当道讯谳亭平，争不能决。万历二十三年奏隶府流官，争始醳"。② 乾隆《太平府志稿》曾追溯"思明土府三寨十四哨六峒九村，清军厅管四寨官庄十九"，③ 此清军厅指的正是思明同知。

　　不过"四寨"名义上虽隶属流官，但管理上并不顺利。林梦弼于万历四十四年任思明土府同知后，"四寨民犷难驯，

① 冯时可：《冯元成选集》卷20，《四库禁毁书丛刊补编》第64册，北京出版社，2005。
② 雍正《太平府志》卷40《艺文·记》。
③ 乾隆《太平府志稿》卷3《地舆》。

旧私其利者，又以计煽之，使抗不受汉官约束"。^① 这一同知又名"明江同知"，《粤西文载》曾录苏濬《上石西州论》一文，从中可以看出明江同知初设之时有可能以流官身份反受制于思明土府的状况：

> 左右江土司相错，然以流官而辖土官者有之，未有以土官而反辖流官者。上石西州土官绝世，业已改土为流，乃思明土知府犹倨然临其上，是夏未能变夷，而夷反能制夏，足顾居上，手顾居下，大防溃矣。夫土官如豺狼然，万一恣行桀鸷，钳制州官，轻则损威，重则肆毒，祸非细也。太平、思明壤地相属，改而隶之太平，其庶矣乎。^②

《明江厅上石州乡土志略》另有一段关于明江同知的概括性回溯：

> 各置土司管辖，明崇祯间改流，归太平府明江同知管辖。按上石西土州明洪武初犹为赵氏领州事。赵氏绝，土牧何士宏自立，危几亦绝。思明土知府黄瑢摄领任事，悉无嗣，乃改流为明江，后因与明江杂混，禀请上宪分别加厅字，称明江厅粮捕府，今明江厅即前之上石西土州也。厅无衙门，官历驻宁明属之。

思明州土州于康熙六十年改土归流，不过该地只留了太平

---

① 雍正《太平府志》卷32《名宦》。
② 广西博物馆编《广西土司制度资料汇编》，编者印行，1961，第506页。

府吏目一人，官卑职小，鄂尔泰在《分别流土考成疏》中提到"以流官有设立吏目者，职分卑微，无印信可行，无书役可遣，土司意中倘有轻忽之念，则未必肯遵其约束"。① 据雍正《广西通志》载，"又邓横等四寨六团向设思明土州管辖，经前任两广督臣杨琳题准改土归流，隶太平府专管"，② 可能四寨之地在明末清初之时一度又改隶思明土州。不过因思明州距离太平府较远，难以兼管，故雍正五年时就近命思明土府同知兼摄思明州，"一切钱粮及地方案件令该同知专理，并督率吏目追捕约束，以专责成"。③ 不过随即在雍正六年广西巡抚郭锸上奏"思明一州地方狭小，毋庸专设流官。其就近之思明知府，又系土司，从无统辖流官之例。请将该州仍归太平府管辖。应如所请，从之"。④ 郭锸上奏后，吏部的议复保留了下来，提到思明州归思明土府同知兼摄，"有起解钱粮、成招解审之事"，⑤ 雍正七年思明州改为宁明州时对同知的职责叙述如一，⑥ 可见此时思明同知实际上充当了思明州正印官的职能。

---

① 广西博物馆编《广西土司制度资料汇编》，第 512 页。
② 雍正十年高其倬《敬陈邓横善后等事疏》，雍正《广西通志》卷 113《艺文》。
③ 雍正五年六月二十四日署广西巡抚甘汝来《奏请将思明州归并思明土府同知衙门管理折》，《雍正朝汉文朱批奏折汇编》第 10 册，第 49 页；雍正五年八月十四日兼吏部行走朱轼《请准广西思明州就近归思明土府同知管辖》，《清代吏治史料·吏制改革史料》第 3 册，第 1016 页。
④ 《清世宗实录》卷 76，雍正六年十二月丙申，第 1131 页。
⑤ 雍正六年十二月二十日兼管吏部尚书事张廷玉《为广西思明州归于思明土府同知兼理请颁给新印》，《清代吏治史料·吏制改革史料》第 3 册，第 1347 页。
⑥ 《宁明州改土归流一件，要地需员弹压等事》，《雍乾年间广西部分地区改土归流史料》，《历史档案》1990 年第 4 期。

到了雍正十一年宁明州专设知州，并管辖附近的"上下石西土州，凭祥、思陵土州"，这样一来，思明同知原管辖的地域和职能全部为宁明州所承接。它的职责也随之发生变化，原思明土府改为思明土州，由该同知驻扎于原土府城内，并颁给"'太平府理土督捕同知驻扎思明'字样关防，凡遇劫夺及汉奸生事等项，会同武员缉捕。新设土州所属词讼等项，会同土官办理。附近之宁明州属思陵等五土州县，向系太平府通判督捕，今应就近一并归该同知督捕"。① 就在次年，上石西土州也隶属该同知兼管，② 有时也写作"同知专辖"，③ 或"同知带管"。④ 乾隆元年将该同知移驻宁明州旧治。因宁明州古名明江，⑤ 故又被称为明江同知或明江厅。这样一来，明江厅的治所与辖境发生了分离，厅署在辖境外，非常特殊，光绪《广西舆地全图》中称明江"厅城在宁明州地，与辖地相距六十四里"。

龙州厅的设置也与改土归流有关。先是龙州土州于雍正三年分为上龙和下龙二土巡检司，五年下龙巡检司改土归流，⑥ 以太平府通判移驻其地，"分驻弹压，带管下龙土司事"，当时也曾议及改土归流时设立知州，不过上宪讨论的意见是

① 《敬陈邓横善后等事》，《雍乾年间广西部分地区改土归流史料》，《历史档案》1990年第4期。关于雍正朝对邓横等寨的征讨及治理过程，可参见黄禾雨《雍正朝对广西思明土府土目的治理》，收入洪涛主编《土司制度与土司文化新论——第五届中国土司制度与土司文化国际学术研讨会论文集》，中央民族大学，2016，第254~270页。
② 嘉庆《广西通志》卷60《职官表四十八》。
③ 嘉庆《广西通志》卷83《舆地略四》。
④ 《清高宗实录》卷654，乾隆二十七年二月丙子，第325页。
⑤ 乾隆《太平府志稿》卷2《沿革》。
⑥ 《清世宗实录》卷54，雍正五年三月壬辰，第816页。

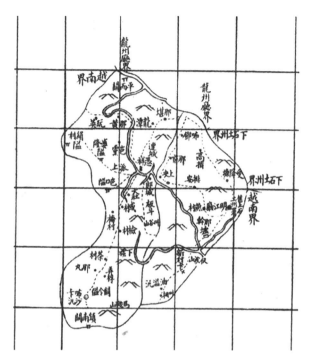

图 7 - 1 明江厅辖域

图片来源:《广西舆地全图》中明江厅图。

"边疆地方,宜于因仍为理,无事纷更"。① 实录也记载了此次讨论的结果是"查下龙司土巡检因承袭无人,是以令通判兼摄,并未议汰。今无故改设,易生百姓疑惧之心,殊非安辑苗疆之道。该布政使所奏,应无庸议。从之"。② 不过当时龙州通判还不具备独立的司法权限,"遇有命盗等案,责令该通判承缉,转发崇善县承审。其上龙土司并上下冻土州之勘验审

——————

① 嘉庆《龙州纪略》卷上《沿革》。
② 《清高宗实录》卷117,乾隆五年五月乙卯,第706页。

解，亦俱归崇善县办理"。到了乾隆二十七年，实录当中的记载仍是"龙州通判带管之土下龙州"。① 直到乾隆三十二年"将龙州、上龙、上下冻土州三处命盗等案，统归该通判勘验缉获，按限审拟解府。至通判既经承办命盗重案，应添设监狱专员管理。查上下冻土司，原设吏目一员，事务颇简，应将该吏目移驻龙州，为通判首领，专司狱务。其上下冻稽查巡缉等事，仍令该吏目兼管"，② 这时才称得上设置了龙州厅。乾隆五十六年通判又被改为同知。③

雍正七年在桂西最大的土司之一的土田州，清廷移设思恩府同知驻扎州属百色地方，④ 时任广西巡抚的郭锧除了声明百色为水陆要冲之地外，也着重说明土知州驻扎州城，不便管理汉民的困境。但奏疏上未提而实质上设置同知管辖的目的之一在于分土田州之权，《百色厅志》明言"雍正己酉因控制土司，始移置思恩郡丞"，⑤ 规定该同知的职责是"巡查弹压，凡有地方匪类掏摸、诓骗、赌博、斗殴等事，俱听其查拿审理。其过往人等在形迹可疑及奸宄逃盗等项，悉令盘查，明确详解究处。至附近苗獞或有抢掳劫夺之事，亦即督同各土官缉捕"，其职责多侧重于治安及司法审理方面。⑥ 该同知"承审田州、上林、下旺、定罗、都阳等土司命盗案件"，乾隆七年置阳万土州判以后，也归百色同知承审。乾隆四年广西巡抚杨

① 《清高宗实录》卷654，乾隆二十七年二月丙子，第325页。
② 《清高宗实录》卷788，乾隆三十二年七月丙寅，第686页。
③ 乾隆五十六年八月十五日两广总督福康安、广西巡抚陈用敷折，一档馆藏朱批奏折，档号：04-01-12-0232-097。
④ 《清世宗实录》卷80，雍正七年四月壬辰，第53页。
⑤ 夏敬颐序，光绪《百色厅志》卷首。
⑥ 金（郭）锧《请移驻丞倅等官疏》，雍正《广西通志》卷113《艺文》。

超曾称思恩府同知自移驻百色以来，"实有经管仓库钱粮、审理命盗之案，原与正印地方官无异"。① 以往一般据这些资料将百色厅设置定于雍正七年，不过如果按照厅有"专管之地"的界定，这种看法似有误。光绪《百色厅志》在序言中讲得非常清楚，"百色隶思恩郡，实土田州岑氏世官其地。越雍正己酉年，以郡同知移驻听讼而已，守土不与也"，② 故更多是一种司法功能为主的佐贰官。百色同知也不参与钱粮征收之事，故对钱粮拖欠之事没有责任，如嘉庆十四年土田州因地丁杂项钱粮未完，代理知州岑勚被参，直到嘉庆十六年完成后才请求开复。③ 如从完整行政建置的角度，光绪元年削去土官，"以土地人民专属流官"，④ 设百色直隶厅后，才算正式建立了一个政区。光绪八年华本松在为《百色厅志》作序时对百色的沿革史做过极为精准的描述："百色初无官也，有之，自雍正己酉始；百色初无城也，有之，自雍正辛亥始；百色初无属也，有之，自光绪乙亥始；百色初无志也，有之，自光绪壬午始。"光绪以后，百色直隶厅才"举凡考察群吏，惠保民生，其职与郡太守等"。⑤

乾隆三十一年镇安府小镇安土司岑绳武被革去世职，家属徙居桂林，小镇安土司改为流官，清廷裁改归顺州湖润寨州同一缺，设立镇安府通判移驻该地，⑥ 为小镇安厅之设。"一切

---

① 《清高宗实录》卷96，乾隆四年七月庚戌，第460页。
② 陈如金序，光绪《百色厅志》卷前。
③ 嘉庆十六年三月二十三日广西巡抚成林题，一档馆藏内阁户科题本，档号：02-01-04-19114-014。
④ 陈如金序，光绪《百色厅志》卷前。
⑤ 华本松序，光绪《百色厅志》卷前。
⑥ 《清高宗实录》卷767，乾隆三十一年八月乙丑，第423页。

民事概令通判准理，其命盗各案俱照龙胜通判例，该通判就近验详解府审转"，"银米俱归该通判就近征解"。① 光绪十二年小镇安厅又被改为镇边县，属归顺直隶州。②

以厅员兼辖土司的体制到了乾隆中期以后基本就定型了。到了乾隆三十一年时，广西布政使淑宝称"广西四十七土司，历以巡道总理，知府兼辖，除镇安府属之小镇安，庆远府属之永定、永顺正副长官暨思恩府属九土巡检职微地狭，不设汉官外，余俱分驻佐杂弹压稽查，不涉民事。其命盗重案均归临近之州县厅员承审"，之后将各土司"俱归承审州县厅员就近兼辖"。③

此后至同治和光宣之际，陆续有改土归流中新设厅制之举。同治九年思恩府那马土司改土归流，改设通判，是为那马厅。光绪元年因土田州岑铉之乱，清廷将其改土归流，"以土地人民专属流官"，④ 并将其旧辖除设立恩隆县外，其余一分为二，就近百色者归百色厅管辖，并升其为直隶厅，附近奉议州者则拨归奉议州管辖。⑤ 宣统二年凭祥土州改土归流，设立凭祥厅。⑥

除了以上几例与土司直接相关的厅的改置外，广西的厅还

---

① 乾隆三十一年七月初七日署理两广总督杨廷璋、广西巡抚宋邦绥折，一档馆藏录副奏折，档号：03-9983-038。
② 光绪十二年二月二十五日两广总督张之洞、暂护广西巡抚李秉衡折，一档馆藏录副奏折，档号：03-6101-042。
③ 乾隆三十一年七月二十四日广西布政使淑宝折，一档馆藏录副奏折，档号：03-0118-086。
④ 陈如金序，光绪《百色厅志》卷前。
⑤ 光绪元年广西巡抚刘长佑《酌改土司夹片》，《清经世文续编》卷28《户政五》，广陵书社，2011。
⑥ 宣统三年闰六月初八日广西巡抚沈秉堃折，一档馆藏录副奏折，档号：03-7459-004。

有一类属于对少数族群的管理。乾隆六年改桂林府捕盗通判为
理苗通判，驻扎义宁县龙胜城地，是为龙胜厅；光绪三十二年
将桂林同知改设在柳州府雒容县中渡地方，"该界内钱粮狱讼
缉捕等事仍归管理，刑名案件仍归桂林府审转，仓库钱粮亦归
该府考核，一切处分悉照专管官查办"，① 是为中渡厅；光绪
三十二年于思恩府北境移驻同知驻五十二峒地方，为抚民理苗
同知，是为安化厅；光绪三十四年将平乐府同知移驻贺县所属
信都地方，"该同知既职司抚民，所有界内钱粮狱讼缉捕等事
均归管理，一切处分悉照专管官查办，一应刑名案件仍归平乐
府审转，仓库钱粮亦归该府考核，仍隶桂平梧盐法道统辖，以
符定例"，② 是为信都厅。

　　此外，广西还有一个较为罕见的州升为直隶厅的例子。光
绪十八年太平府上思州升为上思直隶厅。上思州于明弘治十八
年改流，不过改流之后并非坦途，各类土民叛乱时有发生。正
德六年黄旸之乱，正德七年至嘉靖元年黄缪时叛，其后迭有土
官土民叛乱之举。入清以后，上思州虽改土归流已久，但社会仍
然难称平静。光绪十二年时，时任两广总督张之洞为加强边防，
拟将上思州改隶太平府管辖，与太平府、归顺州同归于新设之太
平归顺道管辖。不过有人上奏称此举既不便于官，也不便于民，③
光绪皇帝上谕令后来的两广总督李瀚章、广西巡抚马丕瑶再

① 光绪三十一年十二月十五日广西巡抚李经羲折，一档馆藏朱批奏折，档
　　号：04-01-18-0055-104。
② 光绪三十三年十月二十日两广总督张人骏、广西巡抚张鸣岐折，一档馆
　　藏朱批奏折，档号：04-01-02-0012-010。
③ 光绪十七年七月初三日刑科给事中唐椿森折，一档馆藏录副奏折，档号：
　　03-5281-004。

议。为平衡边防所需与上思州人不愿远隶太平府的两难处境，清廷最终决意将上思州升为直隶厅，与太平府等同归于太平归顺道所辖，统一事权。①

改土归流时改设厅制，由羁縻改为直接治理，于时人而言显然是一件值得自豪的事。光绪《百色厅志》花费四分之一的篇幅记录明代以降土司叛服不定的细节，认为明代诸土司"叛服无常，仅能羁縻勿绝而已"，即使王守仁平定叛乱，可称"一代伟人"，但仍不免"咎归姑息"之议。而清朝则"解土归流"不断，更平定安南叛乱，"卒之在明再改而不果者，今且一举而安如磐石"，②足可彰显清朝威德。

广西直隶厅的体制中有一些特别之处。如直隶厅一般均直辖于省但下不辖县，放眼全国，也只有四川叙永直隶厅、奉天凤凰直隶厅等极少数直隶厅有辖县。光绪元年百色厅升为直隶厅时下辖了恩隆县，本身体制就已很特殊，但更特殊的是直隶厅还辖属一员恩阳州判。

州判本身为知州的佐贰官，不是正印官，其辖境也往往从属于某州，但恩阳州判极其特殊。该地原本属于土田州，乾隆七年从中分出阳万土州并设有州判，光绪元年土田州改流以后，州判岑润青"煽动叛乱"，被革除世职，亦改为流官。最早督办道员赵沃拟设恩阳县，"如四川叙永厅永宁县之例"，③不过并未通过。广西巡抚正式上奏时议设"恩阳理苗通判"，这等于是建置一个相当于"恩阳厅"的行政单位，仍隶属于

---

① 光绪十七年十月二十八日两广总督李瀚章、广西巡抚马丕瑶折，一档馆藏朱批奏折，档号：04-01-12-0552-098。
② 光绪《百色厅志》卷8《补录》。
③ 光绪《百色厅志》卷8《补录》。

百色直隶厅管辖。① 但直隶厅管理一个散厅的体制从未出现
过，"部议以体制未符，驳饬另设"，故仿照奉议土州改流
"设掌印州判经征地粮，审理词讼"之例，改为了"恩阳州
判"，"钱粮应由州判征解，词讼亦归州判审理，命盗等件应
由百色厅审转"。② 恩阳州判极为特殊，相当于一个准县级单
位，在光绪年间编绘《广西舆地全图》时，"恩阳州判"的地
图与府州县地图并列并被单独列目，介绍其沿革、疆域、天
度、山镇、水道、乡镇和职官，实际将其视作一个县级单元。

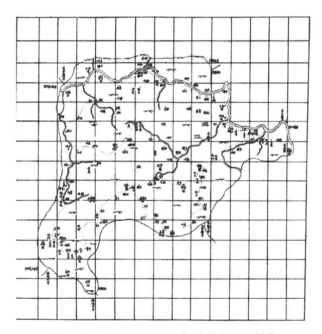

图 7 - 2 《广西舆地全图》中的恩阳州判地

① 光绪四年七月二十八日广西巡抚杨重雅折，一档馆藏录副奏折，档号：
03 - 5131 - 022。
② 光绪《百色厅志》卷 8《补录》。

此外，厅通过更低层级的佐贰官来兼管土司的案例也存在，如太平府之上下冻土州、思陵土州与安南临近，从未设置流官，仅由土司巡察。乾隆八年时，"将下石西土州吏目改为思陵土州吏目。其下石西土州地方归宁明州吏目兼管。罗阳土县典史改为上下冻土州吏目。其罗阳土县地方，归永康州吏目兼管"。① 乾隆三十二年又改龙州厅吏目兼上下冻土州。

二 土司与厅的关系

明末时在土司地区设置佐贰流官进行治理已成为一种常态，不过此时虽有流官之置，但亦有土官，且土官品级往往同知府、知县，流官同同知、通判等，对于一般土民来说，土官的权威性仍高于流官。如在思明土州，尽管设有思明同知管辖，但"向来土民视为土府佐贰，有事呼应不灵"。② 早在明江厅设置之初，已有一些迹象显示改土归流并非一帆风顺。乾隆二年广西左江镇总兵杜恺曾奏报明江地方土民聚集事件，其中重要原因之一是"明江地方原系土府管辖，今归州治，种种不便"，预备在明江城内抢劫仓谷，迎接土府官员回署。③ 同时土司屡服屡叛，以土田州为例，光绪《百色厅志》卷八《补录》部分几乎就是一部中原王朝对土田州的战争史。明末岑猛大乱，王守仁平乱后也未敢改土归流，不过以少部分流官

---

① 《清高宗实录》卷202，乾隆八年十月辛酉，第608页。
② 雍正《广西通志》卷113《艺文》。
③ 乾隆二年八月十二日广西左江镇总兵杜恺折，一档馆藏朱批奏折，档号：04-01-01-0013-037。

加以若干土巡检司之设，示以羁縻而已。王守仁死后，都御史林富代为提督，就悲观地称"思恩改设流官二十年，兵不得罢；田州决非流官所能控御"。① 对于流官佐贰治理不力的问题，早在清初就已引起清廷的注意。

> 土府州县各设佐贰流官，原为兼摄土官，以杜其非为枉法也。土官远处天末，亦多畏服声教之人，而恃远作奸者又更不乏。佐贰虽无管理土民之权，而实有稽察土官之责。近见各佐贰流官或畏惧瘴疠，或不服水土，不赴本任，乔居省会府治者在在皆是……请饬下督抚严饬该员务抵任所，不得擅离。②

在这样的情况下，清廷试图加强对土司的控制，其中比较关键的手段之一是控制土司承袭。早在顺治八年布政使崔维雅在抚恤土司献策时就谈到粤西四十八土司，"承袭一节，土司不得自主，必听断结于朝廷之流官"，但这样一来也会造成流官在土司承袭案中上下其手，出现土流矛盾。"其争袭应袭诸案，向来积习，承问官借为奇货，往往至四五年不结，因而赇赂日滋，更有乘机借贷之人，乘土司需用盘利至数倍者。"③康熙五十九年经广西巡抚奏疏，建立了土司在大计之年与流官一

① 光绪《百色厅志》卷8《补录》。
② 雍正二年十月十六日署掌浙江道事监察御史李秉忠《广西等处土司坏风恶俗理合设法消除并酌情改土归流》，《清代吏治史料·吏制改革史料》第1册，第279页。
③ 《节录顺治八年布政使崔维雅抚恤土司以靖疆索议》，光绪《归顺直隶州志》卷1《沿革表》。

体考核的制度。① 不过遇到勇猛土司，同知控制力也非常有限，权威尚难建立。同治十二年土田州岑镜与岑森争夺继承权，民不聊生，百色同知居间调停。九月岑森、岑镜会于田州，百色同知主持。但就在这场"和解会"上，岑镜伏击岑森一行，岑森奋起反击，击杀岑镜随行200余人，这也足以显示同知的权威仍未能完全树立。不过也有说法是百色同知"实主其谋"。② 清廷置厅之后，制度上土司居于厅之下，以厅员之尊压制土司之威。譬如与广西情况类似的腾越厅，原为腾越州，但嘉庆二十五年改为厅后，连衙署也变得崇大宏阔，堪与督抚衙门相媲美。其辖有八个土司，"土司等既隶于厅，故土司等谒厅丞，亦若属员晋见长官，称厅丞为大人，自称土职。在政令上，厅丞得札饬土司，土司则用禀呈。其制度如此，故尔厅衙门不得不树声威以压服之也"。③

改土归流之后虽设置了厅，但厅与土官的矛盾陷入潜流状态。对于改土归流之后土司的地位，清廷仍尽可能给予一定优待，保留其一定特权。乾隆二年原广西按察使奏请裁废土官各项土例，视其为陋规，建议仿照流官，给予养廉银，但遭到时任两广总督鄂弥达的反对，认为"改土归流，请照内地官民之例，给养廉，裁陋规，诚如圣谕，事有关系，徒致纷更，实属无益"，乾隆皇帝批示"止可如是办理者"。④ 但与此同时，

① 《清圣祖实录》卷287，康熙五十九年二月乙丑，第799页。
② 光绪《百色厅志》卷8《补录》。
③ 罗养儒：《纪我所知集：云南掌故全本》，李春龙整理，云南人民出版社，2015，第348页。
④ 乾隆二年十月二十五日两广总督鄂弥达折，一档馆藏朱批奏折，档号：04-01-35-0591-010。

流官对于土官也有盘剥之举，早在清初就很严重。雍正二年李绂在上奏土司绥靖疏中就提到他到任后"访闻土司暴敛，心窃恨之。然细求其端，半出于不得已。土司所亲切而敬畏者惟知府，若知府廉能，土司即不敢为暴。从前调补南、太、庆、思四府知府，时有需索，土司因而科敛……数十年来，土司足迹不敢至府，畏拘留而需索"。① 雍正六年广西布政使郭锳也有类似见解，② 以至于雍正皇帝发布上谕，"凡文武流官于所辖土属，如敢多方需索，除督抚提镇应不时访察揭参外，文武互揭，毋许徇隐，自更属严密，着嗣后云、贵、广西三省俱着为定例"。③ 再如思恩府所属土田州尚有"馈送知府节寿礼包等项陋规"，中间虽遭革除，但嘉庆初年思恩府新到知府卢溶，陋规又被恢复，可见其所具有的顽强生命力。连知府衙役都可诬陷土田州中的帮办人员，骗取土州银七十两；知府无钱，则强借土田州银五百两等，不一而足。④ 嘉庆年间担任百色同知署思恩府知府的郑世俊，"府辖土司每承袭，官吏多要索，世俊悉除之，曰安边须借土官力，土官贫，非公家利也"。⑤ 可从侧面反映陋规问题之普遍。

　　流官对于土官也有轻视之意。乾隆二年一份两广总督鄂弥达汇报广西土司情形的奏疏中提到土官虽然也有知州、知县、巡检等职衔，但与流官相见时，后者多视其"卑陋，不加礼

① 广西博物馆编《广西土司制度资料汇编》，第510页。
② 广西博物馆编《广西土司制度资料汇编》，第511~512页。
③ 雍正十年十月初七日右江总兵潘绍周折附上谕一件，《宫中档雍正朝奏折》第20辑，第614页。
④ 嘉庆六年四月初二日广西巡抚谢启昆折，一档馆藏朱批奏折，档号：04-01-12-0260-079。
⑤ 光绪《湖南通志》卷175《人物志十六》。

貌。伊等亦惟萎靡颓惰，不能克自振拔”。[1] 也正因如此，土民对于土官至清末仍存有一定的同情心。如百色厅于光绪元年改土归流，光绪十一年兵部主事谢光绮称，“自官府论之，则皆以为苗顽逆命之徒，在各夷言之，则皆以为婴白存孤之义”，“今土田州自改流以来，土民土目饮恨含悲，不无将奋足踊将噬爪缩之虑”。[2] 这种对土司制度的思念可能是普遍现象。

在司法关系上，土官与流官的运作程序也比较复杂，并非单一司法体制，而是混合式的，强调了土司与流官的分工协作与责任划分。雍正四年鄂尔泰在定流官土官考成疏中，阐述了司法关系中土官和流官的分工，“事各有专责，应分为三途：盗由苗寨，专责土司；盗起内地，责在文员；盗自外来，责在武职”，按照盗的来源划分责任归属。[3]

明江厅设于宁明州辖境内，但又兼管上石西州，其厅的职能为何，仍存有很大疑问。据乾隆十一年一份思州土民黄胜高因田土纠纷致人死亡案件的刑科题本，该案在基层的司法程序是由宁明州知州李宪乔奏报，而知州又是据土思州知州所报，[4] 刑科题本中涉及土思州地区的司法案件程序与此相同，可见明江厅未参与思州土州境内的司法案件。而档案中所留下的为数不多的有关上石西州的刑科题本中，一件道光七年的文

---

① 乾隆二年十月二十五日两广总督鄂弥达折，一档馆藏朱批奏折，档号：04－01－35－0591－010。

② 《续录谢方山主政条陈》，《申报》1885年12月14日。

③ 广西博物馆编《广西土司制度资料汇编》，第513页。

④ 乾隆十一年刑科题本（原件破损不全），一档馆藏内阁刑科题本，档号：02－01－07－04812－014。

书显示命案的司法流程是"厅属管辖之上石西土州地保"首先报告，而后由署明江同知向宁明州知州报告，① 可见，明江厅对上石西土州有司法权。嘉庆《广西通志》也特意做了处理："上石西土州改流，设同知兼理，故以山水之隶……上石西州者入明江厅。"②

龙州地方，最初的司法职责是对于原下龙土司所辖之地"移驻弹压，遇有命盗等案，责令该通判承缉，转发崇善县承审。其上龙土司并上下冻土州之勘验审解，亦俱归崇善县办理"。乾隆三十二年后龙州、上龙、上下冻土州等三处的命盗案件也统归龙州通判勘验办理。③

百色厅的司法范围包含对临近若干土司的命案审理。雍正七年设百色同知后，即"承审田州、上林、下旺、定罗、都阳等土司命盗案件"，土田州的命案自不待言，其他土司的命案也的确得到了落实，如乾隆三十八年定罗土司民黄特宵与郑氏通奸，挫伤本夫周春泰身死一案，当时百色同知刚好因公赴省城出差，故牒文土田州州同代为查验。④ 乾隆十三年百色同知修建监狱时称"各土属解审人犯，俱归监禁"。⑤ 光绪元年百色升为直隶厅后，辖属恩隆县，令恩隆县承审上林土县、下

---

① 道光七年正月二十四日广西巡抚苏成额题，一档馆藏内阁刑科题本，档号：02 - 01 - 07 - 10695 - 002。
② 嘉庆《广西通志》卷116《山川略二十三》。
③ 乾隆三十二年四月初七日广西巡抚宋邦绥折，一档馆藏朱批奏折，档号：04 - 01 - 01 - 0269 - 022。
④ 乾隆三十八年四月二十七日广西巡抚熊学鹏题，一档馆藏内阁刑科题本，档号：02 - 01 - 07 - 1263 - 002。
⑤ 《清高宗实录》卷327，乾隆十三年十月庚子，第404页。

旺土司案件，定罗、都阳两土司案件拨归武缘县承审。① 不过该地土客矛盾日滋，如阳万土州，道光年间土客仇杀重案不断，是因"客民种植日蕃，获利滋甚，土民妒忌苛求，不遂所欲，因而害及十数家"。② 道光二十三年阳万土州黄卜能因觉得广东惠潮客民重利盘剥，纠集众人击毙客民黄德亨等五十六人。③

边疆地区的司法审理与内地显然不同。广西右江镇总兵曾奏请土民事件应该随到随审，但雍正皇帝指出，"被告土民有一时拘提难到者，凭何审结？"否决了着为定例的建议。④ 不过土官虽无审理命案之权，但可能在土民拘捕上承担重要职责。据光绪十二年广西布政使禁革土司地方借命盗案苛扰告示碑里所记，可以合理推测这是一种普遍现象，以至于需要布政使专门立碑示禁。

> 据太平府禀称，该郡各土司地方，每遇命案，辄勒附近村庄帮贴验费，盗案则令贴偿失赃。……斯风仍未少息，以致游棍汉奸，视为利薮，动辄影射嚇诈，恳请给示永禁。⑤

一般案件可能仍由土官审理，且禁止土民越诉至州县衙

---

① 光绪《百色厅志》卷2《舆地·沿革》。
② 光绪《百色厅志》卷8《补录》。
③ 道光二十三年六月二十五日广西巡抚周之琦折，一档馆藏录副奏折，档号：03-3898-035。
④ 雍正十年十月初七日右江总兵潘绍周折附上谕一件，《宫中档雍正朝奏折》第20辑，第614页。
⑤ 《布政司禁革土司地方借命盗案苛扰告示碑》，广西民族研究所编《广西少数民族地区石刻碑文集》，广西人民出版社，1982，第61页。

门，如此则保证了土司对细故案件的审理权。此种情况可见于光绪十六年万承土州的一块碑记《严禁土民赴州县衙开〔门〕越诉告示碑》。

兵部侍郎兼都察院右副都御史巡抚广西等处地方马为严禁事。照得粤西各土司地方，遇有寻常案件，往往不服土官传问，辄赴州县衙门控告。该州县即派官亲丁役前往提案，任意向土官需索供应差钱，土官遂转取偿于土民，其扰害不可胜言。除饬该管知府随时查参外，合行出示严禁，为此示仰汉土各官知悉。自示之后，凡有土司所属田土户婚等细故，遵照定例，由该土司审理。若非审断不公，及未到土官呈告，即赴州县衙门越诉者，不得轻准传提。如是必须提审之案，只许派差协同土役提解，不准派官亲家人前往，致滋骚扰。其派去之差，应与土役赴原告家传唤，不得安坐土署需索。该土官亦不得借端科敛钱文。倘敢玩违，一经查出，或被告发，定即严参究办不贷。各宜懔遵。

光绪十六年四月初二日①

类似广西地区土司与厅在司法上的关系，在其他地区同样存在，并表现出类似的特点。这也证明这一现象并不孤立，而带有相当的普遍性。四川松潘厅可以提供另外的佐证。同治年间《松潘记略》有一篇时任松潘直隶同治何远庆以亲身经历所写的《词讼记》，生动描述了这一地区厅的司法情况的特

---

① 《严禁土民赴州县衙开〔门〕越诉告示碑》，广西民族研究所编《广西少数民族地区石刻碑文集》，第62~63页。

殊性。

> 夫听讼贵于得情，以民情之各异也。厅治汉番杂处，互相交涉，非番与番讼，即番与民讼。番性戆而拙，若负屈，反目操戈，虽戚友如不相识然。且部落连络数百里，犯法逃亡者，藏匿其中，捕役难施计。若一犯偶宽，则群相效尤，而祸阶之。汉民经乱后穷益甚，遇事不得已始诉于官，若番民虽细故亦讼官。为剖白则纷解，否则聚而生衅，此缉捕决狱之难也。然其中有道焉，番民受约于土官，有事则诉之土官，弗能决，始讼于厅官，鞫其情则从根细诉，絮絮不休，纵千万言，勿急止也，凝神细审之，则情或见诸语言，或露于形色，从隙处而诘之，则真情毕露，得其情即叩首乞恩，弗敢辨，置诸法，死无怨，各番部亦罔异议。若真情未能究出，辄嗔怒而棰楚之，虽无枉亦不服也。①

松潘是一个夷多汉少之地，汉人大多居于厅城，故松潘厅的治理必须借助于土人的协助，特别是在司法方面。故松潘特别核定了一份制定于同治十年的《土弁章程》，其中核心内容是"番之犯法者归土弁交出，禁窝留。有案差缉不获，由土弁缉送，不令差役赴诸寨查缉，杜影射扰累弊"。② 与松潘厅情况类似，四川川西另有四边厅，原属各土司之地，后陆续改各土司、卫所，改建为雷波、越巂、马边、峨边厅，"汉夷错

---

① 同治《松潘记略·词讼记》。
② 同治《松潘记略·词讼记·土弁章程记》。

壤"，除了治理艰难，兵事一般也较多，且"地属夷疆，兵事较民事为亟"。① 《越嶲厅全志》卷1《圣谕》不断记录从康熙直至光绪特别是道光年间的"夷匪"事件，并附专门的《土司志》。

再如贵州古州厅，据嘉庆十九年的人口统计，汉民共5112 户 24406 口，仅及苗民的十分之二，对于苗寨地区的司法，则"有过，由该寨头人与土司通事究治，大事则土弁送至古州厅勘谳"。② 对于有人提议完全裁革土司，曾任古州同知的余泽春表示反对，他认为一来古州土人已不是明代骄悍之民，清初大军陆续压境设置军政机构以后，所存的不过是保长、寨头而已，"仅供驱使，小有剥削而已"；二来更重要的是苗民特别是生苗"言语不通，嗜欲不同，非土司不能通其性情。彼亦自便于土司而不便于汉官"，故"以蛮治蛮"仍为良策。③ 这也决定了设于土司广布之地的厅在基层治理中仍然不得不借助原有的土司系统。

---

① 光绪《越嶲厅全志·例言》。
② 光绪《古州厅志》卷1《地理志》。
③ 余泽春：《裁夫改卫议》，光绪《古州厅志》卷3《田赋志》。

第八章　土客之争与赤溪厅的设置

清代设置于族群交错之地和政区边缘地带的厅颇多，以东北、西北和西南一带居多，内地的省份则仍以府州县体制为主，设厅数量有限。但在广东，有清一代却设置过几个厅，其中佛冈、连山等厅均与瑶族管理有关，一定程度上与前述族群交错地带的厅的设置缘由类似，南澳厅与海岛治理有关，属于省区边缘地带的特殊控制。除此之外，还有一个极为特殊的直隶厅——赤溪直隶厅。

赤溪位于广东广州府，临广州湾而治，原属于新宁县，被新会县、象山县包围，这里并非岛屿，也不似粤西北一代深山密布，族群杂居。该地居民均为汉民。为何要在这里设立一个地域狭小的直隶厅呢？这就不得不提被称为"被遗忘的战争"的咸同年间土客之争。① 民国《赤溪县志》末尾有一篇很重要的文献叫《赤溪开县事纪》，比较全面系统地回顾了赤溪设立县级政区的全过程。今以该篇文献为中心，结合档案、地方志及其他文献，对赤溪设厅前后的过程予以系统梳理。

---

① 刘平：《被遗忘的战争：咸丰同治年间广东土客大械斗研究（1854～1867）》，商务印书馆，2003。关于咸同年间广东土客大械斗研究的回顾，可参考郑德华《关于咸同年间广东土客大械斗研究的历史回顾》，《九州学林》第3卷第2期，2005年。

一　清初迁界令、客民移居与土客矛盾

赤溪原位于新宁县境内，临近海洋。康熙元年，为对付迁居台湾的郑成功势力，清朝实施了"迁界令"，下令沿海各县居民一律内徙五十里。赤溪一地恰好位于迁界的范围之内，这给该地薄弱的经济生产与社会生态造成了致命伤害。除此之外，《赤溪开县事纪》还记录了赤溪遭到的连番打击，"（康熙）三年又因番禺苴贼李荣等之乱，恐迁民仍通海舶，续徙近海之民于内地，因是迁徙民至窘匮，无以资生，渐渐死亡者，十不存其八九，以致迁地空虚，盗贼益肆"。①

康熙七年以后经过时任广东巡抚王来任的奏请，赤溪等地开始陆续展复，② 但因原内迁之民已多故去，能够回乡者寥寥无几，于是清朝官员开始延揽客民前来耕种。这些客民主要来自惠州府、潮州府、嘉应州及福建、江西，他们来此开垦定居，分布区域除了新宁县，还包括肇庆府的鹤山、高明、开平、恩平、阳春、阳江一带，与土民杂居，因与"土音不同，故概以客民视之，遂谓之客家云"，③ 其实都是汉民。民国《赤溪县志》曾对客家的由来有过一番精练的概述。

> 惟今广肇之人辄谓以上各州县人为客家，并谓其话为
> 客话者，缘以上各州县人在明代清初间，复多迁移于广州

---

① 《赤溪开县事纪》，民国《赤溪县志》卷8《附编》。
② 奏疏见光绪《新宁县志》卷14《事纪略下》。
③ 《赤溪开县事纪》，民国《赤溪县志》卷8《附编》。

> 府属之番禺、东莞、香山、增城、新安、花县、龙门、从化、清远、新宁，肇庆府属之高要、广宁、新兴、四会、鹤山、高明、开平、恩平、阳春及其他罗定、阳江、信宜等州县，或营商业，或务垦辟，皆先后占籍焉。于是广肇各属土著遂以客视之，因言语与土著不同，又谓其话为客话。①

但如此一来，土客矛盾就相应产生了，这既有经济上的利益争夺，也有文化习俗的不同，"民俗勇于私斗"，"彼此语言扞格，易失感情"。②《赤溪开县事纪》里概括地介绍了土客矛盾的由来。

> 凡膏腴地域，已先为土著占据，客民后至，故所居多山僻硗瘠之区，或与土著相杂处。夫土客至相杂处也，则因于客民方音既已有别，又皆坚忍耐劳，富有独立性质，所习不与土著同化，于是感情不无扞格，彼此或起猜嫌。盖在咸同间，鹤、高、开、恩、新等县稍因土客积嫌，竟尔分声斗杀，纠纷连年，而至于无可收拾。

由于这批客民给清廷地方统治带来风险，广东省方面被迫做了一些初步应对，早在乾隆十八年，新宁县就奏请添设县丞，当时署理两广总督班第、广东巡抚苏昌谈到的关键一点就是"近则惠、潮、嘉应各府州之人前来砍柴烧炭，搭寮住居，

---

① 民国《赤溪县志》卷2《舆地下·方言》。
② 民国《赤溪县志》卷2《舆地下·方言》。

不下数千余人"，故奏请在那骨堡地方添设县丞一员，并授予其"就近征收钱粮，查验命案，移县招解转报，一切盗逃缉拿及斗殴雀角等事，各令就近办理"之责，[①] 赋予县丞相当大的权力。乾隆二十年正式得到批准，三十一年又移驻大澳地方，[②] 既防外海渔船，又防客民。但区区县丞微员，欲处理根深蒂固且日益滋生的土客矛盾，只能说聊胜于无。

　　土客矛盾在广州府和肇庆府多个州县都存在，但在新宁县似又有不同。鹤山、高平、开平、恩平等县客民经过磨合和斗争，终得以与土民一起参加科举考试，但新宁县客民屡请入籍，均被本地居民所拦，甚至发展到乾隆五十二年客童廖洪到北京的都察院具控。笔者在档案中找到了相关奏疏，为地方志书所不载，据此得以深入了解土客围绕科举的考量及其冲突。时任广东巡抚图萨布介绍了新宁县土客围绕科举考试的争论缘由。

　　　　缘新宁沿海污积，向多可垦之地。先于雍正十一、二年及乾隆五、六等年，有惠、潮、嘉、罗等属及闽省民人曾、廖等姓陆续就耕。躬际升平盛世，河海安澜，耕种得利，数十年后烟户日繁，田产日增，所生子弟农桑之外，渐事诗书，希图上进。乾隆二十六、七年间，客童曾光大等呈恳入籍，经督抚司批行府县查议，土著绅士伍松等以曾光大等各有原籍可归，背例冒考赴控。前署新宁县胡垣

---

① 　乾隆十八年六月署理两广总督班第、广东巡抚苏昌折，一档馆藏录副奏折，档号：03-0051-018。
② 　光绪《新宁县志》卷9《建置略上》。

查明曾光大等烟册均载有原籍,应与向回原籍应考之邓国玉等一并拨回,由府司转详,前督臣苏昌批饬造册移送原籍收考。嗣因各童连年讦讼,乾隆二十九年经前学臣边继祖条奏,请将新宁县客民照江西棚民之例加取文武童生各二名,一体入场录取,奉部以定例入籍二十年并无原籍可归者,准其入籍,其已满二十年而实有原籍可归者,仍归本籍,曾大光等烟册均有原籍字样,正与仍归本籍之例相符。但沿海客民连年讦讼,于士风、民风均多未便,请饬地方官彻底清查曾、廖等姓现在就耕应考各差,于果无原籍可归者,准其入于新宁应试;其有原籍可归者,仍赴原籍考试,不得混占新宁之籍。仍将查办缘由报部存案,所请加取二名之处毋庸议。①

此次礼部拒绝了客民完全入籍的请求,仍需满足"已满二十年"且"无籍可归"两项苛刻条件。果然经新宁知县调查,客民中无一符合,且查出冒籍捐监的十六人全部被改拨原籍,同时也拒绝因客民人数增多而给予新宁县新增名额,这批客民待遇尚不如"江西棚民"。可以说,这种简单粗暴、仅依据常例而忽略实际情形的做法,进一步激化了土客之间已有的矛盾。

乾隆三十九年前后,广东布政使议准客民入籍的定例,新宁县客民又看到了机会。以客童廖洪等人为首,继续赴各衙门呈请,但不断遭到拒绝。最终廖洪等人奔赴北京到都察院京

---

① 乾隆五十二年七月十一日广东巡抚图萨布折,一档馆藏录副奏折,档号:03-1179-052。

控。此次事件动静很大，广东巡抚图萨布委托多人前往新宁县调查，摸清了客童的情况，认为这批客童虽令拨回原籍，但原籍已多无田庐坟墓，且他们或其祖父辈来新宁县生活已有数十年，亲族已不相认识，"虽有拨回之名，竟无归籍之实，致使读书有志者，无由上进，情殊堪悯"。故广东巡抚图萨布奏请按照行盐商人子弟应试编立商籍及江西棚民入籍之例，将客童"附籍新宁，就近考试，酌加取进文童生二名、武童一名，另编客籍字号"，如此才能两不相妨，"土著相安，客童有着"。①

经过督抚奏请及部议，新宁县另编客籍，取进文童二名、武童一名。②此后，嘉庆七年东莞县、新安县，嘉庆十二年开平县亦仿效新宁县之例编立客籍，一定程度上暂时缓解了土客矛盾。③不过客民虽获得入籍考试之权，但本地居民与客民分别编籍仍证明土客之间的内在隔阂并未消除，且将更为固化。

随着新宁县土民人数达到30万人，所居虽多偏僻之地，但也占了新宁全境的三分之一，④土客矛盾有愈演愈烈之势。在刑科题本中，有一些土客矛盾的案件被保留了下来。如乾隆三十二年新宁县客民潘开贤因截水灌田事打死土人赖存仁，据潘开贤的供述，他是"新会县人，今年六十六岁，携眷来新

---

① 乾隆五十二年七月十一日广东巡抚图萨布折，一档馆藏录副奏折，档号：03-1179-052。
② 光绪《新宁县志》卷12《经政略下》。
③ 嘉庆七年八月二十九日礼部尚书长麟等折，一档馆藏录副奏折，档号：03-2165-019；嘉庆十二年七月十七日两广总督吴熊光、广东巡抚孙玉庭等折，一档馆藏朱批奏折，档号：04-01-38-0116-026。
④ 《赤溪开县事纪》，民国《赤溪县志》卷8《附编》。

宁佃耕度活"。① 乾隆四十一年新宁县客民冯亚四又因其哥为
遮盖新种番薯幼苗而取邻居周家爝禾草发生争执，致使对方身
死，据冯亚四供称，他"今年三十九岁，同哥子冯优乔搬到
治属官步村居住，耕种度活"，② 也是新到新宁县不久的客民。

咸丰年间，广东土客矛盾总爆发。其起因与广东洪兵起义
有关，时因"贼目及附贼者多土属人，闻剿惧之，乃煽布谰
言，谓客民挟官削土。土众惑之，因是仇客分声，乘势助匪，
杀掠客民，客民起而报复，遂相寻衅焚掳屠戮而成械斗矣"。③
从咸丰六年开始，直到同治六年，新宁县土客械斗持续 12 年，
死亡人数中，又以客民多于土民，其原因是客民死于疾疫者
多，土民尚可进入内地依靠亲属避难，而客民村落一旦被攻
陷，只能流离失所。在《赤溪开县事纪》里专门有一部分叫
《新宁土谋灭客与东西路土客互斗大略》，讲述了发生在赤溪
的这一械斗惨剧。

二 "以产换产"：清廷应对及善后举措

客观地说，新宁土客械斗之所以愈演愈烈，与清廷应对失
措有很大关系，也与当地乡绅难有作为有关。这一时期，清廷
忙于应对洪兵及太平天国起义，自顾不暇，对于土客械斗并无
太多介入干涉，"无官兵弹压"，故相互掠杀之事，"无时无

---

① 乾隆三十三年二月二十日大学士管理刑部事务刘统勋、刑部尚书舒赫德
题，一档馆藏内阁刑科题本，档号：02 - 01 - 07 - 06321 - 002。
② 乾隆四十二年六月初十日刑部尚书英廉、刑部尚书余文仪题，一档馆藏
内阁刑科题本，档号：02 - 01 - 07 - 07252 - 010。
③ 《赤溪开县事纪》，民国《赤溪县志》卷 8 《附编》。

之，亦无地无之"。① 等到土客矛盾愈演愈烈，仇恨日深，地
方官再试图介入时已无济于事。"地方官少一问其曲直，则指
为偏袒，怨谤立起，或公然与官为仇，以是官吏相率隐忍，不
敢过问。"再加上州县官一般较为偏向土人，"官斯土者，劝
谕之方无闻，排解之化莫及，土则万告千控，客则莫获一
诉"。② 械斗难以收拾，直接冲击了清廷在广东一带的基层统
治秩序，依赖府县一级官员已无法平息事态，这一状况迫使清
廷加大了介入力度并筹划应对之策。同治四年三月两广总督毛
鸿宾、广东巡抚郭嵩焘奏请了善后之策，即将客民集中安插。

> 查点客众，尚余十六万五千余人，内中自愿前往广
> 西投靠亲友种地垦山营生者……尚余四万余人，均须别
> 筹安插……土客仇隙太深，若令客民散处土乡，势必互相
> 吞噬。③

但安插一策也困难重重。首先是广西方面的态度并不积
极，"广西抚臣虑滋别衅，坚执拦阻"，而如安插广东别处如
清远等地，"客民回籍者数万人，已苦于无可安插"。时任广
东巡抚的郭嵩焘在阅读都察院转来的广东举人冯典夔"以客
匪焚掠，恳请妥为安插等词"时，在日记中不无讽刺地写道：
"末言广东督抚能仰体朝廷好生之德，自应设法妥办，或迁之
远地，如韶州府之英德、广州府之清远等县，广西浔州、南宁

---

① 《赤溪开县事纪》，民国《赤溪县志》卷8《附编》。
② 《赤溪开县事纪》，民国《赤溪县志》卷8《附编》。
③ 《赤溪开县事纪》，民国《赤溪县志》卷8《附编》。

各府属旷土闲田，散为安插，以断祸根，则直任意处断，知有己而不知有人。彼英德、清远之人独肯听令安插乎？阅之为怃然。"① 同治五年，广东方面希望将客民安插在新宁县的金鹅、赤水、那扶等处，但因该地仍有土人居住，且长年战争后，产权不清，客民"时遭土人伺杀"。由于"土强客弱"，时人也认识到如果土客仍然杂居，根本解不开两者之间的仇恨。广东方面只好继续劝导客民去更远的地方，并发给资费，分途保护，引导他们迁往高州府、廉州府、雷州府、琼州府等地及广西州县，由此导致"开平、恩平及新宁西路一带无复有客民足迹，而客属村居田产概为土人占有矣"。②这是一次规模很大的迁徙，被罗香林视为客家第五次大迁徙。③

与此同时，在新宁县东路的曹冲、赤溪、田头等地，仍有不少客民聚集于此，土客械斗仍在继续。同治五年广东新调任巡抚蒋益澧受土人等连年具控影响，"信客为匪"，加上同治皇帝也亲自谕令清剿，④ 于是清廷调集大军"平叛"，开始进攻曹冲等地，但直到同治六年客民仍在顽强抵抗，无法强取。蒋益澧开始筹划土客息斗联和之策。据方志记载，早在咸丰十年冬，新宁知县曾惠就试图进行土客联和，但并未成功。⑤ 有文献记载蒋益澧此举是受黄德森的劝诫："赤溪土客争起，巡抚蒋益澧督师剿办，筑长围困之，士民万余，势将饿毙。黄德森诣军门，献策招抚，益澧从其谋，欲选劲旅为卫，德森却

① 梁小进主编《郭嵩焘全集》第 9 册，岳麓书社，2012，第 94 页。
② 《赤溪开县事纪》，民国《赤溪县志》卷 8《附编》。
③ 罗香林：《客家研究导论》，上海文艺出版社，1992。
④ 《清穆宗实录》卷 193，同治五年十二月壬子。
⑤ 光绪《广州府志》卷 82《前事略八》。

之，夜与族人作潮，偕入赤溪，集父老，谕以德意，缚悍党二十余至军，复同官军入山搜捕余党，事遂平。赤溪设厅治始此。"① 不过晚清民国要人郭则沄在为家族所写的史书中也记录了他的祖父郭式昌在土客联和中所起到的重要作用。

> 按察公（即郭式昌，因其曾署浙江按察使，故郭则沄在《郭则沄自订年谱》和《家世述闻》中尊称其祖父为"按察公"——引者注）在浙，见重于蒋果敏（即蒋益澧——引者注）。果敏移抚粤，奏调充营务处，事无大小，咸就咨焉。会潲涌（即曹冲——引者注）莠民倡乱，果敏督师往剿，阵斩甚夥，余党犹负隅拒守，议一鼓歼之。公谓中多胁从，且势已穷蹙，不如就而抚之。果敏曰："孰可往者？"公毅然请自效，因先期与约，轻骑赴之。众迎入寨，公曰："吾为救汝等来也。"坐定，进参饮，左右疑有毒，潜牵公衣，公不顾，饮之至尽，遂宣示国家威德及其利害，皆感激听命，是役全活逾万人，集中收抚五坑客民，事毕复赴潲涌军营……迨大军既撤，复为策画善后，清户籍，申禁约，于其地设赤溪厅，移营汛驻之，严疆安辑而公以积劳感疾，几殆。②

郭式昌可能确实如传记所言，为土客联和做出了重要贡献。就在同治六年的五月初六日，两广总督瑞麟等为剿办曹冲

---

① 民国《香山县志续编》卷11《列传》。
② 《家世述闻》卷4，北京大学图书馆馆藏稿本丛书编委会编《郭则沄遗稿三种·家乘述闻》，天津古籍出版社，1987，第304~305页。

的请功折里，除了蒋益澧、提督、总兵官等高官外，其他受奖赏的名单中有"副将彭光明、陈念亲、席得元、刘清和、谢明山，参将谢茂胜，游击吴迪文，道员梅启照巴图鲁名号。知府郭式昌花翎。余加衔、升叙有差"。① 这也显示了郭式昌应在这次处理土客械斗事件中做出过重要贡献。此外，郭式昌本人又的确是蒋益澧的心腹，具有献计献策的条件。就在同治六年前后，瑞麟和蒋益澧的矛盾日深。同治六年十一月十二日在两广总督瑞麟弹劾蒋益澧"任性妄为"之时，同治帝上谕中专门提到"违例代理之肇庆府知府郭式昌、罗定州知州戈隶安均着饬回浙江原省"。② 郭则沄记录此事经过是"迨公赴官肇庆，两府嫌隙遂益深，言路劾果敏数事，并及公摄郡违约，果敏坐降调"。③ 蒋益澧赴浙任职，随身携带的干将之一便是郭式昌，也显示了两人之间的密切关系。

客民绅士杨梓钊及田头局董吴福堂等人受命与蒋益澧面谈，就此也开始了土客分治的筹商，这便是"以产换产"。据《赤溪开县事纪》所录同治六年三月二十日巡抚蒋益澧的批示，"以产换产"系客民代表杨梓钊等提出，"伏乞止戈为武，宏施格外之恩；不杀为仁，大振好生之德；将产换产，毋使流离难赤，作为他乡恶鬼；以业兑业，毋使失所残黎，转为异域"。等到四月十六日，土客绅民联和，用"以产换产"的方式实现了和平，具体做法是：

---

① 《清穆宗实录》卷202，同治六年五月戊午，第606页。

② 中国第一历史档案馆编《咸丰同治两朝上谕档》第17册，同治六年十一月十二日，广西师范大学出版社，1998，第353页。

③ 《家世述闻》卷4，北京大学图书馆藏稿本丛书编委会编《郭则沄遗稿三种·家乘述闻》，第306页。

> 凡赤溪、曹冲、田头、磅磄、铜鼓五堡以内田庐，均
> 割归客民耕管，其客民旧有之冲蒌四九、五十，那扶，深
> 井，大门，三合，大𥕢岗等处田庐，亦悉归土民耕管。

当时客民因新宁所属东西两路原有客村田产较多，这次划割并不划算，请求另割地方，但并未得到批准。以此次以产换产为基础，以赤溪五堡为基本地域，清廷设立赤溪厅，与新宁县划界而治，五月初二日蒋益澧即迅速召集土客绅耆开始划界，分立界碑，界碑上明确指出，"清其畎亩，宅尔宅，田尔田"。① 至于赤溪厅境内的"户婚、田土及一切词讼事件悉归赤溪同知审理"，"新宁土民控赤溪客民，亦归审理。如赤溪客民控新宁土民，应归新宁县审理。倘有必须会讯之事，即彼此移会知照，秉公剖断"。② 事定之后，蒋益澧上奏请改琼州府海防同知，设赤溪厅直隶同知，同时设赤溪协水师副将一员驻扎厅城弹压，③ 至此"土客联和，以产换产，设厅分治，其事大定"。④ 对于蒋益澧的平叛之功，同治皇帝深表满意，对于土客之争，朝廷一向心知肚明，虽文献之中时常称其为"匪徒"，但并不一味将其作为必欲剿灭的敌人，而是施以怀柔之术，"该客民等既经改过自新，即系朝廷赤子，自应加恩拔取秀良，以广培植"。⑤

---

① 民国《赤溪县志》卷1《舆地上·疆域》。
② 光绪《广州府志》卷65《建置略二·廨署》。
③ 同治六年十二月两广总督瑞麟、广东巡抚蒋益澧奏疏全文见民国《赤溪县志》卷5《职官表·武职》所附，一档馆藏有这份奏折录副，档号为03-4774-004。
④ 《赤溪开县事纪》，民国《赤溪县志》卷8《附编》。
⑤ 《清穆宗实录》卷202，同治六年五月戊午，第605页。

表 8-1　同治七年赤溪厅、新宁县税亩

单位：顷

	赤溪厅	新宁县
中则田	137.2844	1428.06631
下则田	23.6713	1238.14817
原斥卤田	103.491942	362.101007
科斥卤田	3.9716	113.9544
额外历年升科并新承垦复新斥税田	22.66582	1117.4357917
香斥税田	74.78211	148.4901168

资料来源：光绪《新宁县志》卷11《经政略上》。

　　赤溪设厅的方式显然是一种富有创造力的做法。赤溪设厅也鼓励了恩平等县的客民，他们虽有的已迁居别处甚至广西，但也盼望按照新宁土客换产的成案回到原籍，为此甚至屡次赴京具诉，但历任两广总督及广东巡抚均未正式许可，直到清朝灭亡，也未得到解决，由此更可见赤溪厅的特殊性。对于时任两广总督瑞麟、广东巡抚蒋益澧、按察使梅启照、都统尚昌懋等人为土客联和所做出的贡献，赤溪厅人深表感激，主动设立了"恩主祠"（初名长生堂）来纪念，认为他们四位"厥功甚伟，故宜立祠合祀，以报恩德"，① 特别是蒋益澧，在为其所立的长生堂碑记中，将其功劳称作"德协二天，恩同再造"。② 光绪十六年任赤溪直隶同知的金武祥夸赞蒋益澧"亲临严办土客之案，建厅分界，抚绥和集，殚极经营，客民获安耕凿

① 民国《赤溪县志》卷3《建置·坛庙》。
② 《巡抚蒋公益澧长生堂碑记》，民国《赤溪县志》卷7《纪述·金石》。

者，皆公之赐"。①

对于乾隆以后新宁、赤溪矛盾的焦点之一的学额也有新的办法。同治七年设厅时原拟比照恩平客籍之例，每二十名取进一名，但遭礼部驳回，认为"今既添设赤溪直隶同知，则与各直隶同知无异"，应按照直隶厅同知的惯例设立学额，将乾隆五十二年批准的新宁县客籍学额文童两名拨给赤溪厅，并允诺将来文风日盛，再奏请加额，岁科考进生员隶广州府学兼管，毋庸再设儒学。② 这一做法可能是借鉴了东莞县客籍的思路，光绪《广州府志》在记录赤溪客籍名额拨入时，提到了广州府学下的客籍除了赤溪厅，还有东莞、新安两县客童，而东莞县客童附入广州府学是在嘉庆六年，新安县客童拨入在嘉庆七年。③ 如果考虑到土客矛盾，客民总人数下降，且部分客民被遣返原籍，录取难度应该说大大降低了。与此同时，为了安抚新宁县土人情绪，蒋益澧奏请为新宁县增加学额四名，④是属皆大欢喜。

三　赤溪厅的命运

同治六年赤溪设厅，是清代厅制当中的"异数"。按照县级政区设立的标准，无论就幅员还是人口来说，赤溪均不足以成为一个县级单位，且厅境之内将土民迁出而仅有客民，更与清代厅的设立往往是为解决多族群杂居问题的初衷背道而驰。

① 光绪《赤溪杂志》卷上，第21页。
② 民国《赤溪县志》卷4《经政·学制》。
③ 光绪《广州府志》卷72《经政略三》。
④ 光绪《新宁县志》卷14《事纪略下》。

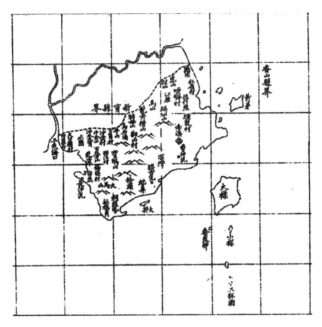

图 8-1 光绪《广东舆地全图》中的《赤溪厅图》

故而赤溪厅的设置，始终陷于"合法性"的危机之中，这其中既有新宁县、赤溪厅两方对于设厅本身的差异性认识，也与赤溪厅本身所具有的县级政区条件不足有关。

设厅只能说暂时平息了新宁、赤溪迫在眉睫的土客矛盾，但并非一劳永逸的解决办法。民国《赤溪县志》中的《赤溪开县事纪》站在赤溪的立场上，显然是用一种极为正面的态度称赞了这一设厅的举动。不过对于新宁县而言，就并非如此了。《新宁县志》的内容当然不会刻意凸显新宁方面的态度，也不大可能会记载设厅之后新宁县土人的态度。不过中国第一历史档案馆保存了一份同治七年八月新宁县贡生赵德等人要求惩办杨梓钊的禀文，时间正是在设厅之后不久，也正反映了土客之间对于设厅的不同认识仍然存在。

杨梓钊是赤溪的代表性绅士，也是实现赤溪设厅的关键性人物。民国《赤溪县志》的列传部分，首位被列出的就是杨梓钊。县志用长篇大论讲述了杨梓钊在解决土客矛盾及设厅过程中所起到的中流砥柱般的作用，"赤溪所由建立，梓钊实始终之也"，①故得以其对赤溪厅和客民的巨大功劳配享恩主祠。

但对于新宁县而言，杨梓钊则是"十恶不赦"之人。设厅之后不久，新宁县绅士中就有极其不满的声音，向朝廷的禀文内容即是《禀为逆首杨梓钊等聚匪倡乱戕害官民求申办事》，且不仅直接要求惩办杨梓钊，还将矛头对准了决策设厅之事的巡抚蒋益澧。

赵德等人声称他们所代表的是"新宁县田头等八十三乡被难士民"（此"八十三乡"即指设立赤溪厅的地域——引者注），认为土客之所以械斗，本身就是由于"逆首"杨梓钊等"聚匪倡乱"，官兵屡次清剿未果，以至于巡抚蒋益澧亲自率兵督阵。可是神奇的事情是"有外委侯振光招同贼目数人到营，营内放炮迎接，移时即传令止战"（此即土客联和谈判事），随即设立赤溪厅，"将田头、赤溪等八十三乡田庐割与该匪长踞"，是"割地从贼"，要求皇帝"赐复故土"。赵德等人同时对于蒋益澧亦多有控诉，认为新宁县民听闻设立赤溪厅的消息，即有数千人前往营中哭诉，但蒋益澧"怒令鞭挞严押耆民十八人"，过了几日又在营中"张筵祝寿，名为土客会饮"，所谓"土民具结换产之事"也属子虚乌有。禀文最后附

---

① 民国《赤溪县志》卷6《人物·列传》。

上众多署名，以赵姓居多。① 之所以如此，笔者估计可能与原属新宁县后划归赤溪厅的田头等地的土民以赵姓居多有关。光绪七年《申报》上记录了一封广东人谈土客情形的来信，提到了田头等地原土人的情况，同样站在土人的角度，对设厅之举有不满情绪："田头本土民赵姓之乡，铜鼓、曹冲、赤溪亦皆土民祖地，房屋万间，沃野万顷，既尽为客众占据，凡四乡之民，不能复归故土，怀我邦族，不亦惨乎？"②

同治帝令广东方面查核禀文内容，两广总督瑞麟随后回奏，虽以一种各打五十大板的方式，既坚决否定了赵德等人所讲诸事，也对其某些观点表达了理解。据两广总督瑞麟的调查结论，这份禀文之所以联合多人署名，是赵德等人"恐田头等乡赵姓数人出名，难以邀准，捏写八十三乡被难士民字样，添砌割地瞒奏各情，呈尾胪列各姓人八十七名，希图从听"；同时又查明土民互换田产中，"赵姓原田俱属膏腴，祠产亦颇宽大，且客田大半瘠土，与其余各姓土民之田不甚悬殊，惟房屋、地基片瓦无存，若将客遗地基拨给赵姓，力难建复祠宇"，最终考虑以朝廷名义给予一定银两津贴，但亦仅限于田头、赤溪两乡赵姓，"别姓之人均不得援以为例，以示限制"。③ 同时对于京控诸人均找到一些合理的理由予以免罪，以一种妥协的态度缓和了设厅之后的新宁县土人与赤溪厅客民之间矛盾激化。

---

① 同治七年八月初三日广东新宁县贡生禀，一档馆藏录副奏折，档号：03-5026-064。
② 《土客情形》，《申报》1881 年 3 月 21 日。
③ 同治十年五月一日两广总督瑞麟折，台北"故宫博物院"藏录副奏折，文献编号：107758。

赤溪设厅不仅引起了新宁县土人的不满，就是广东其他各州县也有同样的态度和观感。这从各地地方志中对于咸同年间土客械斗的书写方式上可以看出来。光绪《新宁县志》在记述这起事件时，通常的称呼是"客匪"或"客贼"，光绪《广州府志》也是这样的称呼，还包括高明县等地。① 直到宣统年间编纂的《新宁乡土地理》教科书中，仍称客家为"客逆"，而新宁县同样设立"恩主祠"，纪念的人物是两广总督刘长佑、广东按察使吴昌寿、总兵卫佐邦，他们均是同治六年之前持续清剿客民的官员，② 这与赤溪厅同样的"恩主祠"里祭祀奏请设立赤溪厅的瑞麟和蒋益澧形成鲜明对比。广东府县志书编纂中持续对客家的"妖魔化"描述仍然是同治以后土客关系紧张的一种表现。双方也仍然以各种方式纪念土客之争的死者，试图不断塑造自身的历史记忆，强化对土客械斗历史的解释权。如新宁县昭忠祠祭祀"征客逆殉节翁桂秋、王东林、贺国辉三副将"，忠勇祠在祭祀上述三人的同时另以死难乡勇配享，矬岗义勇祠纪念"咸同间御客匪阵亡乡勇"，海晏义勇祠纪念"咸丰六年、同治初年御客匪乡勇之死事者"。③

晚清的文献中也记录下了新宁、赤溪分治后的土客关系。"设厅后，新宁土人与厅人互相敦睦，但彼此前嫌未尽释泯，亦间因事致起猜疑。"既有同治八年围绕田亩的厅县争端，又

---

① 温春来、黄国信：《妖魔化客家——咸同年间广东高明土客械斗研究》，收入四川省社科院、国际客家学会编《四川与客家世界：第七届国际客家学研讨会论文汇编》，2001。
② 宣统《新宁乡土地理》卷下《新宁之古迹·祠庙》。
③ 宣统《新宁乡土地理》卷下《新宁之古迹·祠庙》。

有光绪二十八年新宁县人诬控赤溪厅人勾结革命党人的传言，到了宣统三年辛亥革命之时，仍有土人传言客民要攻打新宁，以致土客双方畏惧再发生咸同年间的恶性争斗，故不得不于九月十九日召开土客会议订立合约以释疑团。① 民国《赤溪县志》赤溪协副将戴朝佐的传记里，还记载了光绪七年中法战争期间有人乘机散布谣言，诬陷客民制造舰艇千余艘，图谋叛乱，经戴朝佐认真查实才得以澄清。② 直到光绪年间所修的《新宁县志》，在记载"国朝"大事记时，对土客矛盾的叙述依然有着鲜明的价值取向，客民多冠以"贼"字，至于赤溪厅人心目中的"英雄"杨梓钊，则仍被视作"逆首"。③

　　厅县分界虽大体清楚，但仍有局部地区留有争端。如冲金村，新宁县认为"本未割入赤溪，近为客人侵居"，④ 但赤溪县则称设厅时该村早已割给赤溪。光绪十六年赤溪直隶同知金武祥认为要谋长治久安之策，第一条就是界址。"设厅之始，系割新宁县属之潮居一都及矬岗都之充金、长沙、大麻、小麻等处隶入厅属，安插客民，大书勒碑，本极明晰。无如土壤毗连，犬牙相错，岁月既久，界址湮芜。新宁土民越界占争，所在多有，缠讼蓄怨，日久必酿事端。"⑤ 民国初年广东省长尚为两县争界事犯愁，"台山、赤溪两县境虽分辖，地本相连，错等犬牙，疆域之争斯起。讼兴雀角，土客之间未见融囊……惟是岁月迭更，沧桑屡易，前模渐失，故迹稍湮，近以界务之

---

① 以上均据《赤溪开县事纪》，民国《赤溪县志》卷8《附编》。
② 民国《赤溪县志》卷5《职官表·宦绩》。
③ 光绪《新宁县志》卷14《事纪略下》咸丰六年以后部分。
④ 光绪《新宁县志》卷10《建置略下》。
⑤ 光绪《赤溪杂志》卷下，第2页。

相持，因而讼端之复起"。① 台山县即民国 3 年后新宁县所改之新县名。

另外新厅虽设立，但其实条件恶劣，难以自存。民国《赤溪县志》的序言在谈到赤溪厅的创立时，用了"设立在危难之时，建置在偏僻之地，幅员偏小，规模草创"字句。② 光绪《广东舆地全图》称赤溪厅广纵均为二十里，可见是一个极小的县级政区，远远不足"百里之县"的平均水平。到了民国初年陆军测绘局测绘员廖景程测量赤溪县里距时，得到的结果是"东西距五十九里，南北距六十一里"，并被地方志所采用，但这是将大海面积也算入的缘故。③

最初设立赤溪厅时，人口也偏少，这与土客十余年残酷械斗有关，赤溪人口远不足以成县级单位规模。不过建厅之后其迎来持久和平，人口增长比较迅速，蒋益澧在建厅之初就忧虑"将来生齿日繁，不无地窄人稠之叹"，后来的历史发展也印证了蒋的远见。④ 同治六年设赤溪厅时有 3625 户 22590 口，此后连年增长，到宣统元年已有 9125 户 70062 口，"山多田少，人民生活维艰"。也正因如此，从清代起赤溪即有携带家眷赴南洋讨生活的传统，据称每年不下数百家之多，形成当地一大特色。⑤

由于地处荒僻之区，经济落后，厅城也难以修建，这种情况在全国也不多见，即使是贵州、云南等偏远地区的厅州县也

① 民国《赤溪县志》卷 1《舆地上·疆域》。
② 赖际熙序，民国《赤溪县志》卷首。
③ 民国《赤溪县志》卷 1《舆地上·疆域》。
④ 光绪《赤溪杂志》卷下，第 8 页。
⑤ 民国《赤溪县志》卷 4《经征·户口》。

基本会修建城池。早在同治六年置厅之初，广东巡抚蒋益澧就
建议简单将赤溪原有寨城就地改为厅城，但即使如此简陋的条
件，仍因库款无着而作罢，直到光绪十六年才由五堡绅民集议
自行筹款修筑，但工程浩繁，直到宣统三年仍未完工。① 在清
代县级政区中，未建成城垣者并不多见。此外孔庙也未能兴
建，方志编纂者也感慨道"圣祀莫崇，诚属憾事"。②

　　赤溪设厅之后二十余年，金武祥于光绪十六年就任赤溪直
隶同知并留下了赤溪历史上最早的志书《赤溪杂志》。在此之
前，"府志仅于新宁县沿革表后注明设厅原委及分析都堡数语
而已，舆图既划开，不列纪载，亦未能兼包，今厅中复不自立
志书，遂至海疆一隅，漫无考证"。③ 金氏用极其个人化的观
察，描述其时赤溪厅的情形，也留下了难得的反映光绪中期赤
溪实情的记录。

　　"赤溪在广州西南，若由内地前往，则水行至新宁县境，
即须陆行。山路险仄，跋涉良苦，如绕道澳门，仍须改换别
船，亦费周折。"交通十分不便，且"土瘠民贫"。④ 金氏观察
到，"赤溪为海滨僻壤，文士魁硕所罕至，故其山川命名往往
鄙俚不经，莫知所由起"，文化上仍未能繁荣起来。即使到了
1917 年，时任粤海道尹的王典章巡行到赤溪时，所看到的赤
溪仍然是比较贫瘠之区，"据报人口七万余，其实并无此数。
闻因民国成立时拟设县治，恐以人口稀少，不能邀准，特多报
虚数，冀免议驳"，其始终处于政区设置合法性的焦虑之中。

---

① 民国《赤溪县志》卷3《建置·城池》。
② 民国《赤溪县志》卷3《建置·学校》。
③ 光绪《赤溪杂志》卷上，第6页。
④ 光绪《赤溪杂志》卷上，第1、3页。

而临行之前王典章给予赤溪、新宁两县知事的训言称"地不达百里，人不及十万，岁赋所入不逮五千，而设一同知以治之，在前清置厅之始，其别有用心乎？"并将其归结到朝廷"怀柔之道"上，① 这也正说明了赤溪设厅对于时人或民国初年的人而言，更多的是政治上的考量，而不是地理空间和经济发展上的水到渠成。

也正因上述原因，赤溪厅设立之后不久，就不断有合治之说。光绪年间两广总督岑春煊建议将新宁县下新宁一带改设广海县，与赤溪厅一起归属阳江厅管辖。不过新宁绅商听说后极力反对，其中一个理由便是"新宁前土客仇杀，陷广海城，杀土人数万，蒙蒋抚台剿办，割立赤溪厅，安置客民，土客始安。若合治恐复仇杀"。② 在民国元年政权更迭之时，赤溪改厅为县，这时又有人提出要将新宁、赤溪重新合并。赤溪绅董联名禀呈请免裁缺，广东民政司派人调查后，认为新宁、赤溪"土客意见至今未尽消融，若强之附入新宁办理，转多窒碍"，③故赤溪县勉强得以继续保留。直到1953年中华人民共和国彻底解决了土客问题，赤溪县也终于回归到大历史的轨道，撤县并复归入台山县，地理、经济、人口最终还是超越了短暂的政治因素，而发挥了政区置废中那些结构性的决定力量。

---

① 王典章：《粤海道尹王典章巡行日记》（续），王玉民、王建中、彭建萍整理，中国人民政治协商会议广东省委员会文史资料研究委员会编《广东文史资料》第74辑，广东人民出版社，1994，第233页。
② 《新宁绅商力争分割县治电广东》，《申报》1906年7月16日。
③ 民国《赤溪县志》卷5《职官表·文职》。

结语　边缘地带的治理与清代地方
行政体系的弹性空间

　　近年来，学术界在讨论国家治理等问题时，越来越将"规模"作为一个重要变量，对于国家规模与经济影响之间的关系，经济学探讨较为充分。① 对于国家规模与政治体制的研究也开始出现，姚中秋曾指出："自有政治的观念活动以来，规模就是其中一个重大的隐秘主题：或者作为政制设计需予解决的难题，或者成为导致一个政体崩溃的根源。在中国政治史上，规模问题以各种形态反复呈现，促使人们发展出各种政制构想。"② 周雪光在阐释中国国家治理的制度逻辑时，将这一问题的提出归结到"治理规模与负荷"上，并较为系统地阐释了国家治理的规模如何影响了组织程度、组织方式和相应的组织成本，进而试图从组织学的角度，通过对中国官僚体制的研究来解读中国国家治理的制度逻辑。③ 泮伟江既谈到了中国

---

① 埃洛·伊劳伦特、欧阳峣、汤凌霄：《国家规模的经济影响：50 年来的回顾》，《湖南师范大学社会科学学报》2019 年第 3 期。
② 姚中秋：《超大规模国家的治理之道》，《读书》2013 年第 5 期。
③ 周雪光：《国家治理规模及其负荷成本的思考》，《吉林大学社会科学学报》2013 年第 1 期。

的超大规模性所带来的"负荷",也提示了超大规模性带来的正向作用,特别是庞大的国土面积和人口数量所带来的规模优势与四十多年中国经济增长奥秘之间的关系。[①]

对于当代中国而言,国家规模所引发的"一统体制"与"有效治理"之间的矛盾成为观察各类制度设计的逻辑起点。而对于传统中国而言,除了"一统体制"与"有效治理"这一对长期存在的痼疾之外,还有一些特殊的矛盾。以清代为例,它面临着一对与当代不同的结构性矛盾——"超大规模"与"有限政府"。

清朝国土之辽阔要超过今日,而人口亦从清初一亿人增加到乾隆年间的四亿人,构成今天中国庞大人口数量的基础。但与今日有所差别的是清朝政府的正式官僚数量保持了一个非常有限的程度,根据《缙绅录》量化数据库的统计,[②] 从中央到地方的正式官员不到两万人;就行政区划的数量而言同样如此,中国的县级政区数量在秦朝时有一千稍多,到了清代也不过一千六百多,[③] 增长相当有限。那么一个问题就出现了,清朝的超大规模性,迫切需要投入更大规模的官僚队伍进行治

---

① 泮伟江:《如何理解中国的超大规模性》,《读书》2019 年第 5 期。

② 对《缙绅录》量化数据库的介绍,可参考任玉雪等《清代缙绅录量化数据库与官员群体研究》,《清史研究》2016 年第 4 期;任玉雪等《中国历史官员量化数据库——清代缙绅录 1900～1912 公开版用户指南》(2021 年 2 月),http://39.96.59.69/DownloadFile/DLFile,2021 年 12 月 31 日。

③ 据华林甫《清朝政区边界复原与清史地理再现——〈清史地图集〉的编绘实践》(《清史研究》2020 年第 5 期)统计,宣统三年清朝有县 1382 个,散州 146 个,散厅 89 个。

理，但清朝又维持了一个有限政府的架构，^① 这种结构性的矛盾始终是我们观察清朝地方行政制度设计要考虑的逻辑起点，无论是中央与地方权力的划分，还是地方行政体制的制度设计，或是官员选任与空间调动、政府架构中胥吏等人员的功能、县级以下乡绅的作用与乡官设置与否，都可以被纳入这一对结构性矛盾之中来观察。

从官僚组织的角度而言，地方行政制度的研究正是这一结构性矛盾非常重要的侧面。厅制作为清代地方行政体制中较为特殊的一种类型，它的设置背后也体现着上述"超大规模"与"有限政府"之间的矛盾；它的空间分布正体现了清朝空间治理的差异性，特别是清廷将厅广泛设置于边缘地带，通过漫长的设治过程逐步推进郡县化与一体化，^② 亦与地区开发进程相匹配，正体现出传统政治治理的某些智慧；其形式之多样满足了清廷"因地制宜"的治理理念，反映了清代地方行政体系内部的弹性空间，有助于我们重新理解"一统体制"。

---

① 洛克、霍布斯等学者所提出的"有限政府"（limited government）理论，主要指的是政府权力、职能、规模应受到宪法和法律严格约束和限制的一种政府制度和政府类型，见钱振明《有限政府及其理论：研究之现状与问题》，《苏州大学学报》2002年第4期；陈远星、陈明明《有限政府与有效政府：权力、责任与逻辑》一文（《学海》2021年第5期）对"有限政府的逻辑"的总结。本书所指的"有限政府"，主要指的是政府规模偏小，官僚资源有限。两者既有区别又有联系，对于政府权力的限制一定程度上意味着政府规模的收缩，即所谓的"小政府"的理念；但区别也很明显，前者是在近代自由主义和资本主义发展的背景下产生的，而后者是由于传统中国行政资源有限，无力扩张政府规模。

② 这里所说的"郡县"并非指清代的政区类型是郡和县，只是一种从长时段对中国地方行政制度的统称。特此说明。

一　定额观念、分辖趋势与厅制发展

厅缘何在清代成为正式政区之一种，要从厅与府、州、县这些清之前已然存在的政区在功能上的异同中去考虑。关于厅的功能，前人曾提出"过渡性"和"防御性"两种解释。所谓"过渡性"，乃指厅设置多出于临时性，仅仅是处于过渡状态的一种形式，其最终归宿是郡县化；至于"防御性"，见于施坚雅关于中国城市体系的研究中，他认为无论直隶厅还是散厅，多出现于所属更高一级政区管辖范围的边缘地带，"在帝国边境——南部和西南的国境、亚洲内地边境，以及沿海——防卫的主要负担由直隶厅和散厅承担。至于内部边境，在不同于省级边境的地区边境，其主要负担由散厅治所承担"[1]。吴正心曾对上述两种解释提出疑问，他认为"过渡性的说法最多只能适用于边地"，而厅的防御性功能，"并不表示其他形式的地方政府没有类似的优点"，从而指出"过渡性和防御性各有其局部适用范围，无法圆满地解释厅的主要功能"，并提出"催生新政区"是厅的主要功能。[2]

笔者基本赞同吴正心的分析，但认为应当以乾隆年间为界分阶段来解读厅的功能。由前文对明清之际厅制发展的分析，可知厅产生之初是与边疆拓展和卫所的文官化管理密不可分的，在清初一段时间内，的确在若干区域表现出明显的"过

① 施坚雅：《城市与地方体系层级》，收入施坚雅主编《中华帝国晚期的城市》，第376页。
② 吴正心：《清代厅制研究》第4章"厅的功能"，第71~90页。

渡性"色彩，在部分卫所地区，同知和通判在一定阶段起到了替代性功能。在雍正年间，有多处的同知和通判辖区被改置为府、州、县。在这层意义上，"过渡性"是厅产生之初的一个基本特征。但由于特殊的政治经济情势保留下来的若干厅，因援引案例不断增设的缘故，厅的数量在雍乾时期有所增加，尤其是乾隆以后，清廷在政区和职官设置上的"定额理念"使得厅这一制度得到极大发展，并最终大量增设而成为正式的政区形式之一。

清代在赋税制度上长期呈现"定额化"的趋势，本着"量入为出"的财政理念。① 定额观念并不仅仅体现在赋税上，同样体现在官员数量和政区设置上。在经历了雍正年间大规模的政区改革以后，刑部右侍郎杨超会奏请酌停州县之改隶、佐贰之添设。

改隶一邑则一切刑名钱谷册籍卷宗须赍造，乘机舞弊，百蠹丛生，展转稽查，急难就绪。添设一官则修理衙署，招募胥吏，动关国帑，文书期会，益见纷繁，冗吏冗员，更多供给。又况百姓安于故常，改隶既有投供报册之劳，添官又有送迎悉索之扰。地无定境则奸宄或致潜藏，官数既增则责任转无专属。臣请敕下直省督抚，嗣后所属州县，除实在离府辽远必须改隶及村镇繁难之地实应添官弹压者，仍准具题外，其余控制既已得宜，一概不准渎奏，则在民之纷扰可免，在官之责任愈专，国帑不致虚

---

① 何平:《论清代定额化赋税制度的建立》,《中国人民大学学报》1997 年第 1 期。

糜，地方益臻宁谧矣。①

　　至乾隆六年，清廷正式下令保持职官尤其是佐杂官员数额定制，"从前各省佐杂等官，各督抚有奏请添设、改隶，责任转无专属，请嗣后倘各省需用人员，止准于通省内随时改调，不得奏增糜费"。②如此一来，追求政区稳定和官员定额成为清代政治的一种理念，除了清末台湾、东北、新疆设省的确需要大量设置新的政区以外，其他时间，对新设政区，非极其必要，清朝统治者并不鼓励。如贵州锦屏县，道光十二年裁入开泰县，咸丰十年云贵总督张亮基、贵州巡抚刘源灏力主恢复锦屏县治。③ 此事经吏部讨论通过，却遭到咸丰皇帝一语否决，其理由是"前既奉有圣谕，断无复还之理。况该处距附郡首邑不过百余里，得人为治，不必添设一官。该督等所请着勿庸议"。④ 这虽然有咸丰皇帝过于拘泥于道光皇帝的裁决而不愿更张的缘故，也有过于强调官员自身施政的能动性而不愿轻易增加官员定额的理念在。然而，地方政治形势随时变化，理应因地制宜而不拘泥。在此种情况下，既要兼顾清代地方行政的"定额观念"，又要顾及随时新置政区的"刚性需求"，尤其是考虑到清代人口的剧增和地区开发的日益成熟，这种矛盾更是越来越突出。唯一可行的办法只能是将原驻在府州县的佐贰官

---

① 雍正十三年十月二十日刑部右侍郎杨超会折，《宫中档雍正朝奏折》第25辑，第278～279页。
② 《清高宗实录》卷143，乾隆六年五月癸未，第1056页。
③ 咸丰十年六月二十七日云贵总督张亮基、贵州巡抚刘源灏折，一档馆藏录副奏折，档号：03-4156-053。
④ 咸丰十一年正月十八日吏部尚书全庆、吏部尚书陈孚恩折，一档馆藏朱批奏折，档号：04-01-01-0872-052。

分辖，或是将原本承担部分职能的分防佐贰进一步升为具有完全职能的政区，这使得清初以来便产生的厅的建置得以长期稳定并逐渐增置。

受到定额观念影响的绝非厅制而已，在其他层级政区中也多有体现。其一是道制。道在明代因布政使司、按察使司的分辖而产生，清代将明代名目繁多、事务单一、区域重叠的复合型"道制"结构调整为以专业道为补充，主要由分守道、分巡道组成的结构，各自划分区域，并将其品级、治所固定，职能渐由单一而趋复合，成为省与府级政区间的一个重要的承转机构。在内地与边疆交界、汉人与少数族群杂处的地带，道实际上起着"准政区"的职能，这其中至少包括山西蒙古交界的归绥道、直隶蒙古交界的口北道、新疆的镇迪道以及东北建省以后更具独立性质的道。至民国初年，又废府存道，道最终短暂地成为介于省县之间的一级政区。其二是州县佐杂分辖之制，这主要是集中于州县以下行政组织的变动，其意义不亚于对县及其以上层级的调整。清代的僚属官，包括典史、县丞、主簿、巡检、州同、州判、吏目等，无论分防与否，都可能划定一定的辖区。在辖区内，行政职能较为完善的职兼刑名、钱粮，几乎与州县没有任何区别。尤其是在边疆地区，州县佐杂设立具有极强的独立性，如甘肃的分征佐贰。次一级的可以具备征收钱粮和处理民间细事之权，如福建等地的分征县丞等；① 最多的还是授予弹压地方及处理民间细事之权，在司法上构成一个"分辖区"，以"南部档案"中所记载的富村驿巡

---

① 可参见胡恒《清代福建分征县丞与钱粮征收》，《中国社会经济史研究》2012年第2期。

司和新镇坝县丞为典型。① 以往知县作为"亲民之官"的功能被部分消解，在广东等地区，更由于局部地区佐杂设置的高密度，知县成为"治官之官"，从而使得清代的基层社会控制模式与前代有了本质的区别。笔者应用地理学界的概念，将其称作"县辖政区"。②

　　清代定额观念引发了各个层级的佐贰官员分防于治所之外，其结果是促了新政区的诞生，并最终形成了清代地方行政制度的基本架构。与明代相比，清代在省制上加强了集权，使得明代三司分立的局面转变为由总督与巡抚在一省之内的专一事权；明代杂乱无序的道员被归并，其辖区相互排斥并有固定治所，使得名义上仍为省级官员的"道"成为介于省与府级政区之间的一级承转机构，进一步加强了省对府级政区的控制。与明代一省级政区内三司并立，由布政司、按察司副职而延伸出的道员职能专一、临时而相互交叉，兼以明代晚期在布政司、按察司之上新增总督、巡抚的"混乱"局面相比，清代的省级政权架构是一种极有秩序的存在，并表现出"集权化"的倾向。然而，在省级以下，清代又显示出了诸多灵活性和分权化的一面，从政区形式上，新增了"厅"，从而使得府级政区存在府、直隶州、直隶厅之别。清代采取的众建直隶州及新置直隶厅的政策，使府级政区大大增加，明代众多面积极为辽阔的府辖境缩小，减少了管理半径，进而提高了地方控制能力；在县级政区上，除了原有的散州、县外，又有了散

---

① 吴佩林：《万事胚胎于州县乎：〈南部档案〉所见清代县丞、巡检司法》，《法制与社会发展》2009 年第 4 期。

② 胡恒：《皇权不下县？——清代县辖政区与基层社会治理》，北京师范大学出版社，2015。

厅。对于散厅而言，将一府之中较紧要之区单独划割，交予与知府同城事简的同知或通判，是将正印官之权分予僚属官。同时，明代原有介于府、县之间的属州在清代彻底消亡，或升为直隶州，或降为不领县的散州，转变为纯粹的县级政区，消除了明代存在的布政使司—府—属州—县这一行政链条上最长的一环，而使清代地方行政层级体现为较规整的三级制。[①] 对于县下一级政权而言，尽管所辖人口在清代大量增加，但通过佐贰官的分辖体制和县辖政区的设立，极大缓解了知县等正印官的管理压力，避免了析分县级政区的隐忧。如此多种形式的政区存在，可根据地方政治态势随时调换，达到清代统治者常常提及的"因地制宜"之效。新产生的厅和县辖政区这两种形式又往往是移驻已有的佐贰文官而设，既满足了增设政区的需求，又不致增加冗员。明清地方行政制度的转变，笔者以为是一个由混乱到有秩序的过程，其间体现着清代"精巧"的地方治理策略。

二 边缘地带的行政治理与渐进式郡县化

圈层是观察中国空间结构的重要理论工具之一，特别是清代，可以划分为郡县、藩部和藩属等多个圈层。不过学界以往多关注圈层内部，而对圈层交界地带的治理变革重视不够，这一地带的伸缩正是观察中国空间结构变动的重要方向。对于郡

---

① 属州的消失是政区层级由明四级制变为清三级制的关键，可参见华林甫《清前期"属州"考》，收入刘凤云、董建中、刘文鹏编《清代政治与国家认同》下册，社会科学文献出版社，2012。

县区域而言，这一地带属于"边缘"，对于藩部而言同样如此。如果观察清朝府州县与藩部两大圈层的过渡地带，正可以发现厅的广泛分布。由于清朝采用了"因俗而治"的治理策略，在不同区域采用了多样的治理结构，这一地带所设置的厅就具有了特殊性，诚如陆韧教授所概括的"行政双结构、民族构成多样性、户籍管理分类性、赋役征收的差异性和军事控管"等特征。[①] 但厅的建立并不意味着维持一种二元政治体制的并存，相反，由于厅多属于省的长官，加上更上一级的道的建立，已包含了统合两套体制的倾向，这为后来理事厅变为抚民厅，甚至逐渐转变为州县提供了制度上的可能。

本书第四章对归绥地区从清初理事同知、协理通判体制，再到道的统合，再到抚民同知的改造，再到设行省的议论进行了讨论。整个清代两百多年间归绥区域发展脉络正体现了郡县与藩部两大圈层交界地带治理模式的变革，从中可以看到清代"摸着石头过河"不断探索的过程，也体现了这一地区"厅旗并置"式的混合行政建置模式是如何发展起来并适应了当地特殊的政治与经济结构的，但也不可否认尽管行政建置存在二元体制，但大的发展方向是朝向"郡县化"。

归绥地区的案例不仅仅是地方性的个案，它同样在清代边缘地带的治理中带有相当的典型性，在甘肃、四川、云南、贵州等省的厅制发展个案中，如果不刻意突出区域历史发展与设治过程的细节差异，大体而言，其地方行政制度变迁的历史具有很强的相似性。如果推而广之，我们甚至可以把厅在圈层过渡地带的演变看作中国古代郡县体制向边缘地带不断拓展与整

①　陆韧：《清代直隶厅解构》，《中国历史地理论丛》2010年第3辑。

合的一个既带有清代的典型性又带有普遍性的案例。从这一角度出发，我们对历史上曾经存在过的各类特殊行政区划类型理应给予更多的关注。类似民国时期的设治局等，都带有和清代的厅类似的功能。对它们的制度演变和空间分布的研究也将增进我们对边缘地带如何一步一步被整合进统一的国家这一历史进程的理解。

清代在边缘地区的郡县化进程相当缓慢，如归绥地区，经过了长达一二百年的历史才逐渐整合，可以称得上是渐进式的，个中原因固然复杂，但归根结底与清朝管理边缘地带的直接行政资源并不充足有关，因而制度设计必须兼顾中央权威和地方原有势力的利益，不得不经常有一些过渡性和平衡性的行政设计。正因如此，这一区域的行政制度建设并不稳定，在不断调整中适应新形势、新变化，甚至也可能会有反复。

将厅视作观察边缘地带的整合进程的重要指标，也有助于我们重新理解谭其骧"地方开发"的经典模式。谭其骧称"一地方至于创建县治，大致即可以表示该地开发已臻成熟；而其设县以前所隶属之县，又大致即为开发此县动力所自来。故研求各县之设治时代及其析置所自，骧视之似为一琐碎乏味的工作，但就全国或某一区域内各县作一综合的观察，则不啻为一部简要的地方开发史"。[①] 县往往是政区发展到最成熟阶段的产物，从历史时期特别是清代厅制的发展历史来看，地区开发往往并非一步到位，达到设县的程度，往往是先设置低级别佐贰官如主簿、巡检等，再设置高级别佐贰官如同知和通

---

① 谭其骧：《浙江省历代行政区域——兼论浙江各地区的开发过程》，《长水集》上册，人民出版社，2009，第422页。

判，条件成熟以后再与邻近政区分割辖境而成为"厅"一类的建置，进而又发展为府县；如条件不成熟，也可以撤销建置或者职官，可进可退。这种行政制度变迁的模式比较常见，一定程度上也代表着地区开发的深入程度。因此，在以县为指标透视地区开发史时，仍然很有必要进一步细化，将职官移驻和政区形式的转换纳入观察视角当中，将有助于更全面地理解一个地区的开发史。

三　厅制的不完全性与"一统体制""有效治理"关系再认识

厅与府州县相比，尽管往往以"府厅州县"并称，甚至存在个别府州县转为厅的情况，但就整体而言，厅作为政区的完整性始终不如府州县，譬如府州县官用官印，正方形，厅的同知、通判则始终为关防，长方形，仍暗含"临时派遣"之意。终清一代，"厅"仍然在某种程度上可以视作一种"不完全"政区。即使从辖境上来说，厅境的庞大与不规则性同样要超过府州县，据笔者对《嘉庆重修一统志》所记录的"四至"的统计，县级政区就均值而言，县的广袤平均分别是 126 里、127 里，东南西北四至分别是 61 里、62 里、65 里、65 里；州的广袤平均是 160 里、152 里，东南西北四至分别是 80 里、81 里、80 里、71 里。州县四至均匀分布，特别是县，比较符合"百里之县"的理想设计。可是厅的广袤平均分别是 185 里、301 里，东南西北四至则是 105 里、152 里、80 里、149 里，不仅面积过于庞大，而且很不规则，这就意味着厅要继续分出新的政区，并很有可能与邻近政区继续进行边界调整，这也显示出它的不稳定性。如果再考虑到同知和通判类型之多样、职能之差异，在地方官员中并不多见，即使不具备政区功能的同知、通判依然可以共享"厅"的名称，清廷亦无意在两者之间通过调换政区通名的方式予以解决，这也能够从另外一个角度证明这一"不完全性"背后是国家有意的制度设计。

这种不完全性是不是清代政区体系不成熟的表现，抑或另一种形式的治理智慧？我们就要从中国政体的内在矛盾说起。周雪光在论述中国治理的制度逻辑时富有洞察力地观察到中国国家治理的一个深刻矛盾是一统体制与有效治理之间的矛盾，集中表现在中央管辖权与地方治理权之间的紧张和不兼容，前者趋于权力、资源向上集中，从而削弱了地方政府的有效治理能力；而后者又常常表现为各行其是、偏离失控，对一统体制的中央核心产生威胁。在一统体制中，这一矛盾无法得到根本解决，只能在动态中寻求某种暂时的平衡点，由此产生一系列制度设计和应对机制。[①]

围绕"一统体制"与"有效治理"产生了一系列的制度安排，不过学界关注比较多的是"有效治理"，包括政策执行层面的灵活性，而对于"一统体制"本身仍然有待深入探讨。"一统体制"强调决策的一统性，也可以称作"一刀切"似的做法。不过从清朝的政治实践而言，"一统体制"也并非如此，而是具有多重面向，清代奏疏中经常出现的一个词是"因地制宜"。所谓的"因地制宜"并不是从政策执行的层面强调对于一统体制的灵活应对，而是侧重强调"一统体制"

---

① 周雪光：《权威体制与有效治理：当代中国国家治理的制度逻辑》，《开放时代》2011 年第 10 期。

本身的灵活性，可以说清人对于"因地制宜"的强调也是为了解决制度的一体化与地方的差异性之间矛盾而折中的结果，且本身暗含于"一统体制"内部。在探讨中国王朝国家治理逻辑时，应对"一统体制"本身做更多元的思考，特别是从"治理技术"的角度。

如果翻阅清代典章制度史料，可以看到类似《大清会典》一类的政书虽然所记载的多是成型的制度，但乾隆以后《大清会典》同时配有《则例》《事例》，将历年由"例"所构成的法典逐一列举，从而深刻体现了不变的"典"和变化的"例"之间的关系，两者共同构成了清代国家治理的基本制度安排。可以说，"一统体制"本身不是一种僵化的制度安排，同样有着"因地制宜""灵活调整"的一面。

厅制正是清廷"因地制宜"政策的一种。首先就表现在同一层级存在多种类型的行政体制，在省一级存在督抚、将军、办事大臣体制，在府一级则有府、直隶州、直隶厅，也包括边疆地区类似于府一级的架构，在县一级则有县、散州和散厅。而在同一层级中，也可随着地方政治形势的变化而出现体制之间的转换，特别是厅的设置与转换，成本更低。其次则是一官多职，同一官员出现具有差异性的职能赋予，如同知、通判就可分为多种类型，一如前文中所提及的，既有负有全面之责者，又有理事、水利、海防等多种类型，从体制设计本身就体现了清朝一统体制的灵活性。也正因此，厅制才具有了府州县等行政体制所不具备的优势，而成为清朝地方行政体制架构中"因地制宜"的重要表现之一。这种"一统体制"内在的灵活性亦不独存在于清代，在漫长的历史时期和当代同样存在，理应在理解中国国家治理的制度逻辑时给予更多关注。

附录　清代厅的设置及其
沿革考正校补

凡　例

1. 牛平汉主编《清代政区沿革综表》（以下简称《综表》）是专门的清代政区沿革工具书，利用方便，使用者众，影响较大，数字人文时代据此建立清代基础地理信息的数据库也较多。今以该书各省附表中所录清代厅的沿革变迁文字为基础，以按语形式逐一考正校补，以方便读者更准确地利用该书。各省排序亦依据《综表》。

2. 傅林祥等所著《中国行政区划通史·清代卷》是另一部有关清代政区沿革的重要著作，此外学界还有一些关于具体厅的沿革的考订文章，笔者酌情一并在按语中加以引证。如已考订清楚，且无异议，则按语从略。如情况较为复杂，也将不吝篇幅予以详辨。

3. 校补不以厅的名称的出现为中心，而是重点以职官设置时的原始奏疏为中心，力图追踪到最原始的档案文书中的记载，以同知或通判的职能变迁为核心，以见其功能演变，并据此解决厅的存在与否及形成时间问题。

4. 对《大清会典》等文献及今人著作中视作政区意义的厅但实际只是分防佐贰的情况也将予以考辨，附于各省之末，以楷体作为区分。

5. 附录部分是本书正文各章立论的基础。如正文部分已针对某些具体厅的沿革变化做过详细阐述，附录将从略。

直　隶

张家口厅　《综表》：雍正二年七月十三日置，无属领。为直隶厅。

按：《综表》将张家口厅置于雍正二年，系将张家口理事同知的设置等同于张家口厅。乾隆《口北三厅志》载雍正二年奏疏全文，其大意是察哈尔右翼四旗地亩较多，需要管理，故建议仿照"归化城同知例"，设立两员同知，一名驻扎于四旗之中正红旗口北新庄，"督催钱粮"，一名驻张家口，为理刑满洲同知。"汉人之事令同知料理完结，如蒙古汉人参错之事，会同该总管审事可也，如有所关人命，汉人之事，解与直隶巡抚完结，其同知关防照依归化城土默特同知关防，着该部铸给。""自杀虎口至张家口种地人民俱令新设同知管辖"，奉旨"尔等这议得好，依议。钦此"。① 《清世宗实录》将其事系于雍正二年七月甲寅："怡亲王允祥等遵旨议复都统世子弘昇疏奏，丈量察哈尔右翼四旗地亩，共二万九千七百余顷，每年应征银十九万余两。请设满洲理事同知一员，驻扎北新庄地方，督管农民事务，并设满洲千总二员，催粮稽察。再，察哈尔西界，穷山僻谷，易于藏匪，请再设满洲理事同知一员，驻

---

① 乾隆《口北三厅志》卷1《地舆志》。

扎张家口，管理词讼，稽查边口出入之人。均应如所请，从之。"① 雍正二年时张家口理事同知和北新庄理事同知分担了钱粮与词讼事务，且此时两同知所管之地乃察哈尔右翼四旗，该四旗地除正黄半旗外，后来归属山西，成为丰镇厅、宁远厅辖地者。

不过此时山西方面也试图介入察哈尔右翼四旗的管理，据雍正十一年一份奏折，山西方面也试图派员管理杀虎口至新平口一带，引发了直隶、山西方面的争执。② 雍正十二年九月直隶总督李卫奏疏，张家口理事同知原"管理口外东西两翼八旗地方，经征西四旗入官地租银两，承审口内宣属十一州县旗民互讼命盗等案，职掌甚重"，故雍正二年至十二年间，北新庄同知的功能应并入了张家口理事同知，且管辖范围由察哈尔右翼四旗扩大到东西两翼八旗，且在"西四旗"地方兼管钱粮，同时承审宣化府所属旗民互讼案件。也正于此时，察哈尔东翼四旗的刑名及钱粮转归新设立的独石口厅管理，此时张家口厅的职责是"管理至口外西翼四旗正黄、正红、镶红、镶蓝四旗及口内蔚州、怀安、万全、宣化、保安、西宁、蔚县七州县"相关事务，催征"西翼正黄、正红、镶红、镶蓝四旗地租银"。③

乾隆元年时，口北地区由直隶和山西进行了划界，"西翼正黄半旗，正红、镶蓝、正蓝三旗地土在山西大同边外者，别

① 《清世宗实录》卷22，雍正二年七月甲寅，第355页。
② 雍正十一年五月二十一日直隶分守口北道王棠折，一档馆藏录副奏折，档号：03-0008-006。
③ 乾隆《口北三厅志》卷1《地舆志》。

设大朔通判归并管理"，①张家口理事同知所辖大缩，据乾隆八年的钱粮题本可知，张家口理事同知征收"察哈尔正黄半旗"地粮，只剩半旗的钱粮征收权。②由此形成乾隆《口北三厅志》中所记载的张家口理事同知的职能："管理张家口外西翼正黄半旗，东翼镶黄旗分入官地亩，经征钱粮，旗民户婚、田土、斗殴、争讼，西翼察哈尔旗分蒙古、汉人交涉、逃匪、命盗等案并口内蔚州、怀安、万全、宣化、保安、西宁、蔚县等七州县旗民互讼、人命之事。"③后钱粮征收与独石口厅、多伦诺尔厅之间又有局部调整。

光绪七年时张家口理事同知被改为抚民同知，见于李鸿章的奏请。④

多伦诺尔厅　《综表》：雍正十年七月十四日置，无属领。为直隶厅。

按：奏疏亦见于乾隆《口北三厅志》所收录雍正十年七月十一日雍正帝谕旨："多伦诺尔地方，或设立理事同知管辖，或作何管辖之处，尔等议奏。钦此。"大臣议奏后认为，"多伦诺尔系张家口理事同知白石所属地方，但张家口与多伦诺尔相距五百余里，前往稽察，诚恐鞭长莫及。查独石口驿站员外郎关宁事务颇简，且与多伦诺尔相近，请将关宁兼同知衔，令伊不时前往多伦诺尔巡察，严缉盗贼，办理夷汉事

---

① 乾隆《口北三厅志》卷11《世纪下》。

② 乾隆九年五月二十九日直隶总督高斌题，一档馆藏内阁户科题本，档号：02 - 01 - 04 - 13677 - 007。

③ 乾隆《口北三厅志》卷4《职官志》。

④ 光绪七年五月二十日直隶总督李鸿章折，一档馆藏录副奏折，档号：03 - 5751 - 056。

务。其缉盗之蒙古绿旗官兵，着关宁管辖。如有应报事件，申文报部可也"。七月十四日雍正帝批复"依议"。① 多伦诺尔同知职能主要在司法方面，钱粮问题所涉极少，只有乾隆十五年增加了对多伦诺尔本地税课的抽取，② 乾隆二十年一份选任多伦诺尔理事同知的奏折中提到，"地处边远，管理五十七旗蒙古与民人交涉案件，审转刑名，抽取税课，事务繁多，素称难治"。③ 严格意义上，多伦诺尔同知所辖不满足"专管之地"的条件，与一般厅县不同，但蒙汉交界地区与内地情况有所不同，早在乾隆二十三年纂修的方志中已视其为"口北三厅"，此处仍拟依清人习惯将其视作厅，并将雍正十年作为置厅时间。光绪七年时该理事同知被改为抚民同知，见于李鸿章的奏请。④

独石口厅 《综表》：雍正十二年九月初六日置，无属领。为直隶厅。

按：据乾隆《口北三厅志》卷1《地舆志》所收录雍正十二年九月直隶总督李卫奏疏，独石口理事同知奏设之初，定下其管理范围乃"口外东翼正白、镶白、正蓝、镶黄四旗逃盗、人命、匪类等案及口内延庆、怀来、龙门、赤城四州县一切旗民互讼命盗等案""独石口外站务及多伦诺尔命盗等案"。据乾隆八年的钱粮题本可知，独石口理事同知乾隆八年征收察

---

① 乾隆《口北三厅志》卷1《地舆志》。
② 乾隆《口北三厅志》卷5《地粮》。
③ 乾隆二十年四月二十七日直隶总督方观承折，一档馆藏录副奏折，档号：03 - 0091 - 076。
④ 光绪七年五月二十日直隶总督李鸿章折，一档馆藏录副奏折，档号：03 - 5751 - 056。

哈尔东四旗地亩钱粮。① 光绪七年时理事同知被改为抚民同知，见于李鸿章的奏请。②

按本书关于归绥诸厅的考证，雍正年间口北三厅属口北道，为散厅而非直隶厅无疑，但光绪七年改为抚民同知后，为直隶厅或散厅，均有合理理由。

热河厅　《综表》：雍正元年十月乙卯置热河直隶厅，十一年改为承德直隶州，乾隆七年二月初五日仍为热河直隶厅，四十三年二月甲午升为府。

按：热河设置同知事在雍正元年，为刑部尚书励廷仪奏，理由是口外等处命案均由武职详解，刑部派员相验，路途过于遥远，必须文官经理，故奏请在古北口外的热河设置理事同知，将地方千总、把总所报命案等案均交其审验，"杖责等事应令该同知自行审断，按季汇解，报霸昌道转详巡抚查核"，命案则有审验之权。③ 十一年改为承德直隶州。四十三年热河地区整个行政体制调整，热河厅被改为承德府，同时喀喇河屯厅改为滦平县，八沟厅改为平泉州，四旗厅改为丰宁县，塔子沟厅改为建昌县，乌兰哈达厅改为赤峰县，三座塔厅改为朝阳县。④ 详见本书第二章第一节。

四旗厅　《综表》：乾隆元年三月二十九日置直隶厅；四十三年二月甲午降为县，更名丰宁。

---

① 乾隆九年五月二十九日直隶总督高斌题，一档馆藏内阁户科题本，档号：02 - 01 - 04 - 13677 - 007。
② 光绪七年五月二十日直隶总督李鸿章折，一档馆藏录副奏折，档号：03 - 5751 - 056。
③ 雍正元年十月初九日吏部尚书隆科多《请准于古北口外设立满洲理事同知专司命盗案件》，《清代吏治史料·吏制改革史料》第 1 册，第 28 ~ 30 页。
④ 《清高宗实录》卷 1050，乾隆四十三年二月甲午，第 27 ~ 28 页。

按：设厅事见于《清高宗实录》卷 15 乾隆元年三月癸亥，"兵部议复直隶总督李卫疏请，分八沟所辖地方事件归喀尔沁同知，承德州分管。移八沟通判及东河司巡检驻四旗适中之土城子，通判管旗民命盗等事，巡检专司监狱"。此处所说"喀尔沁同知"实际上是指雍正七年所设的八沟同知，见下文八沟厅部分。此八沟通判原与八沟同知俱驻扎于八沟，乾隆元年时令其移驻四旗之土城子，与八沟同知分辖，此即实录此条的含义，即为四旗厅之置。乾隆五年以前，热河一带同知、通判均归霸昌道，当为散厅，乾隆五年以后属新设之热河道管辖，仍为散厅。

八沟厅 《综表》：雍正七年十月丁巳置直隶厅，乾隆四十三年二月甲午降为散州，更名平泉。

按：设厅事见于《清世宗实录》卷 87 雍正七年十月戊午："添设热河迤东八沟地方通判一员、巡检一员。从署直隶古北口提督魏经国请也。"雍正十一年另设"直隶八沟理事同知"。① 据雍正十二年李卫所奏，热河地方由承德州管理汉人之事，而旗人之事归同知、通判管理，"八沟同知，原为专管三处喀喇沁民人事务而设，若仍令承德州兼理，恐有彼此推诿情弊。应将该地方民人命盗案件令该同知自行验审，如有关涉蒙古之事，令会同值年章京验审。一、八沟既驻有专官，应将热河东河通判所管之八沟东街等处，归于该同知章京管辖；一、八沟同知所司会审案件，应与章京并列官衔，用同知关防，径行详解达部，无庸向喀喇沁各王子处用印；一、命盗等案，民人事件，关涉蒙古者，该章京行令扎萨克等，交与所辖

---

① 《清世宗实录》卷 132，雍正十一年六月甲寅，第 706 页。

地方，查缉解送"。① 乾隆元年八沟通判移设四旗之土城子，为四旗厅。乾隆三年十一月初二日乾隆帝发布上谕，表示"口外八沟地方止有理事同知一员，此处地界辽阔，案件繁多。如有查勘相验等事，未免有顾此失彼之虑。应否于同知属下添设佐贰一员协办"，孙嘉淦查核后，于乾隆四年初建议设理事通判一员以分担八沟同知的繁重事务，管理喀喇沁贝勒、扎萨两旗蒙古民人互控事件及命盗等案，而八沟同知仅管八沟、龙须门、丫头沟三汛并喀喇沁王子一旗事件，② 随即得到批准。③

塔子沟厅 《综表》：乾隆五年三月己酉置直隶厅，四十三年二月甲午降为县，更名建昌。

按：设厅事见于《清高宗实录》卷112乾隆五年三月己酉："吏部议准，直隶总督孙嘉淦复奏，承德州等处地方，绵亘数千里，所设同知等官，隶霸昌道管辖。道员驻扎口内，势难遥制，且同知等官，不能兼辖武弁。遇有巡缉事件，呼应不灵。请于古北口外添设兵备道一员，驻扎承德州，文武各官均归统辖。并请于塔子沟添设通判一员、巡检一员、千总一员，将三汛界外地方改归新设之塔子沟通判管理。三汛界内地方仍归原设之八沟同知管理，设立界牌，以专责成。"

喀喇河屯厅 《综表》：乾隆七年二月初五日置直隶厅。四十三年二月甲午降为县，更名滦平。

按：《清高宗实录》卷160乾隆七年二月癸巳："吏部议准，直隶总督高斌奏称，热河一带，旗民杂处，设有理事同

---

① 《清世宗实录》卷148，雍正十二年十月丁未，第835页。
② 乾隆四年三月直隶总督孙嘉淦折，一档馆藏录副奏折，档号：03-0049-032。
③ 《清高宗实录》卷89，乾隆四年三月丁卯，第376～377页。

知，与承德州分管。地广事歧，瞻顾辗转，多至盗扬伤变，甚或厅祖旗人，州偏民户。请裁知州，改设满缺理事通判，移驻喀喇河屯地方，治西南。同知移驻州署，治东北，以滦河为界，均归热河道辖。"

三座塔厅 《综表》：乾隆三十九年五月癸酉置直隶厅，四十三年二月甲午降为县，更名朝阳。

按：《清高宗实录》卷959乾隆三十九年五月癸酉载："吏部议复，直隶总督周元理疏称，塔子沟通判、八沟同知二处，幅员辽阔，案牍繁多，必须添官分理，请将蓟运河通判改为三座塔通判，分理土默特两旗，喀尔喀、库伦两旗，奈曼一旗事务。"

乌兰哈达厅 《综表》：乾隆三十九年五月癸酉置乌兰哈达直隶厅。四十三年二月甲午降直隶厅为赤峰县来属。

按：《清高宗实录》卷959乾隆三十九年五月癸酉条："又顺德府通判政务亦简，请改为乌兰哈达通判，分理翁牛特两旗、巴林两旗事务。原设巡检即归管辖。"

围场厅 《综表》：光绪二年四月十一日置围场厅来属（即承德府——笔者注）。三十一年十二月二十七日往属宣化府。宣统三年闰六月初五日还属。

按：围场厅宣统三年是否还属承德府，学界有一定争议。今有宣统三年十一月初四日热河都统锡良致内阁电报，知围场厅确于六月间划归热河管辖，经过内阁会议批准。锡良就任热河都统后，再次确认了划归热河管辖的合理性，只是提出屯垦事宜是否仍由直隶派员专办，请求内阁指示。[①] 另，宣统二年

---

① 宣统三年十一月初四日热河都统锡良电《为查核详询围场厅归属热河事宜情形事》，一档馆藏军机处电报档，档号：2-02-13-003-0536。

时热河都统锡良曾奏请将围场厅改为隆化县,① 但未成功。

山 西

归化城厅 《综表》:雍正元年八月癸亥置归化城同知厅,属大同府。七年三月乙丑往属朔平府。乾隆六年升为直隶厅,无属领。二十九年九月初五日裁同城之归化城理事通判厅并入。至清末,归化城直隶厅仍无属领。

按:细致考辨见本书第四章。雍正元年所置实际上是归化城理事同知,当时还未意识到设置了归化城厅这样一个行政建置。此外,归化城理事通判更不是一个厅的建置,也就不存在乾隆二十九年裁归化城理事通判厅入归化城同知厅之事。

和林格尔厅 《综表》:乾隆二十五年九月十四日于和林格尔地置直隶厅,无属领。至清末,和林格尔直隶厅仍无属领。

按:乾隆二十五年置,无误。不过此时为散厅,不为直隶厅。光绪十年改为抚民厅时,是否为直隶厅,无确证。考辨见本书第四章。

清水河厅 《综表》:乾隆二十五年九月十四日于清水河地置直隶厅,无属领。至清末,清水河直隶厅仍无属领。

按:乾隆二十五年置,无误。不过此时为散厅,不为直隶厅。光绪十年改为抚民厅时,是否为直隶厅,无确证。考辨见本书第四章。

托克托厅 《综表》:乾隆二十五年九月十四日于托克托城地置直隶厅,无属领。至清末,托克托城直隶厅仍无属领。

① 《围场厅将改设隆化县》,《新闻报》1910 年 8 月 16 日。

按：乾隆二十五年置，无误。不过此时为散厅，不为直隶厅。光绪十年改为抚民厅时，是否为直隶厅，无确证。考辨见本书第四章。托克托城厅应为托克托厅。

萨拉齐厅　《综表》：乾隆二十五年九月十四日于萨拉齐地置直隶厅，无属领。至清末，萨拉齐直隶厅仍无属领。

按：乾隆二十五年置，无误。不过此时为散厅，不为直隶厅。光绪十年改为抚民厅时，是否为直隶厅，无确证。考辨见本书第四章。

丰镇厅　《综表》：雍正十二年四月乙卯于直隶省之张家口厅辖地高庙子地置丰川卫，于衙门口置镇宁所，一并属大同府。乾隆十五年十二月十八日裁卫、所，于卫地置丰镇厅，仍属大同府。二十三年八月癸酉徙厅治于衙门口地。光绪十年升为直隶厅，无属领。至清末，丰镇直隶厅仍无属领。

按：丰镇一地，清初系蒙古察哈尔正黄、正红旗游牧地，后招民垦种，未定属于直隶或山西管辖。初则归直隶张家口理事同知，十二年又设丰川卫、镇宁所。① 十三年因"地界毗连旗境，蒙汉杂处，界址易紊，奸宄迭生，蒙民交涉之件，月不绝书，卫所汉员言语不通，文字不同，难以伤理。是年复经巡抚石麟奏准，添设理事通判一员，兼大朔任，统卫所。……凡蒙民交涉案件一并管理"，② 此即大朔理事通判。《清高宗实录》载其职能："大朔理事通判，承审交涉事件。仍由大同、朔平二府核转完结，毋庸呈报归绥道。""蒙古交涉命案，嗣后命该卫所，按照旗界，带领仵作，会同该管理事官相验。承

---

① 《清世宗实录》卷142，雍正十二年四月乙卯，第787页。
② 光绪《丰镇厅志》卷8《艺文上·大朔设官纪略》。

审时仍令原验之理事官会同该通判审拟。又嗣后各旗自行拿获
窃案，罪止杖责者，令该通判一面审结，一面通详存案。其徒
罪以上，审得实情，先通报，再拟结。至命盗重案，例应监禁
者，应查明收禁。"① 光绪《丰镇厅志》"凡例"称："职官设
自雍正初年，建立城垣则自乾隆二年始，或归直隶张理厅管
辖，或阳高、大朔理事通判移驻管理，或丰川、镇宁武职兼
理，以征收赋税而已。"乾隆十五年"因口外种地民人生齿日
繁，事务较多"，移驻大同府分防阳高通判，改为丰镇厅，三
十三年理事通判改为理事同知。② 光绪十年改为抚民同知，归
属归绥道。《综表》中所称"升为直隶厅"，无确证。丰镇厅
沿革可参见谭丹《清代丰镇地方的政区演变与社会变迁》，本
科学年论文，中国人民大学，2017。

宁远厅　《综表》：雍正十二年四月乙卯于亦不汉契设宁
朔卫，于后营子设怀远所，俱属朔平府。乾隆十五年十二月十
八日裁卫、所，于卫地置宁远厅，仍属朔平府。光绪十年升为
直隶厅，无属领。至清末，宁远直隶厅仍无属领。

按：雍正十二年、乾隆十五年事同于丰镇厅。光绪十年改
属归绥道，是否即升为直隶厅，无确证。

五原厅　《综表》：光绪二十八年十月壬辰于萨拉齐直隶
厅属之大佘太地方置五原直隶厅。三十年八月初八日徙厅治于
兴盛旺。无属领。至清末，五原直隶厅仍无属领。

按：五原厅是否为直隶厅，无确证。另，不存在光绪三十
年徙厅治问题，因光绪二十八年至三十年五原厅的建置都在反

① 《清高宗实录》卷240，乾隆十年五月丙戌，第100页。
② 光绪《丰镇厅志》卷1《沿革》。

复讨论中，且五原厅实际寄治于萨拉齐厅包头镇。"兴盛旺"应为"隆兴长"。

陶林厅　《综表》：光绪二十八年十月壬辰于宁远厅属之科布尔地置陶林直隶厅，无属领。至清末，陶林直隶厅仍无属领。

按：是否为直隶厅，无确证。

武川厅　《综表》：光绪二十八年十月壬辰于归化城厅属公滚城置武川直隶厅，无属领。至清末，武川直隶厅仍无属领。

按："公滚"为"翁滚"之误。是否为直隶厅，无确证。

兴和厅　《综表》：光绪二十八年十月壬辰于丰镇厅属二道河地置直隶厅，无属领。至清末，兴和直隶厅仍无属领。

按：是否为直隶厅，无确证。

东胜厅　《综表》：光绪三十三年三月丙申于板素壕地（前明之东胜城地）置直隶厅，无属领。至清末，东胜直隶厅仍无属领。

按：上奏在光绪三十二年底，[①] 允准在光绪三十三年三月。[②] 实际厅治并未选在板素壕，而是羊厂壕。是否为直隶厅，无确证。

绥远城厅　《综表》：乾隆四年置直隶厅。无属领。至清末，绥远城直隶厅仍无属领。

按：作为政区的绥远城厅不存在，误甚。考辨见本书第四章。

---

① 光绪三十二年十二月初八日山西巡抚恩寿、陕西巡抚曹鸿勋折，一档馆藏录副奏折，档号：03－5472－051。

② 《清德宗实录》卷571，光绪三十三年三月丙申，第551页。

奉　天

法库门直隶厅　《综表》：光绪三十二年七月丙午置，光绪三十三年七月升为直隶厅，无属领。

按：据时任盛京将军赵尔巽所奏，法库门"系开原县境，距县一百一十里，东北则通吉林，正北则临蒙部，人烟辐辏，行旅络绎，转瞬商埠一开，华洋错处，交涉繁难，均需随机立应。原设知县有鞭长莫及之虞，应于该处添设抚民同知一员，名曰法库门抚民同知，划开原及附近康平、铁岭三界地方，并归管辖，以资控驭"。① 光绪帝批示"着照所请，该部知道"。法库门驻扎日军，光绪三十一年有驻防法库门日军司令部派兵骚扰铁路一事，② 设厅无疑也与防范日本有关。厅名当作"法库"，见该地所修志书《法库厅乡土志》。

营口直隶厅　《综表》：同治五年十一月癸未置，宣统元年三月十六日升为直隶厅，无属领。

按：营口设厅之议起于同治五年，由三口通商大臣崇厚所奏。③ 盛京户部侍郎兼管奉天府尹事务额勒和布等加以详奏，"是其员缺专为海防而设，与抚民者究有不同。该区为滨海要区，华洋杂处，洋务、税务均关紧要，应遵部议，作为海疆最要题调缺，在于通省现任同通州县内无论满汉，遴员升调。俟三年俸满，别无有碍处分，照例出具考语，给咨送部引见，以

---

① 光绪三十二年七月初四日盛京将军赵尔巽折，一档馆藏朱批奏折，档号：04-01-02-0012-002。
② 光绪三十一年五月二十二日收盛京将军等电，一档馆藏军机处电报档，档号：3-13-12-031-0402。
③ 《清穆宗实录》卷190，同治五年十一月癸未，第406页。

知府就近归直隶、山东、河南三省，无论题选，遇缺尽先升补"。但该同知最初建议似乎是要设直隶厅，但遭到否决，"命盗疏防以及寻常词讼罪止枷杖，在于所辖界内，即遵部议，由该同知按限承缉，照例审办"，"其余刑钱事宜无论巨细，概不由同知核转。所有原奏命盗审转解勘之处，应毋庸议"。① 宣统元年时因奉天建省，锦新营口等处分巡兵备道辖锦、新两府，无须再兼辖营口厅，营口变为直隶厅。②

凤凰直隶厅 《综表》：光绪二年正月二十四日置，领州一、县二。

按：光绪二年设厅事见于崇实奏折："城守尉一员，仅只管理旗务，民事之巡检向归岫岩厅兼辖，而相距辽远，未免鞭长莫及，况巡检职分较卑，亦难膺繁剧。拟将凤凰城巡检一缺改为凤凰直隶厅同知，分岫岩厅洋河以东凤凰城守尉所属地面以及将来边外下游，再设州县悉归管辖。至岫岩厅本系抚民通判，亦应改为理事通判管州县事，并安东县，统隶凤凰厅属。"③

庄河直隶厅 《综表》：光绪三十二年十月二十八日置，无属领。

按：此事见于光绪三十二年盛京将军赵尔巽的奏请："岫岩州属庄河地方，为滨海要区，附近各岛均与联属，近接金州，时虑莠民勾结外匪为患。且距州三百余里，鞭长莫及，声

---

① 同治年间呈抄录兼管奉天府尹事务额勒和布为营口地方议设同知事奏折，一档馆藏录副奏折，档号：03-4779-091。
② 宣统元年东三省总督锡良折，一档馆藏朱批奏折，档号：04-01-01-1092-004；《宣统政纪》卷18，宣统元年七月癸亥，第339页。
③ 光绪二年正月十九日盛京将军崇实折，一档馆藏录副奏折，档号：03-5103-071。

教难施，会首乡团动辄把持滋事，非添设同知一员就近管理不可。应即名曰庄河厅抚民同知。"①

辉南直隶厅　《综表》：宣统元年三月丙子置，无属领。

按：此事见于《宣统政纪》所载，"增设奉天辉南直隶厅"。②

兴京直隶厅　《综表》：乾隆二十八年四月初七日置。光绪二年正月二十四日升为直隶厅。宣统元年三月十六日升为兴京府。

按：乾隆二十八年移锦州理事通判驻兴京，此为兴京厅之置，其缘由见于时任盛京将军舍图肯奏疏："兴京一城，迄今并无专管文员。查该城幅员辽阔，旗民杂处，且为飞参等犯出没之所……现止城守等员驻扎，居民难免心存畛域，无所顾忌……锦州府理事通判一缺……应请移驻兴京，以资弹压，与熊岳通判在适中之哨子河地方分界管理，实多裨益。"③ 次年二月，改铸管辖兴京等处理事通判关防。④ 光绪二年升直隶厅，宣统元年升兴京府。⑤

复州厅　《综表》：雍正五年置厅，十一年七月甲午改为复州。

按：雍正十一年改复州通判为复州事见《清世宗实录》。⑥

金州厅　《综表》：雍正十一年七月甲午置宁海县。道光二十三年六月初四日改为金州厅。

---

① 光绪三十二年十月二十三日盛京将军赵尔巽折，一档馆藏朱批奏折，档号：04-01-02-0012-003。
② 《宣统政纪》卷11，宣统元年三月丙子，第235页。
③ 乾隆二十八年四月初七日盛京将军社〔舍〕图肯折，一档馆藏朱批奏折，档号：04-01-03-0002-003。
④ 《清高宗实录》卷705，乾隆二十九年二月丙午，第875页。
⑤ 《宣统政纪》卷11，宣统元年三月乙丑，第224页。
⑥ 《清世宗实录》卷133，雍正十一年七月甲午，第721页。

按：改县为厅事，见于盛京将军禧恩等奏折："金州所属海疆曲折，旋绕数百余里，海口至二十处之多……况同城现已奏准移驻金州副都统，而民员仅止宁海县知县一缺，大小悬殊，诸多窒碍。且宁海县系例应归部拣补、专用汉员之简缺，不能遴选升调，难期得人治理。奴才等公同酌议，拟请将宁海县知县改为金州海防同知，定为冲繁疲难兼四要缺，在外升调。"①

海龙厅　《综表》：光绪五年闰三月庚寅置，二十八年六月十五日升为府。

按：光绪二十八年前后是一次系统性行政调整，涉及新民厅同知升为新民府，海龙厅通判升为海龙府，康平县之郑家屯主簿改移石头井，于郑家屯添设辽源一州，仍隶昌图府管辖，分宁远州之中后所添设绥中县，仍隶锦州府，分广宁县小黑山添设镇安县，添设彰武县，隶属新民府管辖等。②

新民厅　《综表》：嘉庆十八年三月二十七日置厅，光绪二十八年六月十五日升为府。

按：嘉庆十八年设，当年年底选任抚民同知时，提到设新民屯抚民通判时，将直隶宣化府通判裁汰以相抵。③ 光绪二十八年升为新民府，此为奉天一系列调整中的一环。④

① 道光二十三年五月初七日盛京将军禧恩、盛京户部侍郎明训等折，一档馆藏朱批奏折，档号：04-01-12-0460-036。
② 《清德宗实录》卷500，光绪二十八年六月己丑，第610页；光绪二十九年八月二十五日盛京将军增祺、护理奉天府尹志彭折，一档馆藏朱批奏折，档号：04-01-01-1059-053。
③ 嘉庆十八年十一月二十六日盛京礼部侍郎管奉天府尹诚安、奉天府尹华连布折，一档馆藏朱批奏折，档号：04-01-12-0305-030。
④ 光绪二十九年八月二十五日盛京将军增祺、护理奉天府尹志彭折，一档馆藏朱批奏折，档号：04-01-01-1059-053。

岫岩厅　《综表》：乾隆三十七年三月十六日置厅。光绪二年正月二十四日改为州，往属凤凰直隶厅。

按：雍正十二年时置熊岳通判管辖旗民事件。① 此后的变迁见于盛京将军禧恩等奏折："岫岩凤凰城地方，从前分隶附近州县管理，并未设立专员。乾隆三十七年奏准将熊岳理事通判移驻岫岩城，四十一年奏准将凤凰城事务统归岫岩理事通判兼管，定为冲繁要缺，在外调补。道光六年以该处环山滨海，政务殷繁，请改为海防同知。嗣奉部复，准其改为海防通判，定为冲繁疲难要缺，应以通判、知县两项升调。"②"旗界内有两城守尉分任其事，民界仅止通判一员管理两城地方，秩微而任重，实不足以资弹压。"道光二十三年又改为岫岩凤凰城海防同知，作为冲繁疲难兼四要缺。③

昌图厅　《综表》：嘉庆十一年置。光绪三年十月戊申升为府。

按：昌图厅原为通判，不过同治元年时同治帝上谕内阁提议昌图厅是否应添设官职较大之员，④ 二年吏部议复改为理事同知。⑤ 关于昌图厅的研究，可参见卢绪友《清代东北蒙地政

① 雍正十二年十月二十四日盛京将军那苏图《请将添设驻盖平县之理事通判改驻熊岳城分管海城等州县旗民事件》，《清代吏治史料·吏制改革史料》第 6 册，第 2625～2626 页。
② 乾隆三十七年移驻事见《清高宗实录》卷 905，乾隆三十七年三月辛亥："界内命盗户婚等案，悉归该通判分别旗民，照例办理；应征地丁钱粮、余地租银，亦归催征。"（第 86 页）道光六年改为海防同知未允事见《清宣宗实录》卷 99，道光六年六月丁巳，第 609 页，原因是"衔缺大小不符"。
③ 道光二十三年五月初七日盛京将军禧恩、盛京户部侍郎明训等折，一档馆藏朱批奏折，档号：04-01-12-0460-036。
④《清穆宗实录》卷 83，同治二年十月己亥，第 724 页。
⑤《清穆宗实录》卷 84，同治二年十一月癸丑，第 760 页。

区的内地化——以长春、昌图二府设立为中心的考察》（《中国边疆学》第 10 辑）。

锦西厅 《综表》：光绪三十二年七月丙午置江家屯厅。是年九月初一日更名锦西厅。

按：据时任盛京将军赵尔巽所奏，"江家屯系锦县属境，距县九十五里，毗连直隶朝阳府境，沿边要隘，向为盗匪出没之区，恃与县城远隔，此拿彼窜，习为遁逃。附近商民多被其害，亟欲于该处设官，得以镇慑弹压，消患无形。拟添设抚民通判一员，名曰江家屯抚民通判，划锦县迤西各村庄，并归管辖，庶于绥边固圉之道，胥得其宜"。①光绪帝批示"着照所请，该部知道"。

盘山厅 《综表》：光绪三十二年十月二十八日置。

按：此事见于光绪三十二年盛京将军赵尔巽的奏请："广宁县属盘蛇驿距城窎远，现办垦荒，词讼日繁，先经奴才奏设裁判委员一员，声明饬将应行划界安官设治之处禀候核办在案。旋据该委员查复前来，应将牧厂全境及厂南各村屯并归管理，设为厅治。查该处原名盘山，应即名曰盘山厅抚民通判，以便审理词讼命盗案件，征收钱粮，俾专责成而免贻误，其裁判委员即行裁汰。"②

吉 林

吉林直隶厅 《综表》：乾隆十二年二月壬戌置。光绪七

---

① 光绪三十二年七月初四日盛京将军赵尔巽折，一档馆藏录副奏折，档号：03 - 5463 - 088。
② 光绪三十二年十月二十三日盛京将军赵尔巽折，一档馆藏朱批奏折，档号：04 - 01 - 02 - 0012 - 003。

年十二月丁卯升为吉林府。

按:《清高宗实录》卷 284 乾隆十二年二月壬戌条载:"谕,据宁古塔将军阿兰泰奏称,永吉一州设在吉林乌拉,系宁古塔将军所辖地方。该州向隶奉天府,一应办理旗民事务,俱申报府尹转咨,不但稽延时日,且于办理事件,多至掣肘。请将永吉州改设理事同知,属宁古塔将军管辖等语。着照该将军所请。永吉州改设理事同知,管理该州事务。其作何裁改一应事宜,交与该部定议具奏。寻议,永吉州知州衙署应改为理事同知衙署,该同知关防,应拟宁古塔理事同知字样。查船厂现有理事通判一员,今既将知州改设理事同知,其现设理事通判,应否裁汰,该州现设之州同、吏目、学正,应作何裁改,刑名钱谷案件以及文武生员作何改隶之处,俱令该将军会同府尹详议具题,到日再议。从之。"由此可知,吉林理事同知乃裁永吉州改设;永吉州先前隶属奉天府而非宁古塔将军,此当由于州的体制只能与府发生直接行政关系;永吉州原先办理的为旗民事务。奏疏中提到的所谓吉林理事通判于乾隆二十八年裁。[1]

长春直隶厅　《综表》:嘉庆五年五月戊戌置。光绪十四年八月初七日升为长春府。

按:长春设厅事初为嘉庆四年十一月吉林将军秀林所奏,[2]《清仁宗实录》卷 71 嘉庆五年七月戊子所载上谕,是针对军机大臣会同吏部等衙门议复秀林奏折的谕旨,长春厅当于

① 《清高宗实录》卷 684,乾隆二十八年四月丁酉,第 658 页。
② 嘉庆四年十一月二十六日吉林将军秀林折,一档馆藏录副奏折,档号:03 - 0196 - 3604 - 043。

该时获批。光绪十四年吉林将军希元以长春厅所设通判"权轻责重",奏请升为长春府。① 希元该折追溯了长春厅职官变迁的历史——嘉庆五年于长春堡设置理事通判,道光五年移驻宽城,光绪七年改理事通判为抚民通判加理事衔。②

白都讷直隶厅 《综表》:嘉庆十五年七月十九日置。光绪三十二年正月二十二日升为新城府。

按:白都讷应为伯都讷。伯都讷地方原设委署主事,"专办蒙古事件,至钱粮狱讼及旗民交涉诸务,俱归户司官员管理"。乾隆四十四年奏请改为理事通判,不过考虑到流民尚不及原住居民多,且经常转移,故未允准。③ 早在嘉庆十一年,因吉林与伯都讷地界相连,界址不清,时吉林方面即请划定两城界限并设立鄂博,添设界官。④ 奏设伯都讷同知事在嘉庆十五年,吉林将军赛冲阿称伯都讷地方"屯堡毗连,人烟稠密",除了已征纳丁粮之陈民,尚有新近流入尚未报丁并陈民滋生分居另户民人数千户,管理难度剧增。随后赛冲阿回顾了该地的设治史,"先于雍正四年设立长宁县知县驻扎该城,管理民事。迨乾隆二年间将知县裁撤改为州同。乾隆十二年又将州同裁去改为巡检。至乾隆二十六年前任将军恒禄以该处地连蒙古,交涉事多,奏将巡检裁撤,请发理藩院委署主事一员,住于该城,管办蒙古交涉事务,其一切民人刑事事件均归伯都讷副都统衙门兼理,仍咨报将军衙门核定奏咨,历今五十年来

① 《清德宗实录》卷258,光绪十四年八月辛巳,第464页。
② 光绪十四年七月初三日吉林将军希元折,吉林省档案馆藏吉林档案,档号:J001-14-1966。
③ 《清高宗实录》卷1085,乾隆四十四年六月戊寅,第582页。
④ 《清仁宗实录》卷169,嘉庆十一年十月辛卯,第197页。

均系如此办理"。为什么嘉庆十五年要改为同知呢，赛冲阿表示民人土地众多，讼狱繁多，"除军流徒杖各案外，其人命案件每年多至二十余起及十余起不等。若非添设地方官员，实不足以治理"。鉴于嘉庆五年于吉林长春堡地方添设通判，而伯都讷与吉林事务无异，建议仿照吉林理事同知例添设同知，"专管地方刑钱及旗民交涉事务"。原理藩院委署主事则因蒙古案件无多，且副都统衙门原设有蒙古笔帖式一缺足资治理，故将其撤回。① 其实，早在乾隆四十四年时吉林方面已请求裁撤该委署主事改设理事通判，但被拒绝，"查该处流民虽多，究非土著可比，转移无常，日后民务减时，再将通判裁撤，未免纷更。请嗣后将伯都讷地方凡蒙古旗民事件，均令该委署主事办理。惟居民及钱粮税务，令司员办理。添设通判之处毋庸议。从之"。② 伯都讷原为理事同知，光绪七年改为抚民同知加理事衔。③

双城直隶厅　《综表》：光绪七年十二月丁卯置。宣统元年闰四月十五日升为双城府。

按：双城厅为抚民通判加理事同知衔。④

宾州直隶厅　《综表》：光绪七年十二月丁卯置。宣统元年闰四月十五日升为宾州府。

五常直隶厅　《综表》：光绪七年十二月丁卯置。宣统元年闰四月十五日升为五常府。

---

① 嘉庆十五年七月初六日吉林将军赛冲阿折，一档馆藏朱批奏折，档号：04-01-01-0518-002。
② 《清高宗实录》卷1085，乾隆四十四年六月戊寅，第582页。
③ 《清德宗实录》卷140，光绪七年十二月丁卯，第1006页。
④ 《清德宗实录》卷140，光绪七年十二月丁卯，第1006页。

延吉直隶厅　　《综表》：光绪二十八年九月癸酉置。宣统元年闰四月十五日升为延吉府。

绥芬直隶厅　　《综表》：光绪二十八年九月癸酉置。宣统元年闰四月十五日升为府。

榆树直隶厅　　《综表》：原称榆树县，属新城府。宣统元年闰四月十五日升为直隶厅。是年八月甲申属西北路道。

宾江直隶厅　　《综表》：宣统元年闰四月十五日置。是年八月甲申属西北路道。

东宁厅　　《综表》：宣统元年闰四月十五日置。是年八月甲申属西北路道。

珲春厅　　《综表》：宣统元年闰四月十五日置。是年八月甲申属西北路道。

虎林厅　　《综表》：宣统元年七月己酉置呢玛厅。八月甲申属东北路道。三年三月壬戌改名虎林厅。

按：以上诸厅设置无异议，具体沿革考证可参见谢长龙《清代东北厅制研究》。宾江直隶厅当作滨江直隶厅。

黑龙江

黑水直隶厅　　《综表》：光绪三十年十二月二十四日置。三十四年七月初九日升为龙江府。

呼兰直隶厅　　《综表》：同治元年置。光绪三十年十二月二十四日升为呼兰府。

绥化直隶厅　　《综表》：光绪十一年十月十四日置。三十年十二月二十四日升为绥化府。

海伦直隶厅　　《综表》：光绪三十年十二月二十四日置。三十四年七月初九日升为海伦府。

讷河直隶厅　《综表》：宣统二年七月己巳置。

肇州直隶厅　《综表》：光绪三十二年闰四月十五日置。

安达直隶厅　《综表》：光绪三十二年闰四月十五日置。

大赉直隶厅　《综表》：光绪三十年十二月二十四日置。

瑷珲直隶厅　《综表》：光绪三十四年七月初九日置。

呼伦直隶厅　《综表》：光绪三十四年七月初九日置。

按：以上诸厅设置无异议，具体沿革考证可参见谢长龙《清代东北厅制研究》。

江　苏

海门直隶厅　《综表》：乾隆三十三年四月戊辰置。无属领。

按：乾隆三十三年割通州诸沙地设，在时任江苏巡抚明德的奏疏中，仍称"请设海门同知"，未直称"海门厅"，但在所呈送的地图中，有"新厅界"等字样，并写有"除永旺、永丰二沙离崇明较近，仍归崇明县管辖外，其余新厅界签内各沙俱归新厅管理"，可见确系海门厅。① 设治的目的在于"专管沙务"，"从前请设海门一厅，将通州、崇明新涨沙地刑名钱谷划归管理，原为涨沙日广，讼案繁兴，该州县各子其民，听断未平，争端不息，故将新涨各沙一切刑名钱谷划分海门厅专管"。② 该厅系直隶厅，在初设同知时，即明言"照依直隶厅之例"。③

---

① 乾隆三十三年二月初七日江苏巡抚明德折，一档馆藏录副奏折，档号：03-0053-004。
② 乾隆三十七年十二月二十日两江总督高晋、江苏巡抚萨载折，一档馆藏录副奏折，档号：03-0131-005。
③ 乾隆三十三年二月初七日江苏巡抚明德折，一档馆藏录副奏折，档号：03-0053-002。

乾隆五十一年署理两江总督闵鹗元奏请以吴县知县李逢春升署海门同知时，就称该缺为"海门厅直隶同知"。① 其钱粮、刑名俱归常镇海道核转，"每年奏销考成仍照各州县之例，径详江宁藩司核转，征收钱粮统解江宁藩司分别拨用"。② 嘉庆《海门厅志·凡例》称"未设直隶同知以前，分隶通、崇，其事已见于彼志。兹志断自乾隆三十三年始"。

太湖厅 《综表》：乾隆元年三月二十五日置。

按：雍正十三年设太湖同知驻东山，但此时尚未成"厅"之建置，因其只负责捕务及户婚、田土细故而已。乾隆十二年将太湖东山、西山应征钱粮划归太湖同知催征，十八年又将西山钱粮划归吴县征收，一切地方事务仍由太湖同知管理，而东山地方命盗案件亦归吴县。乾隆三十二年奏请东山钱粮依然由太湖同知征收，而将东山、西山一切命盗案件改归太湖同知管理，由府核转。③ 至此，太湖厅始置。考证见本书第五章。

川沙厅 《综表》：嘉庆十七年四月癸亥置。

按：乾隆二十四年将松江府董漕同知移驻川沙城，专管上海、南汇两县海塘，④ 三十五年又将青浦县水利归川沙同知管理。⑤ 嘉庆九年奏请将松江府川沙同知改为松江府川沙抚民同知，将上海二十二保，南汇县十七保、二十保各图分割归该同

---

① 乾隆五十一年四月二十八日署理两江总督闵鹗元折，一档馆藏朱批奏折，档号：04-01-13-0076-031。

② 乾隆三十八年八月初九日署理户部尚书永贵、户部左侍郎英廉题，一档馆藏内阁户科题本，档号：02-01-04-16421-003。

③ 乾隆三十二年十一月十九日苏州布政使苏尔德折，一档馆藏录副奏折，档号：03-0052-079。

④ 《清高宗实录》卷588，乾隆二十四年六月甲子，第541页。

⑤ 《清高宗实录》卷867，乾隆三十五年八月戊戌，第635页。

知管理，"一切刑名钱谷事件均责成该同知管理"，"仍归松江府兼辖、审转、督办，其原管海塘、捕务、水利照旧管理"，①川沙厅之设自此始。但实际"嘉庆十年为朝廷奏准设立川沙厅的时间；但直到嘉庆十五年，川沙厅才完成了与上、南二县的划界，抚民同知和司狱正式到任接管辖境内刑名钱谷事务，遂有川沙厅之建置；嘉庆十六年川沙厅划界分管事宜清册由督抚奏报朝廷，并在嘉庆十七年最终奏准。因此，应以嘉庆十五年为川沙厅正式设立的时间较为合理"（具体考证见陈天昱《清代江苏松江府川沙厅设置时间考辩》）。

靖湖厅　《综表》：光绪三十年十二月初十日置。

按：光绪三十年将苏州府管粮通判移驻吴县所辖之洞庭西山，改为靖湖厅抚民通判。②因该处钱粮向由吴县征收，遥隔太湖，往来不便，故以往由甪头司巡检代征，而该地之命盗等词讼又是由太湖厅同知管理。太湖厅所驻之东山距离西山亦有数十里，故设专员管理。③宣统三年又奏请裁并入太湖厅，④实际完成则在清亡以后。

太平厅　《综表》：光绪三十年十二月初十日置。

按：光绪三十年将苏州府海防同知移驻丹徒、丹阳、江

---

① 嘉庆九年十一月二十一日两江总督陈大文、江苏巡抚汪志尹折，一档馆藏朱批奏折，档号：04 - 01 - 02 - 0006 - 008。

② 光绪三十年十二月初十日政务处大臣奕劻等折，一档馆藏录副奏折，档号：03 - 5094 - 059；《清德宗实录》卷538，光绪三十年十一月壬辰，第158页。

③ 光绪三十年十月二十二日暂署两江总督端方、护理江苏巡抚效曾折，一档馆藏录副奏折，档号：03 - 5094 - 053。

④ 宣统三年四月十八日江苏巡抚程德全折，一档馆藏录副奏折，档号：03 - 7475 - 047。

都、泰兴四县所辖之太平洲，该地属于长江的江心洲，距四县
均较远，也在镇江府、扬州府、通州直隶州的交界地带，征解
钱粮、审理词讼均有不便，故设太平厅抚民同知，①属镇江府。

浙　江

玉环厅　《综表》：雍正六年三月甲戌析台州府太平县属
之楚门、老岸、南塘、北塘等地置玉环厅。嘉庆元年二月丁酉
析玉环厅属石塘、石板殿地，往属太平县。

按：雍正六年置玉环同知于此，②拨太平县、乐清县之地
归其管辖，该同知有"管理钱谷刑名事件"之责，故浙江总
督李卫照中县之例设立典史。③该同知辖区已有分管地面，可
被视作厅。乾隆十二年裁汰玉环同知，以温州府海防同知驻
扎，十三年又归复旧制。④直到乾隆十一年该厅仍只征钱粮，
而编查保甲的任务则归于太平、乐清两县，⑤以至于"粮归玉
环而户口编查仍在本籍"。⑥光绪《玉环厅志》收录相关政区
设置的详细奏疏。朱波曾对该厅在文献中既有散厅又有直隶厅

---

① 光绪三十年十月二十二日暂署两江总督端方、护理江苏巡抚效曾折，一
档馆藏录副奏折，档号：03-5094-053。
② 《清世宗实录》卷67，雍正六年三月戊戌，第1026页。
③ 雍正七年七月二十五日兼吏部尚书事张廷玉《浙江新设玉环同知衙门请照
中县之例添设经制典吏》，《清代吏治史料·吏制改革史料》第4册，第
1582~1583页。
④ 乾隆十二年九月初六日闽浙总督喀尔吉善、浙江巡抚常安折，一档馆藏朱
批奏折，档号：04-01-12-0056-120；《清高宗实录》卷285，乾隆十二
年二月丙子，第711页；卷327，十三年十月辛丑，第404~405页。
⑤ 乾隆十一年十月初十日浙江温州总兵倪鸿范折，一档馆藏朱批奏折，档
号：04-01-01-0128-029。
⑥ 乾隆十一年七月二十二日闽浙总督马尔泰折，一档馆藏朱批奏折，档号：
04-01-01-0128-011。

的歧异记载进行了考辨，结论是"玉环厅在地域空间上从属于温州府，但玉环同知的权力空间却不从属于温州府知府的权力空间。玉环厅与玉环同知在空间与权力上具有不同的隶属关系。玉环厅在温州府境内，在空间归属上相当于温州府属散厅。玉环同知与温州府知府一样直接对省级的藩臬二司和介于省府之间的道员负责，具有类似统县政区的管理权限，故有'玉环直隶同知'之名"。①

定海直隶厅 《综表》：道光二十三年正月丙辰置。无属领。

按：道光二十一年奏请升定海县置厅，原因在于"定海孤悬海外，总兵之体制既崇，知县之品级似卑，每为弁兵所蔑视"，升直隶厅后，隶宁绍台道管辖，其审转案件悉照直隶州之制。②《综表》将其定为道光二十三年正月丙辰，史料依据来自《清宣宗实录》卷388道光二十三年正月丙辰条："至定海县前经奏准改为直隶同知，请照玉环直隶同知之例，定为养廉银二千四百两，在于巡抚、藩司、运司、宁绍台道、宁波府五员名下养廉内匀摊。"仅指定养廉银来源事而非设厅事。光绪《定海厅志》将设厅事亦系于道光二十一年。③ 该厅所设专为海防事，与鸦片战争有关，与一般厅的设置原因不同。

南田厅 《综表》：宣统元年六月癸卯于象山县之南田岛置南田厅来属。

按：宣统元年将宁波府水利通判移驻，改为南田抚民通

① 朱波：《清代玉环厅隶属关系考辨》，《历史地理》第34辑，第133页。
② 道光二十一年六月二十六日军机大臣穆彰阿等折，一档馆藏录副奏折，档号：03-2986-041。
③ 光绪《定海厅志》卷5《建置表》。

判，设南田抚民厅，属宁波府。① 《清史稿·地理志》记载为南田县，实际上南田厅是在 1912 年 2 月始改县，② 此时中华民国已经成立，故以清人眼光，似仍记录为南田厅为宜。假如以清帝退位在 1912 年 2 月，故《清史稿·地理志》应记为南田县，则亦应标准统一，如定海直隶厅亦是 1912 年 2 月改为定海县，而《清史稿》记载的仍是定海直隶厅。又，该厅所置为海岛开发事，前后过程曲折，详见谢湜《"封禁之故事"：明清浙江南田岛的政治地理变迁》[《中山大学学报（社会科学版）》2020 年第 1 期]。

石浦厅 《综表》：道光三年于象山县之石浦地方置石浦厅来属。

按：浙江宁波府下有无石浦厅，学术界近来争议颇大。《综表》以石浦厅为道光三年置，刘铮云《〈清史稿·地理志〉府州厅县职官缺分繁简订误》认同此说，并补充该厅资料，以补《清史稿·地理志》缺漏。华林甫对此提出疑问，认为石浦厅不存在，其理由有五：《清实录》中石浦仍属象山县；地理志书没有石浦厅；牛平汉、刘铮云所引光绪《大清会典事例》只是表明道光三年移浙江宁波府海防同知驻石浦，作为宁波府海防总捕同知驻所，并非独立之政区；道光十二年《象山县志》下有石浦所，可见属于象山县，不属独立政区；假设石浦厅有置，日后必废，但文献未见其废也。③ 本处在华

① 宣统元年六月初十日浙江巡抚增韫折，一档馆藏朱批奏折，档号：04 - 01 - 01 - 1092 - 024。
② 郑宝恒：《民国时期政区沿革》，湖北教育出版社，2000，第 85 页。
③ 华林甫：《"石浦厅"质疑》，收入华林甫主编《清代地理志书研究》，中国人民大学出版社，2014，第 310 页。

林甫驳正的基础上，结合原始奏疏，对石浦厅存在与否续加考辨，并针对若干支持石浦厅存在的史料进行重新解释。

道光三年，闽浙总督赵慎畛、浙江巡抚帅承瀛正式提出在石浦设同知的要求：

> 应移驻同知、巡检以资控制也。查石浦地方，为内地民人偷渡南田往来之要道，又有竹山地方，与石浦同系象山县所辖。……是石浦、竹山二处实为防范南田最关紧要之区。除分拨备弁带兵巡防外，石浦向设巡检一员，职分较小，应请移驻同知一员以资弹压。查有宁波府海防同知一员，管理捕务驿传，驻扎鄞县大嵩地方，本为部选中缺，公事较简，拟以移驻石浦，改为冲繁海疆要缺，在外题调，令其专管禁山一切事宜及石浦寻常斗殴事件。其新设之员弁兵役人等差务勤惰，俱责令该同知随时稽查，如遇有各营兵船拿获盗匪，就近交送石浦同知及该同知自行拿获，老本匪徒均仍解送象山县收审……至石浦原设之巡检一员，即以移驻竹山地方，会同营弁实力巡防。该处距石浦仅二十余里，每遇春冬二汛渔船云集之时，人数众多，奸良不一，石浦同知有专管禁山之责，势难兼顾，仍令该巡检分辖石浦，统归该同知稽查。①

这次奏请是为改善南田地方封禁事宜而对象山一带职官设置进行的专门调整，其核心事项有二。一是将宁波府海防同知

移驻于石浦，其功能是"专管禁山一切事宜及石浦寻常斗殴事件"，对于盗匪，其职权仅是"拿获"而已，"老本匪徒"还要解送象山县收审，可见，石浦同知的功能仅是维持治安，谈不上有专管之地。二是将石浦巡检移驻竹山，并归同知稽查。但这一奏请并未得到允准，《清宣宗实录》载道光四年"改铸浙江宁波府石浦厅同知关防，并象山县石浦巡检司印信。从护巡抚黄鸣杰请也"。① 石浦巡检司仍属象山县。

宣统元年石浦同知衙门奉命设立统计处，在呈禀中称"查鄙厅衙门专司海防总捕，向无钱粮、仓库、税契、宾兴之责"，② 已很明显地证明石浦同知不过是管理海防事宜而已，不管钱粮，也不能独立审理命案，故非厅的设置甚明。

这里必须要解释的一点是如何看待文献中偶尔记载的"石浦厅"，如《清实录》载"署定海厅同知、石浦厅同知龚泰斟，年力就衰，办事竭蹶"。③ 这条史料中的"石浦厅"当理解为对石浦同知衙门的称呼而非"厅"的政区建置。

值得注意的是，《申报》上曾经有一条改石浦厅为县的记录。《申报》1911 年发表了一篇报道，题为《石浦厅改为县治》，内载："民政支部长金遵祖申宁波军政分府文云：本年十月十六日奉浙军都督汤札开，据政事部长褚咨呈本部酌定变更旧制，凡关于各府属之厅州县一律改称为某某县等因，奉此，遵即改厅为县。除定期邀集四界同胞宣布宗旨并筹议分科办法再行详请外，理合具文申报。再石浦改县文到印未到，仍

---

① 《清宣宗实录》卷 70，道光四年七月丙寅，第 110 页。
② 《石浦设立统计处办事所》，《申报》1909 年 2 月 7 日。
③ 《宣统政纪》卷 5，光绪三十四年十二月辛巳，第 105 页。

暂用钤记。"①

经查民国《象山县志》，金遵祖宣统三年始任石浦同知，亦为最后一任。厅改为县，只是浙江宣布独立以后，浙江地方军政府的行为而已（浙军都督汤指的是汤寿潜），不可视为国家正式认可的政区改制行为。若以之作为清代石浦厅存在的坚强证据，也不是很充分。

1911 年浙江宣布独立，成立军政府，此时南田厅民政长秦业鸿向浙军都督汤寿潜报告石浦地方希望并入南田事宜。该合并事宜是由石浦昌石镇地方自治会会长秦英鉴提出的，他请将象山县奠南乡合并入南田县，并改南田县为石浦县。当时被否决，汤的批示在宣统三年十一月初八日。值得留意的是昌石镇此时名义上仍属象山县，不然，我们也就很难理解为何象山县对此次划并事件持强烈反对态度并最终促成了昌石镇和奠南乡仍归属象山县管辖。

秦的呈文中也提到，"昌石之地产恒在南田，南田之商贩恒集昌石，是以彼此交涉事件络绎不绝，向均隶属象山"，其中未提及有石浦厅存在，而且明确指出无论是南田还是石浦地方，均属象山。

南田知事在收到秦的呈文后，回复称："昌石、南田虽属象山，向已分设同知管辖，清划鸿沟，是以去岁南田建县，与象山无疆界之交涉，昌石亦由是也。以同知管辖之界，为昌石割南之界，天然形势，夫复何争？"其中提到同知管辖之界，只是指石浦同知所辖治安及海防事务的界限，并不意味着石浦同

---

①　《石浦厅改为县治》，《申报》1911 年 12 月 13 日。

知有专管之地，不然，也不会提到"昌石、南田虽属象山"。①

从这一角度再回看《申报》有关石浦改县的报道，恐怕只是石浦地方试图在新旧革命转换之际，试图模糊作为佐贰的同知辖地与有专管之地的厅之间的巨大区别，从而达到独立建县的目的。此类情况在民国初年屡见不鲜。

至于 1925 年《申报》上一条题为《浙省筹办民选之进行》的报道称："至南田县，查系民国元年二月将南田厅改称为县，并将旧石浦厅并入。据临时法制院第一二六号公函解释，'直辖境土之厅，准用《国民代表会议条例》第 25 条规定办理'，是南田应否选出初当选人二名，须查该石浦、南田两厅是否均直辖境地为断，敬希查明电复为荷。"② 对此句的理解或许不应作为石浦厅存在的铁证，而是说到了 1925 年，浙江省筹办选举，仍不确定石浦厅、南田厅有直辖境地还是仅是同知驻扎，所以下令再度查明，这也说明所谓石浦厅在清末民国时期人们认知中的混乱。

综上所述，关于石浦同知的沿革，准确的表述如下。南田自明即为封禁之地，入清以后，民人不断迁居岛上，清朝政府为应对海岛管理难题，于道光三年在南田必经要道的象山县石浦之地移驻海防同知一员，即石浦同知。该同知的主要职责是专管禁山事宜及石浦地方普通治安事件，这也是《申报》中多载石浦同知审理案件的原因，但其不具全面职责，没有专管之地，不能被视作政区性质的厅。只是由于不管是政区性质的厅还是仅代表府的分防佐贰官，都可以共享厅的名称，所以，在

---

① 民国《南田县志》卷 34《公文》。
② 《浙省筹办民选之进行》，《申报》1925 年 7 月 28 日。

文献中也会见到"石浦厅"的记录，这里的"石浦厅"更应当被当作石浦同知衙门来理解。到了清末，南田逐渐开禁，光绪以后就有了在南田设置独立政区的建议，宣统元年有人上奏请求设厅，三年正式设立。可是，石浦人由于处在长期的封禁中，在南田岛上多有产业，在南田建厅、建县中颇受刺激，也试图将石浦划归新县之中，以获得自身利益最大化。有理由相信《申报》所载所谓"石浦改厅为县"是石浦一次地方性行为，但并未获得成功。民国元年，新旧交替，南田设县，石浦既设县无望，因其在清代就不具备独立政区资格，但又试图加入南田县中，于是经由原石浦同知所在的昌石镇自治会的呈请，意图实现两个目标：一是将昌石镇、奠南乡划归南田县，以保障石浦人在南田县的利益持续；二是将南田县治移驻石浦，一石二鸟，实现以石浦管理新南田县的目的。该呈请一度获得同意，但象山县在将失去一半土地人口的压力下，其士绅坚决反对，最终在民国 2 年回归了旧有格局，昌石镇仍属象山而南田为县。

安　徽

南平厅　《综表》无。

按：嘉庆八年于宿州南平集地方奏设抚民同知，将浍河以南五十三集统归管辖，"一切刑名、钱谷事件照依直隶厅之例，俱归该同知专管"，"应行核转招解之案，仍由凤阳府核转审解"。① 文中所言"照直隶厅之例"是取直隶厅有专管地方之意，而南平厅仍为凤阳府之散厅。嘉庆十年安徽巡抚王汝

---

① 嘉庆八年六月初八日两江总督费淳、安徽巡抚阿林保折，一档馆藏录副奏折，档号：03 - 1464 - 078。

壁奏，"宿州浍河以南经征地丁、驿站、漕项等银及漕粮、米麦，归新设南平抚民同知分别征解。从之"。① 嘉庆十二年时户部移会稽查房，称"宿州、南平等六厅州县"，② 可见已将南平视为厅的建置。但该厅旋于嘉庆十三年被裁，抚民同知改为凤颖两府捕盗同知，"所有刑名、钱谷事件仍归宿州经管"，"将宿州、灵璧、怀远、亳州、蒙城五州县并归该同知就近督缉"。③ 该厅曾短暂存在于嘉庆十年至十三年间。

福　建

云霄厅　《综表》：嘉庆五年十一月二十八日于云霄镇地置。

按：该地早在明代嘉靖年间即试图建县，但"屡请不获"，乾隆年间复议设，仍然没有得到批准。④ 康熙三十五年移驻盘陀巡检司，统辖图三、保三十六；乾隆元年移驻漳州府漳浦县云霄分征县丞，统辖图四、保三十。⑤ 嘉庆二年奏请将原县丞所辖三十余保并新划平和县二十五保、诏安县二保十三村地归云霄海防同知管理，"一切命盗、词讼及征收钱粮仿照泉州府马家巷通判之例画一归办，其命盗重案并犯徒罪以上案件俱由该同知审拟，由府勘转"。⑥ 嘉庆五年正式分割疆土。⑦

---

① 《清仁宗实录》卷145，嘉庆十年六月丁巳，第980页。
② 《户部为奉谕安徽江苏被水借给籽种事》，中研院史语所藏内阁大库档案，登录号：144233 - 001。
③ 嘉庆十三年二月二十五日护理安徽巡抚鄂云布折，一档馆藏录副奏折，档号：03 - 1513 - 012。
④ 嘉庆《云霄厅志》卷2《学校志》。
⑤ 嘉庆《云霄厅志》卷1《方域志·坊里》。
⑥ 嘉庆二年十月初八日闽浙总督魁伦、福建巡抚费淳折，一档馆藏录副奏折，档号：03 - 1653 - 005。
⑦ 《清仁宗实录》卷76，嘉庆五年十一月丙午，第1031页。

叶江英考证后认为："清代福建云霄厅的设置时间，历来有嘉庆元年、三年、五年三说。通过对云霄厅设置过程的梳理，发现嘉庆元年为督抚奏请设立的时间；嘉庆二年，朝廷原则上同意设立，但对嵩安出任云霄同知的资历提出疑问；嘉庆三年，朝廷同意嵩安出任云霄厅同知，同年底署理云霄厅同知、照磨均已到任；嘉庆四年云霄厅开始征收辖区内的钱粮。综合而言，嘉庆三年说较为合理。"① 该厅除了有专管之地，还有兼辖地方，嘉庆十九年"拨福建龙溪、海澄、南靖、长泰四县归石码通判兼辖；漳浦、平和、诏安三县归云霄同知兼辖。从前任巡抚张师诚请也"。②

马巷厅　《综表》：乾隆三十九年七月初九日析同安县属马家巷地置。光绪九年裁入同安县。

按：乾隆三十九年将泉州府安海通判移驻马家巷，将同安县翔风、民安、同禾三里五十八堡及安海通判原管之十保共六十八保，"一切刑名、钱谷事件归该通判管理"，属泉州府。③ 乾隆《马巷厅志》卷一《建置·沿革》称"（乾隆）四十年奉文移驻马家巷，分同安县三里属通判，以四十一年为始"，指的是政区调整在地方上实际完成的时间。另，不存在光绪九年裁马巷厅事，该厅至清末尚存。

厦门厅　《综表》：康熙二十五年置。

按：康熙二十五年将泉州府同知移驻于厦门，"管理海

---

① 叶江英：《清代福建云霄厅设置时间考辨——兼谈州县征收钱粮时间在清代政区研究中的作用》，《历史地理》第35辑，第80页。
② 《清仁宗实录》卷292，嘉庆十九年六月乙亥，第994~995页。
③ 《清高宗实录》卷962，乾隆三十九年七月庚申，第1047页。

边缘地带的行政治理

口、商贩、洋船出入收税，台运米粮监放兵饷，听断地方词讼"。① 乾隆六年时又将命案报验之权授予该同知，但仍要移行同安县，如"别有情节者，移县讯报"。② 终清一带未获命案审办权，且钱粮征收亦不专责，仍归同安县。道光二十三年因鸦片战争英军攻占厦门，奏请缓征二十一年地丁银时，还是由厦门海防同知及同安知县共同提出的。③ 故不可视为厅。这也是道光年间厦门修志时仅称《厦门志》而不称《厦门厅志》的原因，且《厦门志》序言中亦明确称"厦门本同邑之一隅"。可参考本书第二章。

平潭厅 《综表》无。

按：该地原为福清县平潭县丞所辖，该县丞乃分征县丞，该地刑名、钱粮俱归其经理，但命案则要移至福清县审办。但到了嘉庆二年，因该地"生齿日繁，民人往来采捕，易启奸匪，借捕鱼为名在洋伺劫"，但县丞"职分较小"，难资弹压，故将建宁府同知改为福州府平潭海防同知，"一切地方词讼、征收地粮，统归该厅管理。其命盗案件仿照泉州府属厦门同知之例，由该同知验报，仍移归福清县审办"。④ 该平潭地方虽置同知，并称"该厅"，但并不抚民，且命盗案件无审办之权，故不应视为政区意义上的"厅"。文献中有称"平潭厅"者，如《清仁宗实录》卷315嘉庆二十一年正月庚戌条："缓

① 道光《厦门志》卷10《职官表》。
② 《清高宗实录》卷153，乾隆六年十月庚申，第1186页。
③ 道光二十三年闰七月二十八日福建巡抚刘鸿翱折，一档馆藏朱批奏折，档号：04-01-35-0076-008。
④ 嘉庆二年十月初八日闽浙总督魁伦、福建巡抚费淳折，一档馆藏录副奏折，档号：03-1653-005。

征福建平潭厅及南日县丞所属。"民国元年各省府厅州县一律
改为县，各厅均顺利改县，平潭亦希望承认它在清代是政区意
义上的厅的建置而直接改县，但最初并未成功，后由该地士绅
赴省呈请，列举了十三条理由，不愿隶属福清县，最终在民国
元年底由福建省议会以"县制沿革不同，要视户口、钱粮、
地域为标准"而同意了平潭设县的要求。①

蚶江厅　《综表》无。

按：该厅不为政区意义上的厅，与台湾所谓的"鹿港厅"
同置于乾隆五十一年："吏部等部议复，闽浙总督雅德等奏
称，闽省海口出入船只，前经调任总督富勒浑等奏请，将福宁
府通判改驻蚶江口，台湾府理番同知移驻鹿仔港，稽查验放，
所有一切未尽事宜，应加筹定。一、蚶江附近之鸿江、安海、
围头、永宁等澳，应隶该通判管辖。除居民命盗重案仍归晋江
县审解外，其余户婚、田土等项均就近讯结并兼司督捕。该管
各澳海洋失事参处。"② 该通判性质类似鹿港同知。文献中有
称蚶江为厅者，如《清文宗实录》卷 105 咸丰三年九月乙巳：
"抚恤福建连江、罗源……十六州县；平潭、蚶江、马家巷三
厅及金门、罗溪县丞所属地方被水灾民。"此处的"厅"应当
理解为同知衙门。

江　西

莲花厅　《综表》：乾隆八年十月二十四日于莲花桥
地置。

---

① 民国《平潭县志》卷 3《大事志》。
② 《清高宗实录》卷 1247，乾隆五十一年正月甲戌，第 762 页。

按：康熙三十九年吉安府即设同知分辖莲花桥一带，不过该同知实驻扎于府城，"各任相沿，视同传舍，或间月一至，或终年在郡，遂令抗粮拒捕之风，牢不可破"。① 雍正五年移吉安府同知驻莲花桥地方，原吉安府知府呈详分立一县，但"分设县治，势必创筑城垣，建造仓库，分晰版籍，添设吏役，头绪繁多，难以猝办。似应旧制之中另行整饬，专委责成"。此时同知尚无刑名管辖之权，至于岁征钱粮，"若值两县委征之时，或有玩抗之辈，责令差役协拿，就近惩治"。②志书记载该同知除了"催科而外，素不干预民事"，主要功能在于催征赋税。乾隆八年依照乾州州同、凤凰营通判管理民事之例，将永新、安福两县之砻西、上西两乡民屯原额正杂钱粮、漕二米及刑名等项悉归该同知征解审理，其考成仍照州县之例由府审转督催。在陈宏谋的奏疏中，明确称"该厅""厅地""厅管"，可见将其视作厅之建置无疑。尤为值得注意的是陈宏谋援引湖南乾州州同、凤凰营通判之例，称其"皆以厅官管理民事，自治一方，一切经管事宜悉与知县无异"。③ 乾隆《莲花厅志》刻于乾隆二十五年，江西按察使亢保《序》称："莲花厅旧隶永新、安福二邑地，乾隆甲子分割为厅。"

定南厅 《综表》：原为定南县，乾隆三十八年七月癸亥升为厅。

按：乾隆三十八年裁汰定南县知县，将赣州府同知移设为

---

① 乾隆《莲花厅志》卷 2《沿革》。
② 雍正五年五月初六日署理江南总督范时绎《请将江西吉安府同知移驻莲花桥弹压上西砻西二乡》，《清代吏治史料·吏制改革史料》第 2 册，第 906~907 页。
③ 陈宏谋《请分厅疏》，乾隆《莲花厅志》卷 8《艺文志·奏疏》。

定南厅。"该县地方刑名、钱谷一切案件悉归该同知管理，照依莲花厅章程，由府核转。"之所以裁县为厅，其理由是"厅员不惟体制优崇，可以慑服严疆，而且多属历任荐升之员，究非初任之县令可比。择其精明强干之员，以之治理，自能转蛮野为驯良"。① 道光《定南厅志》卷1《建置沿革》载乾隆三十八年改县为厅之缘由："定南地处万山之中，地多险阻，兼之东南一带壤接广东，其无籍穷民环居杂处，更易匿匪藏奸，宜驻扎厅员以资弹压。"

虔南厅　《综表》：光绪二十九年闰五月癸卯置。

按：光绪二十九年赣州府分防观音阁通判改为虔南厅抚民通判，② 主要是因观音阁通判"虽有听断缉捕之责，而命盗重案仍须坐县审办，事权不属，呼应不灵"，故改为抚民通判，"所有刑名、命盗、抢窃案件统归该通判审办参缉"。③ 与定南厅的设置一样，其目的在于加强对江西与广东省界交界地方的控制。

铜鼓厅　《综表》：原属瑞州府。光绪三十二年十二月十四日于铜鼓营地置。宣统二年十月十七日往属南昌府。

按：乾隆三十八年瑞州府同知移驻铜鼓营，④ 光绪三十二年奏仿虔南厅之例，将其改为铜鼓厅抚民同知，仍隶瑞州府。⑤ 但其实该同知与虔南厅不同，仅能审理命盗词讼，而解

---

① 乾隆三十八年四月十四日江西巡抚海成折，一档馆藏朱批奏折，档号：04 - 01 - 30 - 0426 - 011。
② 《清德宗实录》卷517，光绪二十九年闰五月癸卯，第831页。
③ 《江督魏赣抚柯奏请改设分防通判折》，《申报》1903年8月4日。
④ 《清高宗实录》卷930，乾隆三十八年闰三月乙丑，第514页。
⑤ 光绪三十二年十二月十四日侍讲学士吴士鉴折，一档馆藏录副奏折，档号：03 - 5471 - 115。

勘钱粮仍由义宁州经管。据两江总督端方等遵旨议奏，此种将词讼与钱粮分割的做法乃仿道光二年古丈坪厅成案。① 该厅直至宣统二年正月初一日始正式设置，凡厅属命盗词讼悉归审理解勘，钱粮因隶义宁州，日久粮籍牵连，甚难分割，应仍归义宁州经管，改属南昌府。②

上栗市厅 《综表》无。

按：光绪三十三年仿古丈坪厅成案，将袁州府同知移驻，设上栗市厅抚民同知，萍乡县安乐、归圣、钦凤三乡命盗词讼案件统归审理，解勘钱粮，仍令州县照旧经管，亦由藩司筹给津贴，以资办公。③ 宣统三年又将归圣、钦凤划归萍乡县。④ 该厅与铜鼓厅职责相同，《综表》将铜鼓厅视为厅而不列上栗市厅，标准不一。

河　南

淅川厅 《综表》：道光十二年六月辛丑改淅川县为厅。光绪三十一年六月初十日升南阳府属淅川厅为直隶厅。

按：道光十二年裁淅川县，将南阳府同知改为淅川厅抚民同知，"仍兼府属水利督捕等事，定为繁难兼二题缺，由外拣补。其办理一切案件仍由南阳府核转"，原因是"淅川县地僻

---

① 光绪三十三年六月二十三日两江总督端方等折，一档馆藏录副奏折，档号：03 - 5095 - 034。
② 宣统二年四月初四日江西巡抚冯汝騤折，一档馆藏朱批奏折，档号：04 - 01 - 01 - 1105 - 070。
③ 光绪三十三年六月二十三日两江总督端方等折，一档馆藏录副奏折，档号：03 - 5095 - 034。
④ 宣统三年六月二十五日江西巡抚冯汝騤折，一档馆藏录副奏折，档号：03 - 7440 - 055。

事简，不称县治"，故将原驻荆子路的南阳府同知移驻淅川县城，将淅川县裁撤，同时该同知仍然兼管府属水利督捕等事，与荆子关副将互相控制。① 光绪三十一年升直隶厅，"毋庸再隶南阳府兼管，地方一切事宜径由该厅承转"，原因是"该厅界连湖北襄郧等处，山径纷歧，刀匪出没靡常"，距南阳府较远。②

仪封厅　《综表》：原为仪封县，乾隆四十九年改为仪封厅。道光四年十二月己巳裁入兰阳县。

按：乾隆四十九年改仪封县置，五十二年奏请将仪封通判由沿海要缺改为冲简之缺的奏疏中称，"该厅北岸地方划归考城，南岸地方划归睢州，所管村庄地亩无多，其征收钱粮以及词讼命盗事务均不甚繁"，③ 辖域虽然减少而仍兼司刑名钱粮。道光四年黄河再次发生河患后，被并入兰阳县。④ 关于仪封厅的沿革变迁，可参考闫家诚《清代仪封厅的设置》。

<h2 style="text-align:center">湖　北</h2>

白河口厅　《综表》无。

按：道光元年于裁撤太平厅案内，于郧阳府竹山县白河口地方设抚民同知置厅，⑤ "兼管刑名钱谷"，但旋于四年因建设

---

① 道光十二年五月二十八日河南巡抚杨国桢折，一档馆藏录副奏折，档号：03 - 2624 - 018；《清宣宗实录》卷214，道光十二年六月辛丑，第176页。
② 光绪三十一年六月初十日政务处大臣奕劻等折，一档馆藏录副奏折，档号：03 - 5443 - 066。
③ 乾隆五十二年七月初三日河南巡抚毕沅折，一档馆藏录副奏折，档号：03 - 1033 - 018。
④ 《清宣宗实录》卷76，道光四年十二月己巳，第233页。
⑤ 道光元年十月十一日大学士曹振镛等折，一档馆藏录副奏折，档号：03 - 2502 - 020。

城池耗费巨大，仿嘉庆十三年南平抚民同知改为凤颍捕盗同知旧案，改白河口抚民同知为郧阳府分防捕盗同知。房、竹山、竹溪三县"窃盗、抢夺案件均归该同知督捕开参"，"所拨厅治各保一切赌博、私宰、打降、枷杖案件并听该同知就近审理，刑名钱谷仍归各地方官办理"，白河口厅被撤。该奏提到"抚民同知必须兼理刑名钱谷，如命盗招解、征收钱粮，政繁责重，事不止于缉捕"。①

夏口厅 《综表》：光绪二十五年三月甲子置。

按：此同知于雍正十年设，驻汉口镇，属汉阳府，"专司督捕该镇及汉阳、汉川二县巡缉事宜"。②光绪二十四年奏请，由于汉口地方华洋交涉事务日繁，将汉口同知改为夏口厅抚民同知，"将汉阳县辖襄河以北之地，东至滠口，西至涢口，横约一百二十余里，纵约三四十里地方，拨归该同知管辖，作为正印地方官，以专责成。应援照河南淅川厅、陕西孝义、佛坪等厅成案，所有刑名案件仍归汉阳府审转，仓库钱粮仍归该府考核，一切治理统属各事宜，均与所属州县无异"。③光绪二十五年三月准许。④

鹤峰直隶厅 《综表》：原为容美宣抚司。雍正十三年三月己卯裁宣抚司，以司地置鹤峰州，往属宜昌府。光绪三十年十月乙巳升为直隶厅，无属领。

---

① 道光四年二月二十五日湖广总督李鸿宾、湖北巡抚杨懋恬折，一档馆藏朱批奏折，档号：04-01-01-0658-002。
② 《清世宗实录》卷126，雍正十年十二月癸亥，第653页。
③ 光绪二十四年十二月初八日湖广总督张之洞折，一档馆藏录副奏折，档号：03-5368-135。
④ 《清德宗实录》卷441，光绪二十五年三月甲子，第805页。

按：光绪三十年升鹤峰州为直隶厅，原因在于鹤峰州"本苗疆旧地，山深箐密，道路纷岐，民教杂处，风俗强悍"，故"请升设为直隶同知，职分较崇，庶足以资镇摄"。①

湖　南

乾州直隶厅　《综表》：康熙四十七年于乾州城置。嘉庆元年十一月二十六日升为直隶厅。

按：《清朝文献通考》以为乾州厅置于康熙四十三年。该地原为苗人所居，明洪武三十年置镇溪军民千户所，隶辰州卫，正德八年又置守备。清顺治十五年复置守备，康熙三十七年平"苗乱"，四十三年裁镇溪军民千户所，设辰州分防同知。②据康熙四十九年巡抚赵申乔奏请将新归顺之六里苗民划归乾州同知管抚时，"责令土弁专司约束，乾州同知管辖，辰沅靖道统辖"。③嘉庆元年照四川松潘、杂谷之例改直隶厅。④该厅应置于康熙四十三年。《综表》所云康熙四十七年系据《嘉庆重修一统志》，不确。

凤凰直隶厅　《综表》：康熙四十三年十二月丙戌于凤凰营地置。嘉庆元年十一月二十六日升为直隶厅。

按：原系苗民所居，为五寨土司，康熙三十七年清廷移驻

---

① 光绪三十一年八月三十日湖广总督张之洞折，一档馆藏录副奏折，档号：03－5447－091。
② 光绪《乾州厅志》卷1《沿革》。
③ 《题名六里苗民归乾州同知管抚疏》，同治《永绥直隶厅志》卷4《艺文门·奏疏》。
④ 《阿桂奏议复凤凰等三厅改为直隶厅事折》，中国第一历史档案馆、中国人民大学清史研究所、贵州省档案馆编《清代前期苗民起义档案史料汇编》下册，光明日报出版社，1987，第342～344页。

镇筸镇臣以剿灭，四十三年设通判"以分防之"，然"土官尤仍其旧习。四十六年土司田宏天不法，偏沅巡抚赵申乔奏请斥革，不与世袭，厅始得专管政令"，[①] 此时才有厅之实质。另据乾隆《凤凰厅志》卷3《沿革》，康熙四十三年设分防通判后，"五寨之学校、钱粮仍土官经营"，直到康熙四十六年赵申乔将其革职后，"钱粮学校统归凤凰营通判经理"。康熙五十年令其专管买贮谷石，如有亏空挪移，"照知县例议处"。[②] 乾隆五十五年因通判品级较低，"以致征粮听讼，苗民视同末弁，不听弹压"，故仿乾州、永绥厅之例，改为同知。[③] 嘉庆元年与乾州厅一起升为直隶厅。该厅设置定于康熙四十六年为宜。

永绥直隶厅　《综表》：雍正八年于吉多坪地置。嘉庆元年十一月二十六日升为直隶厅。

按：原为六里苗民所居，属保靖土司管辖，康熙二十三年、二十七年、三十二年请归镇溪所，但未被允准；四十三年置乾州厅后，六里苗地设寨长、土百户等；四十九年巡抚赵申乔奏请六里地区改土归流，拨归乾州同知管辖。雍正八年秋经巡抚赵宏恩奏请新设永绥厅，以加强对苗疆的控制。[④] 同治《永绥直隶厅志》所引乾隆二年巡抚高其倬所奏《苗案请照苗例完结疏》中已直接称"辰州府之乾州、凤凰、永绥三厅所辖之

---

① 郑宪文序，乾隆《凤凰厅志》卷前。

② 《清圣祖实录》卷247，康熙五十年八月壬午，第450页。

③ 《清高宗实录》卷1351，乾隆五十五年三月丙申，第77页。

④ 雍正八年十二月十九日湖南巡抚赵弘恩《请六里吉多坪地方添设同知巡检等官并恳钦赐嘉名》，《清代吏治史料·吏制改革史料》第5册，第2104～2105页；乾隆《凤凰厅志》卷3《沿革》。

地",① 乾隆十年户部题本明确称为"永绥厅"。② 该厅管理"苗人之命盗案件"。③ 嘉庆元年与乾州厅、凤凰厅一起均改直隶厅。

晃州直隶厅 《综表》：嘉庆二十一年析芷江县地置。

按：嘉庆二十一年将原驻沅州府凉伞通判移驻黔楚交界之沅州府芷江县"六里"地方之晃州，改为晃州直隶厅抚民通判，"凡六里地方钱粮、考试、命盗、词讼事件并晃州驿站均归该厅管辖"。④ 考证见本书第六章。

南洲直隶厅 《综表》：光绪二十年二月壬申于岳州府华容县乌咀地置。无属领。

按：光绪二十年援照嘉庆年间割芷江县"六里"等处地方移设晃州直隶厅成案，置南洲直隶厅抚民通判，驻扎九都地方，管理"命盗、词讼暨钱粮、保甲、水利事务"，归岳常澧道管辖。该直隶厅是为管理洞庭湖西的南洲而设，该洲系淤积而成，"地积日广，贫民趋利广聚，互相争占斗殴"，故专设直隶厅管理。⑤

古丈坪厅 《综表》：道光二年十一月丙子置。

按：古丈坪督捕同知于道光二年改为抚民同知，但屯粮、考试等事照旧归于永顺县管理，此外亦无厅学，仍不为一完全

---

① 同治《永绥直隶厅志》卷4《艺文门·奏疏》。
② 乾隆十年三月二十二日湖南巡抚蒋溥题，一档馆藏内阁户科题本，档号：02-01-04-13915-009。
③ 同治《永绥直隶厅志》卷4《艺文门·奏疏》。
④ 嘉庆二十二年八月二十二日湖南巡抚巴哈布折，一档馆藏朱批奏折，档号：04-01-16-0109-001。
⑤ 光绪二十年正月二十八日湖南巡抚吴大澂折，一档馆藏朱批奏折，档号：04-01-01-0996-081。

形式的建制，属于厅的特殊形态。晚清以后，古丈坪独立性增强，修纂了《古丈坪厅志》。考辨见本书第二章第六节。

株洲厅 《综表》无。

按：株洲抚民同知系光绪三十四年仿照古丈坪抚民同知之例设置，可审理命盗、词讼案件，但钱粮、学校仍归湘潭县，非一完全形式的厅的建制，个别文献与研究将其视作政区意义上的"株洲厅"。考辨见本书第二章第六节。

永顺厅 《综表》：原为永顺宣慰司。雍正四年十一月丙午置厅来属。七年五月戊午升为永顺府。

保靖厅 《综表》：原为保靖宣慰司。雍正四年十一月丙午置厅来属。七年五月戊午改厅为县，往属永顺府。

按：雍正四年，清廷将管理永顺、保靖两宣慰司之经历改为同知，"查永顺宣慰司、保靖宣慰司所管苗猺地方多而且广，较之各土司，为湖南所最著，原设流官经历，均系从七品，永顺、保靖二土司系从三品，职分悬殊，难保无轻忽之意。该经历既卑微，书役甚少，实难弹压稽察"，故奏请改为同知以资弹压稽查。[1] 此时尚不可视作厅。七年设县所接续的是永顺司、保靖司，丝毫未提厅之建置。[2]

桑植厅 《综表》：原为桑植宣抚司地。雍正四年裁司，于安福所置厅来属。七年五月戊午改厅为县，往属永顺府。

---

[1] 雍正四年十一月初八日湖南巡抚布兰泰《请将永顺保靖两宣慰司原设经历改设同知》，《清代吏治史料·吏制改革史料》第 2 册，第 741～742 页。

[2] 雍正七年五月十四日兼管吏部尚书事张廷玉《为密陈湖南保靖桑植永顺三土司改土为流设一府四县文武官员》，《清代吏治史料·吏制改革史料》第 4 册，第 1527～1528 页。

按：雍正五年始改土归流，设同知。① 此时土司甫归顺，一切未定，无论钱粮还是词讼，俱在筹划之间，设立同知，只是暂时代理事务而已，不可视作厅。七年将桑植地方设县，只云将同知移驻别处，其接续的仍是"永顺司"，即永顺宣慰司，丝毫未提厅之设置。②

广　东

连山绥瑶直隶厅　《综表》记为连山直隶厅，原属连山直隶州。嘉庆二十年九月初四日升为直隶厅，无属领。

按：嘉庆《大清会典》载有理瑶直隶厅。该同知初设之时，其职责是管理苗务，并兼管连州、连山、阳山三州县捕务，雍正七年改为广东理瑶军民同知，专管瑶务，至雍正九年又将三州县捕务归该同知管辖，隶属司道考核，但当时该同知管瑶人及瑶、汉争端之事，并无辖地，实质上仍是一分防事务官，不可称之为"厅"。直到嘉庆二十三年始革连山并入同知为专辖，"然后同知有疆域也"。③ 该厅名称有连山直隶厅、理瑶直隶厅等名，不过如据该地志书，则应为"连山绥瑶直隶厅"，另据嘉庆二十年两广总督蒋攸铦、广东巡抚董教增奏请革连山县设直隶厅的奏折，亦称"定为连山绥瑶直隶军民同知"。④

① 雍正五年十一月十八日署理湖北总督傅敏《报湖南桑植保靖改土归流并将原土官送司安插收管》，《清代吏治史料·吏制改革史料》第3册，第1108页。
② 《清世宗实录》卷81，雍正七年五月戊午，第68~69页。
③ 道光《连山绥瑶厅志》之《总志第一》。
④ 嘉庆二十年七月初九日两广总督蒋攸铦、广东巡抚董教增折，一档馆藏录副奏折，档号：03-1570-007。

佛冈直隶厅 《综表》：嘉庆十六年九月二十日析广州府属清远县、韶州府属英德县地置，无属领。

按：该地处于万山之中，早在雍正年间便有设县之议。雍正四年巡抚杨以观以观音山界连广、韶，清、英二令鞭长莫及，请求于大埔坪一带设县，^① 但部议分县费繁，故于九年设捕盗同知一员以资弹压，^② 专管花县、从化、清远、英德、广宁、长宁等六县捕务，不过"刑钱案件仍归各该县办理"，^③ 但于乾隆七年裁汰，所管捕务分隶各县。^④ 该捕盗同知设立之时，"并无钱粮刑名之责"。嘉庆十六年复设，改为直隶同知，驻扎大埔坪佛冈地方，于英德、清远、花县、从化、广宁、长宁、阳山七县内附近该处之村庄户口中酌量分拨，"凡应征钱粮、兵米及命盗、词讼案件，均归该同知管理"，"所有奏销及刑名案件由该同知申详分巡广州粮储道核转"。^⑤ 道光《佛冈直隶军民厅志》将置厅定于嘉庆十八年，认为该时"遂有民社之责"。^⑥ 在该志"城池"部分又明确写道嘉庆十六年十一月奏请，十八年十月承准部复奉旨允行，故以嘉庆十八年定为置厅时间较妥。另外，该厅实置之时，从清远县分出吉河乡，从英德县分出白石、迳头、观音、虎山、高台、独石六乡之地，^⑦ 与最初奏请时有所调整。

---

① 道光《佛冈直隶军民厅志·秩官志第四·同知》。
② 《清世宗实录》卷110，雍正九年九月戊寅，第467页。
③ 道光《佛冈直隶军民厅志·秩官志第四·同知》。
④ 《清高宗实录》卷173，乾隆七年八月癸卯，第206~207页。
⑤ 嘉庆十六年八月二十九日两广总督松筠、广东巡抚韩崶对折，一档馆藏朱批奏折，档号：04-01-01-0525-005。
⑥ 道光《佛冈直隶军民厅志·提封志第一·沿肇》。
⑦ 道光《佛冈直隶军民厅志·提封志第一·沿肇》。

赤溪直隶厅　《综表》：同治八年五月庚寅析广州府属新宁县地置，无属领。

按：同治六年十二月奏割新宁县地。详见本书第八章。《综表》定置厅时间在同治八年五月庚寅，依据的资料是《清穆宗实录》卷231，但该卷所记实际上是同治七年闰四月丁巳事，与赤溪有关的条目是"新设广东赤溪同知、司狱各一缺。拨新宁县额进客童二名……从总督瑞麟等请也"。该句所记当为朝廷奏准时间。《综表》疑误录时间，置厅当在同治七年。

阳江直隶厅　《综表》：同治九年正月初八日阳江直隶州改为直隶厅。光绪三十二年六月初五日复改阳江直隶厅为直隶州。

按：同治六年升广东阳江县为直隶州，① 九年始改阳江直隶州为直隶厅，属肇阳罗道。② 光绪三十一年拨归高雷阳道统辖，三十二年又改为直隶州。③

南澳厅　《综表》：雍正十年五月丙子析饶平县属隆、深二澳与福建省漳州府之诏安县属云、青二澳地置。

按：雍正十年设闽粤南澳海防军民同知，系照厦门同知之例，"兼理刑名钱谷地方命盗等事，悉归该同知就近勘审，分别径解各该知府审转"，其中属福建漳州府者归漳州府，属广东潮州府者归潮州府，无论刑名还是钱粮皆然。而该同知大计考核统归广东省潮州府申详，已有厅之实质。④ 不过该厅奏请

---

① 《清穆宗实录》卷200，同治六年四月甲申，第573页。
② 《清穆宗实录》卷284，同治九年六月丙申，第922页。
③ 光绪三十二年四月二十四日署理两广总督兼管广东巡抚岑春煊折，一档馆藏朱批奏折，档号：04-01-01-1077-009。
④ 雍正十年五月二十日兼管吏部尚书张廷玉《请设闽粤南澳海防同知》，《清代吏治史料·吏制改革史料》第5册，第2240~2241页。

时所云仿照厦门同知之说则有误，因厦门同知不兼命案及钱粮，南澳同知的权限远高于厦门同知。刘灵坪《清代南澳厅考》认为"有清一代，南澳厅同属于广东、福建两省共管，层级上是隶属于潮州府和漳州府的散厅，并非直隶厅"。①

前山寨厅 《综表》无。

按：《会典》载有此厅。乾隆八年肇庆府同知移驻澳门之前山寨地方，"专司海防出口、进口海船，兼管在澳民番"，关防为"广州府海防同知"。② 该同知绝非厅之建置，因其于钱粮、刑名无涉，该地仍由香山县分驻澳门县丞分管民番词讼。

碣石厅 《综表》无。

按：雍正七年添设惠州府海防军民同知驻碣石，"专司督缉，山海均资稽查，一应碣石沿海并民事务，除人命、强盗照例仍令海丰县知县印官承审，余令同知就近审理"。③ 可见并未获得专管之权，仍属佐贰官。至雍正九年，又将海丰、长乐、兴宁、龙川、永安、陆丰六县捕务归碣石军民同知管理，④ 其职责更加庞杂。道光二十五年将此海防同知改为广州府虎门屯防同知，而将广州府永宁通判驻此，为惠州府海防通判，⑤ "照旧经管海防事宜，并兼辖海丰、陆丰、龙川、永安

---

① 刘灵坪：《清代南澳厅考》，《历史地理》第24辑，第204页。
② 乾隆八年八月初四日署理两广总督策楞、广东巡抚王安国折，一档馆藏录副奏折，档号：03-0072-026。又见《清高宗实录》卷204，乾隆八年十一月辛卯，第633页。
③ 雍正七年三月二十四日广东总督孔毓珣《请裁汰碣石卫守备添设海防同知并南丰平安东海窖驿丞改设巡检》，《清代吏治史料·吏制改革史料》第3册，第1478页。
④ 《清世宗实录》卷105，雍正九年四月己亥，第387页。
⑤ 《清宣宗实录》卷413，道光二十五年正月乙亥，第59页。

四县捕务"。① 非厅之建置甚明。

佛山厅 《综表》无。

按：文献中偶有佛山厅的写法。佛山同知系于雍正十一年添设，因佛山镇地方"绵亘十余里，人烟稠密，行铺众多，商旅交汇，为百货云集之区"，原本仅设有五斗口司巡检，不足以资弹压，故添设佛山同知，"专司稽查，所有佛山镇并五斗口司巡检管辖之十堡地方，除命盗等案并一切户婚田土事件以及军流等罪犯应由地方官承审，其余一切盗逃、赌博、私铸、私宰、私贩、拐骗、斗殴、掏摸等项词讼，听该同知就近审理详结"。② 非厅之建置。

广 西

百色直隶厅 《综表》：雍正七年四月壬辰于土田州之百色地置。光绪二年七月二十四日升为直隶厅。

按：雍正七年将思恩府同知移驻土田州百色地方，③"实有经管仓库钱粮、审理命盗之案，原与正印地方官无异"。④ 不过此时土司仍在，不具有"专管之地"。光绪元年土田州改土归流，此时百色同知才有属地，置直隶厅当定于光绪元

---

① 道光二十四年十月二十六日两广总督耆英、广东巡抚程矞采折，一档馆藏朱批奏折，档号：04-01-12-0463-054。

② 雍正十一年六月二十九日广东巡抚杨永斌《请添设佛山同知一员专司稽察五斗口司巡检移驻平州》，《清代吏治史料·吏制改革史料》第5册，第2361页。

③ 雍正六年十二月初八日广西巡抚郭锷《请将思恩府同知移驻田州百色地方以浔州府通判改为思恩府通判》，《清代吏治史料·吏制改革史料》第3册，第1328页；《清世宗实录》卷80，雍正七年四月壬辰，第53页。

④ 《清高宗实录》卷96，乾隆四年七月庚戌，第460页。

年（见本书第七章），①主要目的是管辖周边新改土归流的州县。

上思直隶厅　《综表》：原为上思州，属南宁府。光绪十二年四月癸未往属太平府。十八年五月十八日升上思州为上思直隶厅。

按：光绪十二年上思州改属太平府后，州人上奏称不便，故于十七年奏请升上思州为直隶厅，归太平归顺道统辖。②民国《上思县志》卷1《舆地志·建置沿革表》记为"光绪十八年"，当为实置时间。

龙胜厅　《综表》：乾隆六年三月丙戌析府属义宁县之龙胜城地置龙胜厅，属桂林府。

按：乾隆六年置，光绪《龙胜厅志·沿革》：乾隆六年改桂林府捕盗通判，设理苗通判驻辖。此为楚粤两省苗疆善后事宜中的一环。③该缺原定五年俸满在任候升，乾隆三十三年改为三年俸满撤回内地候升。④道光元年龙胜厅通判改为题缺，缺出拣员题升。⑤

中渡厅　《综表》：光绪三十二年闰四月初四日析柳州府雒容县属之中渡地置，属桂林府。

按：光绪三十一年奏请以桂林同知移驻雒容县中渡地方，

---

①　《清德宗实录》卷9，光绪元年五月丁未，第190页。
②　《清德宗实录》卷299，光绪十七年七月乙丑，第953页；光绪十七年十月二十八日两广总督李瀚章、广西巡抚马丕瑶折，一档馆藏朱批奏折，档号：04-01-12-0552-098。
③　《清高宗实录》卷139，乾隆六年三月丙戌，第1001~1002页。
④　《清高宗实录》卷804，乾隆三十三年二月甲子，第851页。
⑤　道光元年二月二十二日两广总督阮元、广西巡抚赵慎畛折，一档馆藏朱批奏折，档号：04-01-01-0613-027。

为中渡厅，① 三十二年定。②

信都厅 《综表》：光绪三十四年八月初七日析信都附近之铺地墟地置，属平乐府。

按：光绪三十三年奏请将平乐府麦岭同知改为抚民同知，移驻贺县属信都地方置厅，③ 次年议准。民国《信都县志》卷1《疆域沿革考》记置厅时间为光绪三十二年。

安化厅 《综表》：光绪三十二年三月十三日置。

按：光绪三十一年奏请思恩北境置，以庆远理苗同知移驻，改为抚民理苗同知，三十二年议行。④ 此次奏请系由思恩县令谭郅华首先提出，并禀明上级，出于震慑游匪、控制地方的目的，割分三里、五洞、驯驻、永安等区域。⑤

那马厅 《综表》：原为那马土司。同治九年置。

按：同治九年废那马土司置。⑥

小镇安厅 《综表》：乾隆三十一年置小镇安厅，属镇安府。光绪十二年四月癸未改小镇安厅为镇边县，往属归顺直隶州。

按：乾隆三十一年将镇安府通判移驻小镇安土司，改土归流，"一切民事概令通判准理，其命盗各案俱照龙胜通判例，该

---

① 光绪三十一年十二月十五日广西巡抚李经羲折，一档馆藏朱批奏折，档号：04 - 01 - 18 - 0055 - 104。
② 《清德宗实录》卷555，光绪三十二年二月戊戌，第358页。
③ 光绪三十三年十月二十日两广总督张人骏、广西巡抚张鸣岐折，一档馆藏朱批奏折，档号：04 - 01 - 02 - 0012 - 010。
④ 吴廷燮：《光绪增改郡县表》，光绪二十二年泾阳刻本。
⑤ 民国《宜北县志》卷1《疆域沿革》。安化厅于民国元年改为安化县，民国2年因重名改为宜北县。
⑥ 光绪《广西通志辑要》卷1《省总》。

通判就近验详解府审转"，"银米俱归该通判就近征解"。① 光绪
十二年小镇安厅改为镇边县，《综表》据光绪朝《东华录》。

龙州厅 《综表》：原为龙州直隶土州，直属广西省。清
初降为散土州来属。雍正三年四月初六日裁土州，分为上龙、
下龙二土司，以州地置下龙司。雍正五年三月壬辰裁下龙司，
以其地置龙州厅。

按：雍正五年将太平府通判移驻上下龙地方，兼管凭祥土
州，经理镇南大关、水陆隘口等。② 乾隆五十六年因通判"职
分较小"，被改为同知。③

明江厅 《综表》：原为思明土州。康熙五十九年五月乙
亥改土归流，其地入太平府管辖。雍正五年八月丁酉州地入思
明土府。六年十二月丙申州地复归太平府辖。十年十二月初八
日于思明土州地置明江厅。

按：明末已有萌芽，实置于雍正十年。考证参见本书第
七章。

凭祥厅 《综表》：原为凭祥直隶土州，直属省。清初降
为散土州，属太平府。宣统二年正月十九日改置凭祥厅。

按：宣统二年凭祥土州改土归流，设凭祥厅抚民同知。④ 其
原因是"凭祥土州知州李澍培，贪暴虐民，饬行查办，竟敢逃

---

① 乾隆三十一年七月初七日署理两广总督杨廷璋、广西巡抚宋邦绥折，一
　档馆藏录副奏折，档号：03-9983-038；《清高宗实录》卷767，乾隆三
　十一年八月乙丑，第423页。
② 雍正五年三月初五日吏部尚书查弼纳《请将广西太平府通判移驻上下龙
　地方》，《清代吏治史料·吏制改革史料》第2册，第826~827页。
③ 《清高宗实录》卷1388，乾隆五十六年十月丙辰，第646~647页。
④ 宣统三年闰六月初八日广西巡抚沈秉堃折，一档馆藏录副奏折，档号：
　03-7459-004。

亡出境，句匪滋扰。应请革去世职，改土归流，以示惩儆"。①

四　川

叙永直隶厅　《综表》：原为叙永厅，属叙州府。雍正八年升为直隶厅。光绪三十四年六月初六日改叙永直隶厅为永宁直隶州。领县二：古蔺县、古宋县。

按：叙永厅为明代萌芽，一直延续至清初，是清代厅制的起源之一。雍正八年为直隶厅并下辖永宁县，考辨见本书第一章。光绪三十三年赵尔丰因"川省叙永厅一带壤接滇黔，盗匪出没，久为民害，皆由县治距边太远，地势扞格之故"，②对叙永一带行政建置进行了大幅度调整，永宁县移治于古蔺。次年又改叙永直隶厅为永宁直隶州，领古蔺县及新设的古宋县。

建武厅（安边厅）　《综表》无。

按：明代曾于叙州府置安边同知，明末文献中有"安边厅"的写法，该同知于康熙六年被裁，交由叙州府通判兼治。乾隆元年移叙州府通判驻扎富顺县邓井关，建武厅被并于兴文县。③康熙《叙州府志》列《建武志》，与诸县并列，且称康熙六年后只称"建武"。光绪《兴文县志》卷2《职官》将其列名为"建武安边厅同知"，起于万历年间，终于康熙六年。但雍正《四川通志》卷31《皇清职官》将康熙六年至乾隆元年之间的叙州府通判亦作为"驻防建武厅"来看待，故此厅可视作乾隆元年被废。故顺治至康熙六年应称"安边厅"，康

---

① 《宣统政纪》卷30，宣统二年正月甲子，第543页。
② 光绪三十三年四月初六日川滇边务大臣护理四川总督折，一档馆藏录副奏折，档号：03-5745-035。
③ 光绪《兴文县志》卷1《舆地志·疆域》。

熙六年至乾隆元年应称"建武厅"。

石砫直隶厅 《综表》:原为石砫宣慰司,属重庆府。乾隆二十二年四月庚寅裁宣慰司,改置石砫厅,属夔州府。二十九年九月壬戌升为直隶厅。

按:原为石砫司,乾隆二十二年时经四川总督开泰奏,将夔州府同知移驻于此,其职责是"弹压抚绥,凡征解粮银、审理词讼,俱责成经管",但命盗案件由该同知验审,府复核招解。这时石砫同知已渐有厅之实质,然而仍未彻底,因其夔州府的"本任事务照旧承办",关防"亦仍用本任关防",①未能完全成为石砫司的行政长官。而且保甲等事仍归当地土司管理,"官民究不无观望"。直到乾隆二十六年四川改土归流,改为直隶石砫同知,原土司改为土通判,不再干预民事。② 至此,石砫直隶厅始建。乾隆《石砫厅志》之《田赋志》亦称"乾隆二十七年改土归流,建设典章概同内地"。

松潘直隶厅 《综表》:原为松潘卫。雍正八年十一月己卯属龙安府。九年十二月癸丑裁卫置厅。乾隆二十五年十二月己丑升为直隶厅。

按:原为松潘卫,雍正九年改设同知驻扎,"宣讲上谕,振作风俗,编联保甲,查拿赌博、盗逃,征收钱粮,剖决民词,俱令专司",③ 是为龙安府所辖散厅。乾隆二十五年时因

---

① 乾隆二十四年二月二十一日大学士兼管户部事务傅恒等题,一档馆藏内阁户科题本,档号:02-01-04-15256-006。

② 乾隆二十六年九月二十八日四川总督开泰折,一档馆藏录副奏折,档号:03-0052-029;《清高宗实录》卷651,乾隆二十六年十二月癸未,第291页。

③ 雍正九年十月初四日四川总督黄廷桂《请增设松潘同知巡检等员铸给关防印信》,《清代吏治史料·吏制改革史料》第5册,第2204页。

距龙安府路途遥远，"照杂谷理番同知之例"，将该同知改为
直隶同知，一切案件改由松茂道审转。原松潘同知关防中有
"龙安府分驻"字样。① 安介生对清代松潘地区政治进程做了
较为细致的分析。②

太平直隶厅　《综表》：嘉庆六年十一月己亥置。道光元
年十月戊子降为县。

按：嘉庆六年改太平县为太平直隶厅。③ 道光元年因所管
疆域过于辽阔，故将此同知改设城口，将原厅经历所管地置为
城口厅，辖七、八、九等三保之地，而将原太平厅所辖之一、
二、三、四、五、六、十等七保之地添设太平县，均属绥
定府。④

城口厅　《综表》：道光元年十月戊子置。

按：原于城口地方设置有太平县主簿，嘉庆六年太平县升
为太平直隶厅，城口主簿改为直隶厅经历。⑤ 道光元年置城口
厅，属绥定府，见太平直隶厅。十五年将城口厅同知改为通
判，⑥ 以便与越巂厅由通判改为同知冲抵。

---

① 乾隆二十五年十月二十四日四川总督开泰折，一档馆藏朱批奏折，档号：
04 - 01 - 01 - 0238 - 006。
② 安介生：《政治归属与地理形态——清代松潘地区政治进程的地理学分
析》，《历史地理》第 26 辑。
③ 《清仁宗实录》卷 91，嘉庆六年十一月己亥，第 210～211 页。
④ 道光元年十月十一日大学士曹振镛等折，一档馆藏录副奏折，档号：
03 - 2502 - 020；道光四年四月十三日户部尚书英和等题，一档馆藏内阁
户科题本，档号：02 - 01 - 04 - 20173 - 012。此次政区变动实际是道光
元年所奏，道光二年又奏请调吴秀良升补城口厅同知，直至道光四年始
经户部议准，将钱粮等项交割完毕。
⑤ 吴秀良：《新城书院碑记》，道光《城口厅志》卷 20《艺文》。
⑥ 道光十五年二月二十四日兼署成都将军四川总督鄂山折，一档馆藏录副
奏折，档号：03 - 2503 - 037。

杂谷直隶厅（理番直隶厅）　　《综表》：原为杂谷安抚司，属茂州直隶州。乾隆十七年十月庚寅裁安抚司，改置杂谷厅来属。二十五年升为直隶厅。嘉庆六年十一月己亥裁茂州直隶州之保县入，改名理番厅。

按：乾隆十七年四川总督策楞上奏设杂谷理番同知，[①]十八年四川总督黄廷桂在杂谷脑善后事宜中，提到设理番同知驻扎旧保，"催征夷赋，听断词讼"，[②]次年即在杂谷设立保甲、乡约等。[③]嘉庆六年将保县归并理番同知管理，[④]又称直隶理番厅，有同治《直隶理番厅志》。关于厅名是杂谷还是理番，及是否曾在嘉庆六年改名，段伟考证结论是："清代后期并无确切史料证明在嘉庆年间杂谷厅改名为理番厅。其实乾隆年间就出现杂谷厅俗称为理番厅现象，嘉庆之后更是普遍。这种俗称影响了中央和地方官员、学者的认识，或以为初置时即名为理番厅，或以为嘉庆间改名理番厅，理番厅就此成为正式政区名，也是清代少有的职官政区名。清末尚有个别学者对杂谷厅沿革的认识是很清晰的，认为杂谷是厅地名，理番是厅同知职名，只是世俗历来相沿直称为理番厅。"[⑤]

懋功直隶厅　　《综表》：乾隆四十一年置美诺直隶厅。四十四年十月甲寅裁阿尔古直隶州入，四十八年改名懋功厅。领

---

① 乾隆十七年十一月初八日四川总督策楞折，台北"故宫博物院"编《宫中档乾隆朝奏折》第4辑，编者印行，1982，第257页。
② 《清高宗实录》卷453，乾隆十八年十二月庚子，第904页。
③ 乾隆十九年五月三十日户部尚书蒋溥题，一档馆藏内阁户科题本，档号：02-01-04-14764-002。
④ 《清仁宗实录》卷91，嘉庆六年十一月己亥，第210~211页。
⑤ 段伟：《清代政区名演化个案研究：从杂谷厅到理番厅》，《历史地理研究》2020年第3期。

屯五、安抚司二。

按：乾隆四十一年置，初名美诺直隶厅，四十九年定名为懋功直隶厅。① 此为大小金川善后事宜所定。

马边厅　《综表》：乾隆二十九年九月壬戌置。

按：原为土司地，明代于万历十七年设安边同知于马湖府新乡镇地，康熙初年裁。② 雍正五年马湖府裁，此地遂无官署。乾隆二十三年新设县丞驻扎马边，不课税粮。③ 乾隆二十九年将叙州府通判移驻马边，改为马边理民督捕通判，"将应垦之地及附近马边之川秧、荞坝、上下溪一带地方划归管理，命盗案由通判审拟解府勘转，田土、词讼悉由通判管理征解"，并设马边厅照磨一员。④ 三十一年又将该处纳粮事宜划归马边厅征收，⑤ 此时马边厅始置。嘉庆十三年将保宁府盐茶同知移驻于此，改为马边厅抚夷同知。⑥

峨边厅　《综表》：嘉庆十三年置。

按：嘉庆十三年将原马边厅通判移驻于此，改为峨边厅抚彝通判，⑦ "刑名、钱谷、文报繁多"，⑧ 是为峨边厅之设。道光十三年该通判又加同知顶戴。

江北厅　《综表》：乾隆十九年闰四月初四日置。

---

① 民国《懋功县志·历史》。
② 嘉庆《马边厅志略》卷4《职官》。
③ 《新垦马边碑记》，嘉庆《马边厅志略》卷5《艺文·文记》。
④ 《清高宗实录》卷718，乾隆二十九年九月壬戌，第1010页。
⑤ 《清高宗实录》卷755，乾隆三十一年二月丙辰，第310页。
⑥ 光绪《大清会典事例》卷27《吏部·官制·各省知府等官》，第345页。
⑦ 光绪《大清会典事例》卷27《吏部·官制·各省知府等官》，第345页；民国《峨边县志》卷1《方舆志》。
⑧ 嘉庆十四年十二月二十一日署理四川总督特清额题，一档馆藏内阁户科题本，档号：02-01-04-18964-022。

按：乾隆十九年移重庆府同知驻江北，但非厅之建置，因其职责仅为处理该处赌博、打降等各项事务，如遇命盗大案，该同知仅负责缉拿至巴县审转。① 二十一年时将巴县嘉陵江以北之义、礼二乡并仁乡等二十六甲，分归该同知管辖，并改重庆府分驻江北镇理民督捕同知关防，② 至此江北厅始置。道光《江北厅志》卷1《舆地》："乾隆十九年因镇所形势冲要，以重庆府同知移驻江北，以旧署变价建新署于江北镇弋阳观下，二十四年以巴县义礼二里及仁里六甲隶焉，奉颁江北镇理民督捕同知关防。"置厅当在乾隆二十一年。

黔彭直隶厅　《综表》：雍正四年九月戊申于黔江县置黔江厅。十一年十月乙卯升为黔彭直隶厅。乾隆元年裁黔彭直隶厅，于所属酉阳县旧址置酉阳直隶州。

按：重庆府原辖十八州县，重庆府同知驻黔江县，管辖石耶土司、酉阳土司等，③ 雍正十一年令该同知兼管黔江及附近之彭水县，④ 直隶四川布政使司，初修《大清一统志》称为"黔彭厅"，即黔彭直隶厅之意。⑤ 但乾隆元年该厅即废，可见只是临时性建置。

---

① 乾隆十九年二月十五日四川总督黄廷桂折，一档馆藏录副奏折，档号：03-0054-009。
② 《清高宗实录》卷511，乾隆二十一年四月癸亥，第462页；卷526，乾隆二十一年十一月庚子，第624~625页。
③ 雍正四年九月十九日吏部尚书查弼纳《为四川酉阳等处土司地方流官官职卑微不足弹压酌议移改》，《清代吏治史料·吏制改革史料》第1册，第679页。
④ 雍正十一年四月十三日四川总督黄廷桂《请将忠州改升直隶州顺庆府通判移驻丰和场打箭炉添设照磨》，《清代吏治史料·吏制改革史料》第5册，第2308页。
⑤ 康熙《大清一统志》卷257《黔彭厅》。

越巂厅　《综表》：原为越巂卫，属四川行都司。康熙八年属建昌监理厅。乾隆二十六年五月癸酉裁卫置厅，属宁远府。

按：所谓建昌监理厅，亦见于光绪《越巂厅全志》卷2《沿革志》，只是所谓监理，即监收同知而已，不具政区性质。乾隆二十六年将宁远府抚民水利通判改驻越巂卫置厅，[①] 属宁远府，原为抚民通判，因"但官非抚夷，熟夷皆受隶于土司，该通判并无专责。营汛员弁，又均非所辖，每遇重大夷案，督拿巨匪，呼应不灵，应改为抚夷通判。自千、把总，外委以下，均受节制。庶事权归一，可专责成"。[②] 光绪《越巂厅全志》卷2《沿革志》系该事于乾隆二十五年。道光十三年将该通判改为抚夷同知，[③] 光绪《越巂厅全志》卷2《沿革志》系其事于道光十五年。

雷波厅　《综表》：原为长官司，属马湖府。雍正五年十一月戊辰属叙州府。六年裁长官司改置雷波卫。乾隆二十六年五月癸酉裁卫改置厅。

按：雍正五年十一月叙州府通判移驻马湖府，管束雷波等各土司。[④] 乾隆二十六年将保宁府通判改驻雷波卫置厅，[⑤] 辖黄螂所。道光十三年在筹议马边、雷波等厅善后事宜中，提出"雷波、峨边同城之武职皆系参将，兼有土司六品职衔者，该两厅体制品级较卑，似不足以办等威而资弹压，若一律改设同知，现在各缺内无可改抵，应请将雷波、峨边两厅通判均用同

---

① 《清高宗实录》卷636，乾隆二十六年五月癸丑，第109页。
② 《清宣宗实录》卷240，道光十三年七月甲戌，第591页。
③ 《清宣宗实录》卷246，道光十三年十二月庚戌，第713页。
④ 《清世宗实录》卷63，雍正五年十一月庚午，第970页。
⑤ 《清高宗实录》卷636，乾隆二十六年五月癸丑，第109页。

知顶戴，仍照通判升转，如遇离任，不准带用"。①

盐边厅　《综表》：宣统二年八月丁亥置，属宁远府。

按：宁远府属盐源县因地方辽阔，嘉庆年间于阿拉所地方设置巡检，到了清末随着"夷强汉弱，劫掠恣行"，巡检职微权轻，无理民之责，故宣统元年仿照峨边厅设置之例，奏请改巡检为盐边厅抚夷通判。② 宣统三年吏部会奏的结果是"应如所请办理"。③

打箭炉厅　《综表》：雍正十一年十月乙卯置厅。光绪二十九年十一月二十四日升为直隶厅。宣统三年二月初六日升为康定府。

按：雍正七年设同知，"打箭炉系汉番杂处，民事烦多，设官专理，实为紧要。如人命盗贼户婚田土斗殴等情，非把总所能经理"，"应请设雅州府同知一员，分驻打箭炉，专司汉番词讼、稽查逃盗，凡审断重情由同知审移该府解司核转详题"。钱粮方面，照叙永同知之例，"一应番人粮石，即令该同知征收支给，由布政司查核报销"。"该同知分防西炉，既有刑名钱谷之责，仍请铸给关防。"④ 置厅年份当以雍正七年为宜。《综表》定为雍正十一年十月，系据实录，但实录原文是"添设打箭炉同知衙门照磨一员"，⑤ 这是添设"照磨"而

---

① 道光十八年三月二十八日成都将军凯音布、四川总督鄂山折，一档馆藏录副奏折，档号：03-2983-017。
② 《宣统政纪》卷26，宣统元年十一月壬戌，第479页。
③ 刘锦藻：《清朝续文献通考》卷135《府州厅县佐杂》，浙江古籍出版社，2000，第8952页。
④ 雍正七年八月二十一日四川巡抚宪德《请添设雅州府同知泸定桥巡检裁汰打箭炉等处驿丞》，《清代吏治史料·吏制改革史料》第4册，第1650~1651页。
⑤ 《清世宗实录》卷136，雍正十一年十月乙卯，第742页。

非"同知"之意。

三坝厅　《综表》：宣统三年二月初六日置，属巴安府。

理化厅　《综表》：宣统三年二月初六日置，属康定府。

按：打箭炉直隶厅升为康定府及设三坝厅、理化厅事均为赵尔丰开边筹边事宜的筹划。[①]

靖西厅　《综表》无。

按：光绪二十年设，颁发新设靖西厅同知关防，[②] 名义属雅州府，实际位置在西藏亚东，系挂衔四川。亚东开埠后，该关监督无法由藏人土官担任，故选派一名同知兼任而已，文献中的"靖西厅"只可理解为对同知衙门的称呼而不能将其视作有政区意义的厅。

定瞻厅　《综表》无。

按：今存《定瞻厅志略》，但清代未在瞻对土司设置过一个厅级单位。该志书纂修者张继为川军统领，光绪年间奔赴瞻对土司清剿。故学界推测"此书想必便是张继驻兵瞻对时所纂辑。至于书名，当时若改流设官，必设厅于彼，是故便以此名之"。[③] 只是设想，并未实置。

贵　州

仁怀直隶厅　《综表》：雍正九年置仁怀厅。乾隆四十一

---

① 《政务处遵旨核议边务开办四端复奏折》，西藏自治区社会科学院、四川省社会科学院合编《近代康藏重大事件资料选编》，西藏古籍出版社，2001，第346～347页。

② 光绪二十年三月二十五日驻藏办事大臣奎焕折，一档馆藏朱批奏折，档号：04-01-01-0996-076。

③ 何金文：《四川方志考》，吉林省地方志编纂委员会、吉林省图书馆学会，1985，第341页。

年四月十三日置仁怀直隶厅。光绪三十四年四月戊辰降为散厅，更名为赤水厅，往属遵义府。

按：遵义府通判系雍正八年移设仁怀县旧城，① 但当时仅为府佐贰官性质，不得谓置厅。乾隆三年时遵义府通判开始管辖部分地区，"仁怀县属之仁怀河西、土城三里地方，请照郎岱同知、归化通判之例拨归驻扎仁怀旧城之通判管辖，命盗案件、征解钱粮、监散兵米等项，归该通判就近管理。从之"。② 此请有题本留存。③ 此时方具有厅的实质。乾隆七年各行政区册报民苗开荒土地时，除了州县，单列出的有"郎岱同知，归化、遵义二通判"。④ 乾隆十二年称"所有仁怀、河西、土城三里地方一切刑钱案件拨归分理"，此时将训导移驻该地以助士子应考。⑤ 乾隆四十一年改为直隶厅，并改通判为同知，归贵州粮储道管辖。⑥ 光绪三十四年因贵州粮储道裁撤，又与遵义府仁怀县重名，故将其改为赤水厅，属遵义府，"所有该厅刑名、词讼、钱粮、仓库等事改归遵义府审转"。⑦

松桃直隶厅 《综表》：雍正十年三月戊寅置。嘉庆二年升为直隶厅。

---

① 《清世宗实录》卷98，雍正八年九月庚辰，第307页。
② 《清高宗实录》卷80，乾隆三年十一月癸丑，第257页。
③ 乾隆三年七月十六日贵州总督张广泗题，一档馆藏内阁户科题本，档号：02-01-04-13122-011。
④ 《清高宗实录》卷175，乾隆七年九月丁丑，第247页。
⑤ 《清高宗实录》卷302，乾隆十二年十一月癸巳，第951页。
⑥ 乾隆四十一年三月十三日贵州巡抚裴宗锡折，一档馆藏录副奏折，档号：03-0053-023；《清高宗实录》卷1009，乾隆四十一年五月壬辰，第549页。
⑦ 光绪三十四年四月十四日贵州巡抚庞鸿书折，一档馆藏录副奏折，档号：03-5502-103。

按：雍正十年移正大营同知驻松桃，^①乾隆十四年时尚称该同知所管地方地亩钱粮仍归府县征收，^②十五年奏请改正大营同知关防为"铜仁府分防松桃同知"，以分防为名，仍非厅之建置。^③嘉庆二年设为直隶厅，据道光《松桃直隶厅志》卷首《序》称"嘉庆二年始改厅"；卷 2《营建门·公署》称"嘉庆二年建厅"；卷 27《奏疏》称此次升直隶厅系平定苗疆叛乱后为专事权而改，"一切案件由贵东道核转"；卷 28《松桃城基说》："于是改同知为直隶厅，以专事权。"松桃直隶厅应是嘉庆二年置设，同时将乌罗、平头两土司由铜仁府知府改归该厅。^④

普安直隶厅（盘州厅）　　《综表》：原为普安州，属于安顺府。雍正五年八月癸卯属兴义府。嘉庆十四年五月庚申升为直隶州。十六年改为普安直隶厅。光绪三十四年四月戊辰降为散厅，名盘州厅。

按：原为普安直隶州，嘉庆十六年因州民与所属兴义县民互控，将普安直隶州改为直隶厅，"其普安厅案件即径解臬司审转，钱谷事件由贵西道核转"，而将兴义县仍归兴义府。^⑤

至光绪三十四年因贵西道裁撤，又与普安县重名，故降为盘州厅，属兴义府。①

南笼厅 《综表》：康熙二十六年六月戊辰裁安笼所置南笼厅，雍正五年八月癸卯升为南笼府。嘉庆二年南笼府改名兴义府。

按：康熙八年将云南新附十八寨钱粮归安笼所通判管辖，②二十六年将安笼所归并安笼厅。③康熙《贵州通志》卷3《建置》：康熙二十六年"省安笼所入南笼厅"；卷10《户口》列有"南笼一厅"。乾隆《南笼府志》卷8《奏疏》载有巡抚刘荫枢《设南笼厅学疏》："查南笼厅虽是府属，人民钱粮该厅专管，与州县无异。"雍正五年升为南笼府，④"南笼一厅地方广阔，旧已鞭长莫及，今若再辖新设一州，又增数百里之地，势难兼顾，除镇宁、永宁二州，普安、安定、清镇三县，仍听安顺府管辖外，并请将南笼厅属改为府治，添设知府一员、经历一员，仍留南笼通判为之佐理"。⑤

罗斛厅 《综表》：光绪六年十二月十四日置，属贵阳府。

按：光绪六年移长寨同知置罗斛厅。⑥

---

① 光绪三十四年四月十四日贵州巡抚庞鸿书折，一档馆藏录副奏折，档号：03－5502－103。
② 《清圣祖实录》卷30，康熙八年十一月乙卯，第425页。
③ 《清圣祖实录》卷130，康熙二十六年六月戊辰，第402页。
④ 《清世宗实录》卷60，雍正五年八月癸卯，第920页。雍正五年八月初七日云贵总督《议广西贵州以红水河划界册亨长坝等处划归黔省并添设知州》中称作"南笼所属地方"（《清代吏治史料·吏制改革史料》第3册，第1006～1008页），《清世宗实录》中则称作"南笼厅"。
⑤ 雍正五年八月二十日兼吏部行走朱轼《议贵州广西以红江划界设立州治营汛以安边境》，《清代吏治史料·吏制改革史料》第3册，第1030～1037页。
⑥ 光绪七年二月十五日贵州巡抚岑毓英折，一档馆藏录副奏折，档号：03－5159－003。

郎岱厅　《综表》：雍正九年六月癸卯置，属安顺府。

按：雍正九年移安顺府同知驻郎岱置厅。①

归化厅　《综表》：雍正八年七月甲申置，属安顺府。

八寨厅　《综表》：雍正七年十二月戊申置，属都匀府。

按：此为鄂尔泰平定贵州苗疆后筹划设治事宜的一部分，见于《清世宗实录》卷89雍正七年十二月戊申条："应设文官分治，请于都匀府添设同知、通判各一员，以同知分驻八寨，以通判分驻丹江；镇远府添设同知一员，分驻清水江；黎平府添设同知一员，分驻古州，俱加以理苗同知字样。"其职能方面，"所设同知、通判，专驻苗疆，有绥理地方、缉捕奸顽之责，不可护卫无人，应照湖南乾、凤二厅之例，于同驻之官兵内，各拨给把总一员、兵一百名，以为亲标"。

丹江厅　《综表》：雍正七年十二月戊申置，属都匀府。

按：此为鄂尔泰平定贵州苗疆后筹划设治事宜的一部分，见于《清世宗实录》卷89雍正七年十二月戊申条。

都江厅　《综表》：雍正十年十月辛卯置，属都匀府。

按：雍正十年设都匀府理苗通判。②

台拱厅　《综表》：雍正十二年三月辛巳置。

按：雍正十二年将清江同知移驻台拱，见于《清世宗实录》卷141雍正十二年三月辛巳条。

清江厅　《综表》：雍正七年十二月戊申置，属镇远府。乾隆十年十二月十二日析黎平府属赤溪司旧领之上、下衙等寨来属。

---

① 《清世宗实录》卷107，雍正九年六月癸卯，第414页。
② 《清世宗实录》卷117，雍正十年四月辛卯，第553页。

按：此为鄂尔泰平定贵州苗疆后筹划设治事宜的一部分，见于《清世宗实录》卷89雍正七年十二月戊申条。雍正十二年将清江同知移驻台拱，同时于清江设立通判。①

古州厅　《综表》：雍正七年十二月戊申置，属黎平府。乾隆十三年七月戊子析广西省罗城县志买廷等七寨地归古州厅辖，析厅属因洞、罗洞、寨麻、大蒙四寨地入广西省罗城县。

按：雍正七年置同知。光绪《古州厅志》卷10《艺文志》收录张广泗《议复苗疆善后事宜疏》："又古州、都江、清江、丹江、台拱、八寨各处于雍正七年设有同知、通判等员……又廷议内开，一，设立郡县，虽于新疆之体统似属可观，但钦奉谕旨，嗣后苗人争讼之事，俱照苗例完结，钱粮永行免征。若改设郡县，添设守令，不特无事可办，徒为縻费钱粮，应毋庸议等因。臣查新疆较之内地，政务甚简，有同知、通判等官分地而治。"

下江厅　《综表》：乾隆三十五年六月甲辰置，属黎平府。

按：下江地方原设吏目，不足以弹压苗寨，乾隆三十五年移驻贵阳府通判驻扎设厅，隶黎平府，②"一切命盗词讼、征收粮赋、收放兵米等项得有专责"。③乾隆三十六年七月开始正式划拨各地苗寨银两征收报解。④

水城厅　《综表》：雍正十年三月戊寅置，属大定府。

---

① 《清世宗实录》卷141，雍正十二年三月辛巳，第778页。
② 《清高宗实录》卷863，乾隆三十五年六月癸卯，第586页。
③ 乾隆三十七年四月十六日议政大臣兼署户部尚书舒尔讷、户部尚书于敏中题，内阁户科题本，档号：02-01-04-16296-007。
④ 《清高宗实录》卷906，乾隆三十七年四月癸未，第131页。

按：雍正十年移驻大定府通判驻扎水城。^①《水城厅采访册》卷2《地理门》称雍正十一年建水城，拨本府二里属之。《水城厅采访册》抄本盖有"大定府分驻水城通判"之关防。乾隆四十一年拨永宁州三里属之。^②

长寨厅　《综表》：雍正四年置，属贵阳府。光绪六年十二月十四日裁。

按：雍正五年将贵阳府同知移驻长寨。^③光绪六年将长寨同知移驻罗斛置厅，同时将原罗斛州判移改为长寨州判，属广顺州。不过该长寨州判依然具有较大独立性，在宣统元年的《贵州全省地舆图说》中单列其辖地。

云　南

景东直隶厅　《综表》：原为景东府。乾隆三十五年二月庚戌降为直隶厅。

蒙化直隶厅　《综表》：原为蒙化府。乾隆三十五年二月庚戌降为直隶厅。

永北直隶厅　《综表》：原为北胜直隶州。康熙五年降为散州，往属大理府。三十一年复升为直隶州。三十七年十月己酉升直隶州为永北府。乾隆三十五年二月庚戌降为直隶厅。

广南直隶厅　《综表》只有广南府，无广南直隶厅。

按：以上四员直隶厅同知均是乾隆三十五年厘定政区时改府为直隶厅："广南府只有同城之宝宁一县，不成郡治，应改

---

① 《清世宗实录》卷116，雍正十年三月戊寅，第546页。
② 《清高宗实录》卷1010，乾隆四十一年六月辛丑，第558页。
③ 《清世宗实录》卷54，雍正五年三月甲寅，第827页。

为直隶厅同知……又永北、蒙化、景东三府并无属邑，不成郡治，但地方辽阔，距邻府窵远，若归并他郡，恐一切征输审解等事转多未便之处，应请将永北、蒙化、景东三府均改为直隶厅同知。"① 该四府本为改土归流地区，并无属邑或仅一县，其长官为掌印同知。其原因在于该地原设有土知州等官，品秩较崇，"设知府大员，借以示威重而资弹压"。乾隆三十六年广南直隶厅又改为府，其原因也在于"同知阶秩与土员品级相仿，似无等威之辨"。②

富州厅　《综表》：原为富州土州。光绪二十六年三月癸卯改土归流置厅。

按：广南设府后，所管土富州等地仍设有土职官管束夷民，清廷曾考虑设立流官就近查察，但考虑"历来相安已久，遽令流官与土知州同城驻扎，未免牵制，恐与土俗夷情不甚协宜"，故仅设佐杂一员照料铜运经过路线。③ 光绪二十六年时土富州改土归流，原土知州只准世袭，不理民事，设广南府分防富州通判一员，驻扎皈朝，"如缅宁通判之例"，管理刑名、经征公件及税秋米石，④ 原地丁钱粮自光绪二十七年起拨归该通判照征报解。⑤ 缅宁厅之存在无可置疑，此富州通判所辖亦

---

① 乾隆三十五年正月十九日保和殿大学士傅恒等折，一档馆藏录副奏折，档号：03-0349-001。

② 乾隆三十六年正月十七日署理云贵总督彰宝折，一档馆藏朱批奏折，档号：04-01-01-0295-001。

③ 乾隆三十六年正月十七日署理云贵总督彰宝折，一档馆藏朱批奏折，档号：04-01-01-0295-001。

④ 光绪二十六年二月初三日署理云贵总督丁振铎折，一档馆藏朱批奏折，档号：04-01-16-0262-047。

⑤ 光绪二十八年十二月十八日云南巡抚林绍年折，一档馆藏朱批奏折，档号：04-01-35-0122-062。

为厅。光绪三十年富州汇报灾情，亦直接称为"富州厅"。①

大关厅　《综表》：雍正六年二月戊戌于大关屯地置。

按：雍正六年设通判驻，九年改同知驻。十三年威远设厅时，"一切刑名、钱谷事务，照大关同知之例，仍令办理"。②但实际大关同知无法审理命案，直到乾隆二十三年始授予其命案审理权。③

思茅厅　《综表》：雍正七年闰七月丁酉置。

按：雍正七年元江府所辖普洱地方改土归流，设普洱府，并设通判于思茅，"管理捕盗并思茅陆茶山地方事务"，攸乐设同知，"分理地方事务并各版盐井督煎办课"。④雍正十三年驻扎攸乐之普洱府同知移驻思茅，即改为思茅同知，其原驻思茅之普洱府通判裁，⑤此次实际上是将车里、六顺等九土司即攸乐土目共八版纳地方归思茅同知辖。⑥乾隆二十三年始将命盗案件审判权授予，"则与州县无异"。⑦从职能而言，乾隆二十三年后为厅。

威远厅　《综表》：原为直隶土州。雍正三年四月己丑改

---

① 光绪三十年七月十三日云南巡抚林绍年片，一档馆藏朱批奏片，档号：04‐01‐01‐1069‐020。
② 《清高宗实录》卷4，雍正十三年十月甲戌，第218页。
③ 乾隆二十三年三月二十六日云南按察使吴绍诗折，一档馆藏朱批奏折，档号：04‐01‐01‐0225‐006。
④ 雍正七年闰七月二十五日兼吏部尚书张廷玉《请准于云南普洱添设知府原通判移驻思茅并改边方营制等项》，《清代吏治史料·吏制改革史料》第4册，第1624页。又见《清世宗实录》卷84，雍正七年闰七月丁酉，第127页。
⑤ 《清高宗实录》卷4，雍正十三年十月甲戌，第218页。
⑥ 光绪《思茅厅志·建置·历代纪事》。
⑦ 乾隆三十九年三月十三日云贵总督彰宝折，一档馆藏录副奏折，档号：03‐0053‐019。

流，置威远直隶厅。十三年十月甲戌降为散厅，往属镇沅府。乾隆三十五年二月庚戌改属普洱府。

按：雍正三年将威远土州改土归流，设抚夷清饷同知一员，^①康熙初修《大清一统志》列有"威远厅"，与府、直隶州平行，可视为直隶厅；十三年威远地方改归镇沅府管辖，其原设之抚夷同知改为镇沅府分防威远抚夷同知，"一切刑名钱谷事务，照大关同知之例，仍令办理"。^②乾隆三十五年改隶普洱府。关于威远卫的变迁，张洪滨、郭声波、李大海《改土归流与地方社会转型——以明清之际川东威远卫的置废变革为例》（《贵州民族研究》2019 年第 4 期）有过梳理。

中甸厅 《综表》：雍正五年四月戊申于丽江府属地中甸置剑川州州判，往属鹤庆军民府。乾隆二十一年五月二十六日于剑川州州判地置厅，属丽江府。

按：雍正四年时试图在中甸设立同知置厅，不过因附近的维西已建立大营，这一提议被否决，只设置了剑川州州判。^③《清实录》系置厅事于乾隆二十一年五月，其原因是"内附三十余载，地辟民聚，原设州判一员，管理词讼、钱粮等事，稍涉疑难，必赴府州请示，往返千里……微员究难弹压"，由此移设楚雄府同知为中甸同知，^④有"查验进藏商贩，征收钱

---

① 《清世宗实录》卷 31，雍正三年四月乙未，第 482 页。
② 《清高宗实录》卷 4，雍正十三年十月甲戌，第 218 页。
③ 雍正五年闰三月二十六日云贵总督鄂尔泰《请以鹤庆府通判移驻维西并剑川州添设州判驻扎中甸不设中甸同知》，《清代吏治史料·吏制改革史料》第 2 册，第 873~874 页。又见《清世宗实录》卷 56，雍正五年四月戊申，第 862 页。
④ 《清高宗实录》卷 513，乾隆二十一年五月乙未，第 489 页。

粮，审理词讼，相验命盗之责"，① 是为中甸厅。

龙陵厅　《综表》：乾隆三十五年正月丁未于龙陵地置。

按：乾隆三十五年置，属永昌府。②

腾越厅　《综表》：嘉庆二十五年十月己巳改腾越州置腾越直隶厅。道光二年九月壬辰降为散厅，还属永昌府。

按：嘉庆二十五年改腾越州置腾越直隶厅，因"知州职分较小，不足以资控驭"。道光二年降为散厅，属永昌府，"所有承审命盗各案照旧由府勘转"。③

镇沅直隶厅　《综表》：原为镇沅土府。雍正五年改为镇沅府。十三年十月甲戌析府属坝朗、坝水、坝痴三寨地入元江府。乾隆三十五年二月庚戌降为直隶州。道光二十年六月十三日改为直隶厅。无属领。

按：道光二十年改镇沅直隶州为直隶厅，因该州仅辖恩乐一县，道光二十年裁恩乐县，镇沅未便仍以州名，故改为镇沅直隶厅，移驻于恩乐适中之地，以资控驭。④

镇边抚彝直隶厅　《综表》：光绪十四年五月己未于猛朗坝地置。

按：光绪十四年设镇边抚夷厅直隶同知一员，隶迤南道。⑤

① 乾隆二十二年云南巡抚刘藻题，一档馆藏内阁户科题本，档号：02-01-04-15095-007。
② 《清高宗实录》卷851，乾隆三十五年正月丁未，第402页。
③ 道光二年五月二十六日云贵总督史致光、云南巡抚韩克均折，一档馆藏录副奏折，档号：03-2502-027。
④ 道光二十年四月十九日兼护云贵总督颜伯焘折，一档馆藏录副奏折，档号：03-2695-041。
⑤ 《清德宗实录》卷255，光绪十四年五月己未，第434页。

该厅所发文告自署"镇边直隶抚彝府"。①

五嶍厅 《综表》：雍正二年于广西直隶州五嶍地置五嶍厅，属广西直隶州。乾隆三十五年二月庚戌改属曲靖府。四十一年十一月己巳裁厅改置广西直隶州判，其地往属广西直隶州。

按：雍正二年设通判于广西府属五嶍地方，"分防弹压"。② 至乾隆二十三年始仿威远同知等例，将命盗案件审办权授予。③ 乾隆二十四年称其有"地方之责"。④ 乾隆三十五年改拨曲靖府辖时，称"该地疆界户口钱粮，归并该通判经管"。⑤ 但直到乾隆三十九年才正式划拨。⑥ 四十一年因广西府改为直隶州，该通判归曲靖府管辖，但距离过远，于是裁改为广西直隶州州判。⑦

他郎厅 《综表》：雍正十年三月庚辰于他郎寨（原恭顺州地）置，属元江府。乾隆三十五年二月庚戌改属普洱府。

按：雍正十年设通判。⑧ 乾隆九年有称"大关"等"各府厅州县"。⑨ 乾隆三十五年改属普洱府，不过钱粮自乾隆三十九年才划拨。⑩

---

① 光绪十八年《镇边直隶厅给李通明的山照》，曹善寿主编，李荣高编注《云南林业文化碑刻》，德宏民族出版社，2005，第433～434页。
② 《清世宗实录》卷26，雍正二年十一月乙卯，第407页。
③ 乾隆二十三年三月二十六日云南按察使吴绍诗折，一档馆藏朱批奏折，档号：04-01-01-0225-006。
④ 《清高宗实录》卷591，乾隆二十四年闰六月甲辰，第576页。
⑤ 《清高宗实录》卷872，乾隆三十五年十一月甲辰，第695页。
⑥ 《清高宗实录》卷961，乾隆三十九年六月丁未，第1032页。
⑦ 《清高宗实录》卷1020，乾隆四十一年十一月己巳，第675页。
⑧ 《清世宗实录》卷116，雍正十年三月庚辰，第547页。
⑨ 《清高宗实录》卷214，乾隆九年四月辛亥，第746页。
⑩ 《清高宗实录》卷961，乾隆三十九年六月丁未，第1032页。

缅宁厅 《综表》：原为孟缅长官司。乾隆十二年三月初四日裁孟缅长官司，改置缅宁厅。

按：《清高宗实录》载乾隆十四年云贵总督张允随奏请缅宁通判建衙署等事。①

鲁甸厅 《综表》：雍正九年置。

按：雍正九年设通判，乾隆二十三年始将命盗案件审办权授予。② 此年当作置厅之年。

靖边直隶厅 《综表》无。

按：宣统二年照镇边直隶厅之例，裁云南府南关同知，设靖边直隶同知，"其蒙自、建水、文山江外各土司地方均归管辖，经征钱粮、税课，审理民刑诉讼，直隶临安开广道"。③

维西厅 《综表》：雍正五年四月戊申于丽江府属地置维西厅，往属鹤庆军民府。乾隆二十一年五月二十六日还属丽江府。

按：雍正五年移鹤庆府通判驻维西，"管理维西地方事务"，④ 乾隆二十一年改属丽江府，二十二年加抚夷字样。⑤

巧家厅 《综表》：嘉庆十六年闰三月丙申于会泽县旧治

---

① 《清高宗实录》卷343，乾隆十四年六月丁酉，第747页。
② 乾隆二十三年三月二十六日云南按察使吴绍诗折，一档馆藏朱批奏折，档号：04-01-01-0225-006。
③ 宣统二年十一月二十五日云贵总督李经羲折，一档馆藏录副奏折，档号：03-7447-158。
④ 雍正五年闰三月二十六日云贵总督鄂尔泰《请以鹤庆府通判移驻维西并剑川州添设州判驻扎中甸不设中甸同知》，《清代吏治史料·吏制改革史料》第2册，第873~874页。又见《清世宗实录》卷56，雍正五年四月戊申，第862页。
⑤ 《清高宗实录》卷536，乾隆二十二年四月癸酉，第769页。

地置厅。

按：嘉庆十六年置，"该县境内比界巧家地方距城四百里，该处虽有分驻府经历一员，但系杂职，例不准勘验命盗案件，且该处与川省土司接壤，幅员辽阔，民情近来更为刁悍"，故奏请添设同知一员，"将巧家经历原辖之归治里并附近巧家之则补巡检所辖长善、向化二里，皆拨归同知管辖，所有三里地方钱粮命盗等案均归该同知承办，由府核转"，① 属东川府。

安平厅 《综表》：嘉庆二十四年六月己酉置安平厅。道光二年三月乙酉析文山县属东安、逢春、永平三地入安平厅。

按：嘉庆二十四年改云南开化府同知为安平同知，"其东安、逢春、永平等三里在县之东南，请改归该同知管辖，取名安平同知，所有三里钱粮、词讼均归该同知征收审理。其命盗案件即由该同知勘验审拟，解府招解，是该同知既有专管地方，所有文山县五里地方一切督捕案件，毋庸再将该同知参处"。②

陕　西

孝义厅 《综表》：乾隆四十七年九月十一日析长安、盩厔、镇安三县置。

按：乾隆四十七年仿留坝厅之例设西安府分防同知于孝义川，"分管境内，凡人命盗窃及一切案件俱令该同知、通判审

---

① 嘉庆十六年正月二十六日云贵总督伯麟、云南巡抚孙玉庭折，一档馆藏朱批奏折，档号：04 - 01 - 02 - 0007 - 007。
② 嘉庆二十四年四月二十八日云贵总督伯麟、云南巡抚李尧栋折，一档馆藏朱批奏折，档号：04 - 01 - 01 - 0586 - 005。

解，田赋钱粮亦皆划归征解"，^① 是为孝义厅。乾隆五十年地亩钱粮正式划拨。^②

宁陕厅　《综表》：乾隆四十七年九月十一日置五郎关厅。嘉庆五年四月乙未更名宁陕厅。

按：乾隆四十七年设置孝义厅的同时，置西安府分防通判于五郎坝，"分管境内，凡人命盗窃及一切案件俱令该同知、通判审解，田赋钱粮亦皆划归征解"，^③ 是为五郎厅。^④ 乾隆五十年地亩钱粮正式划拨。^⑤ 嘉庆五年，因五郎坝添设宁陕镇总兵，^⑥ 与"原设抚民通判阶级悬殊，五郎厅名亦不雅驯，应请一并改为宁陕厅抚民同知"。^⑦ 另，文献中亦有"五郎关厅"之称，但依档案，"五郎厅"更为准确、权威。

潼关厅　《综表》：雍正五年三月戊子于潼关卫地置潼关县，属华州直隶州。十三年四月戊午改属同州府。乾隆十二年三月初五日升为厅。

按：潼关设抚民同知始于明万历年间，雍正四年改选满洲兼理事，管辖旗民事宜。^⑧ 裁潼关卫时，年羹尧本拟请将潼关

---

① 乾隆四十七年正月二十九日陕西巡抚毕沅折，一档馆藏录副奏折，档号：03-0054-005。

② 《清高宗实录》卷1228，乾隆五十年四月壬辰，第466页。

③ 乾隆四十七年正月二十九日陕西巡抚毕沅折，一档馆藏录副奏折，档号：03-0054-005。

④ 乾隆五十年二月初十日护理陕西巡抚图萨布折，一档馆藏朱批奏折，档号：04-01-01-0411-004。

⑤ 《清高宗实录》卷1228，乾隆五十年四月壬辰，第466页。

⑥ 嘉庆五年三月初八日陕甘总督长麟折，一档馆藏录副奏折，档号：03-1647-020。

⑦ 嘉庆五年四月初六日陕西巡抚台布折，一档馆藏录副奏折，档号：03-1463-033。

⑧ 雍正《陕西通志》卷15《公署》。

卫拆分,属华阴县管,① 不过遭到反对,最终仍改为潼关县的完整建置。② 乾隆十年时陕西布政使慧中奏请裁汰潼关县置厅,归抚民同知管辖,③ 十二年时吏部原则上同意,④ 但具体户口、社仓等事宜至十三年时经户部议复始定。⑤

留坝厅 《综表》:乾隆十五年二月甲午置。

按:乾隆十五年时汉中府通判移驻凤县留坝,"分管松林、留坝、武关三驿,除命盗、钱粮、户婚、田土等事仍听该县管理外,其私茶、私盐以及酤酒、斗殴等事俱令通判就近查拿",此时尚是府之佐贰。至乾隆二十九年仿陕甘潼关、固原同知分隶之例,将附近留坝一带村庄及松林、武关二驿均分隶该通判管辖,"其境内一切户口、钱粮、命盗、词讼及护送饷鞘、递解人犯等事悉归该通判办理"。⑥ 至是始为留坝厅。道光《留坝厅志》卷2《纪事沿革表》记录非常清楚,乾隆二十九年十二月明中丞批司详云"留坝厅于明年正月分隶",凤县接到的通知是"卑县所属加林等里俱于乾隆三十年正月初一日送交留坝厅接管",《综表》误,应以批准时间将置厅定于乾隆二十九年。乾隆三十九年又因通判品秩稍卑,所设书役十多名而已,当时正值大小金川之战,军需运输任务繁重,而该厅有管驿站

---

① 雍正四年三月初四日川陕总督岳钟琪《请照甘属改卫为县之例将陕西潼关卫设员专隶令华州直隶州统辖》,《清代吏治史料·吏制改革史料》第2册,第568~569页。

② 《清世宗实录》卷54,雍正五年三月戊子,第813页。

③ 乾隆十年十一月十二日陕西布政使慧中折,一档馆藏朱批奏折,档号:04-01-01-0121-024。

④ 《清高宗实录》卷286,乾隆十二年三月乙未,第727~728页。

⑤ 《清高宗实录》卷318,乾隆十三年七月丁亥,第222~223页。

⑥ 乾隆三十年五月十六日大学士兼管吏部户部事务傅恒、户部尚书阿里衮题,一档馆藏内阁户科题本,档号:02-01-04-15692-009。

之责，故奏请改为留坝同知，^① 乾隆四十年议准。^②

定远厅 《综表》：嘉庆七年七月辛巳析西乡县地置。

按：嘉庆七年于西乡县渔渡路地方添设汉中府分驻定远厅抚民同知。^③ 早先该地地广人稀，故招募外省流民，但也带来了一系列治安问题。^④ 嘉庆初平定白莲教起义后，即于此设厅。

佛坪厅 《综表》：道光四年五月二十三日析洋县与盩厔县地置。

按：道光四年分盩厔、洋县地，于佛坪地方添设抚民同知置佛坪厅，照定远厅之例，定为边缺，并顺呈《陕西南山拟设佛坪厅地舆图》。^⑤

汉阴厅 《综表》：原为汉阴县。乾隆四十七年九月十一日裁入安康县。五十四年九月己酉于旧县地复置汉阴厅。

按：原为汉阴县，乾隆四十七年废入兴安府新设之安康县，该地设兴安府通判，"专司捕盗、匪迹及查拿地方私贩、盐茶、私宰、私烧、赌博、打降等事"，^⑥ "不令管理钱粮、命盗案件"。乾隆五十四年陕甘总督勒保等奏请照五郎通判之例改为抚民通判，"将旧时汉阴县地方一切命盗等件及钱粮、课

---

① 乾隆三十九年七月十七日陕西巡抚毕沅折，一档馆藏录副奏折，档号：03-0139-004。
② 《清高宗实录》卷979，乾隆四十年三月丁卯，第72页。
③ 嘉庆七年十二月十二日大学士兼管吏部事务庆桂等折，一档馆藏录副奏折，档号：03-1486-066。
④ 光绪《定远厅志》卷5《地理志·风土》。
⑤ 道光四年四月十四日陕甘总督那彦成等折及所附图，一档馆藏录副奏折，档号：03-2503-005、03-2503-007。
⑥ 乾隆四十七年正月二十九日陕西巡抚毕沅折，一档馆藏录副奏折，档号：03-0054-005。

税俱责成该通判管理",① 是为汉阴厅，仍属兴安府。

砖坪厅 《综表》：道光三年四月庚申分安康、紫阳、平利三县地置。

按：道光元年奏请于安康县砖坪地方设抚民通判置砖坪厅，照孝义、宁陕、留坝、定远等厅边俸之例定为在外题调要缺。② 三年正式批准。③

甘　肃

丹噶尔厅 《综表》：道光九年三月十一日置。

按：道光九年置。④ 可参考闫家诚《边疆内地化与厅的设立——基于清代西宁府丹噶尔厅的个案研究》。

化平川直隶厅 《综表》：同治十年三月壬戌析平凉府之华亭县华平川地置。无属领。

按：同治十年设化平川直隶厅通判。⑤ 此为清廷平定陕西回民起事善后事宜之一部分。

洮州厅 《综表》：原为洮州卫。雍正八年属巩昌府。乾隆十四年六月庚子裁卫置厅。

按：乾隆十二年奏裁洮州卫，将巩昌府西固同知改为抚番

---

① 陕甘总督勒保、陕西巡抚秦承恩《请改巡防通判为抚民奏》，乾隆五十四年十一月二十七日奏准，见嘉庆《汉阴厅志》卷9《艺文志上·奏议》。又见于《清高宗实录》卷1343，乾隆五十四年十一月己酉，第1214页。

② 道光元年十月十一日大学士曹振镛等折，一档馆藏录副奏折，档号：03 - 2502 - 020。

③ 《清宣宗实录》卷51，道光三年四月庚申，第920页。

④ 道光八年十二月十三日陕甘总督杨遇春折，一档馆藏录副奏折，档号：03 - 2503 - 033。

⑤ 《清穆宗实录》卷304，同治十年二月壬戌，第31页。

同知移驻，"管理一切汉番事宜"，^①十四年经户部等议准，^②是为洮州厅。光绪《洮州厅志》卷 2《舆地》记设厅事于乾隆十三年。

岷州厅　《综表》：原为岷州卫。雍正四年九月乙未裁卫置厅来属。八年二月乙卯改置岷州。

按：明末即有岷州厅之名，该抚民同知"专理一十七里钱粮并岷州一切军民词讼、仓库、狱囚、学校、城池、兵马、屯田、粮饷，迄今仍旧"，^③具有正印官的性质。但清代对这一同知、卫所的体制也在进行调整，康熙二十二年以后"径由郡守而丞不与"，抚民同知逐渐开始有所剥离，但"综核地亩钱粮，提调两卫学政及定拟屯民之命盗重案，迄今惟丞是问"。^④雍正五年将四里之地改归附近州县管辖，其中提到"民人赴厅卫上纳钱粮并命盗重案牵连拖累，洵属不便"。^⑤雍正八年岷州厅改为岷州。^⑥

宁灵厅　《综表》：同治十一年六月丁巳置，属宁夏府。

按：同治十一年将宁夏府水利同知改为抚民同知置厅，驻扎金积堡，"命盗重案及一切户婚、田产、词讼均归宁灵抚民

---

① 乾隆十二年十二月二十四日甘肃按察使顾济美折，一档馆藏朱批奏折，档号：04-01-01-0146-015。
② 乾隆十四年六月二十二日大学士兼管户部事务傅恒、协办大学士兼管户部事务陈大受等题，一档馆藏内阁户科题本，档号：02-01-04-14352-004。
③ 康熙《岷州志》卷 2《舆地上》。
④ 康熙《岷州志》卷 12《职官上》。
⑤ 雍正五年九月初四日陕西总督岳钟琪折，一档馆藏朱批奏折，档号：04-01-30-0001-018。
⑥ 《清世宗实录》卷 91，雍正八年二月乙卯，第 223 页。

同知管理，由宁夏府核转申详，以专责成"。①

肃州厅 《综表》：原为肃州卫。雍正二年十月二十六日裁卫置厅，属甘州府。七年四月辛丑升为肃州直隶州。

按：雍正二年肃州卫裁去卫守备，由肃州通判管理，② 雍正七年升为肃州直隶州。③

抚彝厅 《综表》：乾隆十六年闰五月丁卯置。

按：乾隆十六年将柳林湖通判驻扎张掖县抚彝地方。④

庄浪厅 《综表》：乾隆三年九月辛未置。

按：关于庄浪厅之有无，存在较大争议。雍正二年时庄浪所改为平番县，但保留了庄浪茶马同知。⑤ 乾隆元年定八旗驻防于庄浪，⑥ 三年设庄浪理事通判；⑦ 另据保存于今甘肃永登县的一块咸丰三年所立《庄浪属署题名碑记》载，乾隆十八年庄浪茶马同知"兼辖熟番三十四族，与平番县同城，归凉州府属"；⑧ 三十年庄浪理事通判迁驻凉州，原管辖之平城、松山二驿改归庄浪茶马同知，称其经管"本管番地"，⑨ 其职

---

① 同治十一年正月二十一日陕甘总督左宗棠折，一档馆藏录副奏折，档号：03-4656-148。

② 《清世宗实录》卷25，雍正二年十月丁酉，第396页。

③ 雍正八年三月初七日甘肃巡抚许容《请肃州厅改为直隶州后增设佐贰书役及衙署修建》，《清代吏治史料·吏制改革史料》第4册，第1864~1865页。

④ 《清高宗实录》卷390，乾隆十六年闰五月丁卯，第118页。

⑤ 《清世宗实录》卷25，雍正二年十月丁酉，第397页。

⑥ 《清高宗实录》卷10，乾隆元年十月戊戌，第339页。

⑦ 《清高宗实录》卷77，乾隆三年九月辛未，第214页。

⑧ 《清代庄浪茶马厅的两块石刻碑记》，中国人民政治协商会议甘肃省天祝藏族自治县文史资料工作委员会编《天祝文史》第2辑，1991，第172~173页。

⑨ 《清高宗实录》卷734，乾隆三十年四月戊申，第81页。

责是"驻扎平番县，端管支放庄浪满营兵饷，并收支庄司银茶，及连城、红山二土司番民事务"。① 如果严格按照厅的设置标准，以刑名钱粮为据，则庄浪似可排除在厅之外。不过考虑到它管辖番民和番地，尽管其驻地在平番县，甚至不在自己的辖境内，但和它极其相似的还有广西的明江厅，管辖的是土司，且治所也不在辖境之内，从统一标准的角度和对边疆地区的灵活处理考虑，本书倾向于将其视作厅的建置。如《清高宗实录》卷702乾隆二十九年正月甲寅条记载，"其夏禾被旱之皋兰县并所属之红水、张掖县并所属之东乐以及抚彝厅、山丹、庄浪厅、武威、镇番、古浪、平番、中卫"，又确实将庄浪厅视为一独立辖区，与州县并列。《实录》中类似在赈济时将庄浪厅与州县并提的记载还有数处。此外宣统元年庄浪茶马厅同知刘秉权曾派书办到藏区调查，形成《庄浪茶马厅地理调查表》，② 也能够说明庄浪厅的辖地为藏区，这是比较特殊的。《综表》将庄浪置厅定于乾隆三年，实误，所据为《清高宗实录》卷77乾隆三年九月辛未条，即"铸给新设凉州理事同知、庄浪理事通判关防"，该庄浪理事通判是为办理驻守于庄浪的满城旗人和民人之间的司法事务而设，与庄浪茶马同知无关，只是清代各地常见的设于驻防城的理事官，非政区性质。如认可庄浪厅为政区，其设置年份为开始管理番地的乾隆十八年，厅制则延续至清末。

安西直隶厅 《综表》：雍正二年三月丙申于布隆吉尔置

① 乾隆二十六年十二月初七日陕甘总督杨应琚、甘肃巡抚明德折，一档馆藏朱批奏折，档号：04-01-12-0110-075。
② 承蒙复旦大学路伟东教授惠示该调查表部分图档，谨致谢忱。

安西直隶厅。乾隆二十四年九月初五日升厅为安西府。三十八年二月癸亥降府为安西直隶州。

按：雍正二年于布隆吉尔设同知，兼辖安西卫，柳沟、沙州二所，①"有地方钱谷刑名"，定为安西同知，关防为"安西管理地方屯务监收同知"。②时口外设有肃州道，"既有口内地方钱谷刑名事件，现今督运军营粮石事务甚繁，其于口外地方鞭长莫及，不能照管"，故雍正十一年奏请于安西设立道员一员，统领口外事务，同时安西同知移驻瓜州，"其瓜州同知，靖逆通判，沙州、安西、柳沟、靖逆四卫，赤金一所俱令该道管辖"。③乾隆四年确认安西厅、靖逆厅分辖安西、沙州、柳沟、靖逆四卫。④乾隆十三年一份奏疏称"窃查甘省口外安西同知统辖安西、沙州、柳沟三卫，靖逆通判统辖靖逆、赤金二卫，其责任与知府无异"。⑤乾隆二十四年奏请将安西道移驻哈密，安西同知移驻巴里坤，改为巴里坤同知，靖逆通判移驻哈密，改为哈密通判，俱令管理粮饷兼办地方事务，仍归安西道统属。⑥二十五年定巴里坤、哈密为直隶厅，归安西道辖，其刑名钱谷等项，该道复查。⑦不过《综表》中将其视作直隶

---

① 《清世宗实录》卷17，雍正二年三月丙申，第293页。
② 雍正四年三月二十七日吏部尚书孙柱《请照甘抚拟定字样铸给新设同知通判守备等员关防》，《清代吏治史料·吏制改革史料》第1册，第573~574页。
③ 雍正十一年正月二十六日都察院左副都御史二格折，一档馆藏录副奏折，档号：03-0001-001。
④ 《清高宗实录》卷90，乾隆四年四月己卯，第388页。
⑤ 乾隆十三年六月二十五日甘肃布政使阿思哈折，一档馆藏朱批奏折，档号：04-01-01-0156-002。
⑥ 乾隆二十四年闰六月二十四日陕甘总督杨应琚、甘肃巡抚吴达善折，一档馆藏朱批奏折，档号：04-01-02-0002-001。
⑦ 《清高宗实录》卷622，乾隆二十五年十月丁丑，第993页。

厅，当时并无此种观念。只是后人因甘肃边卫一带无郡县设置，均直属省，故将厅比拟为统县政区，将卫所比拟为县级政区。刊于乾隆九年的康熙初修《大清一统志》只是写作"安西厅"。以下靖逆直隶厅、柳沟直隶厅、靖远直隶厅均当作如是观。乾隆二十五年《清实录》中将巴里坤同知、哈密通判称作"直隶厅"，① 这是"直隶厅"三字在《清实录》中首次出现。

靖逆直隶厅　《综表》：康熙五十七年置。乾隆二十四年九月初五日裁厅入安西府。

按：康熙五十七年添设赤金所、靖逆卫、柳沟所，同时设同知和通判。② 雍正二年同知移驻布隆吉尔，柳沟通判改为靖逆通判，除靖逆卫外，兼辖赤金所。③ 有"地方钱谷刑名"之责，关防为"监收靖赤屯粮"。④ 乾隆七年赤金所改为卫。⑤ 其后变迁见安西直隶厅条下之考校。

贵德厅　《综表》：乾隆五十六年七月乙酉裁归德所置贵德厅，属西宁府。

按：乾隆五十六年照循化同知之例，于贵德地方设抚番同知，"所有命盗一切案件及征收屯番粮石、奏销钱粮各事宜，应归同知审办造报，由西宁府审解核转，以专责成"。⑥

---

① 《清高宗实录》卷 622，乾隆二十五年十月丁丑，第 993 页。
② 《清圣祖实录》卷 277，康熙五十七年二月己丑，第 717 页。
③ 《清世宗实录》卷 17，雍正二年三月丙申，第 293 页。
④ 雍正四年三月二十七日吏部尚书孙柱《请照甘抚拟定字样铸给新设同知通判守备等员关防》，《清代吏治史料·吏制改革史料》第 1 册，第 573～574 页。
⑤ 乾隆《玉门县志·建置沿革》。
⑥ 乾隆五十六年九月初五日陕甘总督勒保折，一档馆藏朱批奏折，档号：04－01－02－0004－011。

循化厅 《综表》：乾隆二十七年三月初八日置厅，属兰州府。道光三年二月初二日改属西宁府。

按：乾隆二十七年将原驻河州之兰州同知移驻循化营，[①]管理番粮诸务，"一切命盗案件及户婚田土词讼俱隶河州同知管理"，[②]是为循化厅之置。[③]道光三年改隶西宁府，"一切公事均由该府就近核转青海衙门办理"。[④]

巴燕戎格厅 《综表》：乾隆八年十月癸亥于摆羊戎地置摆羊戎厅。四十三年改名为巴燕戎格厅。属西宁府。

按：乾隆八年因西宁府南山一带番汉杂处，故将巩昌府通判改为西宁府抚番通判，移驻摆羊戎，"董率垦种，管辖各番"。[⑤]乾隆三十年《清实录》中已有"巴燕戎格厅"。[⑥]但关防一直是摆羊戎厅，乾隆三十四年改为"巴燕戎格抚番通判"。[⑦]《综表》据光绪《大清会典事例》记为乾隆四十三年，误。

盐茶厅 《综表》：康熙十四年十月乙酉置盐茶厅，与固原州同城。雍正八年二月乙卯归固原州辖。同治十三年十月二十日改厅为海城县，属固原直隶州。

按：曾在乾隆十四年任职盐茶厅的同知在乾隆十七年为

① 《清高宗实录》卷656，乾隆二十七年三月辛丑，第342页。
② 乾隆《循化厅志》卷1《建置沿革》。
③ 乾隆二十六年十一月二十九日陕甘总督杨应琚折，一档馆藏录副奏折，档号：03-8042-005。
④ 道光三年正月十八日陕甘总督那彦成折，一档馆藏朱批奏折，档号：04-01-12-0370-016。
⑤ 《清高宗实录》卷202，乾隆八年十月癸亥，第609页。
⑥ 《清高宗实录》卷734，乾隆三十年四月丙午，第80页。
⑦ 《清高宗实录》卷830，乾隆三十四年三月戊戌，第74页。

《盐茶厅志备遗》所写序言则是另一种沿革叙述。清朝"因明之旧，设西安、平远、镇戎三所，属之固原卫，以备战守，而于牧所闲旷之区，则归之郡丞，招民纳赋，一洗宋明羌番之陋……厅卫之事权不一也。雍正四年裁洗卫所地，尽归厅。当时军兴，郡丞远驻铜罗无暇，仍缺如也。……乾隆十四年奉文移驻海城"。[①] 且提到"厅地为明藩牧场，固原州□□相沿，本朝归厅兼摄，而厅州同处一城，未议裁割也。今厅属既移驻海城，则厅处西，州在东南，就近归并，时势宜然"。[②] 直到乾隆十三年被允准并于九月二十日移居，[③] 十四年方与固原州正式区分辖地，田赋亦是在乾隆十五年才划拨。[④] 在"建置沿革"部分还提到清初海喇都一带仍为"西陲牧地，招民开垦，规模宏远，过于前代，但不建设州邑，而以驻扎固原州之盐茶同知司其赋租，以供馈饷。厅民于数百里外馈运供支，一切诉讼亦若跋涉。至于诵读之士，附之州学，不但不足比于州邑，即较之卫所亦多不及焉"。故论置厅年代，似以乾隆十三年较妥，《盐茶厅志备遗·官制》也有类似看法，"本朝以地属之府承〔丞〕，而兼摄遥制，与州邑之守土者殊。料自乾隆十三年移丞署于海城，民人社稷始有主者，故设官当始于移驻"。第一任盐茶同知赵健，于顺治三年到任。光绪《海城县志》卷1《沿革》记载更加明确："乾隆十四年道员应亟移驻案内奏准盐茶同知移驻海城……地以官名，是以有盐茶厅之始。"

柳沟直隶厅　《综表》：康熙五十七年置。雍正二年三月

---

① 乾隆《盐茶厅志备遗·序》。
② 乾隆《盐茶厅志备遗·图记》。
③ 乾隆《盐茶厅志备遗·艺文》。
④ 乾隆《盐茶厅志备遗·田赋》。

丙申裁，其地入安西直隶厅。

按：柳沟通判设于康熙五十七年，雍正二年改名为靖逆通判，见靖逆直隶厅条下。

靖远直隶厅　《综表》：雍正二年丁酉置。八年二月乙卯改为县，改属巩昌府。

按：原为靖远卫，明代已在此设监收同知，被称为监收厅，康熙二十三年裁监收同知。① 康熙五十三年将庆阳府同知移驻靖远卫，"与卫守备协同理事"。② 雍正二年靖远卫事务由靖远厅管理，此时卫守备亦被裁去。③ 这时的靖远厅才称得上名副其实的厅。

甘州厅　《综表》无。

按：《清实录》有雍正二年改甘州厅为甘州府的说法。④ 这里的"甘州厅"指的是明代延续下来的监收同知，此前西北一带卫所改置，卫守备为武官，不便兼民事，故以同知、通判监收，而卫仍在，此后不久或改府或改县，所谓同知和通判只是在清初过渡时期短暂出现的特殊管理体制。甘州监收同知"顺治初年仍明制，设甘镇监收粮务巩昌同知"，⑤ 雍正二年被裁。

新　疆

乌鲁木齐直隶厅　《综表》：乾隆二十五年五月初三日置乌鲁木齐直隶厅。三十八年二月癸亥降为迪化州，属镇西府。

---

① 康熙《靖远卫志》卷3《职官》。
② 《清圣祖实录》卷260，康熙五十三年八月己卯，第562页。
③ 《清世宗实录》卷25，雍正二年十月丁酉，第397页。
④ 《清世宗实录》卷25，雍正二年十月丁酉，第396～397页。
⑤ 乾隆《甘州府志》卷10《官师下》。

是年七月甲申升为直隶州。光绪十年十月壬申由甘肃改属新疆。

镇西直隶厅（巴里坤直隶厅） 《综表》：乾隆二十四年七月丁丑置巴里坤直隶厅。三十八年二月癸亥升为镇西府。咸丰五年三月十五日降为直隶厅。无属领。光绪十年十月壬申由甘肃改属新疆。

吐鲁番直隶厅（辟展直隶厅） 《综表》：乾隆三十六年二月十九日置辟展直隶厅。三十八年二月癸亥降为散厅，改名吐鲁番厅。咸丰五年三月十五日升吐鲁番厅为直隶厅。光绪十年十月壬申由甘肃改属新疆。

按：据鲁靖康研究，所谓咸丰五年吐鲁番厅升为直隶厅一说不成立，实际是乾隆四十四年升为直隶厅。①

哈密直隶厅 《综表》：乾隆二十四年七月丁丑置哈密直隶厅，三十八年二月癸亥降为散厅，咸丰五年三月十五日复升为直隶厅，无属领。光绪十年十月壬申由甘肃改属新疆。

按：据鲁靖康研究，咸丰五年哈密升为直隶厅之说不成立，实际是乾隆四十九年升为直隶厅。②

库尔喀喇乌苏直隶厅 《综表》：光绪十二年十一月庚戌裁办事大臣置。无属领。

按：乾隆四十五年于库尔喀喇乌苏设置同知，"管理仓库商民事件"③，此非政区性质，随即于四十九年裁。④ 光绪十二

---

① 鲁靖康：《吐鲁番、哈密二厅"咸丰五年升直隶厅说"辨误》，《历史档案》2017年第2期。
② 鲁靖康：《吐鲁番、哈密二厅"咸丰五年升直隶厅说"辨误》，《历史档案》2017年第2期。
③ 《清高宗实录》卷1098，乾隆四十五年正月己丑，第721页。
④ 《清高宗实录》卷1201，乾隆四十九年三月辛亥，第68页。

年设"库尔喀喇乌苏抚民直隶同知"。①

伊犁直隶厅 《综表》：乾隆二十九年八月丙戌于惠远城置伊犁直隶厅。光绪十年十月壬申由甘肃改属新疆。十四年正月辛未升为伊犁府。

塔尔巴哈台直隶厅 《综表》：光绪十四年正月辛未置，无属领。

按：据鲁靖康、魏亚儒研究，"清代塔尔巴哈台地区设立厅级行政区划的时间至少应追溯到光绪八年，而非目前所认为的光绪十四年。该地乾隆三十一年所设的'管粮理事抚民同知'已经具有了建置厅的实质，但因其以佐贰的身份和'借调'的形式任职而未被清廷认可。之后改设的'粮饷理事通判'经过光绪初年的几次演进，到光绪八年已经完全具备了建置厅的外延与内涵，应视为建置厅"。②

精河直隶厅 《综表》：光绪十四年正月辛未置，无属领。

喀喇沙尔直隶厅 《综表》：光绪八年七月丁未置。光绪十年由甘肃改属新疆。二十四年十二月壬寅升为焉耆府。

库车直隶厅 《综表》：光绪八年七月丁未置。光绪十年由甘肃改属新疆。二十八年八月壬辰改为库车直隶州。

乌什直隶厅 《综表》：光绪八年七月丁未置，无属领。光绪十年十月壬申由甘肃改属新疆。

英吉沙尔直隶厅 《综表》：光绪八年七月丁未置，无属

---

① 《清德宗实录》卷235，光绪十二年十一月庚戌，第169页。
② 鲁靖康、魏亚儒：《清代边疆政区设置的变通与调适——以塔尔巴哈台为例》，《西域研究》2016年第3期。

领。十年十月壬申由甘肃改属新疆。

玛喇巴什直隶厅 《综表》：光绪八年七月丁未置，无属领。光绪十年由甘肃改属新疆。二十八年八月壬辰降为巴楚州，属疏勒府。

奇台直隶厅 《综表》：乾隆三十七年三月戊戌置，无属领。三十八年二月癸亥降为散厅，往属镇西府。四十一年十二月丁巳改为奇台县。

蒲犁厅 《综表》：光绪二十八年八月壬辰置，属莎车府。

台 湾

淡水厅 《综表》：雍正元年八月乙卯于淡水港置，属台湾府。光绪元年十二月二十日裁厅置新竹县，往属台北府。

按：赵泉澄《清代地理沿革表》、牛平汉主编《综表》、《重修台湾省通志》卷7《政治志·建置沿革篇》均作雍正元年置淡水厅。以上诸说依据《清世宗实录》雍正元年八月乙卯条："兵部议复，巡视台湾御史吴达礼奏言，诸罗县北半线地方，民番杂处，请分设知县一员、典史一员。其淡水系海岸要口，形势辽阔，并增设捕盗同知一员，均应如所请。从之。寻定诸罗分设县曰彰化。"所设淡水同知实际驻彰化县治，其官职名称为"北路淡水捕盗同知"，其职责是"稽查北路兼督彰化捕务"，应被视为府之佐贰，而非"厅"的建置。直至雍正九年始割大甲溪以北地方，归淡水同知就近管理，并移淡水同知驻竹堑，① 此时淡水厅始置。张胜彦对台湾厅县制度的研

---

① 《清世宗实录》卷103，雍正九年二月庚子，第360页；甲辰，第362页。

究也认为雍正九年"至是淡水厅之地位与县级相当"。① 咸丰《噶玛兰厅志》卷1《封域》亦作雍正九年设淡水厅。

澎湖厅 《综表》:雍正五年二月甲戌置,属台湾府。光绪十三年台湾府改名台南府。

按:此据《清世祖实录》卷54雍正五年二月甲戌条:"添设台湾府通判一员驻澎湖,裁澎湖巡检一员。从福建总督高其倬请也。"

噶玛兰厅 《综表》:嘉庆十六年十月壬戌置,属台湾府。光绪元年十二月二十日裁厅置宜兰县,往属台北府。

按:噶玛兰置厅以前,僻处万山之中,自康熙三十四年间社番输饷于诸罗县,雍正二年拨入彰化县,九年转拨淡水厅管辖。② 嘉庆十七年始置厅。《综表》称嘉庆十六年置噶玛兰厅,实误,所据史料为《清仁宗实录》卷249十月壬戌条,不过该时尚未定议。最初方案是将噶玛兰所辖番社归新设通判,但仍由驻鹿港之理番同知管理,到了嘉庆十七年,方案才变为噶玛兰通判独立管辖,关防亦为"噶玛兰管理民番粮捕通判关防",不加理番字样。③ 自此噶玛兰通判有独立行政权,管理民番粮捕,可称为厅。咸丰《噶玛兰厅志》卷1《建置志》亦称"嘉庆十七年八月,设民番粮捕通判一员"。光绪元年建台北府时改为宜兰县往属。④

埔里社厅 《综表》:光绪十年八月初八日置,属台湾府。

---

① 张胜彦:《清代台湾厅县制度之研究》,台北华世出版社,1993,第16页。
② 咸丰《噶玛兰厅志》卷1《建置志·封域》。
③ 嘉庆十七年十一月初一日闽浙总督汪志伊、福建巡抚张师诚折,一档馆藏录副奏折,档号:03-1547-010。
④ 《清德宗实录》卷24,光绪元年十二月癸未,第359页。

十三年九月初七日往属新置之台湾府（原台湾府改名台南府）。

水沙连厅 《综表》：光绪元年十二月二十日于水沙连地置，属台北府。十三年九月初七日裁。

按：牛平汉《综表》台北府下作光绪元年置水沙连厅（光绪元年十二月二十日朱批奕䜣奏折），十三年裁；台南府则有光绪十年置埔里社厅，实有疏误。实际情况是台湾向设南路、北路理番同知，南路驻府城，北路驻鹿港，光绪元年拟将北路同知移驻水沙连，此乃《综表》水沙连厅之由来。① 但实际上鹿港同知一直未移驻，水沙连厅议而未行。故光绪十年清廷于埔里社地方设立抚民通判，是为埔里社厅之成立。② 殆至光绪十三年杨昌濬、刘铭传奏请添改郡县时，将鹿港同知一缺裁汰。③

基隆厅 《综表》：光绪元年十二月二十日于鸡笼港置鸡笼厅。九年更名为基隆厅。

按：赵泉澄《清代地理沿革表》、牛平汉主编《综表》、《重修台湾省通志》等多数著作均以光绪元年设台北府，改噶玛兰厅通判为台北府分防通判，移驻鸡笼作为鸡笼厅（基隆厅）设立之始。但光绪元年驻扎鸡笼之通判只是分防通判而已，当时正是考虑到"鸡笼一区以建县治则其地不足"，才设了分防佐贰，④ 直至光绪十三年才改台北府分防基隆通判为抚

---

① 《清德宗实录》卷24，光绪元年十二月癸未，第359页。
② 《清德宗实录》卷184，光绪十年五月壬寅，第576页。
③ 光绪十三年八月十七日闽浙总督杨昌濬、台湾巡抚刘铭传折，一档馆藏录副奏折，档号：03－5093－036。
④ 光绪元年十二月二十日军机大臣和硕恭亲王奕䜣折，一档馆藏录副奏折，档号：03－5091－011。

民理番同知，并析淡水所辖基隆、石碇、金包里、三貂四堡以隶之，此时政区意义上的厅才有建置，故本书取光绪十三年作为基隆厅始置之年。又据《清代台湾职官印录》，光绪元年所设驻基隆之通判关防为"台北府分防之通判"，光绪十二年十一月铸；光绪十三年划四堡之地归新改抚民理番同知后，关防为"基隆厅抚民理番同知之关防"（光绪十五年九月）。仅就官印而言，光绪十三年前基隆所设通判为台北府之佐贰，十三年后管理四堡之地之抚民理番同知才为基隆厅。

《综表》引陈正祥《台湾地名辞典》称光绪元年所置为鸡笼厅，"九年改鸡笼为基隆"。此说不可信。《清德宗实录》卷99光绪五年八月辛酉条云"两江总督沈葆桢奏轮船统领应驻地方，何璟意在基隆，吴赞诚意在厦门，臣意在澎湖。应准统领自择"，是为《实录》"基隆"一词出现之始，不会晚至光绪九年才有此名。《台游日记》卷1光绪十八年四月十七日条："鸡笼本属淡水厅，光绪元年建台北府，改厅为县，更设通判于此，以鸡笼名不雅，易之。"安倍明义《台湾地名研究》亦采光绪元年改名之说，认为改名取谐音，以"基地昌隆"之意。① 可从。

卑南厅　《综表》：光绪元年十二月二十日于卑南觅社地置，属台北府。十三年九月初七日往属台东直隶州。

按：光绪元年与台北升府、噶玛兰厅改为宜兰县及台北府分防通判移驻基隆同时，将南路理番同知移驻卑南，② 是为卑南厅。《综表》称光绪十三年卑南厅属台东直隶州，亦误。卑

① 安倍明义：《台湾地名研究》，台北武陵出版社，1987，第111页。
② 《清德宗实录》卷24，光绪元年十二月癸未，第359页。

南厅是在光绪十三年台湾正式建省之后的行政体制调整中被直接改为了台东直隶州。后卑南厅已不存在，光绪《台东州采访册·建置沿革》："光绪元年，复奏请移驻南路理番同知于卑南，并请于关防内加'抚民'二字。十四年台湾巡抚刘公铭传奏裁同知，改设台东直隶州于水尾。"

鹿港厅 《综表》：乾隆五十一年正月甲戌置。光绪十三年九月初七日裁。

按：鹿港所设理番同知初置于乾隆三十一年，该同知的职能在设立之时的档案里规定得明明白白，是"将淡水、彰化、诸罗一厅二县所属社番，设立理番同知一员，凡有民番交涉事件，悉归该同知管理"，[①] 只是具有管理社番案件之权而已，并不意味着要在淡水厅和彰化、诸罗之间划出一块区域来，进行单独治理。该同知最初驻扎于彰化县城，乾隆五十一年移驻鹿港，新增职责是"海口地方，请令其就近管辖。彰化县所辖海洋事件及命盗等案，俱令该县详报该同知查核"。[②] 可见，该地仍是由彰化县管辖，只是再由同知负责查核，增加了一个管理层次。

清代台湾设置的厅县中，除了光绪年间设省时新设置的县份，因台湾割让而来不及纂修方志，仅保留有采访册之类的文献以外，都修有志书，鹿港假如为厅的建置，自乾隆年间设置以后却从未修志，岂不奇怪？光绪五年夏献纶《台湾舆图》为全台所有厅县绘制地图，却恰恰未有所谓"鹿港厅"的地图。

---

① 乾隆三十一年十月初二日闽浙总督苏昌、福建巡抚庄有恭折，一档馆藏朱批奏折，档号：04-01-01-0263-017。

② 《清高宗实录》卷1247，乾隆五十一年正月甲戌，第762页。

如果"鹿港厅"存在，那么它必定是有一块区域的，但是当光绪十三年台湾建省并添改郡县时，曾写明要裁撤鹿港同知，但并未提到"鹿港厅"这块区域怎样处理，是改为新县还是分割给附近的县？[①] 这从反面也证明"鹿港厅"并不具有独立的辖区，所以，只是把职官裁撤就可以了，不涉及区域的再划分。

文献中称"鹿港厅"的例子不胜枚举，不过细致体察史料，皆当视作对同知衙门的称呼为宜。如清代陈盛韶所著《问俗录》卷6为《鹿港厅》，与卷1《建阳县》、卷2《古田县》、卷3《仙游县》、卷4《诏安县》并列。或以为这是将鹿港厅视作政区厅，与四县并列之意，其实只是作者任鹿港同知，而自称该同知为"鹿港厅"而已。该书卷5为《邵军厅》，但邵军厅是邵武府清军同知，更不可能是政区。

《清实录》中也有鹿港厅的记载，如《清宣宗实录》卷225道光十二年十一月戊寅："魏元烺又添调省城兵八百名、陆路提标兵七百名，派委员弁管带，由厦渡台，听候调遣。又续拨银三万两，解交鹿港厅收贮。"《清宣宗实录》卷464道光二十九年二月辛丑条载："刘韵珂、徐继畬奏台湾北路各厅县被水地震，委员妥为抚恤一折。台湾彰化、嘉义两县并鹿港厅地方，于上年十一月初八日同时地震，城垣衙署，均有坍塌，并倒坏民房，伤毙人口。"这两处"鹿港厅"皆当作鹿港同知衙门解释。

花莲港厅　《综表》：光绪十三年九月初七日于花莲港置。

按：花莲港厅不存在。《综表》以光绪十三年之后的台东

---

① 光绪十三年八月十七日闽浙总督杨昌濬、台湾巡抚刘铭传折，一档馆藏录副奏折，档号：03-5093-036。关于鹿港同知的处理，仅有一句，"其鹿港同知一缺，应即裁撤"。

直隶州领厅二：卑南、花莲港。前已论证光绪十三年后卑南厅不存在，实际上花莲港厅也不存在。依照光绪《大清会典》关于厅建置的标准，州同、州判衙门可俗称为厅，但不是政区意义上的厅。光绪十三年台湾正式建省后政区调整，卑南厅被改为台东直隶州，同时在卑南厅旧治设立直隶州州同，在花莲港设立直隶州州判，这可能是牛平汉将卑南和花莲港视为两厅的由来，但清代实无州同、州判为厅的制度安排。将卑南和花莲港视作厅并隶属台东州的说法，据笔者所知最早应为刘锦藻，他在《清朝续文献通考·舆地考》中云："光绪十三年，巡抚刘铭传奏设州治于水尾，并于卑南旧治改驻州同，水尾迤北增花莲港厅，州判治之。凡领厅二：卑南厅，在州南百五十里，光绪元年置，治卑南溪旁之卑南庄，隶巡道，十三年改隶州；花莲港厅，在州北百五十里，光绪十三年增。"

此外赵泉澄《清代地理沿革表》台东州"光绪十三年裁台北府水沙连暨北南二厅，改置台东直隶州于后山扼中之水尾，置州同于卑南厅旧治，置花莲港厅于水尾之迤南，设通判，并隶州属（《光绪东华续录》卷85、《光绪谕折汇存》卷11），领厅二。十八年改卑南州同为卑南县（参看日本永久保得二《东洋历史大辞典》），领厅一、县一。二十一年马关条约亡于日本"，误。卑南、花莲港既非厅，花莲港所置亦非通判而是州判，更不存在光绪十八年改卑南州同为卑南县的事件。

南雅厅　　《综表》：光绪二十年六月癸亥于大料崁地置。

按：南雅厅在以往台湾史的研究叙述中，通常被视为光绪二十年所建，而于光绪二十一年即被日本人侵占，是清代台湾最后一个厅的建置。这种看法在有关台湾史的论著中极为常见。谭其骧主编的《中国历史地图集》第 8 册 1894 年台湾图中，"南雅厅"被作为县级政区标注其上，台北中研院开发的"台湾历史文化地图系统"之"光绪二十年县（厅）界"更是标绘出了南雅厅的治所和厅界。①

当然，将南雅厅视作政区并非始自现代，早在台湾割让次年，署名思痛子所撰《台海思恸录》就称全台领府三、州一、厅四、县十一，其中"厅四"中就包括南雅厅。② 民国初年刘锦藻《清朝续文献通考》亦载："南雅厅，在府南百余里，原为大料崁等番社地。光绪十二年，奏设抚垦大臣，理抚番事。二十年，新设厅，治南仔。"③ 连横在《台湾通史》中明确写道："（光绪）二十年，以台北为省会，设南雅厅。"④ 卷 5《疆域志》中专门为"南雅厅"列目，记载南雅厅辖海山堡，较为细致地讲述了南雅厅的设置与开发过程。⑤ 日本人伊能嘉矩《台湾文化志》上卷亦认为南雅厅是存在的。⑥ 连横等对南雅厅的认定对此后学术界的认识产生了很大的影响。以权威、可靠、全面著称，由台湾省文献委员会编印，记述台湾一省建置沿革的《重修台湾省通志》也称："至光绪二十年，台湾巡抚邵友濂又奏准于淡水县海山堡一带增置一厅，名曰南雅厅，

---

① 参见 http://thcts. ascc. net/themes/rc03 - 8. php, 2020 年 11 月 24 日检索。
② 《台海思恸录·台防篇》,《台湾文献丛刊》第 40 册，台湾银行经济研究室，1959，第 1 页。
③ 刘锦藻:《清朝续文献通考》卷 315《舆地考十一》，第 10578 页。
④ 连横:《台湾通史》卷 3《经营纪》,《台湾文献丛刊》第 128 册，台湾银行经济研究室，1962，第 88 页。
⑤ 连横:《台湾通史》卷 5《疆域志》，第 119 页。
⑥ 伊能嘉矩:《台湾文化志》上卷，台湾省文献委员会编译，1985，第 218 页。

添置台北府分防南雅理番捕盗同知一员，隶属台北府。厅治设
于南仔，管辖一堡，曰海山堡。"① 其依据正是刘锦藻、连横、
伊能嘉矩的著作。②

　　笔者认为南雅厅并不存在，而只是存在一个叫南雅同知的
分防佐贰。

　　南雅之地，在今为桃园县大溪镇地方，在清朝原本属于淡
水厅管辖，台湾建省后又属淡水县，属于平埔人宵里社的活动
区域。其后汉人沿大料嵌溪不断向上游开垦荒地，遂逐渐进入
南雅一带，道光、同治时期，开垦速度明显加快。尤其是台湾
开埠以后，大料嵌一带樟脑种植十分兴盛和繁荣。③ 连横《台
湾通史》言简意赅地记述了这一土地开发过程："南雅为抚垦
之地，而大料崁实当其冲。先是道光八年，陈集成始拓其土，
锄耰并进，弓矢斯张，而番害未戢也。光绪十二年，巡抚刘铭
传奏设抚垦大臣，置抚垦局，辟良田，开沟洫，伐木熬脑，以

---

① 《重修台湾省通志》卷7《政治志·建制沿革篇》，台湾省文献委员会，
　　1991，第218页。
② 也有个别论著如张胜彦《清代台湾厅县制度之研究》未提及南雅厅，甚
　　至未提及南雅同知，或许是认为该同知实际未设置。至于《清史稿·地
　　理志》未记载南雅厅，甚至未记载南雅同知，周荫棠《台湾郡县建置
　　志》则谓"《清史稿·地理志》……惟光绪二十年析淡水县属大料崁地
　　置南雅厅，隶府属，《清史稿》竟未提及，岂以明年遂丧台湾，故略之
　　欤？"故周氏在台北府建置下列入南雅厅条目。但这实际上是对《清史
　　稿·地理志》体例不了解所导致的误解。该志台湾部分仍然以台湾府为
　　省会，而事实上光绪二十年省会已迁至台北府，故该志断限于光绪二十
　　年之前甚明，自然不应当记载光绪二十年九月才允准添设的南雅同知。
　　可参见胡恒《〈清史稿·地理志〉政区断代考》，《书品》2009年第4期。
③ 吴学明《台湾斋堂个案研究——以大溪斋明寺为中心》中"大溪的历史
　　发展"一节，记述甚详，见林国平、王志宇主编《闽台神灵与社会》，
　　厦门大学出版社，2010。

施番政。其不服者，则移师讨之，而大料崁之景象一新。然地处内山，距治较远，而居者日多。"①

光绪十二年，刘铭传主持台湾事宜，推行开山抚番，并于大料崁设置抚垦总局，由太常寺少卿林维源帮办，成效显著。十三年刘铭传向朝廷奏报："再太常寺少卿臣林维源奉旨帮办台北抚垦事务，自光绪十二年四月回籍开办以来，垦辟新旧荒埔至七万余亩，业经淡水县丈量三万余亩，一律升科，其余俟三年后陆续升科。所有台北沿山番地种茶开田，已无旷土。"②

到了光绪二十年，大料崁地方开发已较为成熟，"人民之垦番地者，前茅后劲，再接再厉，合力一心，以自成其都聚"，③ 新任福建台湾巡抚邵友濂于是奏请在该地设立官治机构。这一事件成为"南雅厅"这一问题产生的源头。以往研究均未注意搜寻保存在中国第一历史档案馆光绪二十年五月十六日邵友濂的原始奏疏，今兹将邵氏全文引录如下。

奏为请设分防同知以资控制，恭折仰祈圣鉴事。窃查台北府属大料崁地方在南雅山下，宅地奥衍，环绕丛冈。北距淡水县治七十里，南距新竹县治一百二十里，辖隶淡水，实为两县沿山扼要之区。光绪十二年间，前抚臣刘铭传请派内阁侍读学士林维源帮办台北抚垦事务，曾以南雅地方可分一县奏陈圣听在案。该县自开办抚垦以来，民番

<hr>

① 连横：《台湾通史》卷5《疆域志·南雅厅》，第119页。
② 光绪十四年十一月十五日福建台湾巡抚刘铭传折，一档馆藏朱批奏折，档号：04-01-22-0064-027。
③ 连横：《台湾通史》卷15《抚垦志》，第455页。

交错，久成市镇。近年茶叶、樟脑萃集于此，商贾辐辏，生业日繁。且地逼隘防，又值历年用兵之后，奸民、游匪出没靡常；弹压稽查，在在均关紧要。若照前抚臣原议分设县缺，则粮额并无增益，转多分疆划界之烦；若暂事因循，则淡水县远附府城，又苦鞭长莫及。似非府佐分防，不足以资控制。节经委员会县勘复，批饬司道督同该府核议，拟请添设分防同知一员管束社番，兼捕盗匪，作为冲、繁、难、调、要缺，名曰台北府分防南雅理番捕盗同知，以淡水、新竹两县沿山地界归该同知管辖。所有民番词讼、窃盗、赌匪等案，准其分别审理拿禁；遇有命盗重案，就近勘验、通报。自徒罪以上，仍送该管县审拟解勘。辖内疏防案件，照督缉例开参。如蒙俞允，应请饬部铸颁台北府分防南雅理番捕盗同知关防，俾昭信守。

光绪皇帝批示："该部议奏。"① 该奏疏交吏部后，该部讨论的结论是："原奏均应如所请办理，嗣后该同知遇有勘验、通报迟延，应由该抚将该同知职名查参，报部议处。"刑部讨论的结论是："既经吏部议准，所有该处民番词讼、窃盗、赌匪等案，应由该同知审理拿禁；遇有命盗重案，即令就近勘验、通报。其自徒罪以上，仍由该管县审拟解勘。似此分别办理，自可各专责成，均应如所奏办理。"礼部讨论的结论是："既经吏部议准，自应铸给台北府分防南雅理番捕盗同知关防一颗，俾昭信守。"另外，户部还同意按照台湾其他同知的标

---

① 光绪二十年五月十六日台湾巡抚邵友濂折，一档馆藏朱批奏折，档号：04-01-01-0996-090。

准给予俸银、养廉银。工部讨论了该同知衙署的选址、建造计划等。九月初一日奉旨:"依议。"① 经此过程,南雅同知的设置最终得到批准。

从上述文献中,可明显看出南雅所设绝非厅的建置,理由如下。

第一,奏疏中明确提到刘铭传曾经试图在南雅设县,但未成功,邵友濂也不同意设县。"若照前抚臣原议分设县缺,则粮额并无增益,转多分疆划界之烦",实际上邵友濂并不同意在南雅地方分割出一块区域,建设一个新县。如果所设是一个正式的"厅"的县级政区,岂不是要和淡水县"分疆划界",不正与邵友濂所奏相违?

第二,奏疏中提到新设官员名称为"台北府分防南雅理番捕盗同知",也不是"厅"长官的名称。光绪《大清会典》明确指出,厅的长官是"抚民同知"或"理事同知"。前引安徽南平集最初拟设厅这一政区时,长官就带有抚民同知的头衔,而当朝廷取消厅的建置,将其改为分防府佐贰性质的同知时,官衔马上改变为"捕盗同知"。从清代制度而言,"捕盗同知"绝非厅的长官所应具有的名称。连横《台湾通史》记载"南雅抚民理番通判一员",② 误植"抚民"二字,与事实不符,或许这正是连横之所以将南雅误认为厅的原因。《台湾理蕃古文书》中收录了一件南雅同知批示发给土目夏矮底垦

---

① 光绪二十年九月吏部致内阁典籍厅移会《请设台北府分防南雅理番捕盗同知并议准勘建衙署》,中国第一历史档案馆、海峡两岸出版交流中心合编《明清宫藏台湾档案汇编》第225册,九州出版社,2009,第322~330页。

② 连横:《台湾通史》卷6《职官志》,第147页。

单的文书，其自称是"署理南雅理番总捕分府稽查台北脑务兼带隘勇左营"，①也不称自己为"南雅厅"。

第三，奏疏中提到南雅同知的权限是"所有民番词讼、窃盗、赌匪等案，准其分别审理拿禁；遇有命盗重案，就近勘验、通报。自徒罪以上，仍送该管县审拟解勘"，可以看出该同知仅能处理民间细事，稍重一点的刑罚都不能亲自处理，而遇到命盗重案，只能勘验、通报，审理权还在附近的县。且该句中"该管县"的表达尤其值得注意，南雅地方仍然是归属淡水县管辖的，同知的俸禄仍然在淡水县存留项下支出。且邵友濂前已提到南雅地方是有"粮额"的，如果南雅真是厅的建置，则钱粮自然应由厅来直接征收，转运至府或布政使司，但文中对钱粮之事一无所提，可见南雅同知根本不具有钱粮征收之权。台湾大学图书馆藏淡新档案中保存有一份光绪二十一年的移文，当时南雅地方脑户林明德积欠防费银元，时任南雅同知的宋维钊移文淡水县，请其"即饬派干差，协同散役迅往该脑户家中将屋标封变价，抵还清款，以免日久任宕"，②可见连这类民人欠费的小事都要请求淡水县协助处理。既不具有刑名重权，又不参与钱粮征收，南雅同知又如何构成"专管之地"，又如何会成为厅的建置呢？

由以上可知，南雅同知只是清代众多捕盗同知中的普通一员而已，在南雅地方重点处理民番简单词讼，遇到重案，要立即向淡水县通报，由县审理，不具有与淡水县"分疆划界"

---

① 《台湾理蕃古文书》，《中国方志丛书·台湾地区》第62册，成文出版社，1983，第189页。
② 台湾大学图书馆藏淡新档案，光绪二十一年二月初八日，档案号：TH14314_009。

的性质，也不构成厅的政区建置。以往将南雅厅归入清代台湾政区建置沿革的叙事链条，显然是不准确的。

清代文献中偶有"南雅厅"的说法，如《台湾诗乘》载日本侵占台湾时，"（五月）二十日倭分据南雅厅治"。[①] 此处应当视作对同知衙门的称呼。

关于南雅厅，还有另外一个误解，就是认为"南雅厅"虽然经朝廷审议通过了，但因为台湾随即割让日本，并没有来得及设置。如《台湾地舆全图》弁言部分写道："光绪二十年，虽曾奏准就淡水县海山堡一带添设一厅，名之曰南雅厅，旋因中日战起，未及实施。"吴振汉总编纂的《大溪镇志》载"光绪二十年清廷为发展樟脑事业新设南雅厅，将大姑嵌庄划入辖区，厅治就设在大姑嵌。清日甲午战争后，清战败割台，故南雅厅未及实行"，又称"光绪二十年台湾巡抚邵友濂在淡水县海山堡增设一厅，厅治设于大科嵌湳子，管辖一堡，专责署理近山行政与内山各种经济资源的经营。但是台湾随即于翌年割让给日本，故南雅厅存在的时间很短，至于该厅是否有实际的运作，则不得而知"。[②] 事实上，虽然南雅同知设置仅仅不到一年，即因台湾割让而不复存在，但南雅同知的确得到实际设置且已参与了不少行政事务。

南雅同知设置后朝廷即选派官员赴任，首任同知为宋维钊。1909年廖希珍所撰《大料崁沿革志》较为详细地介绍了"南雅厅"设置之始末。据该志，光绪十九年"大料崁开设南雅厅，将抚垦总局裁撤，所有事务概归南雅厅办理"，二十年

---

① 《台湾诗乘》卷6，《台湾文献丛刊》第64种，第238页。
② 吴振汉总编纂《大溪镇志》，大溪镇公所，2004。

"南雅厅派员于新南街开设保甲总局"，同年"南雅厅长宋维
钊召集当地绅耆，商议建筑厅舍于田心庄"；二十一年"南雅
厅长同当地官绅，于昭忠祠行春祭"，① 可知南雅同知实已设
置，并初步开展了若干行政工作。宋维钊的堂侄宋仕伸在为宋
维钊撰写的墓志铭中写道："辛卯冬，委署南雅厅同知，兼理
各要差。南雅为台北要区，地处冲烦，差务络绎，军书旁午，
几无虚日。文武官员，交错于此，公矢勤慎，不植党，不营
私，而于军需之耗蠹、胥吏之狡猾，无不深明其利弊，切究其
得失，留心厘剔。时奉办昭信股票于大商富室，相与和衷商
榷，民皆踊跃输将，集资十有余万。此虽民知好义，实公劝导
感孚之真切也。"② 亦是南雅同知实际设置过的证明。

①　江宏一：《大溪镇老城区历史资源调查计划》，桃园县大溪镇历史街坊再
　　造协会，1999，第 249 ~ 251 页。
②　庞翁：《记宋维钊在台之政绩（转载）》，政协花县委员会文史资料研究
　　委员会编《花县文史》第 9 辑，内部资料，1986，第 35 页。

主要参考文献

一 档案文献

中国第一历史档案馆所藏各类宫中档朱批奏折、军机处录副奏折、内阁题本、吏科史书等

台北"故宫博物院"藏奏折、舆图

台北中研院史语所藏内阁大库档案

台湾大学图书馆藏淡新档案

中国第一历史档案馆编《雍正朝汉文朱批奏折汇编》，江苏古籍出版社，1991。

中国第一历史档案馆译编《雍正朝满文朱批奏折全译》，黄山书社，1998。

中国第一历史档案馆编《雍正朝汉文谕旨汇编》，广西师范大学出版社，1999。

中国第一历史档案馆编《乾隆帝起居注》，广西师范大学出版社，2002。

中国第一历史档案馆编《咸丰同治两朝上谕档》，广西师范大学出版社，1998。

中国第一历史档案馆编《光绪朝朱批奏折》，中华书局，1995。

台北"故宫博物院"编《宫中档雍正朝奏折》，编者印行，1978～1980。

台北"故宫博物院"编《宫中档乾隆朝奏折》，编者印行，1982。

台北"故宫博物院"编《清代起居注册》（康熙朝），联经出版公司，2009。

中国第一历史档案馆、中国人民大学清史研究所、贵州省档案馆编《清代前期苗民起义档案史料汇编》，光明日报出版社，1987。

故宫博物院明清档案部编《清末筹备立宪档案史料》，中华书局，1999。

《清代吏治史料·吏制改革史料》，线装书局，2004。

《年羹尧满汉奏折译编》，季永海等翻译点校，天津古籍出版社，1995。

《雍乾年间广西部分地区改土归流史料》，《历史档案》1990 年第 4 期。

二 典籍与文献汇编

雍正二年冬季《文升阁缙绅全书》，东京大学东洋文化研究所藏。

《明实录》，台北中研院历史语言研究所校印，1962。

《清实录》，中华书局，1985～1987。

《明史》，中华书局，1974。

《清史稿》，中华书局，1976。

嘉庆《大清会典事例》，文海出版社，1991。

光绪《会典事例》，中华书局，1991。

《中华民国法令大全补编》，商务印书馆，1921。

张瀚：《台省疏稿》，《四库全书存目丛书》史部第62册，齐鲁书社，1996。

庆桂等编《钦定剿平三省邪匪方略》，《续修四库全书》第398册，上海古籍出版社，2002。

杨博：《杨襄毅公本兵疏议》，《续修四库全书》第477册，上海古籍出版社，2002。

张之洞：《张文襄公奏议》，《续修四库全书》第510册，上海古籍出版社，2002。

杨嗣昌：《杨文弱先生集》，《续修四库全书》第1372册，上海古籍出版社，2002。

陈子龙等辑《明经世文编》，《续修四库全书》第1658册，上海古籍出版社，2002。

卢象昇：《明大司马卢公奏议》，《四库未收书辑刊》第2辑第25册，北京出版社，2000。

张维编纂《陇右金石录》，《中国西北文献丛书》第7辑第182册，兰州古籍书店，1990。

杨雍建：《抚黔奏疏》，文海出版社，1976。

广西民族研究所编《广西少数民族地区石刻碑文集》，广西人民出版社，1982。

汪景祺：《读书堂西征随笔》，上海书店，1984。

广西博物馆编《广西土司制度资料汇编》，编者印行，1961。

北京大学图书馆馆藏稿本丛书编委会编《郭则沄遗稿三种·家乘述闻》，天津古籍出版社，1987。

金友理：《太湖备考》，薛正兴校点，江苏古籍出版社，1998。

《钦定科场条例》，燕山出版社，2006。

方显：《平苗纪略》，马国君编著，罗康隆审订《平苗纪略研究》，贵州人民出版社，2008。

姚锡光：《筹蒙刍议》，远方出版社，2008。

《胡林翼集》，胡渐逵等校点，岳麓书社，2008。

《黄本骥集》，岳麓书社，2009。

李铁明主编《湖南自治运动史料选编》，湖南师范大学出版社，2012。

梁小进主编《郭嵩焘全集》，岳麓书社，2012。

罗养儒：《纪我所知集：云南掌故全本》，李春龙整理，云南人民出版社，2015。

三　总志方志

嘉靖

《青州府志》《宣府镇志》

万历

《贵州通志》《四川通志》

康熙

《大清一统志》《建武志》《靖远卫志》《岷州志》《平溪卫志书》《山西通志》《四川总志》《潼关卫志》《叙永厅志》《叙州府志》《颜神镇志》《延绥镇志》

雍正

《广西通志》《畿辅通志》《陕西通志》《朔平府志》《四川通志》《太平府志》

乾隆

《大清一统志》《大同府志》《福州府志》《甘州府志》《贵

州通志》《鹤峰州志》《莲花厅志》《口北三厅志》《马巷厅志》《南澳志》《南笼府志》《太平府志稿》《续修蒙化直隶厅志》《循化厅志》《盐茶厅志备遗》《玉门县志》《玉屏县志》《昭平县志》

嘉庆

《大清一统志》《广西通志》《汉阴厅志》《龙州纪略》《马湖厅志略》《云霄厅志》

道光

《城口厅志》《定南厅志》《佛冈直隶军民厅志》《哈密志》《河曲县志》《晃州厅志》《江北厅志》《连山绥瑶厅志》《留坝厅志》《黔南职方纪略》《神木县志》《松桃直隶厅志》《厦门志》《象山县志》

咸丰

《安顺府志》《噶玛兰厅志》《古丰识略》

同治

《淡水厅志》《松潘记略》《永绥直隶厅志》《直隶理番厅志》《芷江县志》

光绪

《百色厅志》《赤溪杂志》《定海厅志》《定远厅志》《定瞻厅志略》《丰镇厅志》《古丈坪厅志》《古州厅志》《广西通志辑要》《广州府志》《归顺直隶州志》《海城县志》《海门厅图志》《龙胜厅志》《岷州续志稿》《澎湖厅志》《乾州厅志》《清水河厅志》《山西通志》《水城厅采访册》《顺天府志》《思茅厅志》《绥远通志稿》《绥远志》《台东州采访册》《洮州厅志》《新宁县志》《兴文县志》《续修叙永永宁厅县合志》《玉环厅志》《越巂厅全志》

宣统

《明江厅上石州乡土志略》《新宁乡土地理》

民国

《龙陵县志》《懋功县乡土志》《懋功县志》《南田县志》《平潭县志》《上思县志》《吴县志》《夏口县志》《香山县志续编》《信都县志》《阳江志》《宜北县志》《玉屏县志资料》《云霄县志》《中甸县志稿》

荣祥、荣赓麟：《土默特沿革》（征求意见稿），内蒙古土默特左旗，1981。

湖南省地方志编纂委员会编《湖南省志》第 4 卷《政务志·民政》，中国文史出版社，1994。

四　近今论著

埃洛·伊劳伦特、欧阳峣、汤凌霄：《国家规模的经济影响：50 年来的回顾》，《湖南师范大学社会科学学报》2019 年第 3 期。

安介生：《政治归属与地理形态 ——清代松潘地区政治进程的地理学分析》，《历史地理》第 26 辑，上海人民出版社，2012。

包满达：《理藩院驻神木理事司员、神木同知与巡边制度》，《内蒙古民族大学学报（社会科学版）》2015 年第 5 期。

曹尚亭、查向军：《吐鲁番直隶厅运作史钩略》，《新疆大学学报（哲学·人文社会科学版）》2005 年第 5 期。

陈桦：《清顺治年间兴屯道兴屯厅的建立和裁撤》，中国人民大学历史系、清史所编《历史学刊》1986 年第 2 期，内部印行。

崔继来:《"改土归流"与清代广西土司地区行政隶属关系变动》,《民族史研究》第 13 辑,中央民族大学出版社,2016。

定宜庄:《清代理事同知考略》,收入蔡美彪主编《庆祝王锺翰先生八十寿辰学术论文集》,辽宁大学出版社,1993。

段伟:《清代政区名演化个案研究:从杂谷厅到理番厅》,《历史地理研究》2020 年第 3 期。

范金民:《太湖厅档案及其史料价值》,收入吴春梅主编《安大史学》第 1 辑,安徽大学出版社,2004。

傅林祥:《清代抚民厅制度形成过程初探》,《中国历史地理论丛》2007 年第 1 辑。

傅林祥:《清康熙六年后守巡道性质探析》,《社会科学》2010 年第 8 期。

傅林祥等:《中国行政区划通史·清代卷》修订版,复旦大学出版社,2017。

龚荫:《中国土司制度》,云南民族出版社,1992。

顾诚:《明帝国的疆土管理体制》,《历史研究》1989 年第 3 期。

郭红、靳润成:《中国行政区划通史·明代卷》修订版,复旦大学出版社,2017。

郭声波:《中国历史政区的圈层结构问题》,《江汉论坛》2014 年第 1 期。

韩光辉:《清雍正年间的政区勘界》,《中国方域》1997 年第 4 期。

何平:《论清代定额化赋税制度的建立》,《中国人民大学学报》1997 年第 1 期。

胡恒、陈必佳、康文林:《清代知府选任的空间与量化分析——以政区分等、〈缙绅录〉数据库为中心》,《新亚学报》第 37 辑,2020 年。

胡恒:《关于清代县的裁撤的考察——以山西四县为中心》,《清史研究》2011 年第 2 期。

胡恒:《皇权不下县?——清代县辖政区与基层社会治理》,北京师范大学出版社,2015。

胡恒:《清代政区分等与官僚资源调配的量化分析》,《近代史研究》2019 年第 3 期。

华林:《西南彝族历史档案》,云南大学出版社,1999。

华林甫、高茂兵、卢祥亮:《论清末民初政区剧变及其现实意义》,收入华林甫主编《清代政区地理续探》,北京联合出版公司,2019。

华林甫:《关于编绘〈清史地图集〉的建议》,收入陕西师范大学中国历史地理研究所、西北历史环境与经济社会发展研究中心编《历史地理学研究的新探索与新动向——庆贺朱士光教授七十华秩暨荣休论文集》,三秦出版社,2008。

华林甫:《清朝政区边界复原与清史地理再现——〈清史地图集〉的编绘实践》,《清史研究》2020 年第 5 期。

华林甫:《清前期"属州"考》,收入刘凤云、董建中、刘文鹏编《清代政治与国家认同》,社会科学文献出版社,2012。

黄粲茗:《明清时期中越边境"四寨六团"行政建置变动始末》,《中国历史地理论丛》2021 年第 4 辑。

黄兆辉、陈晓毅:《城市民族事务治理的历史维度——以清代广州理事同知为中心的考察》,《满族研究》2020 年第 2 期。

纪蔼士：《察哈尔与绥远》，文化建设月刊，1937。

李治国：《清代归绥道政府机构的变化发展》，《昆明学院学报》2014年第5期。

梁潇文：《清代归化城土默特地区二元司法审理模式的形成与变迁》，《中国边疆史地研究》2020年第3期。

林涓：《清代"道"的准政区职能分析——以道的辖区与驻所的变迁为中心》，《历史地理》第19辑，上海人民出版社，2003。

林移刚、刘志伟：《清代四川石砫直隶厅建置时间考辨》，《重庆交通大学学报（社会科学版）》2012年第6期。

刘灵坪：《清代南澳厅考》，《历史地理》第24辑，上海人民出版社，2010。

刘平：《被遗忘的战争——咸丰同治年间广东土客大械斗研究（1854~1867）》，商务印书馆，2003。

刘希伟：《清代科举冒籍研究》，华中师范大学出版社，2012。

卢树鑫：《清代"新疆六厅"建置考》，《贵州民族研究》2015年第9期。

卢绪友：《清代东北蒙地政区的内地化——以长春、昌图二府设立为中心的考察》，《中国边疆学》第10辑，社会科学文献出版社，2018。

鲁靖康：《清代边疆政区设置的变通与调适——以塔尔巴哈台为例》，《西域研究》2016年第3期。

鲁靖康：《清代哈密厅建置沿革与西北地区的权力制衡》，《西域研究》2017年第3期。

鲁靖康：《清代厅制再探——以新疆为例的考察》，《西域研究》2019 年第 2 期。

鲁靖康：《吐鲁番、哈密二厅"咸丰五年升直隶厅说"辨误》，《历史档案》2017 年第 2 期。

陆韧：《清代直隶厅解构》，《中国历史地理论丛》2010 年第 3 辑。

马天卓：《清代厅城的类型与特点研究》，《西南大学学报（社会科学版）》2011 年第 1 期。

牛平汉主编《清代政区沿革综表》，中国地图出版社，1990。

泮伟江：《如何理解中国的超大规模性》，《读书》2019 年第 5 期。

彭陟焱、陈昱彤：《清代嘉绒地区"厅"的设置及其影响》，《黔南民族师范学院学报》2018 年第 5 期。

秦和平：《清季镇边厅由来、价值及影响》，《云南师范大学学报（哲学社会科学版）》2017 年第 3 期。

庆格勒图：《绥远地区解决"旗县并存、蒙汉分治"问题初探》，《内蒙古师大学报（哲学社会科学版）》1996 年第 1 期。

任玉雪：《论清代东北地区的厅》，《中国历史地理论丛》2011 年第 3 辑。

任玉雪等：《清代缙绅录量化数据库与官员群体研究》，《清史研究》2016 年第 4 期。

施坚雅：《城市与地方体系层级》，收入施坚雅主编《中华帝国晚期的城市》，叶光庭等译，陈桥驿校，中华书局，2000。

石湍：《从一方清代铜印看马边厅的设置》，《四川文物》1984 年第 2 期。

宋思妮：《清代理瑶同知略考》，收入马建钊主编《民族宗教研究》第 3 辑，广东人民出版社，2013。

覃影：《边缘地带的"双城记"——清代叙永厅治的双城形态研究》，《西南民族大学学报（人文社科版）》2009 年第 11 期。

谭其骧：《浙江省历代行政区域——兼论浙江各地区的开发过程》，《长水集》，人民出版社，2009。

谭其骧主编《中国历史地图集》第八册《清时期》，中国地图出版社，1987。

汪晖：《中国：跨体系的社会》，《中华读书报》2010 年 4 月 14 日。

王晗、张小永：《清代顺治年间兴屯道、厅的兴废及其环境效应分析——基于对陕北中部地区的历史地理学考察》，《开发研究》2009 年第 4 期。

王启明：《乾隆年间辟展同知设置考》，《新疆大学学报（哲学·人文社会科学版）》2021 年第 3 期。

王启明：《清代西北边疆厅的历史嬗变——以吐鲁番为例》，《中国边疆史地研究》2020 年第 2 期。

乌云格日勒：《口外诸厅的变迁与清代蒙古社会》，《山西大学学报（哲学社会科学版）》2007 年第 2 期。

乌云格日勒：《略论清代内蒙古的厅》，《清史研究》1999 年第 3 期。

乌云格日勒：《清末内蒙古的地方建置与筹划建省》，《中国边疆史地研究》1998 年第 1 期。

武沐：《岷州卫：明代西北边防卫所的缩影》，《中国边疆史地研究》2009 年第 2 期。

席会东：《清代厅制初探》，《中国历史学会史学集刊》总第 43 期，2011 年。

晓克主编《土默特史》修订版，内蒙古大学出版社，2018。

谢湜：《"封禁之故事"：明清浙江南田岛的政治地理变迁》，《中山大学学报（社会科学版）》2020 年第 1 期。

谢晓辉：《只愿贼在，岂肯灭贼？——明代湘西苗疆开发与边墙修筑之再认识》，收入魏斌主编《古代长江中游社会研究》，上海古籍出版社，2013。

徐枫：《从太通道到海门厅：雍乾时期长沙口沙务管理机构的变迁》，《史林》2016 年第 1 期。

徐建平：《政治地理视角下的省界变迁——以民国时期安徽省为例》，上海人民出版社，2009。

许若冰、杜常顺：《明代岷州地区的民政治理与行政制度变迁》，《中国历史地理论丛》2021 年第 4 辑。

闫天灵：《民国时期的甘青省界纠纷与勘界》，《历史研究》2012 年第 3 期。

阎步克：《古代政治制度研究的一个可选项：揭示"技术原理"》，《河北学刊》2019 年第 1 期。

杨斌、张祥刚：《民国时期湘黔交界地区插花地的清理拨正》，《广西师范大学学报（哲学社会科学版）》2014 年第 2 期。

杨帆：《归绥诸厅性质刍议——以相关方志、政书为中心》，《理论界》2010 年第 7 期。

杨园章：《清代福建卫所屯粮征收机构的变化》，《福建师范大学学报（哲学社会科学版）》2019 年第 2 期。

姚中秋：《超大规模国家的治理之道》，《读书》2013 年第 5 期。

叶江英：《清代福建云霄厅设置时间考辨——兼谈州县征收钱粮时间在清代政区研究中的作用》，《历史地理》第35辑，复旦大学出版社，2017。

张胜彦：《清代台湾厅制史之研究》，（台北）《台湾风物》第43卷第2~4期，1993。

张伟然：《归属、表达、调整：小尺度区域的政治命运——以"南湾事件"为例》，《历史地理》第21辑，上海人民出版社，2006。

张永江：《论清代漠南蒙古地区的二元管理体制》，《清史研究》1998年第2期。

张永江：《内地化与一体化：略论清代藩部地区政治发展的一般趋势》，《明清论丛》第6辑，紫禁城出版社，2005。

张在普编著《中国近现代政区沿革表》，福建省地图出版社，1987。

张振国：《论清代"冲繁疲难"制度之调整》，《安徽史学》2014年第3期。

张振国：《清代川陕楚边区的行政建制与人事管理——以道光元年设治为中心》，《中国历史地理论丛》2020年第4辑。

张振国：《清代道、府、厅、州、县等级制度的确定》，《明清论丛》第11辑，故宫出版社，2011。

赵泉澄：《清代地理沿革表》，中华书局，1955。

真水康树：《明清地方行政制度研究——明两京十三布政使司与清十八省行政系统的整顿》，燕山出版社，1997。

真水康树：《清代"直隶厅"与"散厅"的"定制"化及其明代起源》，《北京大学学报（哲学社会科学版）》，1996年第3期。

郑宝恒：《民国时期政区沿革》，湖北教育出版社，2000。

郑维宽：《清代广西政治进程中的政区演变探析——以道、直隶厅州为中心》，《广西地方志》2020 年第 5 期。

郑振满：《莆田平原的聚落形态与仪式联盟》，收入周尚意、刘卫东、柴彦威主编《地理学评论》第 2 辑《第五届人文地理学沙龙纪实》，商务印书馆，2011。

周振鹤：《范式的转换——沿革地理—政区地理—政治地理的进程》，《华中师范大学学报（人文社会科学版）》，2013年第 1 期。

周振鹤：《建构中国历史政治地理学的设想》，《历史地理》第 15 辑，上海人民出版社，1999。

周振鹤：《中国地方行政制度史》，上海人民出版社，2005。

周振鹤：《中国历史上两种基本政治地理格局的分析》，《历史地理》第 20 辑，上海人民出版社，2004。

朱波：《聚岛为厅：清代海岛厅的设置及其意义》，《海洋史研究》2020 年第 1 期。

朱波：《清代玉环厅隶属关系考辩》，《历史地理》第 34辑，上海人民出版社，2016。

五　学位和学年论文

阿不来提·艾合买提：《清代吐鲁番厅研究》，硕士学位论文，新疆师范大学，2011。

阿如汗：《内蒙古中西部诸厅之研究——以口外十二厅为中心》，硕士学位论文，内蒙古大学，2011。

陈天昱：《清代江苏松江府川沙厅设置时间考辩》，本科学年论文，中国人民大学，2019。

陈肖寒：《清代多族群混居地区的政治治理——以口外地区（直隶）为例》，博士学位论文，北京大学，2018。

傅林祥：《清代地方行政制度专题研究》，博士学位论文，复旦大学，2010。

郭岩伟：《清代前期口北三厅地区政区体制研究》，硕士学位论文，复旦大学，2011。

金丹：《清代盛京凤凰城地区的职官体系及其演变》，硕士学位论文，渤海大学，2020。

康其：《清代归化城土默特地区政区地理研究》，硕士学位论文，贵州师范大学，2019。

卢祥亮：《清代道的制度变革与地理要素研究》，博士学位论文，中国人民大学，2013。

牟翔：《清代理事同知研究》，硕士学位论文，中国政法大学，2015。

穆云鹏：《清代理事同知制度初探》，硕士学位论文，中央民族大学，2011。

任玉雪：《清代东北地方行政制度研究》，博士学位论文，复旦大学，2003。

谭丹：《清代丰镇地方的政区演变与社会变迁》，本科学年论文，中国人民大学，2017。

谭嘉伟：《清代连山瑶、壮的源流、分布及相关历史地理问题研究》，硕士学位论文，暨南大学，2017。

王伏牛：《清代神木理事司员研究》，硕士学位论文，中央民族大学，2012。

王洪兵：《清代顺天府与京畿社会治理研究》，博士学位论文，南开大学，2009。

吴东东：《清代管河厅的设置及其演变》，硕士学位论文，渤海大学，2020。

吴正心：《清代厅制研究》，硕士学位论文，台湾中正大学，1995。

谢长龙：《清代东北厅制研究》，硕士学位论文，中国人民大学，2021。

闫家诚：《边疆内地化与厅的设立——基于清代西宁府丹噶尔厅的个案研究》，学士学位论文，中国人民大学，2020。

闫家诚：《清代仪封厅的设置》，本科学年论文，中国人民大学，2019。

张弓：《论清代绥远地区的厅》，硕士学位论文，内蒙古大学，2008。

张宁：《清末镇边厅的设置与西南边疆》，硕士学位论文，复旦大学，2013。

张雯：《从口外十二厅到绥远省建立——试探清末民初内蒙古西部建置变迁》，硕士学位论文，内蒙古师范大学，2012。

赵天骄：《清代循化厅政治地理研究》，硕士学位论文，西藏民族大学，2021。

周勇军：《清代地方道制研究》，博士学位论文，南开大学，2010。

朱波：《清代海岛厅县政治地理研究》，硕士学位论文，中央民族大学，2015。

后 记

我对厅的关注是从参加"清史·地理志"项目开始的。记得是 2005 年本科大四时我在华林甫教授指导下参与整理中国第一历史档案馆所藏录副奏折中的清代地理资料,读到几份关于湖南、贵州围绕晃州六里地区归属和晃州厅设置争端的奏折,其故事曲折动人,当时就给我留下了十分深刻的印象。2016 年我以《"犬牙相入"的地方性实践:清代湘黔边界争端与晃州厅的设置》为题写出论文,并收录在戴逸先生九秩华诞纪念文集里。到了硕士和博士阶段,我继续参加"清史·地理志"山西和台湾两省的研究工作,遇到的最大难题仍然是"厅"如何书写,特别是山西北部的归绥诸厅和台湾的南雅厅等。可以说,本书的开端,正是为了解决"清史·地理志"中的难题。

到了 2011 年下半年,我在博士毕业并留在人大清史所工作后,终于有了短暂的可自由支配的时间,便对档案、实录、地方志、文集等文献中与厅有关的资料进行较为系统的翻阅,对全国范围内厅的沿革进行了一番系统考证,形成了本书附录部分的雏形。在此基础上,写作了《厅制起源及其在清代的演变》一文,对厅制演变的全貌进行了概要的梳理,发表在《文史》2013 年第 2 期上,这也构成了本书写作最重要的基础。

　　不过 2013 年以后，我并未再进一步对厅制进行探索，只是依据先前所掌握的材料零星做了些个案研究，这一方面是因为我在集中精力修改博士论文并准备出版，另一方面也是因为其他研究和行政工作越来越多，研究兴趣也越来越广泛，难以持续聚焦到一个问题上。不过这一时期，由于指导本科和研究生论文写作的关系，或出于各自的兴趣，或出于我的建议，有几位同学选择了与厅有关的个案或区域进行分析。随着对全国各个区域个案研究经验的积累，我对厅制的理解也在深入。

　　与此同时，学术界关于厅的研究也逐渐"热"了起来，新的研究成果相继涌现。在拜读这些新文章之余，我也感到是时候把我自己关于厅的零散的研究系统整理成书了。恰好在2019 年清史所所规划的教育部重点研究基地主攻方向"清代国家治理研究"之下的"清代政区设置与地方治理研究"重大课题正式立项（19JJD770009），经与主持人华林甫教授商议，把"厅制及其在清代的演变"列为子课题之一。由于2020 年 12 月底就要结项，我也不得不加快了研究进度。

　　2020 年对于全世界而言都是很特殊的一年，个人的生存际遇亦随之飘摇。1 月 17 日我赴美国斯坦福大学访学，为期一年。去时尚不知"新冠"为何物，到了 3 月初，我已经明显感觉到疫情的难以控制，学习生活节奏随之改变，原定的研究计划被完全打乱了。加上这一时期我正忙于《百年清史研究史·历史地理卷》的修订和注释校对工作，直到 2021 年 1月回国前，才勉强整理出一份结项书稿。回国以后，生活节奏又重新进入快车道，只能利用零碎的时间断断续续地修订，直到 2021 年底才算大体定稿。

回顾本书的写作历程，一方面要感谢我所参加的邹逸麟教授主持的"清史·地理志"、华林甫教授主持的"清史地图集"编纂工作，这些大型科研项目不断引导我去解决所遇到的难题，这才有了这本小书的诞生。邹逸麟教授"只要下功夫去做，学问是不会辜负你的"、华林甫教授"最笨的方法就是最好的方法"的治学理念对我影响很大。这两个团队中像傅林祥教授、段伟教授、杨伟兵教授等，对厅制乃至清代地方行政制度都有非常深入的研究，我在与他们的日常交流中获得诸多启迪。另一方面，也要感谢我所在的人大历史学院和清史研究所的诸位前辈、同事们的支持和鼓励，特别是黄兴涛、杨念群、夏明方、朱浒、祁美琴等老师的鼓励以及院青年史学沙龙侯深、高波、陈昊、杜宣莹、王文婧、林展、萧凌波等众多同事的帮助。近些年我在学术上的探索受斯坦福大学周雪光教授启发很大，感谢他的访学邀请和在美期间对我的关照，也感谢他在学术上的提点。因《缙绅录》量化数据库合作研究一事，我也常常受益于香港科技大学李中清和康文林教授，学习了新的计量方法并反映在本书的部分章节里。

本书部分内容曾以论文形式发表于《文史》《清史研究》《台湾研究集刊》《苏州大学学报》等刊物，各刊都做过非常细致的编辑。收入本书时，各部分均做过程度不一的修订和完善，我也更深刻体会到把零散的论文改写成一部成体系的书稿的痛苦，但愿下一部书稿有条件可以从头开始贯通地写下来。社会科学文献出版社历史学分社郑庆寰社长对本书的出版给予了大力支持，责任编辑陈肖寒博士是一名非常优秀的清史学者，他以非常专业的知识对本书提出很多修订意见，感谢他的精心编校。

　　我在中国人民大学指导的学生谭丹、闫家诚、陈天昱、谢长龙先后以厅为选题写过本科学年论文、学士学位论文和硕士学位论文，他们的研究增进了我对厅制区域差异性的理解。胡存璐、陈路、罗靖曦同学帮助我重新核查了引文，减少了不少疏误，一并致谢。

　　按照"中国人民大学历史地理学丛书"规划，本书被编为甲种第十二号。

2022 年 4 月

图书在版编目(CIP)数据

边缘地带的行政治理：清代厅制再研究 / 胡恒著
. -- 北京：社会科学文献出版社，2022.4（2023.7 重印）
ISBN 978 - 7 - 5201 - 9780 - 9

Ⅰ.①边⋯ Ⅱ.①胡⋯ Ⅲ.①地方政府 - 行政管理 -
政治制度史 - 研究 - 中国 - 清代 Ⅳ.①D691.22

中国版本图书馆 CIP 数据核字（2022）第 032630 号

边缘地带的行政治理
——清代厅制再研究

著　者 / 胡　恒

出 版 人 / 王利民
责任编辑 / 陈肖寒
责任印制 / 王京美

出　　　版 / 社会科学文献出版社 · 历史学分社（010）59367256
　　　　　　地址：北京市北三环中路甲 29 号院华龙大厦　邮编：100029
　　　　　　网址：www. ssap. com. cn
发　　　行 / 社会科学文献出版社（010）59367028
印　　　装 / 北京联兴盛业印刷股份有限公司

规　　　格 / 开本：889mm × 1194mm　1/32
　　　　　　印张：13.5　字数：315 千字
版　　　次 / 2022 年 4 月第 1 版　2023 年 7 月第 3 次印刷
书　　　号 / ISBN 978 - 7 - 5201 - 9780 - 9
定　　　价 / 89.00 元

读者服务电话：4008918866